디모데서에 반하다

기독교 직분자 매뉴얼

다함

도서출판 **다함** 은

1. **다**윗과 아브라**함**의 자손

아브라함과 다윗의 자손으로, 하나님 구원의 언약 안에 있는 택함 받은 하나님 나라 백성을 뜻합니다.

2. 마음과 뜻과 힘을 **다하여** 하나님을 사랑하라

구약의 언약 백성 이스라엘에게 주신 명령(신 6:5)을 인용하여 예수님이 가르쳐 주신 새 계명
(마 22:37, 막 12:30, 눅 10:27)대로 마음과 뜻과 힘을 다해 하나님을 사랑하겠노라는 결단과 고백입니다.

사명선언문

1. 성경을 영원불변하고 정확무오한 하나님의 말씀으로 믿으며, 모든 것의 기준이 되는 유일한 진리로 인정하겠습니다.
2. 수천 년 주님의 교회의 역사 가운데 찬란하게 드러난 하나님의 한결같은 다스림과 빛나는 영광을 드러내겠습니다.
3. 교회에 유익이 되고 성도에 덕을 끼치기 위해, 거룩한 진리를 사랑과 겸손에 담아 말하겠습니다.
4. 하나님 앞에서 부끄럽지 않도록 항상 정직하고 성실하겠습니다.

디모데서에 반하다

기독교 직분자 매뉴얼

초판 1쇄 인쇄 2022년 10월 21일
초판 1쇄 발행 2022년 11월 10일

지은이 | 한병수

펴낸이 | 이웅석
펴낸곳 | 도서출판 다함
등 록 | 제2018-000005호
주 소 | 경기도 군포시 산본로 323번길 20-33, 701-3호(산본동, 대원프라자빌딩)
전 화 | 031-391-2137
팩 스 | 050-7593-3175
블로그 | https://blog.naver.com/dahambooks
이메일 | dahambooks@gmail.com

ISBN 979-11-90584-60-9 (04230) | 979-11-90584-17-3 (세트)

디모데서에 반하다

TIMOTHY

Fall in love with Timothy

한병수 지음

기독교 직분자 매뉴얼

T

다함
도서출판

목차

추천사

우리 학자-목사들이 우리말로 쓴 강해적 주석서들의 필요를 늘 느껴왔습니다. Preaching the Word 시리즈(Crossway)나 Reformed Expository Commentary 시리즈(P&R)와 같이 신학적으로 바르고 본문에 충실하여, 목사들 뿐 아니라 성경을 사랑하는 일반 성도들이라면 누구라도 읽고 유익을 누릴 수 있는 강해적 주석서 말입니다. 본서야말로 내가 오래도록 바라왔던 바로 그런 책입니다. 학자와 목사로서 교회의 교사 직분을 신실하게 감당해온 저자는 본서 외에도 이미 출간된 '반하다' 시리즈를 통해 한국교회를 섬겨왔습니다.

저자는 목회서신이라 불리는 디모데서가 교회의 목회자 뿐 아니라 세상의 목회자인 교회와 성도들에게 주시는 말씀이라는 전제에서 성도 모두가 읽고 배워야 할 교회에 관한 교훈들을 풀어주고 있습니다. 저자의 글은 간결하고 명료하며 군더더기가 거의 없고 매우 적용적입니다. 한국 교회의 목사들은 물론, 성도들 모두가 본서를 충실하게 읽고 주의 말씀에 순종할 수 있다면, 교회는 지금보다 더 영광스럽고 더 거룩한 자태를 드러내게 되리라 확신합니다. 이제 이 책을 읽으십시오.

김형익 목사 (벧샬롬교회 담임)

목회현장에서 설교와 목양에 가장 필요한 것은 올바른 길잡이입니다. 여기에서 목회의 방향과 철학이 결정되기 때문입니다. 특히 직분론과 관련하여 어느 시대보다 혼란스러운 지금 한병수 박사의 디모데전후서 강해가 나온 것은 매우 반가운 일입니다. 나는 이 책을 받고 곧바로 2장과 3장을 먼저 읽어 내려갔습니다. 직분론에 가장 중요한 구절들이 있기 때문입니다. 그리고 이내 감사와 안도의 한숨을 쉬게 되었습니다. 한병수 박사는 가장 전통적인 입장에서 균형잡힌 해석을 싣고 있었습니다. 나는 우리 시대의 모든 목회자와 설교자들이 직분론과 관련해서 이 책을 정통한 해석으로 삼기를 부탁하고 싶습니다. 이미 출간된 몇 권의 〈반하다〉 시리즈에서 검증되었듯이, 이 책 역시 군더더기 없는 주석을 전개하면서 교부와 칼뱅의 해석을 가져와 현대의 적용점으로 나아갑니다. 이 책이 모든 설교자들의 손에 들어가 읽혀지기를 바라고, 혼란한 직분론이 이 책의 출간으로 교통정리가 되기를 바라면서 수많은 독자들의 사랑받는 책이 되리라 확신하며 추천합니다.

임종구 목사 (푸른초장교회 담임 / 대신대학교 역사신학교수)

한병수 교수의 『디모데서에 반하다』는 대단히 유익한 책입니다. 저자는 헬라어 원문에 근거한 정교한 주석을 시도하며, 지금 시대에 맞는 적실한 설명을 제공합니다. 따라서 독자들은 이 책을 읽음으로 하나님께서 디모데서를 통해 우리에게 주신 메시지를 올바르게 깨달을 수 있습니다. 저자는 디모데서의 모든 구절을 다룹니다. 그는 어려운 구절들도 피해가지 않습니다. 그는 본문을 해석하면서 권위 있는 신약학자들의 연구를 충실히 반영하며, 교회사를 공부한 학자답게 교부들과 칼뱅 등의 저술을 참고하여 디모데서가 담고 있는 의미를 정확하고 세밀하면서도 풍요롭고 은혜롭게 알려줍니다. 특히 저자는 바울이 디모데를 향하여 가졌던 에토스(ethos)를 종종 언급하는데, 이는 독자들을 때로 바울의 입장에 서게 하며, 때로 디모데의 입장에 서게 함으로 텍스트에 담긴 메시지, 곧 성경이 가진 수행력 (performative power)을 깊이 경험할 수 있게 합니다. 그러므로 나는 이 책을 높이 평가하여 독자들께 기꺼이 추천하는 바입니다.

황원하 목사 (대구산성교회 담임)

감사의 글

교회에도 공적인 직무를 수행하는 공무원이 있습니다. 대부분의 교회에는 목사, 장로, 집사 등과 같은 공무원의 이름으로 서로를 호명하는 문화 때문에 직분이 없는 분들은 이름없는 이방인의 소외감을 느끼기 쉽습니다. 이런 감정을 해소하기 위해 과도한 수의 성도들을 공직으로 임명하는 바람에 전교회의 직분화 현상이 오래전부터 유행처럼 번지고 있습니다. 인사가 만사라는 금언은 교회에도 적용되는 말입니다. 마구잡이식의 임직으로 교회는 필히 기독교 공직사회 기강의 무너짐과 함께 심히 크게 흔들릴 것입니다. 교회 내에서의 공직자 선출은 그래도 준비되지 않은 사람들을 걸러내는 투표라는 장치가 있습니다. 그러나 모든 성도는 믿는 순간부터 세상에 대하여 왕 같은 제사장 혹은 제사장 나라라는 공직을 맡습니다. 성도가 세상의 빛과 소금의 역할을 각 분야에서 충실하게 감당하기 위해서는 기독교 공직자의 자질을 갖추는 것이 시급한 일입니다. 디모데를 위하여 쓰여진 바울의 두 서신은 목사와 장로와 집사를 비롯한 교회 내에서의 공직자는 물론이고 세상 속에서 공직자로 살아가는 모든 디모데를 위하여 쓰여진 글입니다. 이 서신을 읽으면 우리는 교회의 영적인 건강만이 아니라 온 세상의 영적 건강도 도모할 수 있는 최고의 공직자 매뉴얼을 얻습니다. 이 서신의 해석을 통해 교회 내에서든 밖에서든 주님의 공직자로 살아가는 모든 분들은 누구이고, 어떠한 자질을 갖추어야 하고, 어떠한 사명을 완수해야 하고, 어떠한 일들을 실천하며, 어떻게 말하고 어디로 가야할 것인지를 이해할 수 있습니다.

디모데전후서 강해는 저의 독창적인 연구물이 아니라 윌리암 바운스, 교부들, 그리고 칼뱅 등이 저술한 주석들의 도움을 받아서 완성된 것입니다.[1] 디모데전서 강해는 2020년 9월부터 2021년 1월까지 매주 주일 오전 예배시간에, 디모데후서 강해는 2022년 2월부터 8월까지 새벽기도회 시간에 설교한 것입니다. 이 강해서에 담긴 진리의 깨달음은 저의 것이 하나도 없습니다. 주님께서 성령의 가르침을 통해 교회에 주신 것이며 저는 전달하는 설교자의 배역을 담당했을 뿐입니다. 그래서 설교할 때마다 하나님의 말씀이 저를 지나가는 황홀함의 기회를 제공한 주님과 교회 공동체에 감사를 드립니다. 그리고 정밀한 검독으로 다양한 부분을 수정해 준 다함 출판사와 아내에게 감사를 드립니다. 그럼에도 불구하고 해결되지 못한 오석과 오타라는 저의 부족함이 보인다면 너그러운 양해를 부탁 드립니다.

---

1 윌리암 바운스, 『목회서신』, WBC 주석 제 46권, 채천식과 이덕신역 (서울: 솔로몬, 2009);
   피터 고데이 엮음, 토마스 오든 책임 편집, 『교부들의 성경주해: 신약성경 XI』, 이상규 역
   (서울: 분도, 2013); 존 칼빈, 『신약주석: 디모데전후서』, 조영엽 역 (서울: 성광문화사,
   2005); 토마스 오덴, 현대성서주석: 디모데전후서 디도서, 김도일 역 (서울: 한국장로교출
   판사, 2002) 등을 참조했다.

Ⅱ

I. 디모데전서

서론   디모데전서

에베소 교회는 바울이 개척했다. 거듭나기 이전의 에베소 사람들은 "세상의 풍조"를 따르고 "공중의 권세 잡은 영"을 따랐으며 "육체의 욕심"에 이끌렸고 "육체와 마음의 원하는 것"을 행하는 "본질상 진노의 자녀"였다(엡 2:2-3). 바울은 이러한 그들의 과거를 가장 정확히 아는 사도였다. 그곳에서 바울은 "삼 년이나 밤낮 쉬지 않고 눈물로 각 사람"을 가르쳤다(행 20:31). 이런 눈물의 가르침은 바울과 에베소 성도 개개인을 묶어주는 신뢰의 끈이었다. 3년 동안 제자들을 가르치신 예수님의 훈련처럼 바울도 그런 수준의 교육을 밤낮으로 삼 년씩이나 했기 때문에 성도 개개인의 영적 성숙도는 바울의 수준을 방불했다. 잘 훈련된 목회자가 후임을 맡더라도 말씀의 섬김이 결코 녹록하지 않은 목회의 대상이다. 게다가 바울은 그들에게 신앙의 아버지와 같은 역할을 하였지만 "지극히 작은 자보다 더 작은 나"라며 자신을 낮추었다(엡 3:8). 이런 바울을 통해 그들은 영적 지도자의 국보급 겸손까지 경험했다. 아직도 미숙한 목회자 디모데가 그 교회에 원숙한 바울의 후임자로 갔다. 목회의 눈앞이 캄캄하고 걱정은 태산이다.

그런데도 바울은 에베소 교회를 섬길 적임자로 디모데를 지명했다. 아들과 같은 젊은 후임자를 세운 것은 교회의 단물을 계속해서 빨아먹기 위한 세습도 아니었고 목회적인 섭정을 위함도 아니었다. 이 편지의 목적을 보면 디모데를 택한 이유가 확인된다. "이것을 너에게 쓰는 것은 내가 지체하는 경우에 네가 살아계신 하나님의 교회요 진리의 기둥과 터인 하나님의 집에서 어떻게 행하여야 할지를 알게 하기 위함이다"(딤전 3:14-15). 여기에서 진리는 무엇인가? 하나님의 영광스런 복음이다. 바울은 이 복음이 자신에게 맡겨진 것이라고 한다(딤전 1:11). 이 복음은 진리의 기둥과 터인 교회의 생명이다. 복음이 변질되면 변질시킨 자는 누구든지 저주를 받을 정도로 그 순수성의 보존은 중요하다. 그 중요성은 바울이 그 복음을 지키고 전파하기 위해 자신의 목숨을 조금도 귀한 것으로 여기지 않을 정도였다(행 20:24). 바울은 편지의 결론에서 디모데를 향해 그에게 맡긴 복음을 거짓이 없이 순수하게 지키라고 다시 명령한다(딤전 6:20). 이 명령은 그가 디모데를 에베소에 머물게 할 때부터 주어진 것이었다(딤전 1:3).

디모데는 복음의 순수성을 지키라는 명령의 실행에 가장 적합한 인물이다. 그는 "거짓이 없는 믿음"의 사람이다(딤후 1:5). 복음의 순수성은 거짓이 없는 믿음에 의해서만 유지된다. 그래서 진실한 믿음은 목회자가 가져야 할 최고의 자질이다. 그리고 장로회의 안수에서 예언을 통하여 하나님의 은사가 그에게 주어졌다(딤전 4:14). 성령의 이끄심과 도우심을 받는 사람이다. 게다가 바울 자신만이 아니라 그의 제자들과 이웃 사람들 중에서도 디모데에 대한 칭찬이 자자했다(행 16:2). 비록 나이는 어리지만 내적인 자질과 외적인 검증이 모두 확인된 믿음의 아들이다. 그래서 바울은 에베소 목회를 그에게 위임했다. 그리고 교회의 모든 문제를 속속들이 아는 전임자의 목회 노하우를 두 편의 서신에 빼곡히 담아 무상으로 전수한다. 디모데전서는 그 첫번째 서신이다. 여러 목회서신 중에 이 서신은 목회자를 비롯한 모든 기독교 공무원을 위한 매뉴얼 중에 으뜸이다.

이 서신에서 바울은 순수한 복음의 보존을 강조한다. 교회를 섬기며 세우는 이유는 복음 때문이다. 복음을 순수하게 유지하고 전파하는 터와 복음의 기둥인 교회를 섬기는 것은 예수님을 본받아야 하고 그를 본받은 바울의 자질을 갖추어야 가능하다. 나아가 성도 모두가 그런 목회자와 협력해야 비로소 가능하다. 그래서 바울은 "너"(σε)와 "너희"(ὑμῶν)라는 단어를 사용하여 이 편지의 수신자가 목회자와 성도 모두가 되도록 내용의 수위를 정교하게 조절했다. 수신자를 언급하되 편지의 첫 부분(딤 1:2)에서 디모데를 거명하고, 마지막 부분(딤 6:21)에서 에베소 교회의 모든 성도를 언급한다. 이 편지에서 바울은 교회의 목회자인 디모데와 세상의 목회자인 모든 성도가 이렇게 협력하여 하나님의 영광스런 복음을 지키고 전파하기 위한 지침을 제공한다.

1장에서 바울은 에베소 교회의 지도자로 세워진 디모데를 믿음 안에서 신실한 자녀라고 표현하며 짧은 인사말을 건네고 교회의 긴급한 현안을 언급한다. 신화와 족보에의 착념과 율법의 잘못된 해석으로 인해 복음의 순수성이 훼손되고 있다는 우려를 표하면서 사랑의 명령을 발동하여 바로 잡으라며 디모데를 지도한다. 율법은 복음에 근거하여 해석해야 한다는 자신의 성경 해석학도 표명한다. 죄인들의 괴수였던 자신의 과거를 밝히면서 사도의 직분을 맡기신 하나님께 감사하며 디모데도 그런 감사의 자세로 섬길 것을 독려한다. 그러나 인간 바울의 지시를 따르는 것이 아니라 하나님의 말씀 즉 성령의 검으로 믿음의 선한 싸움을 싸우라고 지도한다.

2장에서 바울은 목회의 실천적인 지침으로 기도의 삶을 강조한다. 모든 사람들을 위해 기도하고 왕을 비롯한 모든 고위직에 있는 사람들을 위해서도 정치적인 이념을 불문하고 기도해야 한다고 가르친다. 기도의 내용은 모든 사람들이 구원을 받고 진리의 지식에 이르게 해 달라는, 즉 진리의 깨달음을 추구하는 신앙이다. 바울은 아주 간략한 복음의 내용을 소개하며 자신이 받은 사도의 사명이 바로 이 복음을 온 세상에 전파하는 것이라고 한다. 이 복음을 위해 교회의 모든 형제들과 자매들도 거룩한 손을 들어 단정한 자세로 기도하며 협력해야 함을 강조한다. 남자와 여자가 복음의 사역에 참여함에 있어서 성별에 따른 질서가 있음을 바울은 신중하게 지적한다.

3장에서 바울은 감독과 집사의 직분에 합당한 자질들을 소개한다. 이렇게 복음의 순수성을 유지하고 전파하기 위해 모두가 기도로 협력해야 함을 강조하고 교회의 각 분야에서 섬기는 자들의 자질을 열거한 이후에, 바울은 이 편지를 보내는 이유를 소개한다. 즉 에베소에 가지 못하는 상황이 바울에게 생기면 디모데의 목회에 차질이 생겨 하나님의 교회에 어려움이 발생할 수 있기 때문이다. 디모데가 교회를 섬김에 있어서 행해야 할 가장 중요하고 우선적인 것이 경건임을 말하고 그 경건의 핵심은 하나님을 아는 지식에 있음을 가르친다.

4장에서 바울은 다양한 지역에서 교회를 세우고 섬긴 경험에 비추어 몇 가지 교리적인 문제로 인해 발생하는 교회의 분쟁을 대비해야 한다고 당부한다. 특별히 결혼을 금지하는 문제, 음식을 금지하는 문제, 신화에 근거한 해석의 문제를 언급한다. 디모데 자신과 직결된 문제는 아니지만 성도들이 겪게 될 미혹과 혼란을 목회자는 대비하여 각 사안을 지혜롭게 대처해야 한다. 이러한 일처리에 있어서 디모데의 미숙한 젊음이 문제가 되지 않도록 신앙과 인격과 삶에 있어서 본을 보이라고 한다. 무엇보다 목회자로 부르심을 받을 때에 주님께서 베푸신 말씀과 은사를 소중하게 여기라고 한다.

5장에서 바울은 다양한 연령과 성별과 신분과 계층으로 구성된 교회 공동체의 각 구성원이 죄를 범하였을 때에 각자의 특성에 따라 맞춤형 처신을 하라고 주문한다. 늙은 남성은 아버지로, 젊은 남성은 형제로, 늙은 여성은 어머니로, 젊은 여성은 자매로 대하라고 한다. 교회는 가족과 같아야 함을 가르친다. 과연 교회는 관계의 천국이다. 특별히 과부를 존대해야 한다고 당부한다. 교회에서 참 과부의 요건들은 무엇이며 가족이 있는 과부들은 어떻게 돌보아야 하는지를 가르친다. 잘 다스리고 가르치는 장로들을 성도는 두 배로 존경해야 하고 그들에 대한 고발은 신중해야 함을 지적한다. 특별히 디모데는 몸이 연약하다. 교회를 더 잘 섬기기 위해서는 타인의 죄에 물들지 않고 영적 정결함을 유지하는 것과 더불어 건강도 잘 관리해야 함을 강조한다.

6장에서 바울은 사회적인 질서 속에서 각 계층은 어떻게 처신해야 하는지를 가르친다. 종들은 상전을 주님처럼 존경하며 순종해야 한다. 복음의 진리와 무관한 궤변들에 매달려 과도한 시간과 에너지를 허비하는 변론과 언쟁을 피하라고 한다. 궤변 중에는 이득이 곧 경건이란 주장까지 있다. 바울이 보기에는 이득이 아니라 자족이 진정한 경건이다. 인생은 공수래 공수거다. 그런데도 부자가 되려고 몸부림을 치며 돈을 사랑하여 온갖 죄악을 저지르는 자들이 있음을 안타까워 한다. 이들과는 달리, 하나님의 사람은 그런 욕망을 피하고 의와 경건과 믿음과 사랑과 인내와 온유를 추구해야 한다. 바울은 하나님의 이름을 걸고 믿음의 아들에게, 그리고 교회의 모든 성도에게 엄중히 명령한다. 우리는 이 세상에 속한 자가 아니라 하나님께 속한 자이며 하나님 나라와 인간 세상의 갈등 속에서 믿음의 선한 싸움을 싸우고 영원한 생명을 붙들어야 한다고! 혹시 부자들이 교회에 있다면 가난한 자들에게 베풀면서 불확실한 재물이 아니라 영원하고 확실한 하나님께 소망을 두라고 가르친다. 이러한 교회가 하나님의 복음을 순수하게 지키고 올바르게 전파한다. 교회는 복음의 그릇이다. 그래서 교회는 거룩해야 한다. 사람의 뜻과 결단과 힘으로는 불가능한 일이지만 하나님의 은혜가 있으면 가능하다. 그래서 바울은 디모데와 에베소 교회 성도들의 성공적인 섬김을 하나님의 은혜에 부탁한다. 이렇게 디모데전서는 목사를 목사답게 하는 목회자 지침서요, 교회를 교회답게 하는 교회 운영서요, 목회를 목회답게 하는 목회 안내서다.

딤 1:1-2

¹우리 구주 하나님과 우리의 소망이신 그리스도 예수의 명령을 따라 그리스도 예수의 사도 된 바울은 ²믿음 안에서 참 아들 된 디모데에게 편지하노니 하나님 아버지와 그리스도 예수 우리 주께로부터 은혜와 긍휼과 평강이 네게 있을지어다

❖ ❖ ❖

¹우리의 구주 하나님과 우리의 소망 그리스도 예수의 명령을 따라 된 그리스도 예수의 사도 바울은 ²믿음 안에서 진실한 자녀 디모데에게 하나님 아버지와 그리스도 예수 우리 주로부터 은혜와 긍휼과 평강이 [있기를 원하노라]

※ 독자들의 편의를 위해 대한성서공회의 개역개정역(4판, 위)과 저자의 사역(아래)을 함께 표기했습니다.

01   디모데가 되라

바울은 신약에서 히브리서를 포함하여 14권의 서신을 저술했다. 그 중에서 공동체를 수신자로 삼은 서신은 10권이고(로마서, 고린도전서, 고린도후서, 갈라디아서, 에베소서, 빌립보서, 골로새서, 데살로니가 전서, 데살로니가 후서, 히브리서), 개인의 이름을 수신자로 거명하며 쓴 서신은 4권이다(디모데전서, 디모데후서, 디도서, 빌레몬서). 개인에게 보낸 편지들 중에서 빌레몬서 외에는 모두 교회의 목회자를 위해 쓴 서신이다. 그래서 디모데전서와 디모데후서와 디도서를 "목회서신"이라 한다. 디모데전서는 로마의 감옥에서 나온 바울이 63년경에 마게도냐 지역에서 디모데에게 쓴 서신이다. 비록 목회자 한 사람에게 쓴 글이지만, 이 서신의 독자층은 하나님의 사람들 모두를 포괄한다. 이는 하나님의 모든 사람들이 삶의 모든 현장에서 제사장의 직분을 가지고 각자의 고유한 목회에 종사하고 있기 때문이다. 그러므로 이 서신을 통해 교회에서 복음을 전파하는 목회자와 세상에서 복음을 전파하는 목회자로 살아가는 성도 모두는 협력하여 하나님의 나라를 세워가야 한다.

이 편지의 직접적인 수신자인 디모데는 누구인가? "디모데"(Τιμόθεος =

Τιμό + Θεος)의 어원적인 의미는 "하나님을 공경하는 사람"이다. 고대 로마에는 "이름이 운명이다"(nomen est omen)라는 이해가 편만했다. 성경 안에서도 한 사람의 이름과 인생은 결부되어 있다. 여호와 공경은 디모데의 운명이다. 디모데전서는 디모데가 교회에서 하나님을 진실로 공경하는 사람이 되도록 가르치고 지도하는 바울의 목회 지침서다. 성경은 디모데의 배경을 언급한다. 그는 헬라인 아버지와 "믿는 유대 여자" 유니게 사이에서 태어났다(행 16:1). 어머니 유니게는 믿음의 사람 로이스의 딸이었다. 디모데는 모계를 따라 3대째 믿음을 이어가는 사람이다. 바울은 이 가정의 믿음에 대해 "거짓이 없는 믿음"을 가졌다고 칭찬한다(딤후 1:5). 디모데의 가정은 대대로 신실한 믿음의 가문이다. 한 사람의 신앙은 다양한 구성물로 이루어져 있다. 그 중의 하나는 가정적인 배경이다. 한 세대가 믿음을 잘 지키면 "천 대까지 은혜"를 받는다는 것은 하나님의 공의로운 언약이다(출 20:6). 이 언약은 또한 우리가 자기 세대만 위하지 않고 앞으로 천 세대의 영적 복지를 의식하며 신앙의 계보를 이어가야 한다는 말이 아니고 무엇인가!

바울은 2차 전도여행 기간인 49-52년 사이에 더베와 루스드라 지역에서 디모데와 마주쳤다. 누가는 디모데를 바울의 "제자"로 소개한다. 이것은 디모데 자신의 평가도 아니고 바울의 평가도 아닌 제 3자의 소견이다. 이는 바울의 가르침을 디모데가 잘 계승한 사람임을 나타낸다. 디모데는 루스드라 및 이고니온 지역에서 형제들의 "칭찬을 받는" 제자였다(행 16:2). 바울을 본받은 제자들만이 아니라 그가 살고 있는 주변 지인들의 칭찬까지 자자했다. 어떤 사람은 자신에게 이득이 될 사람들에 대해서만 이미지를 관리하며 관계의 온도와 간격을 적절하게 유지한다. 그러나 디모데는 자신의 인생에 지대한 영향을 끼치는 사람에게 잘 보이려고 무늬만 꾸민 제자가 아니라 특별한 이해관계 없는 사람들에 대해서도 바울의 가르침을 따라 덕을 끼치는 제자였다. 바울은 그렇게 신뢰감을 주는 디모데를 데살로니가 교회로 파송했다. 교회에 파견될 때마다 "하나님의 일꾼인 디모데"

가 수행해야 하는 임무는 그 교회를 견고하게 하고 믿음에 대하여 위로를 주고 어떠한 환란의 풍파가 닥쳐도 흔들리지 않는 교회를 만드는 것이었다(살전 3:2-3). 에베소 교회에 대해서도 예외가 아니었다(딤전 3:15).

디모데는 한 곳에서만 섬기지 않고 이후에 고린도 교회에서 바울과 만나 함께 복음을 전파했다. 그리고 마게도냐 지역으로 파송되어 그곳에서 사역했다. 그리고 바울의 후임으로 에베소 교회의 목회자로 사역했다. 디모데는 바울이 두번째로 로마의 감옥에 갇혔을 때 그를 방문했다. 이처럼 디모데는 바울과의 만남 이후로 바울이 죽을 때까지 찾고 만나고 싶어할 정도로 가장 사랑한 믿음의 아들이며 제자이며 후배이며 후임이며 동료였다. 디모데는 바울이 사도로서 교회를 섬기는 일에 수고의 땀을 섞었으며 아주 가까운 거리에서 사도의 인격과 삶과 선교적인 전략과 목회적인 자세를 체험하고 체득했다. 더 가르칠 것이 없을 듯하지만 바울은 그런 아들에게 겉으로는 쉽게 관찰되지 않는 목회 노하우를 이 서신에서 가르친다. 당사자가 꺼내지 않으면 아무도 모를 목회자의 됨됨이와 목회의 비법이다. 그러므로 이 서신은 자신이 하나님을 경외하는 그런 디모데가 되기를 원하거나, 자신의 자녀나 제자나 후배나 동료가 각자 자기 시대의 디모데 되기를 소원하는 모든 이들의 필독서다.

1우리의 구주 하나님과 우리의 소망 그리스도 예수의 명령을 따라 된
그리스도 예수의 사도 바울은

바울은 자신을 사도로 소개한다. "사도"(ἀπόστολος)는 하나님의 보내심을 받아 교회에서 공적인 직무를 수행하는 종교적인 공직자의 호칭이다. 만약 이 편지가 바울과 디모데 사이의 사적인 글이라면 자신의 이름이나 관계성 호칭만 사용해도 충분할 것이었다. 그런데 바울이 편지에서 사도의 신

분을 밝혔다는 것은 이 서신이 사적인 이유와 목적으로 개인에게 보내는 편지가 아니라 교회와 관련된 공적인 글임을 나타낸다. 이 서신의 공공성은 서신의 마지막에 바울이 수신자를 일컬어 "너희"(ὑμῶν, 딤전 6:21)라는 2인칭 복수를 사용하고 있다는 것에서도 확인된다. 목회자도 자신의 직분과 목회에 대해 마땅히 알아야 하지만, 온 교회도 목회자의 직분과 목회의 성경적인 원리에 대해 동일하게 이해해야 한다. 목회는 소수 전문가의 전유물이 아니라 온 성도가 함께 협력해야 하는 공동체적 사역이다. 이러한 이해가 없으면 교회는 영적인 질병에 걸리고 심하게는 "사단의 회당"으로 전락할 위험성도 다분하다(계 3:9). 어떤 목회자는 사환의 신분으로 섬기는 교회를 마치 자신의 가업으로 여기고 자신이 최고 경영자인 것처럼 자식에게 물려주는 것을 당연한 것으로 여기며 심지어 그런 목회의 혈통적인 대물림이 십자가를 짊어지는 일이라며 어설픈 피해자 생색까지 낸다. 게다가 그런 주장을 묵인하는 교인들은 무비판적 수용의 태도로 목회자의 교주화에 동조한다. 예수님은 성전에서 돈벌이를 하는 자들의 상과 의자를 뒤집어 엎으시고 그들을 "기도하는 집"을 "강도의 소굴"로 만든 주범으로 취급하며 정죄했다(마 21:13). 나아가 이러한 일을 조장하고 방조한 종교 리더들을 외식과 불법이 가득하고 죽은 사람의 뼈와 온갖 더러운 것이 가득한 무덤 같은 존재라고 호되게 꾸짖었다(마 23:27).

바울은 자신의 사도직이 하나님과 예수의 "명령을 따라"(κατ' ἐπιταγὴν) 된 것이라고 표현한다. 이처럼 사도라는 직분은 교회에 의한 표결의 방식이나 사도회에 의한 선출의 방식이나 특정한 사도에 의한 후계자 지명의 방식이 아니라 주님의 명령에 의해서만 결정된다. 예수의 제자들은 "나를 따르라"는 명령에 순종하여 사도직을 수락했다(마 8:22, 9:9; 요 1:43). 이것이 사도 임명의 절차였다. 그러므로 사도의 소명과 사명은 사람에 의해서가 아니라 오직 하나님에 의해서만 주어진다. 어떤 식으로든 사람이 사도를 세운다면 그것은 불법이다. 그리고 주님의 "명령을 따라" 어떤 부르심을 받았다면 세속의 다른 일 때문에 수락하지 않는 것도 합당하지 않다(눅 9:59-62). 주님께서 "명령"의 방식을 사용하실 때에는 그것이 우리에게 최고의 유익이기 때문에 주어지는 것임을 우리는 기억해야 한다. 어떠한 형태의 직분으로 부름을 받더라도 주님의 명령에 순종하는 것은 우리와 이웃 모두를 위한 최고의 선택이다. 이 세상에는 무수히 많은 명령들이 존재한다. 그러나 이유를 따지지 않고 상황과 무관하게 무조건 순종해도 아무런 부작용이 없고 어떠한 후회도 없이 전적으로 유익한 명령은 하나님의 명령이 유일하다. 하나의 사안에도 다양한 명령이 중첩되어 있지만 하나님의 명령에 순종하면 다른 명령들에 대해서도 파생적인 최선이 달성된다.

바울의 모든 활동이 가진 권위는 주님의 명령에 근거한다. 바울이 이러한 사실을 밝히는 이유는 디모데가 바울을 통해 가르침을 받은 모든 것들의 권위도 주님의 명령과 무관하지 않음을 알리기 위함이다. 사실 디모데는 교회의 목회자로 활동할 때에 나이가 어리다는 이유로 적잖은 어려움을 경험하고 있다(딤전 4:12). 이런 사실을 인지하고 있었던 바울은 이처럼 젊은 사역자 디모데를 에베소 교회의 목회자로 세운 자신의 사도적 권위가 주에게서 온 것임을 공적인 편지의 형식으로 디모데와 에베소 교회에게 확인시켜 준다. 자상하다. 목회자의 권위는 자신의 인간적인 조건에 근거하지 않고 주님의 명령에서 온다. 그런데 목회자가 주님의 명령에 순종할 때에만 그의 정당한 권위가 발휘된다. 주님의 명령에서 오는 권위에 의지하지 않고 스스로 내세우는 권위는 수치를 자초한다. 공동체에 재앙으로 작용한다. 모든 부르심은 비록 자원과 표결의 방식을 취하지만 그 배후에는 하나님의 명령이 있음을 기억해야 한다.

바울은 하나님을 "우리의 구주"라고 고백한다. 당시에 그리스의 신 제우스나 황제에게 돌려지던 이 호칭을 바울은 이방인의 구주가 아니라 "우리의(ὑμῶν) 구주"로 부르며 차별화를 시도한다. 바울에게 "구주"는 하나님의 동의어다. "구주"(σωτήρ)라는 말은 "위험에서 안전으로 데려가는 자"를 의미한다. 이 의미를 하나님께 적용하면 우리를 죄의 형벌과 사망의 위험에서 건져내어 영원한 생명의 안전한 자리로 옮기시는 분을 가리킨다. 다양한 종류의 구주가 있겠지만, 죄로 말미암은 영혼의 필연적인 사망에서 건질 수 있는 구주가 하나님 외에 누가 있겠는가! 이런 구원은 다른 어떤 이에게도 기대하지 말라. 유일하게 그 사망에서 우리 모두를 건지신 하나님은 바울에게 사도의 소명을 명령의 방식으로 맡기실 자격을 충분히 갖추셨다. 명령을 내리려면 이런 수준의 자격은 구비해야 한다. 존재를 가능하게 하신 창조자의 자격만이 아니라 죄와 사망에서 건지신 구원자의 자격에 의해서도 하나님이 바울을 사도로 부르시는 명령을 내리시는 것은 지극히 합당하다. 모세를 통해 명령을 주실 때에도 하나님은 명령의 수령자인 이스라엘 백성을 종 되었던 애굽에서 건져내신 구원자의 자격을 밝히셨다(출 20:2).

바울은 그리스도 예수를 "우리의 소망"이라 한다. "소망"(ἐλπίς)은 "미래의 어떠한 것을 설레는 마음으로 기대하는 마음의 상태"를 의미한다. 바울에게 인생의 심장을 뛰게 만드는 설렘의 주인공은 예수였다. 오늘날 대부분의 사람들은 이 세상의 부와 명예와 권력 때문에 소망의 심장이 춤추지만 바울의 소망은 예수에 의해서만 격하게 박동했다. 바울의 시대에는 과연 다른 소망이 있었는가? 특별히 에베소 교회에 대해서는 과거에 "너희는 그리스도 밖에 있었고 이스라엘 나라 밖의 사람이라 약속의 언약들에 대하여는 외인이요 세상에서 소망이 없고 하나님도 없는 자"였다고 한다(엡 2:12). 그 시대에는 종교적인 면에서 미신과 우상과 점술의 문화가 팽배했다. "운명이나 우연" 개념이 그 시대의 정신을 지배했다. 진실로 소망은 그리스도 안에만 있고 하나님이 계셔야만 있는 약속의 언약들이 주어진 언약의 파트너만 가진 특권이다. 사람들은 막연하게 원인을 알지 못하는 행복과 기쁨이 우연히 주어지길 고대한다. 만남도 그러하고 돈도 그러하고 이동도 그러하다. 그러나 이 세상에 우연이란 없다. 우연처럼 보이는 것은 우리가 원인을 알지 못하기 때문에 발생하는 일종의 해석이다. 원인을 모르는 행운처럼 보이는 일들이 우리의 인생에 발생하는 이유는 온 우주의 통치자 되시는 주님께서 오른손이 하는 것을 왼손이 모르도록 은밀하게 행하시기 때문이다. 하늘에서 행운의 감이 떨어질 것을 기대하며 입을 벌리는 것은 미신이다. 우리는 막연한 우연의 손길을 기다리지 않고 확고한 소망을 그리스도 예수에게 둔다. 바울은 그 소망이 "우리에게 주신 성령으로 말미암아 하나님의 사랑이 우리 마음에 부은 바" 되어 결코 "우리를 부끄럽게 하지" 않는다고 확신한다(롬 5:5).

우리가 가진 소망의 궁극적인 내용은 그리스도 자신이다. 우리의 소망이 예수라는 말의 의미는 무엇인가? 이에 대하여 바울은 유다를 다스리는 로마의 벨릭스 총독과의 대화에서 이렇게 표현한다. "그들이 기다리는 바 하나님께 향한 소망을 나도 가졌으니 곧 의인과 악인의 부활이 있으리라" (행 24:15). 예수에 대한 바울의 소망은 부활과 관계되어 있다. 부활에 대한 예수님의 말씀이다. "선한 일을 행한 자는 생명의 부활로, 악한 일을 행한 자는 심판의 부활로 나오리라"(요 5:29). 부활의 때에 예수는 심판의 권한을 가지고 선인과 악인을 맞으신다. 부활 이후에 심판을 행하시는 분이 예수이기 때문에 바울은 우리를 위해 죽기까지 하신 예수가 "우리의 소망"이 되신다고 고백한다. 예수님은 또한 장차 우리가 어떻게 될 것인지를 보여주는 우리의 길이시다. 장차 우리는 "그와 같은 형상으로 변화"할 것이기 때문이다(고후 3:18). 모든 이름 위에 뛰어나게 되신 예수는 우리가 이 땅에서는 환난을 당하지만 이것과 족히 비교할 수 없는 영광을 얻게 된다는 사실의 증인이다. 이러한 소망은 이 세상의 어떠한 절망에 의해서도 소멸되지 않는 불변의 소망이다. 예수라는 이 소망보다 더 확실하고 우리를 설레게 하는 것이 어디에 있겠는가!

"구주"는 우리에게 구원을 베푸시고 그 구원을 붙드시는 과거와 현재의 의미가 강하다면, "소망"은 그 구원이 완성되는 미래와 관계한다. 바울은 태초부터 종말까지 인류의 시작과 끝을 주관하고 계신 주님, 구원과 소망되시는 분의 "명령을 따라" 사도로 부르심을 받았다고 고백한다. 자신을 사도로 부르신 분의 이러한 정체성을 따라 바울이 일평생 전하고자 하는 메시지의 핵심은 예수의 죽음과 부활이다. 이로 말미암은 우리의 구원과 소망이다. 이렇게 부르신 분의 뜻과 바울의 메시지는 일치한다. 모든 사람은 주님께서 부르셔서 맡기신 하나의 메시지로 살아간다. 우리의 인생은 한 줄의 메시지로 요약된다. 과연 우리의 삶이라는 그릇에 담긴 메시지의 내용은 무엇인가? 탐욕인가 아니면 나눔인가? 미움인가 아니면 사랑인가? 거짓인가 아니면 진리인가? 나인가 아니면 예수인가? 구원과 소망인가 아니면 멸망과 절망인가?

²믿음 안에서 진실한 자녀 디모데에게 하나님 아버지와
그리스도 예수 우리 주로부터 은혜와 긍휼과 평강이 [있기를 원하노라]

디모데는 바울이 보낸 편지의 직접적인 수신자다. 바울은 디모데를 "믿음 안에서 진실한 자녀"라고 평가한다. 바울이 디모데를 "자녀"(τέκνον)라고 부르는 것에 이의를 제기하는 사람들이 있다. 그들은 예수님의 말씀을 근거로 제시한다. "땅에 있는 자를 아버지라 하지 말라 너희의 아버지는 한 분이시니 곧 하늘에 계신 이시니라"(마 23:9). 이는 하늘에 계신 하나님 이외에는 땅에 있는 어떤 사람도 아버지라 부르지 말라는 주님의 명령이다. 오직 하나님만 우리를 무에서 존재로 부르신 존재의 샘이시다. 이 땅에서의 부모는 존재의 통로를 의미한다. 이 명령은 서기관과 바리새인 같은 사람들의 교만을 경계하는 문맥에서 나온 말씀이다. 진정한 선생님, 진정한 아버지, 진정한 지도자는 하나님 외에 없기 때문에 엄밀한 의미에서 그것들은 모두 하나님의 고유한 호칭이다. 하나님을 선생님과 아버지와 지도자로 모신 우리들은 모두 하나님의 학생과 자녀이며, 순종의 사람이다. 하나님은 우리 모두의 아버지가 되시기에 우리는 서로를 부모와 자녀의 관계보다 그리스도 안에서의 형제로서 동등하게 대하며 사랑해야 한다.

그런데도 바울이 디모데를 자녀라고 말한 것은 존재와 관련된 것이 아니라 신앙적인 차원의 관계에 근거한다. 디모데가 바울을 통해 비로소 신앙을 갖게 된 것은 아니지만 주님의 제자로 성장함에 있어서는 바울이 그의 아버지다. 낳은 부모가 있고 기른 부모가 있듯이 신앙에 있어서도 낳은 부모가 있고 기른 부모가 있다. 복음을 전파하는 사람은 모든 사람에게 자녀를 대하듯이 아비의 마음으로 무조건적 사랑을 베풀어야 한다. 그런 아비의 마음을 가진 사람이 없다는 것은 오히려 교회의 심각한 결함이다. "그리스도 안에서 일만 스승이 있으되 아버지는 많지 아니하니"(고전 4:15). 이 말씀은 실천이 없는 화려한 이론과 사랑이 없는 현란한 설교만 생산하는 교회의 목회자를 꾸짖는다. 예나 지금이나 입술만 시끄러운 목회자가 너무나도 많다. 반면, 아버지의 마음으로 복음을 전파하는 목회자는 심히 희박하다. 동시에 이 말씀은 실천적인 사랑의 목회자를 닮아가지 않는 피상적인 믿음의 자녀들도 꾸짖는다. 바울은 고린도 교회의 성도들을 그리스도 안에서 복음으로 낳았다고 주장한다. 그런데 그들 대부분은 바울 본받기를 싫어한다. 하지만 진실한 믿음의 자녀라면 믿음의 아버지를 본받아야 한다. 그래서 바울은 그들에게 "너희는 나를 본받는 자가 되라"(고전 4:16)고 강하게 요청한다. 그런 바울 본받음에 있어서 디모데는 우리의 모델이다.

이전에 바울은 고린도 교회에 디모데를 파견했다(고전 4:17). 사도는 그들에게 디모데를 "주 안에서 내 사랑하고 신실한 자녀"라고 소개한다. 자녀라면 아비를 본받아야 하는데 디모데는 믿음 안에서 "진실한 혹은 제대로 태어난"(γνήσιος) 자녀의 모델이다. 그런 디모데를 바울이 그들에게 파견한 이유는 바울이 "각 교회에서 가르치는 것을 생각나게" 하기 위함이다. 바울을 닮은 디모데는 그의 존재 자체로 바울과 그의 가르침을 떠올리게 만드는 제자이며 아들이다. "자녀"는 "제자"보다 더 강한 개념이다. 과연 나는 인품에 있어서 주님의 자녀인가? 과연 나는 섬김에 있어서 주님의 제자인가? 그런 제자와 자녀가 나에게는 있는가?

그런데 오늘날 교회에는 그런 믿음의 아버지가 없고 말만 요란한 스승이 가득하다. 이런 사람은 본받을 만한 신앙의 내용은 구비하지 않고 자신을 닮으라고 강요한다. 자신이 마음대로 조종할 부하를 만들려고 한다. 본받을 만한 믿음의 아버지가 없는 것도 문제지만 혹시 그런 아버지가 있더라도 닮으려는 자녀들이 없다는 문제도 동일하게 심각하다. 고린도 교회의 상황과 유사한 지금, 교회에는 아비의 마음을 가지고 믿음으로 자녀를 잉태하는 해산의 수고를 기꺼이 감수하는 아비 같은 목회자도 필요하고, 그런 아버지를 즐거이 본받는 진실한 자녀들도 필요하다. 21세기의 바울이 되고 디모데가 되라. 교회의 미래는 사람이다.

바울은 진실한 믿음의 자녀 디모데에게 "은혜와 긍휼과 평강"이 있기를 기원한다. 이것은 오직 하나님 아버지와 그리스도 예수에 의해서만 주어진다. "은혜"(χάρις)는 아버지 하나님과 그리스도 예수 우리의 주님만이 베푸시는 사랑을 의미한다. 이 은혜는 어떠한 조건이나 자격이나 대가의 지불에 근거하지 않고 그냥 주어지는 무조건적 사랑의 선물이다. 이 은혜의 원인은 인간의 공로나 자격이나 실력이 아니라 하나님의 긍휼이다. "긍휼"(ἔλεος)은 주님께서 그의 불쌍한 백성을 향하여 가진 사랑의 마음을 의미한다. 이 긍휼이 없으면 모든 사람은 죄인으로 정죄되고 필히 사망에 이르고야 만다. "평강"(εἰρήνη)은 주께서 긍휼한 마음으로 베푸신 은혜의 결과를 의미한다. 은혜의 결과가 부와 권력과 장수가 아니라는 사실 때문에 실망하는 사람들이 있다. 그러나 평강은 죄로 말미암아 파괴된 온 우주의 만물과 관계와 질서의 회복이다. 특정한 개인에게 주어지는 것만이 아니라 온 세상에게 주어지는 은혜의 종착지다. 하나님은 온 세상이 도달해야 하는 최상의 상태 즉 평화를 원하신다. 주의 긍휼로 말미암아 죄인은 하나님과 화목하게 되고, 또한 나 자신과, 타인과, 자연과 더불어 평화롭게 된다. 디모데는 이미 하나님의 은혜를 받고 그분의 긍휼을 입고 평강의 상태에 이르렀다. 그런데도 이런 기원을 하는 바울의 의도는 무엇인가? 믿음의 사람들 사이에서 서로를 향해 가져야 할 마음의 기본을 가르치기 위함이다. 교회에는 타인에게 은혜가 아니라 저주를, 긍휼이 아니라 진노를, 평강이 아니라 불화를 바라는 마음의 소유자도 있다. 이 문제를 해결하기 위해서는 목회자가 먼저 주님의 은혜와 긍휼과 평강으로 충만해야 한다. 주님의 충만한 은혜와 긍휼과 평강이 나를 만나는 모든 사람에게 전달되는 통로로 살아가야 한다. 이러한 삶은 은혜와 긍휼과 평강을 기원하는 사람의 실질적인 책임이다.

이 본문에 근거하여 나는 우리 모두가 디모데가 되기를 소원한다. 또한 디모데와 같은 믿음 안에서 신실한 자녀를 잉태하는 바울이 되기를 소원한다. 우리 모두가 이 서신의 수신자가 되어 수용해야 한다. 나아가 이 서신의 발신자가 되어 다른 신실한 자들에게 영광의 복음을 부탁해야 한다. 우리는 바울이 나에게 편지를 썼다는 생각으로, 내가 믿음의 아들에게 편지를 쓴다는 마음으로 이 서신을 적용해야 한다. 나 자신을 편지의 수신자인 디모데와 발신자인 바울에게 존재의 이입을 시도할 때에 이 서신은 비로소 읽어지고 그때에야 비로소 이 서신의 영적인 수혜자가 되기 때문이다. 성경을 읽고 해석할 때에는 성경과 나 사이의 간격을 적당하게 조절해야 한다. 과도한 밀착을 통한 주관화도 주의하고 과도한 이격을 통한 단절화도 주의해야 한다. 하나님과 나 사이의 관계에는 사랑의 크기가 요구하는 적정한 간격을 유지해야 한다.

딤전 1:3-7

³내가 마게도냐로 갈 때에 너를 권하여 에베소에 머물라 한 것은 어떤 사람들을 명하여 다른 교훈을 가르치지 말며 ⁴신화와 끝없는 족보에 몰두하지 말게 하려 함이라 이런 것은 믿음 안에 있는 하나님의 경륜을 이룸보다 도리어 변론을 내는 것이라 ⁵이 교훈의 목적은 청결한 마음과 선한 양심과 거짓이 없는 믿음에서 나오는 사랑이거늘 ⁶사람들이 이에서 벗어나 헛된 말에 빠져 ⁷율법의 선생이 되려 하나 자기가 말하는 것이나 자기가 확증하는 것도 깨닫지 못하는도다

❖ ❖ ❖

³내가 마게도냐로 가면서 너로 하여금 에베소에 머물라고 권고한 것은 네가 어떤 사람들을 명하여 [그들로 하여금] 다른 것을 가르치지 않고 ⁴신화들과 끝없는 족보들에 몰두하지 않도록 하기 위함이다 그런 것들은 믿음 안에 있는 하나님의 경륜보다 오히려 공론들을 가져다 줄 뿐이니라 ⁵그 명령의 목적은 청결한 마음과 선한 양심과 가식이 없는 믿음에서 나오는 사랑이다 ⁶어떤 사람들은 이런 것들에서 벗어나 허망한 이야기로 돌이켰고 ⁷율법의 선생 되기를 원했으나 자기가 말한 것이나 자기가 확증하는 것에 대해서도 깨닫지 못한 자들이다

02 　　　　　　　　　명령의 목적은 사랑이다

3내가 마게도냐로 가면서 너로 하여금 에베소에 머물라고 권고한 것은
네가 어떤 사람들을 명하여 [그들로 하여금] 다른 것을 가르치지 않고
4신화들과 끝없는 족보들에 몰두하지 않도록 하기 위함이다 그런 것들은
믿음 안에 있는 하나님의 경륜보다 오히려 공론들을 가져다 줄 뿐이니라

짧은 인사말을 나눈 이후에 바울은 곧장 본론으로 들어간다. 바울의 이러한 필법에는 바울과 디모데의 긴밀한 관계성 및 공사(公私)의 뚜렷한 구분이 반영되어 있다. 인사말이 짧은 이유는 두 사람이 서로의 근황에 대해 궁금하지 않은 것이 아니라 서로의 형편에 대한 인식의 업데이트 속도가 빨라서 근황에 대한 궁금증이 없기 때문이다. 그리고 바울과 디모데는 서로의 개인적인 필요를 채워주는 관계가 아니라 하나님의 교회를 세우는 동역자의 관계이기 때문에 사역자의 직무와 무관한 사적인 이야기로 공적인 서신의 소중한 지면을 소비하는 것은 낭비로 간주한다. 그리고 이 서신은 디모데 개인에게 보내는 것이지만 동시에 에베소 교회의 공동체에 보내는

글의 공공성 때문에 둘만 나누어야 하는 사적인 사안의 최소화를 도모하는 바울의 지혜가 본론의 신속한 돌입에서 번뜩인다.

바울은 에베소에 디모데와 함께 있다가 마게도냐 지역으로 갈 때 그에게 에베소에 머물라고 권고했다. 그렇게도 사랑하는 믿음의 아들을 에베소에 남긴 이유는 무엇인가? 디모데가 에베소 교회에서 사람들을 명하여 그들이 1) 이상한 교리를 가르치지 못하게 하고 2) 신화와 끝없는 족보에 몰두하지 않게 하기 위함이다. 당시 에베소 교회의 상황은 어떤 사람들이 복음과는 다른 이상한 교설들을 퍼뜨리고 있고 교회의 관심과 의식이 복음의 본질을 떠나 신화와 끝없는 족보에 잔뜩 기울어져 있는 상황이다. 이 편지에 자주 등장하는 "명하다"(παραγγέλλειν)는 말은 "군사와 법률 양자 모두의 용어로서 군사적 명령 또는 법원의 공식적인 소환"을 의미한다(WBC, 223). 바울은 사도의 권위에 근거하여 이러한 명령의 권한을 믿음의 아들에게 부여하고 그 명령권의 합법적인 발동을 촉구하고 있다. 이에 디모데는 공동체 안에서 부여된 제도적인 직위에 합당한 명령권을 옷장에 넣어두지 말고 필요할 때에 적절하게 행사해야 한다. 필요한 때에도 사용할 줄모른다면 교회를 위하여 그의 공적 직위를 박탈해야 한다. 공직은 인생의 장신구가 아니라 공익적인 섬김의 기회와 영광이다. 이단과 신화와 족보의 문제는 결코 가볍지 않으며 명령의 방식으로 해결해야 하는 엄중한 사안이다. 그런데도 교회의 공직자가 방관하는 것은 그 자체가 목회자 자격이 없다는 물증이다.

이단들이 활개치는 이런 상황을 수습할 적격자로 바울은 디모데를 택하였고 그에게 권위를 부여했다. 사실 이것은 사랑하는 아들과의 이별을 각오하는 일이어서 바울 편에서는 뼈아픈 결단이다. 이처럼 목회자는 아무리 사랑하고 아버지와 아들의 애틋한 관계를 가졌어도 주님의 교회를 위해 아들과의 동행과 동거의 뼈아픈 포기도 감수해야 한다. 지구촌 시대인 지금과는 비교할 수도 없이 지리적인 이동이 어려운 고대에 헤어짐은 다음 만남을 기약하기 힘든 일이었다. 그럼에도 불구하고 바울은 든든한 믿음의 아들을 곁에 두어 사적인 안위를 도모하지 않고 주님의 교회를 위하여 자신과의 동행 대신에 에베소에 머물라고 했다. 이는 자신의 사사로운 유익보다 교회의 덕 세움을 앞세우는 사도의 처신이고 또한 교육이다.

에베소 교회는 대체로 이방인 성도들로 구성되어 있다(엡 2:11). 그들은 예수를 믿기 이전에 "세상의 풍조를 따르고" 당시 불순종의 아들들 가운데 역사하던 "공중의 권세 잡은" 영을 따랐었다(엡 2:2). 그리스도 밖에 있었으며 소망도 없고 하나님도 없던 자들이다(엡 2:12). 그런 그들이 위로부터 주님의 "많은 사랑을"(τὴν πολλὴν ἀγάπην) 받고 "성도들과 동일한 시민이요 하나님의 권속이라" 일컬음을 받는 주의 자녀로 신분이 변하였다(엡 2:19). 그들에 대한 주님의 사랑 때문에 주님에 대한 그들의 첫사랑은 실로 대단했다. 그럼에도 불구하고 인간은 망각의 존재이며 개가 그 토한 것으로 돌아가듯 죄의 법 아래로 다시 사로잡혀 가는 취약한 근성에서 자유롭지 않다(롬 7: 23). 에베소 교회도 예외가 아니었다.

복음이 아닌 "다른 것을 가르치는"(ἑτεροδιδασκαλεῖν) 사람들이 등장했다. 다른 가르침은 복음의 순수한 진리에 불순물을 추가하는 경우와 복음의 온전한 진리 중에서 핵심적인 부분을 제거하는 경우에 발생한다. 말씀의 올바른 선포는 교회의 가장 중요한 표지인데 에베소 교회는 그 표지가 변색되어 교회의 정체성이 흔들리게 되는 상황이다. 복음의 치명적인 변질과 다른 복음의 심각한 확산은 에베소 교회만의 문제가 아니었다. 갈라디아 교회는 그곳보다 더 심각했다. 그 교회는 이미 바른 복음을 떠나 다른 복음을 따라가고 있는 상태였다. 이 사실에 대해 바울은 도무지 이해할 수 없는 일이라며 탄식을 쏟아낸다(갈 1:6). 다른 복음의 전파와 추종의 심각성에 대해 바울은 다음과 같이 경고한다. "우리나 혹은 하늘에서 온 천사라도 우리가 너희에게 전한 복음 외에 다른 복음을 전하면 저주를 받으리라"(갈 1:8). 복음 전파의 사명을 받은 사도나 천사라고 할지라도 "다른 복음"(ἕτερον εὐαγγέλιον)을 전한다면 하늘의 저주가 그들에게 떨어질 것이라고 한다. 이러한 경각심은 모든 목사와 교사에게 필요하다. 바울이 최고 수위의 경고를 공포하는 이유는 복음의 왜곡이 교회의 근간을 뒤흔드는 일이기 때문이다.

에베소 교회는 다른 교리를 전파하는 문제와 더불어 "신화들과 끝없는 족보들"에 몰두하는 문제도 수습해야 했다. "신화"(μῦθος)는 사실과 무관하게 상상으로 꾸며낸 이야기를 의미한다. 성경 텍스트에 근거하지 않은 인간의 호기심과 상상력이 저지른 잘못된 해석도 여기에 포함된다. 그러나 나는 "신화"가 성경의 오석보다 이방 종교들을 가리키는 것이라고 생각한다. 에베소 지역은 다산과 풍요를 상징하는 여신 아데미 숭배의 중심지다. 그곳에는 출판업이 성행했다. 그래서 마술을 하던 많은 사람들이 방대한 분량의 서적들을 불태운 사건에서 확인되는 것처럼 신화와 관련된 책들의 출간과 판매와 독서가 왕성했다(행 19:19). 에베소 지역의 신화는 인간이 손으로 만든 우상과 관계되어 있다. 바울은 이방 지역들을 어둡게 물들이는 이런 신화들의 문제를 방관하지 않고 단호한 해결책을 제시했다. 바울은 "에베소 뿐 아니라 거의 전 아시아를 통하여 수많은 사람을 권유하여 말하되 사람의 손으로 만든 것들은 신이 아니라"(행 19:26)고 했다. 아데미 여신을 비롯한 모든 인위적인 신들의 신성을 바울은 거부했다.

바울의 이런 거부가 일으킨 사회적 저항은 대단했다. 아데미 여신과 관련된 사업을 하는 사람들은 격노했다. 그 격노는 불꽃처럼 번져 대부분의 에베소 사람들을 거리로 떠밀었고 대대적인 소요를 유발했다. 사람들은 영문도 모르고 바울과 그 일행을 없애자는 시위에 동참했다. 그들은 바울이 자신과 같은 민족이 아니라 유대인인 것을 인지했고 그것을 빌미로 삼아 민족적인 반감을 촉발하고 교묘하게 이용했다. 이처럼 교회로 하여금 당시의 아시아 전역에 문화로 스며들어 있는 신화에 몰두하지 않게 만드는 것은 참으로 어려운 일이었다. 바울은 그런 어려움을 뼈아프게 체험했다. 자식에게 동일한 아픔을 주고 싶은 아비가 어디에 있겠는가! 그런데도 바울은 믿음의 아들에게 주님의 교회를 위하여 자신의 피 묻은 발자취를 따르라고 권하였다. 신화가 교회의 관심사를 장악하는 일을 막으라고 한다.

　"끝없는 족보들에" 몰두하는 것도 에베소 교회의 심각한 문제였다. "끝없다"(ἀπέραντος)는 말은 "한계가 없는" 혹은 "제어되지 않는" 상태를 의미한다. 결론에 도달할 수 없는 사안을 끝까지 물고 늘어지는 상태는 중독이다. 여기에서 "족보"(γενεαλογία)가 어떤 종류의 족보를 가리키고 있는지에 대해서는 분명하지 않다. 다만 족보가 개인이나 가문이나 민족의 혈통과 관계된 것임에는 분명하다. 족보는 한 개인의 혈통적인 뿌리를 파악하기 위해 필요하다. 그러나 이러한 족보에 집착하면 혈통적인 정체성의 확인을 통한 분열이 발생한다. 자신의 혈통을 아는 사람들은 자랑하게 되고 혈통에 따른 파벌이 발생한다. 자신의 혈통을 추적하지 못하는 사람들은 근본이 없는 사람으로 취급되기 쉽다. 조상들 사이에 혹시 불화가 있었다는 사실을 알면 그것이 후손의 현실에 부정적인 영향력을 행사하고 또 다른 갈등의 불씨로 작용한다. 이처럼 너도나도 족보를 따진다면 그것은 이방인과 다른 이방인 사이를, 그리고 유대인과 이방인 사이를 가로막는 장벽으로 작용한다. 피는 물보다 진하다는 말은 사실이다. 심지어 복음보다 강력하다. 결국 교회는 복음의 본질에서 벗어나 갈라지게 된다. 그래서 복음으로 하나가 된 교회도 핏줄을 따지는 순간 그 안에서 성골과 진골과 서민을 구분하게 되고 공동체 내에서의 유치한 서열과 차별까지 발생하게 된다. 혈연만이 아니라 학연과 지연을 따지는 것도 교회 공동체의 하나됨을 위태롭게 만드는 요인이다.

　한 개인이나 가문이나 민족이 아니라 인류 전체의 족보에 집착하는 사람들도 있다. 인류의 조상과 계보를 규명하는 일에도 역사적인 증거가 충분하지 않아서 의견이 분분하고 끝없는 논쟁이 발생한다. 고대 사람들은 인간을 비롯한 만물이 신에게서 유출된 것(emanatio)이라고 생각했다. 19세기에는 인류의 기원에 대한 발상의 전환이 일어났다. 신과의 연관성을 제거했다. 다윈이 가장 크게 기여하여 발전시킨 진화론이 19세기의 지성들을 휩쓸기 시작했다. 인류의 조상을 생물의 차원에서 찾으려는 사람들은 아메바나 원숭이를 인류의 기원으로 간주하고 지금도 유사하게 주장한다. 이 세상에서 인류의 기원을 찾을 수 없다고 생각하는 사람들은 관심을 우주 밖으로 돌려 외계인 기원설을 타진한다.

인류의 기원과 관련된 논쟁의 역사에서 나는 해 아래에 새로운 이론이 없다는 것을 깨닫는다. 그리고 나는 예상한다. 인류의 기원에 대해서는 명확한 증거물이 없고 당연히 증명할 수도 없기 때문에 인간 존재의 근원을 하나님 안에서 찾지 않는다면 앞으로도 다양한 사람들에 의해 가공된 무수히 많은 낭설들이 논쟁의 무대에 등판하게 될 것이라고! 인류의 족보에 대한 끝없는 논쟁에 교회가 휘말리면 복음의 진리는 관심의 변두리로 필히 밀려난다. 교회가 무수히 많은 신화들과 족보들에 집착하게 되는 것은 사탄의 음흉한 계략이다. 교회의 시간과 관심과 에너지는 제한되어 있다. 가장 중요한 것을 선별하고 그것에 집중해야 한다. 교회이든 개인이든 선택과 집중은 안개와 같이 찰나적인 모든 존재에게 불가피한 처신이다. 본질은 필히 선택하고 비본질은 적당히 넘어가야 한다. 17세기에 널리 알려진 한 문구가 우리에게 지혜를 제공한다. "필수적인 사안에는 일치를, 비본질적 사안에는 자유를, 양자 모두에 있어서는 사랑을"(In necessariis unitas, in non-necessariis libertas, in utrisque caritas).

바울은 교회가 신화들과 족보들에 집착할 경우, 성경에 있어서도 복음의 본질이 아니라 비본질적 사안에 몰두할 경우, "믿음 안에 있는 하나님의 경륜"보다 무의미한 "공론"만 일으킬 것이라고 충고한다. 여기에서 "경륜"(οἰκονομία)은 하나님이 이 세상에서 구원을 이루시는 섭리적인 활동과 방향과 목적을 포괄하는 낱말이다. 이 세상은 매 순간마다 하나님의 뜻이라는 특정한 방향으로 흘러간다. 역사의 지극히 짧은 한 순간도 그 흐름에 기여한다. 구약과 신약의 모든 역사는 하나님의 경륜이다. 사도의 시대부터 지금까지, 그리고 종말의 마지막 순간까지 모든 만물의 존재와 사건은 하나님의 경륜과 무관하지 않다. 교회의 모든 활동은 하나님의 뜻이 이 땅에서 성취되는 그 경륜에 기여해야 한다. 말 한 마디도, 눈빛 한 조각도, 일상적인 행동 하나도 주님께서 이루시는 구원의 성취에 기여해야 한다. 그러기 위해서는 바울이 권면한 것처럼 "믿음 안에서" 살아가야 한다. 믿음 안에서 산다는 것은 내가 죽고 그리스도 예수가 내 안에서 사는 인생을 의미한다. 나의 뜻을 이루는 성공이 아니라 하나님의 나라와 의를 추구하고 성취하는 인생이다. 다양한 신화들과 끝없는 족보 키재기와 논쟁에 집착하며 그것을 중심으로 생각하고 말하고 행동하면 필히 섭리의 변두리로 밀려난다. 오히려 공허하고 무의미한 비본질적 논쟁(ἐκζητήσε)에 매달리게 된다. 그러므로 교회는 다른 교리가 아니라 선지자들 및 사도들이 가르치는 복음의 진리에 집중해야 한다. 신화가 아니라 그리스도 예수로 말미암은 하나님 이야기에 몰두해야 한다. 혈통적인 족보 이야기가 아니라 그리스도 안에서 만들어진 믿음의 영적인 족보에 착념해야 한다.

디모데는 과연 다른 복음의 전파를 제대로 막았을까? 미신들과 족보들에 대한 집착의 문제도 풀었을까? "그렇다"는 나의 확신은 에베소 교회의 후임자인 요한의 기록에 근거한다. "악한 자들을 용납하지 아니한 것과 자칭 사도라 하되 아닌 자들을 시험하여 그의 거짓된 것을 네가 드러낸 것"(계 2:2). 요한이 밧모 섬에서 주님의 계시를 받을 당시의 에베소 교회는 비록 첫사랑을 버려 주님의 책망을 받았지만 거짓된 교리와 거짓 사도에 대해서는 분별하고 드러내는 방식으로 막아냈다. 이는 디모데의 사역이 가져온 결과일 가능성이 높다.

⁵그 명령의 목적은 청결한 마음과 선한 양심과 가식이 없는
믿음에서 나오는 사랑이다

디모데가 에베소 교회에서 어떤 사람에게 다른 복음을 가르치지 말고 잡다한 신화들과 족보들에 대한 끝없는 공론에 빠지지 말라고 명령하는 목적에 대해 바울은 설명한다. 그 목적은 바로 사랑이다. "목적"(τέλος)은 어떠한 존재나 사건이나 행위가 도달해야 하는 가치의 종착지를 의미한다. 디모데의 명령권 발동은 자신의 권위를 자랑하고 다른 사람들의 자유를 억제하는 것 자체가 아니라 다른 목적을 지향한다. 목회자를 비롯한 교회의 모든 직원들은 자신에게 주어진 권위를 행사할 때에 어떤 식으로든 자기 자신을 위하는 것은 모두 불법이다. 사적인 유익을 추구하는 목회자는 하나님의 종이 아니라 삯꾼이다. 그런 목회자가 섬기는 교회는 개인의 수익을 창출하기 위한 기업으로 반드시 전락한다. 은퇴할 때에 자식에게 물려주고 은퇴한 이후에도 기업의 총수처럼 간섭한다. 죽을 때까지 교회의 단물을 빨며 주님의 교회를 유린한다. 그렇지 않은 목회자가 아주 드물게 보이지만 지금 한국의 교회는 목회자가 목회할 때에는 돈을 많이 벌어서 집도 사고 좋은 차도 사고 자식들의 학자금도 두둑하게 챙기고, 은퇴한 이후에도 '원로'라는 타이틀을 달고 목회적 섭정에 들어간다. 그는 자신의 자식이든 아니든 후임자와 이해가 엇갈리고 수가 틀어지면 투쟁에 돌입한다. 그 투쟁을 끌고 세속의 법정까지 데려간다. 나아가 재판에서 이겨 자신의 이권만 보존할 수 있다면 교회가 분열되고 주님의 이름이 땅바닥에 떨어져 능욕을 당하는 가장 심각한 낭패도 개의치 않고 끝장까지 간다. 바울은 디모데의 명령권 발동의 목적이 따로 있다는 사실을 언급하며 무분별한 권력의 행사를 지혜롭게 방지한다. 사도가 뒤를 봐 주고 있다는 자만에 빠지지 않도록 적절하게 디모데의 권력을 제어한다. 제어하는 방법은 사랑이 권력의 목적임을 가르치는 것이었다. 그리고 디모데를 향한 자신의 모든 명령도 그 목적이 사랑에 있다는 사실을 바울은 가르친다.

디모데가 행사하게 될 "명령의 목적은 깨끗한 마음과 선한 양심과 진실한 믿음에서 나오는 사랑이다." 문맥을 보면, 하나님의 경륜도 우리 모두에게 값없이 주시는 하나님의 무조건적 사랑임에 분명하다. 여기에서 "사랑"(아가페, ἀγάπη)은 상대방의 어떤 조건에 근거하여 서로를 소유하고 싶어하는 육체적 탐닉(에로스, ἔρως)과도 다르고, 서로의 외로움을 달래고 공동의 유익을 증진시킬 친구의 우정(필리아, φιλία)과도 다르고, 혈통에 근거한 부모와 자녀의 사랑(스토르게, στόργη)과도 구별된다. 아가페는 자격도 없는 사람에게 어떠한 조건도 없이 베푸시는 하나님의 사랑이다. 이 사랑이 바로 교회에 주어진 모든 명령과 권위와 권세의 목적이다. 교회의 손에 있는 천국의 열쇠는 세상에서 뭘 해 먹으라고 주어진 것이 아니라 사랑으로 온 세상을 땅끝까지 정복하게 하기 위함이다.

목회자가 가진 모든 것들이 구현해야 하는 가치의 끝은 바로 사랑이다. 모든 성도가 가진 모든 것들의 목적도 당연히 사랑이다. 목회자와 모든 성도는 자신의 목숨과 마음과 뜻과 힘을 다하여 하나님과 이웃을 사랑해야 한다. 주님께서 교회에 부여하신 모든 제도적인 권한과 권위도 전적으로 이 사랑을 위해 동원해야 한다. 부모의 권한, 사장의 권한, 대통령의 권한도, 교회의 영적인 권한도 만약 사랑으로 귀결되지 않는다면 어떠한 권한의 행사도 낭비나 악용으로 간주된다. 에베소 교회는 지금 사랑의 회복을 위해 명령이 필요한 상황임에 분명하다. 디모데는 바울이 위임한 자신의 명령이 에베소 성도의 사랑을 위한 것임을 늘 의식해야 한다. 지배하고 다스리고 지시하고 군림하는 태도가 아니라 사랑에 근거하여 사랑의 방식으로 사랑을 위해 명령해야 한다. 그렇게 해야 비로소 명하시는 하나님의 사랑을 드러낸다. 성경에 기록된 하나님의 모든 명령은 사랑 때문에 사랑을 위해 주어진 사랑의 수단이다. 하나님의 명령은 그 자체로도 사랑이다. 교회에서 사랑에 근거하지 않은 명령의 남발은 그런 하나님을 따뜻한 사랑의 아버지가 아니라 차가운 독재자로 왜곡하는 원흉이다.

아가페 사랑의 출처(ἐκ)는 어디인가? 바울은 세 가지를 제시한다. 첫째
는 "청결한 마음"(καθαρᾶς καρδίας)이다. 예수님은 청결한 마음의 소유자가
하나님을 볼 것이라고 했다(마 5:8). 하나님의 얼굴을 보지 못하도록 마음
을 더럽게 만드는 원인은 무엇인가? 이사야는 이렇게 진단한다. "오직 너
희 죄악이 너희와 너희 하나님 사이를 갈라 놓았고 너희 죄가 그의 얼굴을
가리어서 너희에게서 듣지 않으시게 함이니라"(사 59:2). 깨끗한 마음의 상
태는 죄가 없을 때에만 가능하다. 거짓이나 탐욕과 같은 죄의 불순물이 우
리의 마음에 들어오면 그것이 하나님의 얼굴도 가리고 우리와 하나님 사
이의 간격도 넓히기 때문이다. 그러므로 깨끗한 마음의 소유는 죄의 해결
이 관건이다. 죄악으로 혼탁해진 마음을 맑고 깨끗하게 만드는 유일한 방
법은 우리의 모든 죄를 완전하게 제거하신 예수님의 십자가 죽음이다. 그
이후에도 우리가 저지르는 죄에 대해서는 날마다 매 순간 회개해야 한다.
그래야 동기와 목적에 낀 불순물이 제거된다. 이처럼 마음이 청결하게 되
고 마음의 청결한 상태를 유지하기 위해 우리는 몸만이 아니라 마음의 세
족과 세수도 지속해야 한다.

아가페의 두번째 출처는 "선한 양심"(συνειδήσεως ἀγαθῆς)이다. 바울이 말
하는 "양심"은 자신의 잘못에 대해서는 고발하고 자신에 대한 오해와 억울
함에 대해서는 해명하는 영혼의 한 기관이다. 양심의 별명은 마음의 법정
이며 도덕의 집이며 영혼의 서당이다. 그런데 이 양심은 선하기도 하고 악
하기도 하며, 깨끗하게 되기도 하고 더럽게도 된다. 불변의 상태에 있지 않
고 사람마다 매 순간 변하는 가변적인 생물이다. 아가페 사랑은 오직 선하
고 깨끗한 양심에서 나온다고 바울은 설명한다. 그런데 선한 양심의 소유
와 유지는 사람의 능력을 벗어난다. 우리의 양심이 선하게 되는 비결은 무
엇인가? 우리가 양심이란 마음의 법정에 유일하게 선하신 하나님을 재판
관의 자리로 모시면 선한 양심의 소유자가 된다. 내가 판결의 기준이 되고

재판관이 되면 양심의 판결은 공정하지 못하고 편파적일 수밖에 없어진다. 하나님을 기준으로 삼지 않아서 저울추가 기울어진 양심의 소유자는 사랑을 해도 거기에 인간적인 계산이 작용한다. 자신의 유익에 기여하는 사람만 골라서 손익의 분기점을 의식하며 사랑하게 된다. 그러나 선하신 하나님이 내 마음의 법정인 양심의 보좌에 앉으시면 원수도 사랑해야 한다는 판결을 내리신다.

아가페 사랑의 세번째 출처는 "가식이 없는 믿음"(πίστεως ἀνυποκρίτου)이다. 여기에서 바울은 믿음이 없으면 사랑도 없다는 사실을 강조한다. 이 구절에 근거하여 칼뱅은 믿음을 "사랑의 어머니"(mater caritatis)로 규정한다. 이는 기독교 진리의 체계에도 반영되어 있다. 믿음의 선배들은 믿음과 관련된 사도신경 내용을 먼저 논의한 이후에 사랑과 관련된 십계명을 다루었다. 이는 발생의 순서에 따라서는 믿음이 사랑에 선행하기 때문이다. 그러나 가치의 규정에 있어서는 사람이 산을 옮기는 믿음을 가졌어도 사랑이 없으면 그가 아무것도 아니라(οὐθέν εἰμι)고 했다(고전 13:3). 이는 사랑이한 사람의 가치를 좌우하기 때문이다. 사랑하는 만큼 유의미한 존재가 바로 인간이다. 이처럼 믿음이 없는 사랑은 존재할 수 없고 사랑이 없는 믿음은 무익하다.

오직 예수님을 자신의 주인으로 모신 믿음의 사람만이 진실한 사랑을 알고 실천하게 된다. 아가페 사랑은 어떠한 자격이나 조건도 갖추지 못한 우리를 위해 자신의 목숨까지 아끼지 않고 수단으로 삼으신 예수처럼 믿고 그에게 순종해야 구현되는 것이기 때문이다(요 13:34). 인간은 스스로 그러한 사랑을 알지도 못하고 실천할 수도 없기 때문에 믿음이 필요하다. 믿음은 가식이 없어야 사랑의 어머니가 된다. 사랑은 가식의 없음이기 때문이다(롬 12:9). 믿음은 필히 사랑으로 귀결된다. 진정한 믿음은 사랑의 역사를 일으킨다(갈 5:6). 믿음이 사랑의 행위로 이어지지 않는다면 그것은 헛되고 가식적인 믿음이며 죽은 믿음이다(약 2:17, 20).

⁶어떤 사람들은 이런 것들에서 벗어나 허망한 이야기로 돌이켰고

"청결한 마음과 선한 양심과 가식이 없는 믿음"에서 "벗어난" 자에게는 어떠한 일이 발생할까? 여기에서 "벗어난"(ἀστοχήσαντες)의 헬라어는 부정 불변사인 "아"(ἀ)와 "표적"을 의미하는 "스토코스"(στόχος)로 구성된 낱말이다. 그래서 "표적을 벗어나다 혹은 표적을 놓치다"로 번역된다. 바울은 표적을 벗어나면 "허망한 이야기"(ματαιολογία)에 빠진다고 한다. 여기에만 등장하는 이 단어의 접두사로 쓰인 "마타이오스"(μάταιος)는 "무의미한, 허망한, 진실이 결여된, 쓸데 없는, 무가치한" 등의 의미를 가진 형용사다. 무엇을 생각하고 무엇을 가르치고 무엇을 명령하든 청결한 마음과 선한 양심과 진실한 믿음에 덕을 세운다는 방향성을 상실하고 사랑의 표적을 벗어나면 무익하고 어리석은 공상과 담론의 늪에 빠져 그곳에서 세월을 허비하게 된다. 나아가 자신의 소중한 일평생과 최고의 지성을 쏟아부은 그 허망한 이야기를 학자적 존재감의 원천으로 간주한다. 자신의 존재감을 높이기 위해 그 무익한 이야기를 유익한 것처럼, 어리석은 이야기를 지혜로운 것처럼 우기면서 정작 유익한 진리는 무익한 것으로 바꾸고, 지혜로운 진리는 어리석은 것이라고 매도한다. 신학계 안에서도 특정한 분야의 어떤 전문가를 만나 대화하다 보면 그런 불쾌한 현상과 마주친다. 사실 일평생 소중하게 여기며 자신이 가진 모든 실력을 퍼부어서 연구하고 발표하고 가르치며 진리처럼 붙들어 온 자신의 분야가 허망한 이야기일 뿐이라면 좋아할 사람이 어디에 있겠는가! 이해한다. 그러나 자신의 전문성이 깨끗한 마음과 선한 양심과 진실한 믿음에 아무런 유익도 주지 못하는 것임에도 불구하고 거기에 최고의 가치를 부여하며 포장하고 그 분야를 최고의 진리라고 자랑하는 것은 심히 민망하다. 그들로 인하여 교회는 사랑의 표적을 벗어나고 위태롭게 된다. 아우구스티누스가 강조한 것처럼, 성경을 연구하는 목회자는 성경의 궁극적인 목적 즉 "하나님과 이웃 사랑"에 모든 학

문적인 화력을 집중해야 한다.

7율법의 선생 되기를 원했으나 자기가 말한 것이나
자기가 확증하는 것에 대해서도 깨닫지 못한 자들이다

에베소 교회에는 거짓 교사들이 있다. 그들은 "율법의 교사"($\nu o \mu o \delta \iota \delta \acute{\alpha} \sigma \kappa \alpha-$ $\lambda o \varsigma$)가 되기를 소망한다. 성경에 나오는 하나님의 명령들을 해석하는 권한의 소유자가 되기를 소원한다. 그러나 그들은 "자기들이 말한 것이나 자기들이 확증하는 것"도 깨닫지 못한다고 바울은 평가한다. 이는 비록 "자기들이 말하는 것"($\ddot{\alpha} \ \lambda \acute{\epsilon} \gamma o \upsilon \sigma \iota \nu$)이라고 해서 반드시 이해에 도달하는 것은 아니라는 이야기다. 그런데도 사람들은 자기 입에서 나온 말을 무슨 대단한 진리인 것처럼 자랑하며 떠벌린다. 그러나 내 입에서 나왔다고 하더라도 그 중에는 심지어 나 자신도 알지 못하는 말들이 태반이다. 사람들은 자기 입에서 걸어나온 말이라면 그것을 안다고 착각한다. 구약의 탁월한 신학자인 욥도 사람들 앞에서는 그들의 말보다 자신의 말이 옳다고 주장했다. 그러나 하나님 앞에서 비로소 자신의 무지를 깨닫고 이렇게 고백한다. "무지한 말로 이치를 가리는 자가 누굽니까 나는 깨닫지도 못한 일을 말하였고 스스로 알 수도 없고 헤아리기 어려운 일을 말하였나이다"(욥 42:3). 선지자들 및 사도들은 자신의 입으로 말하고 자신의 붓으로 기록한 말씀을 다 알았을까? 나는 아니라고 생각한다. 다 이해할 수 없었기 때문에 그들은 하나님의 말씀을 예언하고 기록까지 했지만 부지런히 살피며 연구해야 했다(벧전 1:10).

그리고 바울은 비록 "자기들이 확증하는 것"($\tau \acute{\iota} \varsigma \ \delta \iota \alpha \beta \epsilon \beta \alpha \iota o \tilde{\upsilon} \nu \tau \alpha \iota$)이라고 할지라도 그것이 이해가 아닐 수 있음을 지적한다. 자신의 확증이 곧 진리의 검증인 것처럼 생각하는 사람들은 자신을 진리의 기준으로 삼는 어리석고

교만한 사람이다. 인간의 확증은 진리의 여부와 무관하다. 인간은 진리를 수용할지 말지를 결정하는 주체이지 진리의 여부마저 판별하는 최상급 권위의 주인이 아니기 때문이다. 바울은 인간의 확실한 지식이 얼마나 우리 자신을 기만할 수 있는지에 대해 이렇게 묘사한다. "만일 누구든지 무엇을 아는 줄로 생각하면 아직도 마땅히 알 것을 알지 못하는 것이요"(고전 8:2). 마땅히 알아야 할 지식의 필수적인 요소가 빠져 있음에도 불구하고 알았다고 생각하는 것 자체가 거짓의 아주 은밀한 속임수다. 지식은 사람을 교만하게 한다. 지식에 대한 인간적인 확신은 고집을 선물한다. 마음과 생각을 딱딱하게 한다. 타인의 주장을 무시하고 거부하게 만들며, 심지어 하나님의 말씀에 대해서도 거부권을 행사하게 한다. 이것이 허망한 이야기에 빠진 거짓 교사들의 특징이다.

교회의 설교가 청결한 마음과 선한 양심과 진실한 신앙에 도움이 되지 않는다면 그 설교자는 거짓 목회자일 가능성이 높다. 나아가 성도의 인격과 삶에 사랑의 열매를 맺도록 사랑의 방식으로 명령하지 않고 독재자를 방불하는 지배와 군림의 태도로 자신의 권한을 남용하는 목회자도 주님의 종이 아니라 삯꾼일 가능성이 높다. 목회자는 성경의 올바른 교사가 되어야 하는데 명령의 목적인 사랑을 벗어나면 필히 허망한 이야기에 매달리고 자신이 말한 것이나 확증하는 것도 깨닫지 못하는 어리석고 거짓된 교사가 될 가능성이 높다.

몰래 들어온 거짓 교사들도 있다(갈 2:4). 그들은 친절과 배려를 무기로 삼아 주님의 양들을 미혹한다. 교회에 그러한 목회자나 교사가 있다면 경계하고 책망해야 한다. 이상한 교리를 가르치지 말고 복음의 본질과 무관한 신화와 족보에 대한 관심사를 끊으라고 명령해야 한다. 인간의 관심사는 이리저리 쉽게 흔들린다. 복음의 진리에 닻을 내릴 때에만 안전하다. 복음을 만난 마음은 깨끗하게 되고 양심은 선하게 되고 믿음은 진실하게 된다. 이런 마음과 양심과 믿음의 소유자는 사랑하게 된다. 그에게는 인생이

사랑이고 사랑이 인생이다. 목회자는 교회에서, 성도는 세상에서 명령의
속성을 가진 진리를 사랑을 위하여 선포해야 한다.

딤전 1:8-11

8그러나 율법은 사람이 그것을 적법하게만 쓰면 선한 것임을 우리는 아노라 9알 것은 이것이니 율법은 옳은 사람을 위하여 세운 것이 아니요 오직 불법한 자와 복종하지 아니하는 자와 경건하지 아니한 자와 죄인과 거룩하지 아니한 자와 망령된 자와 아버지를 죽이는 자와 어머니를 죽이는 자와 살인하는 자며 10음행하는 자와 남색하는 자와 인신 매매를 하는 자와 거짓말하는 자와 거짓맹세하는 자와 기타 바른 교훈을 거스르는 자를 위함이니 11이 교훈은 내게 맡기신 바 복되신 하나님의 영광의 복음을 따름이니라

❖ ❖ ❖

8그러나 우리는 어떤 사람이 율법을 율법답게 사용하면 그것이 선하다는 것을 아노라 9그는 이것도 알아야 하는데, 즉 율법은 의로운 사람을 위하여 제정되지 않고 오직 무법한 자들과 순종하지 않는 자들과 경건하지 않은 자들과 죄악된 자들과 거룩하지 않은 자들과 망령된 자들과 아버지를 죽이는 자들과 어머니를 죽이는 자들과 살인하는 자들과 10음행하는 자들과 남색하는 자들과 인신을 매매하는 자들과 속이는 자들과 거짓으로 맹세하는 자들, 및 건전한 교훈을 거스르는 다른 어떤 자를 위함이다 11[이런 이해는] 나에게 맡겨진 복되신 하나님의 영광의 복음을 따름이다

03 율법의 적법한 사용

에베소 교회에 다양한 미신들과 족보들에 집착하여 불필요한 논쟁을 일으키는 사람들과 율법을 잘못 해석하는 무지한 교사들을 경계한 이후에 바울은 율법에 대한 자신의 소신을 간략하게 소개한다. 이 소신은 영광의 복음에 의한 율법의 해석이다.

> 8그러나 우리는 어떤 사람이 율법을 율법답게 사용하면
> 그것이 선하다는 것을 아노라

바울은 율법이 "선함"(καλὸς) 것이라고 생각한다. 율법의 선함에 대한 바울의 이러한 생각은 로마서 안에서도 발견된다(롬 7:12). 율법이 선하다는 것은 선하신 하나님이 저자이고 그의 말씀이고 거기에 선한 내용이 담겨 있기 때문이다. 그래서 바울은 율법이 선하다는 상태만 말하지 않고 선하기 때문에 "율법의 교훈"을 제대로 받으면 "하나님의 뜻을 알고 지극히 선

한 것을 분간"하게 된다고 주장한다(롬 2:18). 그러나 율법을 바르게 해석하지 못하면 그 율법을 오해하고 오용하게 된다.

이러한 생각은 디모데와 이미 공유하고 있기 때문에 바울은 "우리가 안다"(Οἴδαμεν)고 표현한다. 디모데도 아는 이야기를 굳이 언급하는 이유는 그에게 확신을 주려는 의도도 있겠지만 무엇보다 공동체 전체가 이 사실을 공유할 필요가 있기 때문이다. 율법은 인간의 본래적인 본성과 상태를 가르친다. 존재의 질서이며, 인생의 규범이며, 우주의 규칙이다. 이렇게 중요한 율법을 잘못 해석하면 인생을 파괴하고 역사의 흐름을 왜곡하는 것을 넘어 그리스도 예수의 거룩한 몸인 교회의 정체성이 찢어질 수도 있는 사안이다. 바울은 율법에 대한 그릇된 해석의 심각성을 경험했다. 과거에 예루살렘 교회에서 유대인이 이방인 중에 예수를 믿고 하나님께 돌아오는 자들을 괴롭게 하는 문제가 발생했다. 유대인은 자신의 우월성과 이방인 폄하를 위해 율법을 종교적인 몽둥이로 사용했다. 특별히 예수를 믿는 바리새파 출신의 사람들은 이방인도 할례를 받아야 하고 모세의 율법도 지키라고 명령해야 한다며 신학적 소란을 일으켰다. 이 문제로 예루살렘 공의회가 소집됐고, 거기에서 베드로는 이방인과 유대인 모두에 대한 하나님의 차별 없으신 사랑을 강조했다. 그 공의회에 참석한 바울은 그 사랑의 사례로서 이방인 가운데서 행하신 하나님의 놀라운 표적과 기사를 보고했다. 이어서 마이크를 잡은 야고보는 유대인과 이방인 모두가 주를 찾게 될 것이라는 예언의 말씀을 인용하며 거들었다. 이들은 유대인 자신들도 "능히 메지 못하던" 율법의 멍에를 이방인의 목에 거는 것은 부당한 일이라는 입장을 피력했다. 결국 공의회는 이방인을 향해 "우상의 제물과 피와 목매어 죽인 것과 음행을 멀리"할 것을 권고하는 정도의 결의안을 냈다(행 15:6-29).

율법을 잘못 해석하고 적용하면 교회 안에 심각한 분쟁이 발생한다. 이를 방지하기 위해 율법의 선함을 인정하고 존중하는 "율법다운 혹은 적법한"(νομίμως) 사용은 무엇인가? 기독교의 역사에서 율법의 사용에 대한 신학적 논쟁은 참으로 치열했다. 대체로 교회는 율법의 올바른 사용을 세 가지로 구분한다. 첫째, 시민적인 사용이다(usus civilis). 율법은 인간의 불의함을 경고하고 가르치고 판결하고 정죄한다. 동시에 인간의 불의함이 가져오는 결과로서 하늘의 형벌과 심판의 심각성을 알려 줌으로써 인간의 죄악을 억제한다. 실제로 율법을 어기면 자신에게 어려움이 발생하는 것을 사람들은 모두 체험한다. 둘째, 교육적인 혹은 복음적인 사용이다(usus paedagogicus seu evangelicus). 율법은 인간이 죄인임을 깨닫게 하는 선생이다. 그런 죄인의 깨달음 때문에 절망에 빠지는 일이 없도록 율법은 죄의 문제를 해결하는 유일한 열쇠이신 예수께로 그 죄인을 안내한다. 율법은 죄인을 복음으로 이끄는 선생이다. 바울이 말하는 "몽학선생 혹은 초등교사"(παιδαγωγός)는 이러한 교육적인 기능 때문에 붙여진 율법의 별명이다.

셋째, 규범적인 사용이다(usus normativus). 율법은 예수로 말미암아 의롭다 하심을 얻은 의인이 살아가는 삶의 규범이다. 이것은 율법의 제3사용(tertius usus legis)이며 율법의 궁극적인 기능이다. 사실 율법은 이스라엘 백성이 유월절 홍해를 건너 자유로운 하나님의 백성이 된 이후에 그들에게 주어졌다. 이상에서 살핀 율법의 첫째와 둘째 사용은 죄인과 관계하고, 셋째 사용은 의인과 관계한다. 그러므로 율법은 세상에도 선하고 교회에도 유익하다. 율법의 세가지 용도 중 바울이 본문에서 의도한 "적법한" 사용의 의미는 무엇인가? 바울은 율법을 적법하게 사용하는 사람이 반드시 알아야 할 내용을 다음과 같이 설명한다.

[9]그는 이것도 알아야 하는데, 즉 율법은 의로운 사람을 위하여 제정되지 않고 오직 무법한 자들과 순종하지 않는 자들과 경건하지 않은 자들과 죄악된 자들과 거룩하지 않은 자들과 망령된 자들과 아버지를 죽이는 자들과 어머니를 죽이는 자들과 살인하는 자들과 [10]음행하는 자들과 남색하는 자들과

인신을 매매하는 자들과 속이는 자들과 거짓으로 맹세하는 자들, 및 건전한 교훈을 거스르는 다른 어떤 자를 위함이다

바울에 의하면, 율법의 제정은 의로운 사람이 아니라 불의한 사람을 위함이다. 여기에서 바울이 생각하는 율법은 첫번째와 두번째 용도로서 죄를 억제하고 깨닫게 하는 수단이다(롬 3:20). 율법은 이미 죄를 깨닫고 예수를 믿어 의롭게 된 사람이 아니라 자신의 죄를 억제하고 깨달아야 할 불의한 사람을 위하여 주어졌다. 여기에서 나는 율법의 사용 문제를 언급하는 바울이 의식하는 거짓 교사들의 논지를 유추한다. 즉 그들은 율법을 통해 자신의 죄를 억제하거나 깨달으려 하지 않고 그 율법을 자신의 의지와 능력으로 성취하여 자신의 의를 추구하고 스스로 구원에 이르려고 하는 자들이다. 이는 율법의 첫번째와 두번째 사용을 의인에게 적용하고, 세번째 사용을 죄인에게 적용하는 왜곡이다. 물론 모세는 "우리가 그 명령하신 대로 이 모든 명령을 우리 하나님 여호와 앞에서 삼가 지키면 그것이 곧 우리의 의로움"이 된다고 가르쳤다(신 6:25). 이는 마치 우리가 율법을 준수해서 의롭게 되는 것이 가능하고 그렇게 해야 한다는 것처럼 이해된다. 이런 관점에서 보면, 거짓 교사들은 모세의 가르침에 충실하려 했다. 그러나 "여호와 앞에서" (יְהוָה לִפְנֵי) 율법의 모든 명령을 지켜낼 정도로 의로운 실력자가 완전한 하나님과 완전한 인간이신 예수님 외에 과연 어디에 있겠는가! 그런데도 자신은 지켜낼 수 있다고 생각하고 타인도 그러해야 한다고 가르치는 교사들이 에베소 교회를 활보했다. 바울과 디모데는 그런 교사들을 경계한다.

구원과 관련하여 율법은 의로운 사람이 아니라 불의한 사람에게 필요하다. 필요의 구체적인 내용은 의롭게 되기 위한 수단이 아니라 죄를 깨닫고 예수께로 인도함을 받기 위함이다. 그런데 사람들은 대체로 자신을 죄인으로 여기지 않으려고 한다. 그래서 자신이 죄인으로 분류되지 않을 기준을 선호한다. 세상에는 그런 사람들이 만든 인위적인 기준들이 많다. 그런데

율법은 모든 사람들을 죄인으로 분류하는 기준이기 때문에 모든 사람에게 불쾌하다. 율법은 가장 엄격하고 가장 까칠하다. 이런 율법이 정죄하고 율법을 필요로 하는 죄인들의 종류는 어떠한가? 바울은 십계명을 중심으로 죄인들의 목록을 열거한다.

첫째, "무법한 자들"(ἀνόμοις)이다. 바울은 율법이 없는 이방인을 설명할 때에 이 헬라어를 사용한다(고전 9:21). 이들은 아담의 타락 이후에 부패한 인간의 보편적인 상태를 잘 나타낸다. 이들은 어떠한 종류의 법도 인정하지 않고 최고의 법을 알지도 못하고 행하지도 않는 자들이다. 법처럼 여겨지는 모든 신과 모든 권위와 모든 규범과 모든 전통을 거부한다. 다른 곳에서 바울은 "그들이 마음에 하나님 두기를 싫어"하는 자들이라 한다(롬 1:28). 시인의 표현을 빌린다면, "하나님이 없다"고 말하는 자들이다(시 14:1). 십계명의 제1계명에 위배되는 자들이다. 하나님을 반드시 존재와 삶의 중심에 두어야 하고 다른 어떠한 것도 그 중심에 두어서는 안 된다는 것이 이 계명의 핵심이다. 그런데 무법한 자들은 이 핵심을 완전히 멸시한다. 이런 자들에게 율법은 준엄한 목소리로 하나님이 계시다고 말하고, 그 하나님의 법이 있다고 선언한다.

둘째, "순종하지 않는 자들"(ἀνυποτάκτος)이다. 바울은 불순종의 사람들이 곳곳에 있지만 특별히 "할례파 가운데"(ἐκ τῆς περιτομῆς)에 많다고 설명한다(딛 1:10). 유대인을 가리키는 표현이다. 이들은 하나님의 존재를 알지만 존중하지 않고 그의 법을 알지만 무시하는 자들이다. 이는 그들이 다른 무언가가 하나님과 그의 율법보다 더 높은 권위를 가졌다고 생각하기 때문이다. 하나님과 그의 말씀보다 높아지는 것은 교만이다. 이처럼 불순종과 교만은 단짝이다. 이는 최초의 불순종이 아담과 하와가 하나님과 같아지고 싶어서 저질러진 일이기 때문에 이상하지 않은 조합이다. 그들은 신의 명령도 거부하는 권한을 행사하여 실제로는 신과 같아지는 것을 넘어 신보다 더 높아지려 했다. 불순종은 높아지려 하는 교만의 결과이고 교만은 불순종의 원인이다. 율법은 인간의 교만을 버리고 하나님의 명령에 순종하며 그분 앞에서 겸손해야 한다고 가르친다.

셋째, "경건하지 않은 자들"(ἀσεβέσι)이다. 이들은 하나님께 합당한 경외의 마음을 가지지 않는 자들이다. 하나님은 유일한 경외의 대상이다. 그런 하나님을 경외하지 않으면 의식과 삶의 질서가 다 무너진다. 하나님을 경외하는 것은 인간의 본질이기 때문이다(전 12:13). 베드로는 노아의 시대에 홍수가 쏟아진 것은 온 세상이 "경건하지 않은" 탓이며, 소돔과 고모라가 유황으로 잿더미가 된 것도 "경건하지 않은" 모든 세대의 운명이 어떻게 될 것인지에 대한 본보기로 삼기 위한 일이라고 설명한다(벧후 2:5-6). 성경에 소개된 이 심판들의 원인은 바로 인간의 본질을 훼손하는 경건하지 않음이다. 이러한 자들에게 율법은 하나님을 경외해야 함과 경외하는 법을 가르친다. 다르게 표현하면, "하나님 경외"라는 인간의 인간다운 본질을 가르친다.

넷째, "죄악된 자들"이다(ἁμαρτωλοῖς). 이들은 죄를 행하고자 하는 기호와 열정과 의지가 충만한 자들이고 그 죄에 잔뜩 찌들어 있는 자들이다. 동의하지 않을 수도 있겠지만, 이것이 바로 인간의 실상이다. 인간은 죄 덩어리다. 다윗의 고백처럼, 인간은 모두 죄인인 어머니에 의해 죄악 중에 죄인으로 잉태되고 출생했다. 그래서 툭 건드리면 죄가 쏟아진다. 그들은 삶의 모든 환경을 죄의 출구와 기회로 삼으려고 한다. 그들의 의식은 죄로 사로잡혀 있고, 그들의 에너지와 시간은 죄가 독점하고 있고, 그들의 관계는 죄의 카르텔을 형성하고 있다. 아예 인생을 죄에 바친 자들이다. 이렇게 존재가 통째로 방향을 잃은 죄인에게 율법은 "예수"라는 죄의 해독제를 제시한다. 그와 함께 죄의 역방향을 걸으라고 한다.

다섯째, "거룩하지 않은 자들"(ἀνοσίοις)이다. 이들은 신적인 것들에 대한 존경심이 없고 세속적인 것들에는 과도히 집착하는 자들이다. 나아가 하나님과 관계된 것들에 의도적인 멸시를 표현하는 자들이다. 거룩하지 않음은 존경할 것을 존경하지 않고 존경하지 말아야 할 것을 존경하는 영혼의 무질서다. 본래 인간은 타락하기 전에 하나님께 구별된 존재였고 피조물이 아니라 하나님을 지향했다. 그런데 방향을 꺾어서 하나님이 아닌 다른 것에 골몰한다. 그런 자들에게 율법은 거룩하신 하나님을 경외할 자로 존경해야 하고 그에게로 구별되지 않은 그 누구도 거룩할 수 없다고 가르친다.

여섯째, "망령된 자들"(βεβήλοις)이다. 이들은 "문지방 혹은 한계점을 넘어가는" 사람들을 가리킨다. 망령된 자는 무엇이든 정도껏 해야 하는데 그러지를 않고 과도하게 생각하고 말하고 행하며 멈추어야 할 경계를 넘어가는 사람이다. 이렇게 망령된 삶으로 이들은 하나님의 이름도 망령되게 일컫는다. 에서는 성경에서 망령된 자의 표상으로 언급되는 인물이다(히 12:16). 이유는 그가 죽 한 그릇을 위하여 장자권을 넘겼기 때문이다. 에서는 하나님이 그에게 주신 최고의 것을 망각하고 멸시하고 포기했다. 이는 우매함의 극단이다. 죽은 누구든지 가질 수 있는 것이지만 장자권은 어느 누구도 주지 못하고 오직 하나님이 정하신 자에게만 주는 하늘의 특권이다. 그런데도 거래했다. 이는 금궤를 엿 바꿔 먹는 것과 일반이다. 러시아가 석유와 산림과 황금의 땅 알라스카를 푼돈(720만 달러)에 매각하고, 인디언이 24달러짜리 장신구와 맨하턴을 맞바꾼 어리석은 거래가 떠오른다. 에서와 같은 자들에게 율법은 모든 것을 동원해서 최고의 금궤보다 귀하신 하나님을 얻으라고 가르친다. 이를 위해서는 목숨과 마음과 뜻과 힘도 아끼지 말라고 조언한다. 지금까지 바울은 하나님과 관계된 죄인들의 목록을 열거했다. 십계명의 1-4계명과 관계된 자들이다. 이후로 바울은 십계명의 5-10계명이 필요한 죄인들을 언급한다.

일곱째, "아버지와 어머니를 죽이는 자들"(πατρολῴαις καὶ μητρολῴαις)이다. 부모를 죽이는 자들은 물리적인 폭력을 행하거나 부모에게 정신적인 괴롭힘을 가하여 죽음에 이르도록 하는 자들이다. 이런 자들에게 율법은 "자기 아버지나 어머니를 치는 자는 반드시 죽이라"는 하나님의 질서를 가르치며 불효의 죄를 일깨운다(출 21:15). 지혜자는 그런 자들의 눈이 골짜기의 까마귀와 독수리 새끼에게 먹힐 것이라고 한다(잠 30:17). 율법은 보다 적극적인 차원에서 부모를 범사에 공경해야 한다고 가르치며 악행만이 아니라 효도하지 않음도 죄라는 사실을 강조한다. 인간은 존재의 근원을 공경해야 한다. 부모를 공경하는 자에게는 장수와 형통이 선물로 주어진다. 당연히 부모를 공경하지 않는 자식의 수명은 짧아지고 형통은 멀어진다. 효도의 집요한 강조는 기독교의 유별난 특징이다.

여덟째, "살인하는 자들"(ἀνδροφόνοις)이다. 사람은 타인의 생명을 존중해야 한다. 생명은 하나님께 속한 것이기 때문이다. 율법은 타인의 생명을 빼앗은 자에게 동일한 가치의 배상을 요구한다. "다른 사람의 피를 흘리면 그 사람의 피도 흘릴 것이니 이는 하나님이 자기 형상대로 사람을 지으셨기 때문이라"(창 9:6). 하나님의 형상에 따른 창조의 원리 때문에 생명을 상징하는 피 흘림의 보응은 죽음이다. 이런 조항이 율법에 적시되어 있다.

아홉째, "음행하는 자들"(πόρνοις)이다. 일차적인 의미는 돈벌이를 위해 성적인 욕구 충족의 도구로서 자신의 몸을 타인에게 내어주는 창남을 의미한다. 그러나 "음행하는 자들"은 남녀를 불문하고 모든 종류의 음행을 제공하는 사람과 소비하는 사람 모두를 의미한다. 가정이든 교회이든 직장이든 학교이든 성폭력과 성희롱과 성추행과 성폭행을 가하는 남자와 여자는 음행하는 자들로 분류된다. 성경은 음행을 분명히 금하고 있는데 그 금지령을 무시하고 음행하는 자들은 하나님의 나라를 상속받지 못하다고 바울은 가르친다(엡 5:5).

열째, "남색하는 자들"(ἀρσενοκοίταις)이다. 이들은 남자와 더불어 동침하는 남자들을 의미한다. 이런 자들에게 율법은 다음과 같이 가르친다. "너는 여자와 동침함 같이 남자와 동침하지 말라 이는 가증한 일이니라"(레 18:22). 바울은 남자의 동성애를 남자들이 자신의 타오르는 욕정을 참지 못하여 서로에게 행하는 부끄러운 짓이라고 규정한다(롬 1:27). 다른 죄들에 대해서는 사람들이 부끄러워 숨기려고 하지만, 오늘날 유독 남색의 문제는 부끄러운 줄도 모르고 오히려 노골적인 합법화를 시도한다. 그러나 율법은 남색을 부끄러운 죄로 규정한다.

열한째, "인신을 매매하는 자들"(ἀνδραποδισταῖς)이다. 이들은 사람을 훔치거나 납치하여 자신의 노예로 삼거나 타인의 노예로 팔아 넘기며 돈벌이를 하는 자들이다. 나아가 사람을 하나님의 형상에 따라 지음을 받은 인격적인 존재로 대하지 않고 마치 거래해도 되는 물건처럼 여기는 사람들도 이런 부류에 해당된다. 인간을 인격적인 사랑의 대상으로 대하지 않고 어떤 유익을 얻기 위한 사용의 대상으로 여기면 인신을 매매하는 범법과 본질상 동일하다. 인간은 다른 무엇에 의해 대체될 수 없는 고유한 존엄성을 가진 인격체다. 천하보다 귀하기 때문에 다른 무엇에 의해서도 거래가 성사될 수 없다고 율법은 가르친다.

열두째, "속이는 자들"(ψεύσταις)이다. 이들은 진리나 사실을 왜곡하고 틀리게 표현하는 자들이다. 주로 언어적인 거짓만이 아니라 상황적인 거짓과 행위적인 거짓도 조장하여 타인으로 하여금 진실과 만나지 못하도록 방해하는 자들이다. 이러한 속임수를 통해 자신은 이득을 취하지만 다른 이에게는 신체적인, 경제적인, 정치적인, 심리적인, 종교적인 피해를 주는 자들이다. 지혜자는 거짓된 혀로 재물을 모으는 것은 덧없는 안개와 같이 쉽게 사라지고 죽음을 추구하는 행위라고 경고한다(잠 21:6). 이 세상의 문맥만이 아니라 영적인 차원에서 보면, 예수의 그리스도 되심을 부인하는 자들이며(요일 2:22), 하나님의 말씀을 더하거나 빼는 자들이 바로 속이는 자들이다(잠 30:6). 이런 관점에서 바울은 하나님의 심판대 앞에서 모든 인간이 속이는 자들로 정죄 될 것이라고 한다(롬 3:4). 예수님은 마귀를 거짓의 아비라고 한다(요 8:44). 율법은 속이는 자들이 그들의 아비 마귀와 함께 멸망의 배에 승선하게 될 것이라고 경고한다.

열셋째, "거짓으로 맹세하는 자들"(ἐπιόρκοις)이다. 이들은 자신이 맹세한 내용과 다르게 말하고 행하는 자들이다. 맹세를 했으면 반드시 지켜야 한다고 율법은 가르친다(레 19:12). 만약 맹세를 지키지 않으면 거짓으로 맹세한 것이고 하나님의 이름을 욕되게 하는 결과를 초래한다. 인간은 자신이 한 말도 책임질 수 없는 존재이기 때문에 맹세를 하면 모두가 거짓으로 맹세하는 자들이다. 율법은 인간에게 그런 죄를 깨우치며 정죄한다. 나아가 예수님은 인간의 연약함 때문에 하늘이든 땅이든 교회이든 어떤 것으로도 "도무지 맹세하지 말라"고 가르친다(마5:34). 오직 예수만이 거짓으로 맹세하지 않는 유일한 분이시다. 그가 우리의 영원한 제사장이 되신 것은 맹세로 된 것이라고 성경은 기록한다(히 7:21).

바울은 지금까지 죄인으로 명시한 자들만이 아니라 "건전한 교훈"(ὑγιαινούσῃ διδασκαλίᾳ)을 거스르는 모든 자들도 율법의 제어를 받아야 할 대상으로 분류한다. 이단이 가르치는 다른 교훈과 대비되는 이 "건전한 교훈"은 성경에 기록된 모든 하나님의 율법을 포괄한다. 비록 바울이 이 본문에는 언급하지 않았지만 율법에 명시된 모든 교훈들을 하나라도 거스르면 율법에 의해 죄를 깨우쳐야 하고 그 율법의 안내를 받아 그리스도 예수께로 나아가야 한다.

11[이런 이해는] 나에게 맡겨진 복되신 하나님의 영광의 복음을 따름이다

율법에 대한 바울과 디모데의 공통적인 이해는 복음에 따른 것이라고 바울은 고백한다. 복음은 하나님의 영광이며, 그 영광에 대한 좋은 소식이며, 그 영광을 전달하는 수레이며, 그리스도 예수 자신을 의미한다(롬 1:2-4). 바울은 지금 율법을 복음으로 해석한다. 이는 그리스도 예수의 복음이 율법의 의미 자체이며 율법을 비롯한 모든 성경이 복음의 실체이신 예수를 가리켜 기록된 것이기 때문이다(요 5:39). 법이라는 것은 해석하는 사람에 의해 귀에 걸면 귀걸이가 되고 코에 걸면 코걸이가 된다. 법의 임의성이 해석

에 의해 좌우된다. 법의 적법한 해석은 모든 시대에, 모든 사회에 요구된다. 바울은 율법을 복음에 따라 해석하고 하나님의 영광을 위해 해석한다.

우리도 바울처럼 복음 되시는 예수에 근거하여 율법을 해석해야 한다. 왜 그러한가? "내가 율법이나 선지자를 폐하러 온 줄로 생각하지 말라 폐하러 온 것이 아니요 완전하게 하려 함이라 진실로 너희에게 이르노니 천지가 없어지기 전에는 율법의 일점 일획도 결코 없어지지 아니하고 다 이루리라"(마 5:17-18). 예수님의 오심은 율법의 폐지가 아니라 율법의 완전한 성취를 위함이다. 예수는 완전한 순종의 방식으로 모든 율법을 해석한 분이시다. 그럼 예수님이 율법을 다 이루셨기 때문에 우리는 율법과 무관한가? 간과해도 괜찮은가? 이에 대한 예수님의 말씀이다. "누구든지 이 계명 중의 지극히 작은 것 하나라도 버리고 또 그같이 사람을 가르치는 자는 천국에서 지극히 작다 일컬음을 받을 것이요 누구든지 이를 행하며 가르치는 자는 천국에서 크다 일컬음을 받으리라"(마 5:19). 이 말씀은 예수를 믿는 사람들이 율법을 준행하며 가르치는 자가 되어야 함을 강조한다. 누구든지 예외가 없음을 강조한다. 율법은 죄를 깨닫는 것에서 끝나지 않고 그 율법을 다 이루신 예수 안에서 우리도 행하며 가르치는 것에서 종료된다. 율법의 단 한 줄도 우리와 무관하지 않다.

사실 율법의 지극히 작은 것도 순종해야 한다고 생각하면 대부분의 사람들은 절망하게 된다. 크고 굵직한 것도 지키지 못하는데 어떻게 눈에 잘 보이지도 않는 사소한 것까지 순종할 수 있겠는가! 이러한 절망은 율법을 율법으로 해석하기 때문에 도달하는 잘못된 결론이다. 율법은 율법 자체로 해석하면 결코 율법답지 않고 복음으로 해석될 때에만 율법답게 된다. 율법은 하나님의 명령이다. 그 명령의 핵심은 하나님과 이웃 사랑이다. 명령은 그 자체로 인간에게 사랑의 책임을 부과하고 완전한 순종을 요구한다. 그런데 인간은 연약하다. 아담과 하와의 불순종 때문에 그에게서 난 모든 후손들은 그 조상을 따라 태생적인 불순종의 늪에서 허덕인다. 율법은 순종하지 못한 자들의 죄를 고발한다. 그러나 복음은 사랑의 책임을 우리가 아니라 예수에게 부과하고 완전한 순종을 우리가 아니라 예수에게 요구한다. 예수는 그 모든 율법의 요구를 다 이루었다. 목숨과 마음과 뜻과 힘을 다하여 하나님과 우리를 사랑하고 자신보다 우리를 더 사랑했기 때문에 우리를 위해 자신의 생명을 죄의 삯으로 기꺼이 지불했다. 예수는 율법을 완전히 이루었고 우리에게 값없이 자신의 생명을 베풀었다.

이러한 복음에 근거하여 율법은 우리에게 이제 "복음의 한 형식"으로 이해된다. 복음 때문에 우리의 목숨과 마음과 뜻과 힘을 다하여 하나님과 이웃을 사랑하고 싶어지고 사랑하는 것이 가능하게 된다. 구원을 받기 위함이 아니라, 법의 강제성 때문이 아니라, 예수의 은혜가 너무도 감사하기 때문에, 영광의 찬송을 하나님께 돌리지 않으면 심장이 터질 것 같아서 자발적인 의지로 예배를 드리고 싶기 때문에 찾은 감사와 찬송의 방식이 바로 율법에 대한 순종이다. 율법은 이제 부담이 아니라 설렘이다. 율법을 율법으로 해석하면 그 의미의 하한선에 도달한다. 즉 최소한 이것은 해야 하고 저것은 하지 말아야 한다는 선과 악의 경계선에 도달한다. 그러나 율법을 복음으로 해석하면 그 의미의 상한선에 도달한다.

율법이 가르치는 의미의 상한선은 무엇인가? 십계명의 1계명에 대해 이제 복음의 사람은 하나님을 자기 마음의 가장 깊은 곳으로 모시고 자신은 하나님의 가장 깊은 곳으로 들어가고 싶고 오직 그에게만 자신의 전부를 드리고 싶어진다. 2계명에 대해 복음의 사람은 이제 하나님에 대한 어떤 형상을 만들고 절하고 섬기는 것을 금하는 정도가 아니라 하나님과 자기 사이에 어떠한 매개물도 끼어드는 것을 용납하지 않으며 관계의 직접성을 추구하게 된다. 이는 만들어진 형상이 아니라 하나님의 형상 자체이신 예수만이 유일한 중재자가 되시기 때문이다. 3계명에 대해 이제 복음의 사람은 하나님의 이름을 망령되이 일컫지 않는 정도가 아니라 그 이름을 최고로 거룩하게 여기고자 한다. 4계명에 대해 복음의 사람은 이제 안식일을 기억하여 거룩하게 지키는 정도가 아니라 모든 날을 지극히 거룩한 날들로 여기며 거룩하게 지키고자 한다. 5계명에 대해 복음의 사람은 이제 부모를 공경하는 정도가 아니라 부모의 부모이신 하나님을 공경하되 주변의 모든 어르신도 부모처럼 공경하려 한다. 6계명에 대해 복음의 사람은 타인의 생명을 빼앗지 않는 정도가 아니라 오히려 죽어가는 사람도 살리고자 한다. 7계명에 대해 복음의 사람은 자신이 간음하지 않는 정도가 아니라 타인이 간음할 가능성도 없애고자 한다. 8계명에 대해 복음의 사람은 타인의 소유를 훔치지 않는 정도가 아니라 가난하고 연약한 자들에게 줄 것이 있도록 열심히 일하려고 한다. 9계명에 대해 복음의 사람은 타인의 명예를 훼손하는 거짓된 증언을 하지 않는 정도가 아니라 범사에 입술에서 덕을 세우고 은혜를 끼치는 진리만 쏟아내려 한다. 10계명에 대해 복음의 사람은 타인의 모든 것들에 대해 탐심을 가지지 않는 정도가 아니라 타인에게 무엇이 필요한지 알아보고 그 타인이 탐심을 가질 가능성도 차단하기 위해 앞서서 은밀하게 그의 필요를 채워주려 한다. 이처럼 율법은 복음 안에서 새롭게 해석된다. 율법은 인간의 본래 모습이 어떠함을 가르치는 동시에 복음 안에 거하는 의로운 자들이 어떻게 될 것인지를 미리 알려주는 예언이다.

이처럼 율법을 율법답게 이해하고 지키려면 복음으로 해석해야 한다. 복음 안에서 우리는 율법의 하한선에 턱걸이 수준으로 순종하는 것을 넘어 율법의 상한선에 이르러 설레는 마음으로 최상의 의미를 추구해야 한다. 율법을 율법답게 이해하고 율법답게 사용하여 예수의 길을 걸어가는 사람은 바울에게 위탁된 "하나님의 영광의 복음"이 "맡겨진"(ἐπιστεύθην) 사람이다. 복음이 위탁된 사람은 그 복음의 수혜자로 멈추지 않고 그 복음의 관리자와 공급자의 책임이 주어진 사람이다. 그렇기 때문에 하나님의 말씀을 정확하게 해석해야 한다. 주어진 모든 재능을 동원하여 복음의 모든 진리를 깨달아야 하고 나누어야 한다. 바울은 그런 사명감을 가지고 율법을 이해하고 율법의 선생이 되려는 사람들을 검증한다. 디모데도 한 교회를 섬기는 지도자의 자리에 있기 때문에 그런 상황을 분별하고 바울처럼 처신해야 한다. 교회 공동체는 이러한 상황을 공감하고 이단들의 대처에 적극 협력해야 한다. 그래서 이 대목을 기록했다.

딤전 1:12-17

¹²나를 능하게 하신 그리스도 예수 우리 주께 내가 감사함은 나를 충성되이 여겨 내게 직분을 맡기심이니 ¹³내가 전에는 비방자요 박해자요 폭행자였으나 도리어 긍휼을 입은 것은 내가 믿지 아니할 때에 알지 못하고 행하였음이라 ¹⁴우리 주의 은혜가 그리스도 예수 안에 있는 믿음과 사랑과 함께 넘치도록 풍성하였도다 ¹⁵미쁘다 모든 사람이 받을 만한 이 말이여 그리스도 예수께서 죄인을 구원하시려고 세상에 임하셨다 하였도다 죄인 중에 내가 괴수니라 ¹⁶그러나 내가 긍휼을 입은 까닭은 예수 그리스도께서 내게 먼저 일체 오래 참으심을 보이사 후에 주를 믿어 영생 얻는 자들에게 본이 되게 하려 하심이라 ¹⁷영원하신 왕 곧 썩지 아니하고 보이지 아니하고 홀로 하나이신 하나님께 존귀와 영광이 영원무궁하도록 있을지어다 아멘

❖ ❖ ❖

¹²나를 강하게 하시는 그리스도 예수 우리 주께 내가 감사한 것은 그가 나를 충성되게 여겨 섬기도록 하셨기 때문이다 ¹³예전에 나는 비방하는 자요 박해하는 자요 폭력적인 사람인데 긍휼을 입은 것은 내가 불신 속에서 알지 못하고 행했으나 ¹⁴우리 주의 은혜가 그리스도 예수 안에 있는 믿음과 사랑을 따라 넘치도록 풍성했기 때문이다 ¹⁵신뢰할 만하고 모든 사람이 받기에 합당한 말은 그리스도 예수께서 죄인들을 구원하기 위해 세상에 오셨다는 사실이다 그들 중에 나는 괴수구나 ¹⁶그러나 내가 긍휼을 입은 이유는 그리스도 예수께서 괴수인 내 안에서 전적인 인내를 보이시며 그를 믿어서 영원한 생명으로 들어가게 될 자들에게 본이 되게 하려 하심이다 ¹⁷존귀와 영광이 영원하신 왕 곧 썩지 않으시고 보이지 않으시며 유일하신 하나님께 영원토록 [있으리라] 아멘

04 바울의 과거

모든 사람들은 감추고 싶은 과거를 의식의 아랫목에 간직하고 있다. 그 과거의 기능은 다양하다. 공포나 수치 때문에 일평생 삶의 어깨가 위축되는 경우, 일평생 그것이 늘 솟아나는 희락의 샘으로 활용되는 경우 등이겠다. 대부분의 사람들은 자신의 부끄러운 과거가 외출을 시도할 때마다 노출되지 않도록 억누르고 봉쇄한다. 바울의 과거도 대단히 '화려'했다. 무려 예수님과 맞짱을 뜬 이력도 확인된다. 주님의 교회를 궤멸하기 위해 공권력을 동원한 비방과 폭력까지 휘둘렀다. 그런데 바울은 그 부끄럽고 끔찍한 과거를 겸손의 근거로 활용한다. 동시에 바울은 그러한 과거를 망각하지 않고 오히려 강한 동력으로 삼아 누구보다 뜨겁게 충성한 섬김의 본으로서 모든 성도에게 제시한다.

[12]나를 강하게 하시는 그리스도 예수 우리 주께 내가 감사한 것은
그가 나를 충성되게 여겨 섬기도록 하셨기 때문이다

바울은 과거를 회고하며 자신이 사도가 된 경위를 설명한다. 그런데 사도로의 부르심에 있어서 학력이나 경력이나 가문의 덕이나 학연이나 지연의 활용이 아닌 전혀 다른 원인이 있었음을 고백한다. 그 원인은 바로 예수였다. 바울은 자신을 사도로 부르신 예수에 대하여 자신을 "강하게 하시는"(ἐνδυναμώσαντί) 분이라고 고백한다. 이는 혹시 자신에게 어떤 강함이 있다면 자신의 것이 아니라는 고백이다. 타인보다 유능한 것이 있다고 해도 자랑하지 말라. 바울은 자기 스스로는 약하다고 생각한다. 약함을 부끄러운 것으로 여기는 사람들이 있다. 그러나 바울은 자신의 여러 약함을 오히려 자랑했다. 왜? "이는 내가 약한 그 때에 강함이라"(고후 12:10). 천국의 역설이다. 그런데 사실이다. 인간은 연약하다. 하지만 이 사실을 알고 인정하며 주님께 나아가면 주님의 능력이 내게 머문다고 바울은 주장한다(고후 12:9). 우리의 약함은 주님의 능력을 담는 그릇이다. 그 약함은 하늘의 능력이 우리에게 임하여도 우리로 교만하지 않게 만드는 안전핀과 같다. 그래서 약할수록 더 강해진다. 그런데 더 강해져도 안전핀 때문에 여전히 안전하다. 본래 하나님의 형상을 따라 창조된 인간은 하나님에 의해서만 강해진다. 하나님은 강함의 든든한 배경이다. 그런데 강한 자는 자신이 강하다고 생각하여 하나님의 강함을 구하지 않기 때문에 약해진다. 예수님이 자신을 강하게 하신다는 바울의 고백은 자신의 약함을 아는 모든 사람들의 희망이다. 예수님은 자기를 신뢰하는 모든 사람에게 권위와 용기와 능력과 지혜를 베푸신다. 베풂에 있어서 차별이 없으시다. 그분께 엎드리라. 후히 주시고 꾸짖지 않으신다. 어떤 사람들은 돈이나 근육이나 권력을 강함으로 간주한다. 그러나 우리에게 베푸시는 하나님의 능력은 십자가의 사랑이다.

바울은 "그리스도 예수 우리 주님께" 감사한다. 그 이유는 자신을 충성되게 여겨 섬김의 기회를 주셨기 때문이다. 바울에게 "섬김"(διακονία)은 감사의 원인이다. 바울의 섬김은 그가 예수를 "주"라고 호명한 것에서 확인되는 것처럼 예수의 종으로서 행하는 모든 일을 의미한다. 사실 교회에 대한 사도의 직분은 개인의 모든 것을 포기하고 자신의 전부를 걸고 매달려야 하는 직분이다. 막대한 부담이 높은 파도처럼 엄습하는 직분이다. 그래서 목회자의 길을 가는 분들의 입에서는 자신의 직분이 "피가 뚝뚝 떨어지는 십자가의 가시밭 길"이라는 말이 기회만 생기면 쏟아진다. 같은 맥락에서 마치 도살장에 끌려가는 소처럼 섬김의 무거운 발걸음을 억지로 끌고 가는 목회자도 있다. 그런 분들은 목회적 섬김을 감사의 이유가 아니라 원망스런 멍에로 생각한다. 그런 분들을 보면, 망설이지 말고 목회의 멍에를 당장 벗고 다른 길을 가시라는 말이 목까지 차오른다. 그런 목회자가 질펀한 하소연을 아무데나 토해내며 세속적인 본전을 찾으려고 자신에게 동조하는 성도들의 주머니를 턴다. 그러나 바울은 섬김을 영광으로 이해한다. 그래서 이 섬김의 기회를 주신 분에게 감사하지 않으면 심장이 터질 것 같은 심정이다. 나의 목숨과 마음과 뜻과 힘이 다른 곳에 쓰이지 않고 하나님의 이름을 높이고 그의 나라를 섬기는 곳에 전부 쓰인다면 이 얼마나 기쁘고 감사한 인생의 활용인가! 우리가 어디에 있든지 주어진 모든 일은 주님께서 당신의 이름을 높이고 하나님의 나라를 섬기라고 주신 섬김의 기회이다. 무언가를 취하는 곳이 아니라 오히려 베풀며 섬기는 현장이다.

바울은 자신에게 섬김의 직분을 맡기신 예수께서 자신을 "충성스런"(πιστόν) 사람으로 여겼다는 사실에 또한 감격한다. "충성스런" 사람은 누구인가? 자신에게 맡겨진 일들을 크든지 작든지 충실하게 수행하는 사람이다. 어쩌면 충성의 여부는 작은 일에서 더 잘 드러난다. 사람의 됨됨이도 그러하다. 타인의 시선이 몇 초 머물지도 않는 소소한 배려의 손끝에서 거대한 인격이 발견된다. 예수님의 말씀이다. "지극히 작은 것에 충성된 자는 큰 것에도 충성되고 지극히 작은 것에 불의한 자는 큰 것에도 불의하다"(눅 16:10). 혹시 나에게 주어진 일이 작은 것처럼 보인다고 할지라도 그것을 작게 여기지 않고 성실하게 수행하는 사람이 충성되다. 지극히 작은 것에 충성되지 못한 사람은 아무리 큰 일을 맡겨져도 불의하게 처신한다.

작은 일은 작은 일이지만 그 작은 일을 충실하게 행하는 것은 큰 일이라고 어느 교부는 강조했다. 일 자체의 크기가 중요하지 않고 그 일을 맡기신 분이 누구냐가 의미의 크기를 좌우한다. 바울은 주님께서 자신에게 일을 맡기셨기 때문에 성취하기 위해 목숨도 아끼지 않은 사람이다.

바울은 자신이 지극히 위대하신 하나님의 아들 예수의 인정을 받았다고 한다. 그런 인정을 받은 바울이 감격하는 것은 마땅하다. 나는 과연 주님 앞에서 믿음직한 사람인가? 여기에서 바울은 자신의 과거를 언급하며 디모데를 향해 주님께서 보시기에 신실한 사람으로 서라고 가르친다. 이 세상의 모든 인사권은 하나님께 있다. 그분은 모든 권세의 근원이기 때문이다. 그럼에도 불구하고 하나님이 아니라 자신에게 유익을 줄 것 같은 공동체의 실세에게 줄을 대고 눈에 밟히려고 고개를 힘껏 내밀며 허름한 충성을 맹세하는 사람들이 많다. 그런 사람들이 많으면 반드시 어떠한 조직이든 부정이 발생한다. 그러나 모두가 하나님 앞에서 진실하고 신실하고 성실하면 공정하고 투명한 공동체가 된다. 사람에게 충성하지 않으면 당장은 불이익을 당할 수도 있겠지만 하나님께 충성하면 공동체의 물이 맑아진다.

13예전에 나는 비방하는 자요 박해하는 자요 폭력적인 사람인데
긍휼을 입은 것은 내가 불신 속에서 알지 못하고 행했으나

바울은 이제 섬김의 직분이 감사의 이유가 된 이유를 설명한다. 그는 먼저 자신의 부끄러운 과거를 회고한다. 대부분의 사람들은 자신의 어두운 과거를 숨기며 좋은 이미지를 계속 유지하려 한다. 그런데 바울은 솔직하다. 자신의 과오를 있는 그대로 인정한다. 더군다나 아버지의 권위와 위엄을 나타내야 할 믿음의 아들인 디모데를 향해서도 가감하지 않고 있는 그대로 고백한다. 바울은 과거에 자신이 "비방하는 자"(βλάσφημος)였다고 고

백한다. 여기에서 비방은 하나님에 대한 불경스런 말을 의미한다. 아주 특이한 자기 규정이다. 사실 바울은 성경을 외웠으며 최고의 율법 해석학을 배운 사람이다. 하나님을 비방하지 않고 하나님을 위해서만 입을 열었고 입만 열면 율법이 쏟아지던 사람이다. 그런데도 자신을 비방자로 여기는 바울의 고백은 비록 구약을 아무리 잘 알고 잘 해석해도 하나님 앞에서는 얼마든지 불경한 사람이 될 수 있음을 보여준다. 이 대목에서 내 머리에는 이사야의 고백이 떠오른다. "화로다 나여 망하게 되었도다 나는 입술이 부정한 사람이요"(사 6:5). 이사야는 하나님의 임재 앞에서 자신은 망하게 되었다고 고백한다. 자신은 입술이 부정한 사람이기 때문이다. 그의 백성도 입술이 부정했다. 입술의 부정함은 백성의 소수가 아니라 전부의 영적 상태였다. 그래서 자신이 부정해도 부정한 줄 모르고 하나님을 만났다고 고백한다. 이처럼 하나님의 거룩한 임재 앞에서는 그동안 인지하지 못한 자신의 더럽고 부정한 입술의 실체를 깨닫는다. 성전을 출입하는 사람이라 할지라도 하나님의 눈부신 빛 앞에서는 입술이 부정하다. 베드로도 율법을 알고 있었지만 율법의 완성이신 예수님과 인격적인 만남을 가진 이후에 자신이 아주 심각한 죄인임을 깨닫고 자신을 떠나 주시라고 예수님께 부탁했다(눅 5:8).

바울도 선지자 이사야와 선배 사도인 베드로와 같은 깨달음을 고백한다. 이 고백은 또한 예수를 거부하는 다른 유대인도 과거의 바울처럼 하나님께 불경한 말을 내뱉고 있다는 우회적인 지적이다. 부르심 이전에 바울은 스데반을 가리켜 "모세와 하나님을 모독하는"(행 6:11) 자라고 정죄하는 무리에게 속하여 공회에서 제대로 된 판결도 없이 성 밖으로 끌고가 돌로 쳐죽이는 일에 가담했다(행 7:58). 이 사건을 공모하고 주도했을 가능성도 있다. 모세와 하나님을 비방한 스데반의 죽음을 바울은 당시에 "마땅하게" 여겼다고 한다(행 8:1). 이제 상황이 바뀌었다. 바울은 자신이 불경한 말의 주어라는 사실을 깨달았다. 돌에 맞아 죽음이 마땅한 비방의 주체라는 사실을 깨달았다. 감히 낯짝을 들고 다닐 수도 없는 자임에도 불구하고 바울은 지금 하나님의 긍휼을 입어 사도의 직분을 받아 교회를 세워가고 있다. 이 어찌 감사하지 아니한가!

그리고 과거에 바울은 "박해하는 자"(διώκτης)였다고 고백한다. 바울은 실제로 다른 누구보다 더 큰 열심으로 교회를 "심히 박해하여" 멸하고자 했다(빌 3:6; 갈 1:13). 교회를 박해하는 방식으로 실제로는 예수를 박해했다(행 9:5). 예수께서 박해에 대하여 직접 따지신 유일한 사람이 바울이다. 그래서 바울은 자신이 "사도로 불리기에 적합하지 않은 자"라고 생각했다(고전 15:9). 사도는 본래 예수의 몸인 교회를 세우는 사람인데 자신은 그 교회를 허물고자 했기 때문이다. 혹시 사도라고 불린다면 자신은 "사도 중에 가장 작은 자"(ὁ ἐλάχιστος τῶν ἀποστόλων)일 것이라고 한다(고전 15:9). 이는 옳은 일을 한다고 스스로 생각했고 자기가 속한 공동체 속에서도 옳은 일을 앞장서서 하는 유능한 인재로 인정을 받았지만 정작 주님의 교회에는 고의적인 피해를 준 자였기 때문이다. 스스로도 만족하고 타인의 칭찬도 챙기고자 다른 타인을 괴롭히는 종교인이 많다. 진실로 하나님의 교회를 박해하지 않고 세우고자 하는 사람은 누구인가? 확신이 있다고, 열심이 있다고, 타인의 칭찬이 있다고 해서 저절로 교회를 세우는 사람이 되는 것은 아니라는 사실을 우리는 바울의 과거를 보며 확인한다.

그리고 바울은 과거의 자신이 "폭력적인 자"(ὑβριστής)였다고 고백한다. 이 고백은 폭력을 행했다는 것보다 더 심각한 내용이다. 행위가 아니라 성향이 폭력적인 사람은 타인에게 고통을 가하는 것에서 즐거움을 취하는 잔혹한 사람이기 때문이다. 이는 과거의 바울이 비록 하나님을 향한 열심으로 교회를 박해하는 자였지만 사실은 박해로 발생하는 타인의 고통을 은근히 즐기는 자였음을 암시한다. 실제로 타인의 고통을 기쁨의 휘발유로 삼는 사람들이 있다. 우리도 자유롭지 않다. 모든 사람의 마음에는 폭력적인 근성이 있기 때문이다. 심한 경우로서, 폭력적인 성관계와 박해와 살인을 즐기며 하나의 문화로서 소비하는 사람들도 있다. 그 분야에서 벌어지는 경제의 규모가 웬만한 국가의 1년 예산보다 많다.

리차드 스미스(Richard H. Smith)는 『쌤통 심리학』(*The Joy of Pain*)에서 인간 심리의 어두운 진실을 폭로한다. "쌤통 심리"는 타인이 아프고 슬프고 위태롭고 무너지면 겉으로는 안타까워 하면서도 속으로는 '쌤통이다' 라는 쾌재를 부르면서 타인의 고통을 즐기는 심리의 상태를 가리킨다. 저자는 모든 인간이 타인을 잠재적 경쟁자로 여긴다는 점, 즉 태생적인 시기심이 쌤통의 이유라고 설명한다. 이런 심리학에 의하면, 유대교의 입장에 서 있던 바울이 기독교를 하나의 경쟁자로 설정하고 있어서 질시의 대상인 교회의 고통을 즐기게 되었다는 설명이 가능하다. 청년 바울의 폭력성도 시기에 근거한 것이라고 나는 생각한다. 마치 가인이 아벨을 시기하여 돌로 죽인 폭력성의 표출과 유사하다. 실제로 바울의 시대에 형 유대교는 동생 기독교를 시기하여 눈에서는 독기를, 입에서는 독설을, 손에서는 폭력을 분출했다. 예수도 죽이고 그를 따르는 자들도 죽이려고 했다. 이런 시기 속에서 바울은 예루살렘 본부까지 공권력을 업고 쳐들어가 폭력의 광기를 마구 뿜어내며 기독교의 근절을 시도했다.

이처럼 바울은 하나님을 비방하고 교회를 박해하고 성도가 고통 당하는 것을 즐기는 폭력적인 사람으로 살았으나 이제는 하나님의 긍휼을 입었다(ἐλεέω)고 고백한다. 하나님의 긍휼 때문에 비방과 박해와 폭력의 인생이 변하였다. 여기에서 우리는 주님께서 바울을 "충성된" 사람으로 여긴 것이 바울의 어떤 공로나 자질이나 성품에 근거한 것이 아님을 확인한다. 주님에 대한 충성도 하나님의 은혜였다. 한 개인의 좋은 성품도 자신의 것이라고 말하지 못하는 은혜의 심오함을 바울의 삶에서 확인한다. 바울은 하나님의 은혜와 긍휼을 이해함에 있어서 더 이상 소급될 수 없는 마지막 단위까지 파고든다. 그래서 자신의 충성스런 됨됨이의 근원에 대해 이렇게 고백한다. "내가 모든 사도보다 더 많이 수고를 하였으나 내가 한 것이 아니요 오직 나와 함께 하신 하나님의 은혜로다"(고전 15:10). 바울은 자신의 섬김 전부가 하나님의 은혜로 말미암은 결과라고 한다. 다른 사도보다 더 충성되게 주님을 섬겼으나 그 충성도 자신이 한 것이 아니라 하나님의 은혜라고 한다. 자신의 충성된 마음과 성실한 몸이 관여한 것인데도 그렇게 고백한다. 이런 고백의 배후에는 바울의 독특한 소유관이 있다. "네게 있는 것 중에 받지 아니한 것이 무엇이냐"(고전 4:7). 바울은 자신에게 있는 모든 것이 무형이든 유형이든 모두 하나님에 의해 주어진 것이라고 확신했다. 그의 생명, 재능, 분별력, 판단력, 실천력, 충성, 건강, 시간, 환경 등 모든 것이 주어졌다. 그래서 자랑할 것이 나에게는 하나도 없음을 강조한다. 모든 게 은혜이기 때문이다.

바울은 과거에 저지른 잘못들이 "불신으로 인해"(ἐν ἀπιστίᾳ) "알지 못하고"(ἀγνοῶν) 행한 죄라고 고백한다. 예수를 믿음으로 만나기 전에는 어느 누구도 하나님을 창조자와 구원자로 알지 못한다는 바울의 고백은 진실이다. 성경에 대해 아무리 뛰어난 석학이라 할지라도 예수를 믿기 이전에는 무지하다. 율법 해석학 분야에서 권위 있는 바리새인 중에 "유대인의 지도자"로 불린 니고데모 경우에도 동일하다. 성경의 의미 자체이신 예수님에 의해 그는 기본도 안된 선생이란 책망이 주어졌다(요 3:1-10). 유대인은 이렇게 알지 못하기 때문에 죄가 죄인 줄도 모르고 죄를 저지른다. 그런데 죄라는 것은 알고 저지르면 죄질이 더 나쁘며, 혹 부지 중에 행했다고 해도 면죄되는 것은 아님을 인지해야 한다. 바울의 과거 회고는 지금 자신의 무죄를 주장하기 위함이 아니었다. 그는 자신이 신앙도 없었고 지식도 없어서 있는 힘껏 죄를 지었다고 고백한다. 범죄에 대범했던 과거의 약함을 자랑하고 있다. 예나 지금이나 무식하면 용감하다. 그래서 죄를 저질러도 무지하면 더 뻔뻔하고 더 당당하고 더 과격하다. 죄를 저질러도 반성조차 없다. 그러나 바울은 과거에 그러한 자신의 부끄러운 실상을 고백하며 인간의 어두운 본성을 고발한다.

¹⁴우리 주의 은혜가 그리스도 예수 안에 있는 믿음과 사랑을 따라 넘치도록 풍성했기 때문이다

사람이 변하지 않는다는 것은 상식이다. 물론 성장을 통해 어느 정도의 변화는 종종 일어난다. 그러나 극에서 다른 극으로 바뀌는 변화는 상식이 아니라 기적이다. 불경스런 말과 박해하는 주먹과 폭력적인 성향을 가졌던 바울이 하나님을 섬기는 종이 된 것은 바로 그런 종류의 기적이다. 이 기적의 원인은 "주의 은혜"(ἡ χάρις τοῦ κυρίου)였다. 다른 곳에서 바울은 이렇게 고백한다. "내가 나 된 것은 하나님의 은혜로 된 것이니"(고전 15:10). 사도가 받은 이 은혜는 "넘치도록 풍성하다"(ὑπερπλεονάζω). 진실로 하나님의 은혜는 분량에 제한이 없고 수혜의 대상자도 제한이 없을 정도로 풍성하다. 이러한 은혜라면, 바뀌지 않을 사람이 없고 어떠한 종류의 변화도 가능하다. 바울 자신이 이러한 진실의 산 증인이다. 좀처럼 바뀌지 않는 자신의 부끄러운 언어와 행실과 성향이 있다면, 그런 자신과 동일한 사람이 주변에 있다면, 누구든지 "은혜의 보좌 앞으로 담대히 나아"가야 한다(히 4:16). 기적은 바울의 전유물이 아니며, 주님의 은혜를 구하는 모든 자에게 주어지는 것이기 때문이다.

이 은혜의 근거는 "그리스도 예수 안에 있는 믿음과 사랑"이다. 여기에서 "믿음"(πίστις)은 언약의 말씀을 지키시는 하나님의 신실하신 성품을 가리키고, "사랑"(ἀγάπη)은 독생자 예수의 생명도 아끼지 않고 내어주신 아버지 하나님의 무조건적 사랑을 의미한다. 인간은 하나님의 약속을 파기하고 반역적인 불순종의 길을 걸었지만, 하나님은 그 반역자의 곁을 떠나지 않으시고 신실하게 당신의 약속을 땅바닥에 일점 일획의 떨어짐도 없이 다 지키셨다. 언약을 파기한 인간에게 사랑의 어떠한 조건이나 자격이나 공로도 없었지만 하나님은 그런 인간과는 달리 변함 없이 항상 미쁘셨다. 이러한 미쁘심에 기초한 하나님의 은혜를 경험한 바울은 하나님의 모든 약속

에 대해 "예와 아님"의 선택이 없고 오직 "예"만 있다고 선언한다(고후 1:18). 왜냐하면 미쁘신 하나님이 그리스도 안에서 그의 모든 약속을 친히 다 이루실 것이기 때문이다(살전 5:24). 이 성취의 비용은 독생자의 생명을 상실해야 하는 희생적인 사랑이다. 그런데도 지불을 주저하지 않으셨다. 하나님의 이 사랑이 바울이 변화된 기적의 배후였다.

15신뢰할 만하고 모든 사람이 받기에 합당한 말은 그리스도 예수께서 죄인들을 구원하기 위해 세상에 오셨다는 사실이다 그들 중에 나는 괴수구나

바울은 하나님의 사랑이 나타난 복음의 본질적인 내용을 소개한다. 우리가 의심하지 않고 최고의 신뢰를 주어도 되는 사람은 누구이고 책은 무엇이고 내용은 어떠한가? 모든 사람은 자신의 인생을 걸어도 되는 사람, 자신의 가치관을 맡겨도 되는 책, 일평생 매달려도 되는 내용을 발견하고 싶어한다. 그런데 나이가 들수록 나는 신뢰의 대상을 발견하는 것보다 인간 공해, 문서 공해, 주제 공해의 심각성을 더욱 절감한다. 너무도 믿음직한 것이어서 모든 사람이 수용하고 자신에게 적용해도 되는 것이 있다면 누구든지 인생 전부를 걸어도 괜찮겠다! 바울은 지금 그러한 것을 소개한다. "그리스도 예수께서 죄인들을 구원하기 위해 세상에 오셨다"는 사실이다. 이것은 바울이 보기에 자신의 가치관과 인생관과 세계관을 다 걸어도 되는 가장 견고한 진실이다. 어떠한 신분과 나이와 성별과 계층과 민족의 사람도 수용할 수 있고 최고의 유익을 얻을 최고의 인물은 예수이며, 전적으로 신뢰할 수 있는 최고의 책은 그를 가리켜 기록된 성경이며, 일평생 집중해야 할 최고의 내용은 예수가 오셔서 자신의 생명으로 죄를 사하시고 이루신 죄인들의 구원이다. 이 사실의 최고 수혜자는 바울이다. 그는 구원의 은혜를 받은 죄인들 중에서도 "괴수"(πρῶτος)였기 때문이다. 이러한 바울의

고백에는 죄가 클수록 은혜도 크다(롬 5:20)는 그의 확신이 전제되어 있다. 바울이 받은 하나님의 은혜는 그가 자신에 대하여 깨달은 죄인들의 "괴수"라는 죄의 크기에 비례한다.

바울은 진실로 자신을 낮추기로 작심한 사람이다. 자기보다 더 악하고 더 거짓되고 더 난폭하고 더 불경하고 더 악랄한 사람이 없다는 의미에서 자신을 죄인들의 괴수로 규정하기 때문이다. 다른 곳에서는 자신을 "모든 성도 가운데서 지극히 작은 자보다 더 작은 자"(ἐλαχιστότερος πάντων ἁγίων)로 소개한다(엡 3:8). 바울에게 과연 겸손의 끝은 어디인가! 비록 바울이 "나는 지극히 크다는 사도들보다 부족한 것이 조금도 없"다고 말하기는 하였으나(고후 11:5), 그것은 사실에 대한 설명이다. 그 사실을 대하는 바울의 태도는 겸손이다. 자기 자신은 너무도 악하고 무익하기 때문에 "나는 날마다 죽노라"(고전 15:31)고 고백한다. 그리고 "내가 내 몸을 쳐서 복종하게 함은 내가 남에게 복음을 전파한 후에 자신이 도리어 버림을 당할까 두려워함이라"(고전 9:27)고 고백한다. 복음을 전파하고 열매도 맺히면 신앙의 어깨에 힘이 들어간다. 바울은 자신이 교만에 빠지기 쉬운 자라는 사실을 인지하고 있다. 그래서 복음을 전할 때마다 자신의 몸을 쳐서 복종하게 한다. 이게 겸손이다.

목회자는 겸손의 사람이고 겸손을 추구하는 사람이고 겸손의 자리를 떠나지 않기 위하여 겸손을 다른 무엇과도 거래하지 않는 사람이다. 여기에서 겸손은 인위적인 것이 아니라 죄인들 중의 괴수라는 자신의 실질적인 정체성 인식에서 오는 정직한 낮아짐의 자세를 의미한다. 목회자는 성도보다 더 뛰어나지 않다. 굳이 구약과 비교를 하자면 성전에서 섬긴 레위인이 다른 11지파 사람들에 비해 뛰어난 것은 아니었다. 오히려 야곱은 자녀들의 미래를 예언하는 자리에서 레위가 저주를 받을 것이라고 했다(창 49:7). 한 번이 아니라 두 번이나 저주의 언사를 연거푸 내뱉었다. 오늘날 목회자가 되고자 하는 사람들은 자신이 하나님 앞에서 얼마나 큰 죄인이며 모든 사람들 중에 얼마나 작은 자인지를 깨달아야 한다. 그런 깨달음 속에서 일평생 겸손해야 한다. '왕년에 내가 뭐 대단한 일을 했다'는 사고에서 벗어나야 한다. 청년 바울도 자신이 남들보다 더 대단한 일을 한다고 생각했다. 그러나 예수를 만나면서 깨달았다. 자신이 행한 모든 일은 죄인들 중에서도 으뜸이 저지른 짓이었다. 이것을 깨달아야 우리에게 베푸신 하나님의 은혜가 얼마나 풍성하고 무한한 것인지를 이해한다.

목회자는 그런 은혜 때문에 기적의 변화를 경험한 사람이고, 은혜 없이는 살아갈 수 없는 사람이고, 은혜에 감격하여 어떠한 어려움이 생겨도 감사와 찬송을 중단하지 않는 사람이다. 생계비가 끊어져도, 핍박을 당하여도, 전쟁이 일어나도, 온 세계에 전염병이 창궐해도 감사와 찬송으로 영혼의 촉촉한 습도를 유지하는 사람이다. 왜냐하면 과거의 내가 살았다면 불경하고 파괴적인 폭력성을 쏟아내며 죄인들의 괴수로 살았을 것이기 때문이고, 지금 죽는다고 하더라도 그런 괴수의 삶보다는 더 나을 것이기 때문이다. 그래서 어떠한 문제가 발생해도 받은 은혜보다 크지는 않을 것이기 때문에 늘 감사하게 된다. 교회 공동체는 그런 목회자를 보면서 무한한 은혜의 비밀을 이해하게 된다.

16그러나 내가 긍휼을 입은 이유는 그리스도 예수께서 괴수인 내 안에서
전적인 인내를 보이시며 그를 믿어서 영원한 생명으로
들어가게 될 자들에게 본이 되게 하려 하심이다

바울은 이제 죄인들의 괴수였던 자신이 변하여 섬김의 직분을 받는 긍휼의 수혜자가 된 목적을 언급한다. 그는 자신에게 베풀어진 하나님의 은혜와 긍휼의 목적이 그것들을 받는 것 자체가 아니라고 생각한다. 그 목적은 바로 예수의 인내를 증거하고 앞으로 믿게 될 자들에게 영원한 생명의

수혜자가 된다는 것의 진정한 의미를 보여주는 모델로 삼기 위함이다. 우리는 하나님께 은혜와 긍휼을 구할 때에 그것을 받기만 하면 된다고 생각하기 쉽다. 물론 하나님의 다양한 은혜와 긍휼은 우리 각자에게 주는 선물이다. 그러나 그것은 우리의 사적인 소유물이 아니라 그것이 동일하게 필요한 사람에게 나누어야 하는 공공재의 성격이 있음을 기억해야 한다. 지극히 악한 자가 지극히 겸손한 자로 변하여 하나님을 섬기는 종이 되었다는 것은 먼저 하나님의 "온전한 인내"(ἅπασαν μακροθυμίαν)를 나타낸다. 하나님이 부분적인 인내가 아니라 온전한 인내를 괴수에게 보이신 이유는 무엇인가? 그가 인내의 대상을 구분하지 않으시고 모든 사람들에 대해 인내하는 분이심을 나타낸다. 이는 아무리 지독한 죄인이라 할지라도 인내의 대상에서 배제되지 않는다는 사실을 보여준다. 그렇다면 예수를 믿고 영원한 생명에 이르지 못할 자가 어디에 있겠는가! 바울은 이를 확증하는 "본보기"(ὑποτύπωσις)다.

목회자는 그 자체로 어떤 본보기로 살아간다. 바울은 하나님의 완전한 인내를 보여주는 증인으로 살아갔다. 앞으로 믿을 자들에게 영원한 생명의 소망을 제공했다. 나는 어떠한가? 외진 시골에서 태어나 일찍이 부모를 잃고 고아의 삶을 살아갔다. 초등학교, 중학교, 고등학교 시절에 노름과 패싸움과 일진의 대로가 시원하게 뚫려 있었으나 신기하게 나는 다른 길로 이끌렸다. 교회를 가고 공부를 하다가 오늘날에 이르렀다. 황무지에 버려진 인생, 아무도 주목하지 않은 인생, 누구도 기대하지 않은 인생이 감히 하나님의 말씀으로 교회를 섬기는 직분을 받아 주일마다 강대상에 선다. 바울과 비교할 수는 없겠지만 나는 하나님을 고아들의 아버지로 나타내는 작은 본보기다. 놀랍게도 지금 나는 과거에 전쟁 고아들을 데리고 가르치고 먹이고 재우기 위해 시작된 전주대에 왔다. 이곳에서 나는 하나님을 아버지로 만나지 못한 영적 고아들을 그분께로 입양하는 일에 종사하고 있다. 나보다 훨씬 아름다운 삶으로 훨씬 더 많은 이들에게 인생의 본을 보이며 하나님의 은혜와 긍휼을 받아 섬기는 분들이 많다고 생각한다. 그런 사람들은 세상 어디에서 무엇을 하든지 진정한 목회자로 살아간다.

> ¹⁷존귀와 영광이 영원하신 왕 곧 썩지 않으시고 보이지 않으시며
> 유일하신 하나님께 영원토록 [있으리라] 아멘

바울은 죄인들의 괴수였던 자신을 섬기는 종으로 채용하신 하나님의 견고한 믿음과 사랑, 풍성한 은혜와 긍휼 때문에 하나님을 노래한다. 이 구절은 편지용 추임새가 아니라 하나님께 존귀와 영광과 감사와 찬송을 돌리는 인생의 음악이다. 바울은 하나님을 "영원하신 왕"(βασιλεύς τῶν αἰώνων)이라고 고백한다. 그래서 그분에게 "영원토록"(εἰς τοὺς αἰῶνας τῶν αἰώνων) "존귀와 영광"을 돌리고자 한다. 영원토록 하나님께 경의를 표하고 기쁨을 드리는 인생이 되기를 소원한다. 이를 위해서는 인생이 영원해야 한다. 영원한 생명은 영원한 영광을 위한 수단이다. 바울은 하나님의 은혜와 긍휼로 말미암아 들어가게 된 "영원한 생명"이 "영원하신 왕에게" 존귀와 영광을 "영원토록" 돌리기 위함임을 안다. 그래서 서신의 내용 전개를 멈추고 곧장 송영으로 들어갔다.

"영원하신 왕"은 "썩지 않으시고 보이지 않으시며 유일하신 하나님"을 의미한다. 썩지 않으시고 보이지 않으시는 하나님께 합당한 존귀와 영광은 무엇인가? 마지막에 고백한 "아멘"(ἀμήν)이다. 헬라어 "아멘"은 히브리어 "아멘"(אָמֵן)의 음역이다. 구약의 문맥에서 아멘은 주로 하나님의 말씀에 순종하면 복을 받고 순종하지 않으면 저주를 받을 것이라는 레위인의 선창에 대한 모든 백성의 동의를 표현하는 말로 쓰여졌다. 하나님의 말씀에 근거한 저주와 복을 인정하는 모든 백성의 이 아멘은 신약에서 하나님께 영광을 돌리는 내용의 마침표로 사용된다. 그런데 딱 한 곳에서 "아멘"은 그

리스도 예수의 이름 혹은 별명으로 사용된다(계 3:14). 이런 사실에 근거하여 나는 썩지 않으시고 보이지 않으시고 유일하고 영원하신 하나님께 돌려지는 존귀와 영광이 바로 그리스도 예수라고 이해한다. 하나님께 영광을 돌리는 일은 오직 예수에 의해서만 가능하다. 예수의 이름을 높이지 않고 영광을 돌리는 것은 가능하지 않다. 예수는 모든 불순종의 저주를 다 받으시고 모든 순종의 복을 다 베푸시는 진정한 "아멘"이시기 때문이다.

바울은 자신의 부끄러운 과거를 기억한다. 하나님의 은혜로 모두 용서를 받은 일이고 이미 지나간 것이지만 기억으로 붙들었다. 이 기억의 소환은 다시 과거의 모습으로 돌아가는 것도 아니었고 과거의 수치에 매몰되는 것도 아니었다. 그 기억은 겸손의 닻이었다. 과거의 부끄러운 죄악들은 모두 겸손의 밑천이다. 하나님을 섬기는 사도가 되었지만 사도의 신분으로 섬기는 모든 일들이 아무리 힘들고 위험하고 외롭고 괴로워도 과거의 기억 때문에 그에게는 그런 일들조차 감사와 찬양의 이유로 작용했다. 바울은 과거의 어두움에 사로잡혀 늘 어제를 살아가지 않고 오늘의 바울로서 더 좋은 오늘을 살아간다.

딤전 1:18-20

¹⁸아들 디모데야 내가 네게 이 교훈으로써 명하노니 전에 너를 지도한 예언을 따라 그것으로 선한 싸움을 싸우며 ¹⁹믿음과 착한 양심을 가지라 어떤 이들은 이 양심을 버렸고 그 믿음에 관하여는 파선하였느니라 ²⁰그 가운데 후메내오와 알렉산더가 있으니 내가 사탄에게 내준 것은 그들로 훈계를 받아 신성을 모독하지 못하게 하려 함이라

❖ ❖ ❖

¹⁸아들 디모데야 내가 너에 대하여 이전에 언급된 예언들을 따라 이 명령을 너에게 위임한다 그것들을 가지고 선한 싸움을 싸워라 ¹⁹신앙과 선한 양심을 붙들어라 어떤 이들은 이 양심을 버렸고 그 믿음에 대해서는 파선했다 ²⁰그들 중에는 후메내오와 알렉산더가 있다 내가 그들을 사탄에게 내어준 것은 신성을 모독하지 못하도록 훈육하기 위함이다

05 전투하는 목회자

본문에서 바울은 디모데의 임직이 인간 바울에 의하지 않고 하나님의 말씀에 근거한 것임을 가르친다. 그 말씀에 근거하여 선한 싸움을 싸우라고 권면한다. 이 싸움의 승리를 위해서는 무엇보다 자신의 믿음과 선한 양심의 보존이 중요함을 강조한다. 이러한 내면의 싸움에서 무너진 두 사람을 소개한다. 그들에게 얼마나 심각한 타락과 징계가 있었는지, 그렇게 강도 높은 징계의 배후에는 바울의 애틋한 사랑과 배려가 있었음을 설명한다.

> 18아들 디모데야 내가 너에 대하여 이전에 언급된 예언들을 따라
> 이 명령을 너에게 위임한다 그것들을 가지고 선한 싸움을 싸워라

바울은 디모데가 믿음의 아들(τέκνον)임을 다시 한번 강조한다. 이러한 강조는 디모데 개인이 영적인 아비 바울의 소명과 책임을 승계해야 한다는 의미와 함께 교회 공동체 안에서 권위의 질서를 세우는 기능도 수행한다. 바울은 온 교회가 복음에 집중하게 하고 비본질적 사안이 교회의 의식과 심

장을 차지하는 것을 방지하기 위해 "명령"(παραγγελία)의 권위를 믿음의 아들에게 위임한다. 여기에서 명령을 "맡긴다"(παρατίθημι)는 동사는 온 세상에 복음을 전파하고 교회를 진리로 견고하게 세우고 거짓된 가르침을 방어하는 사명은 특정한 개인의 전유물이 아니라 하나님의 모든 신실한 사람들이 대를 이어서 선배는 위탁하고 후배는 계승해야 하는 진리 자체의 역동성을 잘 드러낸다. 목회자 한 사람은 천년만년 섬기지 못하기에 반드시 후진을 양성해야 한다. 자신의 인생에서 믿음의 자녀라고 부를 사람이 하나도 없어서 목회의 계승자가 없다면 교회는 위태롭고 나는 부끄럽지 않겠는가! 유산을 물려줄 혈통적인 자식이 없는 것은 부끄럽지 않다. 그러나 믿음의 사명을 계승할 믿음의 자녀가 없다면 부끄러워 함이 마땅하다.

바울의 위탁을 받은 디모데도 다음 세대를 위해 이 진리를 다시 다른 신실한 하나님의 사람에게 위탁해야 한다. 이런 맥락에서 바울은 두번째 편지에서 이렇게 명령한다. "네가 많은 증인 앞에서 내게 들은 바를 충성된 자들에게 부탁하라 그들이 또 다른 사람들을 가르칠 수 있으리라"(딤후 2:2). 그러나 주목할 것은 사명의 대를 이어갈 대상이 혈통적인 자녀가 아니라 믿음의 자녀라는 사실이다. 사도들 중에서 자신의 권위를 혈육에게 물려준 세습의 증거는 어디에도 없다. 그런데 오늘날 목회자는 자기 자식에게 교회를 가업처럼 세습한다. 이런 부끄러운 관행이 세상 사람들을 불쾌하게 하고 교회의 양심을 부패하게 한다. 게다가 교회에 위임된 목사는 자녀에게 세습할 수 없고 개척한 목사의 경우에만 교회를 자식에게 물려줘도 된다는 암묵적인 관념이 몇몇 목사들의 생각을 장악하고 있다. 이런 관행에 편승하여 혈통적인 자식에 대한 목회자의 편애가 교회의 모든 지체들이 형제와 자매로서 하나의 가족을 이룬다는 기독교의 핵심적인 진리를 유린하고 있다.

바울은 사역 승계에 있어서 인간적인 요소가 작용하지 않도록 최대한 자제한다. 비록 믿음의 아비로서 믿음의 자녀에게 사역의 계승자에 대한 지명권이 있겠지만 그것이 결코 인간적인 관계나 합의에 근거하지 않고 주님께서 친히 하늘의 권위를 가지고 행하시는 일이라는 의미에서 디모데에 대한 과거의 "예언"(προφητεία)을 언급한다. 바울은 자신의 의지가 아니라 이 예언을 "따라"(κατὰ) 명령의 권한을 믿음의 아들에게 위임했다. 이는 디모데가 에베소 교회의 지도자로 세워지는 근거가 인간이 아니라 하나님께 있음을 의미한다. 바울은 디모데에 대한 이 "예언"이 이전에 이루어진(προαγούσας) 일이라고 한다. 바울이 그 내용을 아는 것으로 보아 디모데 개인이 사적으로 받은 예언이 아니라 공동체 안에서 받은 예언일 가능성이 높다. 편지에서 바울이 이 예언을 언급하는 것은 디모데 개인만이 아니라 에베소 교회 전체가 주님의 주권을 따라 이루어진 일임을 다시 생각하게 하기 위함이다. 만약 바울이 명령권을 위임한 근거가 이 예언이란 사실을 온 공동체가 공유하지 않았다면 디모데는 자칫 바울 라인으로 분류되고 목회자들 혹은 성도들 사이에는 특정한 인물을 중심으로 편이 갈라지고 줄을 세우는 육신적인 폐습이 생겼을 가능성도 있다. 바울파, 게바파, 아볼로파 같은 계파의 발생은 모든 불화의 벽을 허무신 주님의 십자가 사랑을 조롱하는 일이며 결국 복음의 변질과 교회의 분열을 초래한다.

디모데는 자신이 교회의 지도자로 세움을 받은 것은 사람들의 결정이 아니라 하나님의 지명에 의한 것이라는 점을 명심해야 한다. 그래서 그는 바울에게 충성하지 않고 하나님께 충성해야 한다. 한 교회의 담임목사에게 충성하는 오늘날의 교회와 심히 대비된다. 바울은 디모데에게 이전에 들은 그 예언을 가지고 복음과 관련된 "선한 싸움"(καλὴν στρατείαν)을 싸우라고 한다. 이것은 디모데가 하나님께 충성하는 방식이다. 목회자의 "선한 싸움"은 무엇인가? 육적인 싸움이 아니라 영적인 싸움이다. 사람을 상대하는 것이 아니라 악한 영들과 권세들을 상대하는 싸움이다(엡 6:12). 다른 곳에서 바울은 "선한 싸움"의 구체적인 내용을 이렇게 설명한다. "하나님의 지식에 대항하는 이론들과 모든 높아진 것을 허물고 모든 생각을 사로잡아 그리스도에게 복종하게 하니"(고후 10:4-5). 목회자는 하나님을 아는 지식에 이르지 못하도록 방해하는 오류들과 왜곡들을 힘껏 제거해야 한다. 그리고 하나님을 아는 것보다 더 중요한 것처럼 높아진 모든 것들을 허물어야 한다. 인간의 모든 사상을 결박하여 그리스도 앞에 무릎 꿇게 만들어야 한다. 이 구절에도 사명의 목적이 하나님을 대적하는 지식들과 높아진 모든 것들을 파괴하는 것이 아니라 그리스도 앞에 무릎을 꿇게 하여 그들도 영원한 생명의 수혜자가 되도록 회복하는 사랑임을 주목해야 한다.

이런 싸움에서 승리하기 위해서는 무기가 필요하다. 바울이 디모데의 손에 쥐어준 유일한 무기는 "예언"이다. 물론 이 예언은 디모데 개인에게 주어진 것이기도 하지만 그것의 포괄적인 의미는 하나님의 말씀이다(벧후 1:19-20). 왕 같은 제사장의 직분을 받아 삶의 모든 현장에서 섬기는 세상의 목회자는 하나님의 말씀으로 이 세상 곳곳에서 전투해야 한다. 우리 모두의 싸움이 선하려면 동기가 선해야 하고 목적이 선해야 하고 방식이 선해야만 한다. 영적인 싸움에 임하는 디모데의 동기는 하나님의 예언이다. 영적인 싸움의 목적은 승리하여 원수의 재산을 탈취하기 위함이 아니라 회복의 사랑이다. 사랑의 정복을 위한 싸움이다. 그 싸움의 방식은 예언 즉 하나님의 말씀이다. 이 말씀을 바울은 다른 곳에서 "성령의 검"이라고 한다(엡 6:17). 바울은 믿음의 아들에게 이 검으로 선한 싸움을 싸우라고 한다. 만약 이 검이 없다면, 검의 사용법을 모른다면, 아무리 강하고 전략적인 목사라도 이 싸움에서 반드시 패배한다. 그래서 목회자는 영적 전쟁의 유일한 무기인 말씀에 전념해야 한다. 자신이 싸워 승리하기 위해서도, 교회로 하여금 온 세상에서 승리하게 만들기 위해서도 그러해야 한다. 이 말씀은 성령의 검이기 때문에 성령에 사로잡힐 때에만 사용이 가능하다. 성령에 취하지 않으면 목회자는 무너지고 교회에는 패배의 피가 낭자하게 된다.

¹⁹신앙과 선한 양심을 붙들어라
어떤 이들은 이 양심을 버렸고 그 믿음에 대해서는 파선했다

바울은 선한 싸움을 수행하는 구체적인 방법에 대해 설명한다. 즉 "신앙과 선한 양심"(πίστιν καὶ ἀγαθὴν συνείδησιν)을 붙들어야 한다고 조언한다. 이처럼 선한 싸움은 외적인 싸움이기 이전에 자기 자신과의 내적인 싸움이다. "신앙"은 성경에 계시된 그대로의 하나님을 알고(notitia) 그 지식에 전적으로 동의하고(assensus) 하나님 지식을 확고히 붙들고 나 자신을, 나의 가치관과 세계관과 인생관을 그 진리의 지식에 전적으로 위탁하는 신뢰(fiducia)를 의미한다. 이러한 신앙을 놓치면 하나님에 대해 무지하게 되고 하나님의 계시를 대적하게 되고 진리가 아닌 거짓을 신뢰하게 된다. "선한 양심"은 이 서신의 1장 5절에서 살핀 것처럼 선하신 하나님을 모든 판단의 기준과 주체로 삼은 마음의 법정이다. 이러한 양심을 버리면 자기 자신을 기준으로 삼고 자신이 만사의 재판관이 되어 편파적인 판결봉을 휘두르게 된다.

바울은 선한 양심을 "버리고"(ἀπωσάμενοι) 믿음에 대하여 "파선한"(ἐναυάγησαν) 사람들이 있다고 설명한다. 여기에서 "파선한"은 배의 파괴를 의미한다. 이 단어에서 유추해 보건대, 이들은 교회에서 지도적인 역할을 했음에 분명하다. 그러므로 선한 양심을 버리고 믿음에서 무너지면 그들만 홀로 무너지지 않고 그들의 가르침에 승선한 다른 성도들도 함께 믿음에서 무너진다. 목회자가 신앙에서 무너지면 이처럼 공동체적 믿음의 파선을 초래한다. 그리고 이들이 선한 양심을 버리고 믿음에 대하여 파선한 것은 불가피한 일로 그렇게 된 수동적인 결과가 아니라 능동적인 선택이고 고의적인 행위였다. 그들은 말씀으로 교회를 섬기다가 믿음에서 떠나 하나님을 아는 지식을 부정하고 그 지식을 대적하는 세상의 온갖 사상들을 따라 살아갔다. 교회를 파괴하기 위해 맹렬한 광기를 쏟아내며 여러 형제들과 자매들의 신앙도 파괴했다. 이 두 사람이 이런 짓을 저지르게 된 이유는 그들이 믿음을 지키고 선한 양심을 붙드는 자기 자신과의 싸움에서 승리하지 못하였기 때문이다. 이 싸움에서 지면 다른 모든 싸움에서 실패하게 된다. 이는 목회자나 교회만이 아니라 세상의 모든 공동체에 적용된다. 신뢰가 무너지고 양심이 마비된 모든 공동체는 반드시 부패한다. 지금은 그 부패의 악취가 도시의 넓은 대로만이 아니라 시골의 아주 좁은 골목까지 스며들어 있다.

> ²⁰그들 중에는 후메내오와 알렉산더가 있다 내가 그들을
> 사탄에게 내어준 것은 신성을 모독하지 못하도록 훈육하기 위함이다

바울은 선한 양심을 버리고 믿음에서 파선한 사람들 중에서 두 사람을 소개한다. 하나는 후메내오이고, 다른 하나는 알렉산더이다. 이들의 구체적인 악행은 바울의 두번째 편지에서 설명된다. 먼저 "후메내오"('Ὑμέναιος)는 "망령되고 헛된 말"을 버리지 않아서 "경건하지 아니함"에 이르렀고 그런 말을 "악성 종양"처럼 곳곳에 퍼뜨린 사람이다(딤후 2:16-17). 그의 이름 안에는 그리스 신화에 등장하는 "결혼의 신"을 가리키는 "후멘"(ὑμήν)이 들어가 있다는 사실에서 그는 아마도 그리스 신화를 하나님의 말씀보다 더 높이며 복음의 진리를 대적한 사람일 것이라고 나는 추정한다. 그는 신화에 착념할 때 발생하는 부작용의 대표적인 사례이다. 고대와 같은 신화의 시대만이 아니라 지금도 "신"이라는 이름 대신에 과학이나 진화라는 이름으로 인류의 기원과 역사의 흐름을 설명하는 무수히 많은 신화들이 등장하고 있다. "알렉산더" 경우에는 누구인지 확정할 수는 없지만 바울과 디모데가 동일하게 알고 있는 "구리 세공업자"일 가능성이 높다. 그의 이름 "알렉산더"의 어원을 보면, "인간을 지키는 사람"(ἀλέξω + ἀνήρ)이다. 이름의 의미에서 그는 다른 사람들의 많은 호응을 받았을 가능성이 높다. 그런데 그는 하나님의 진리를 지키는 바울에 대해서는 "많은 해로움"을 입히고 그의 "말을 심히 대적"한 사람이다(딤후 4:14-15). 말씀을 전파하는 하나님의 종을 괴롭히고 사사건건 대적하는 방식으로 복음의 진로를 가로막은 사람이다.

바울은 이 두 사람을 사탄에게 "내어 주었다"(παρέδωκα)고 한다. "사탄에

게 내어 주었다"는 말의 의미는 무엇인가? 그 의미는 그들을 교회에서 내보내어 교제를 끊는 출교(excommunicatio)일 것이라고 나는 생각한다. 출교는 교회에서 결의하고 부과할 수 있는 최고 수위의 형벌이다. 유대교의 경우 예수를 따르는 자들은 가장 무서운 형벌인 출교를 당하였다(요 9:22). 기독교의 출교는 비록 최악의 벌이지만 긍정적인 목적이 있다는 점도 인지해야 한다. "이런 자를 사탄에게 내어 주었으니 이는 육신은 멸하고 영은 주 예수의 날에 구원을 받게 하려 함이라"(고전 5:5). 바울이 사탄에게 내어 준 것은 선한 양심을 버리고 믿음에서 파선한 사람의 영혼이 아니라 그의 육신이다. 사탄에게 육신을 내어주는 출교는 한 사람이 교회의 보호 아래에 있지 않고 사탄이 왕 노릇하는 세상으로 그의 육신이 넘겨짐을 의미한다. 바울이 비록 사도의 막대한 권한을 가졌지만 인간이기 때문에 그에게는 한 사람의 영혼을 사탄에게 임의로 내어주는 영혼의 처분권이 없다. 이는 인간이 비록 한 사람의 육신을 죽일 수는 있어도 그의 영혼은 결코 건드리지 못한다는, 영혼을 죽이고 살리는 권한은 오직 하나님께 속한 것이라는 예수님의 말씀에서 확인된다(마 10:28).

같은 맥락에서 바울은 후메내오와 알렉산더를 사탄에게 내어준 목적이 "신성을 모독하지 못하도록 훈육하기 위함"임을 적시한다. 출교의 형벌이 그런 가르침을 줄 것이라(παιδευθῶσι)고 바울은 기대한다. 진실로 두 사람은 하나님의 신성을 모독했다. 이 모독이 인자에 대한 것인지, 성령에 대한 것인지는 분명하지 않다. 예수님의 말씀이다. "누구든지 말로 인자를 거역하면 사하심을 받겠으나 성령을 모독하는 자는 사하심을 받지 못하리라"(눅 12:10). 나는 그들이 성령을 모독한 것은 아니라고 생각한다. 이렇게 생각하는 이유는 바울이 그들을 저주하지 않고 육신적인 버림의 훈육을 통해 회복의 기회를 그들에게 주고 있기 때문이다. 그들은 분명히 진리를 왜곡하고 거짓을 퍼뜨리며 교회의 뿌리와 토대를 흔들려고 했다. 이러한 그들의 신성모독 행위를 사도가 좌시하면 그들의 육신은 멀쩡할 수 있겠지만 영혼은 주 예수의 날에 구원을 받지 못하고 지옥으로 떨어질 수 있기 때문에 바울은 사도의 공권력을 적법하게 사용하여 그들을 교회에서 내보냈다. 물론 바울은 하나님의 이름을 모독하는 골리앗의 입을 물 맷돌로 막은 다윗처럼 하나님의 이름을 거룩하게 여김 받도록 하려는 신앙 때문에 그들의 출교를 명하였을 가능성도 있다. 동시에 바울은 이들이 비록 자신에게 막대한 피해를 입히고 교회에 큰 상처를 주었지만 여전히 그들의 영혼은 버려지지 않도록, 훈육을 받고 돌아올 수 있도록 기회를 제공하는 사랑의 자세를 유지하고 있다. 이는 매를 아끼는 부모는 자식을 미워하는 것이라고 한 지혜자의 교훈에 비추어 볼 때에도 분명하다(잠 13:24).

바울은 출교라는 극단적인 조치를 통해 두 사람의 영혼만 보호하지 않고 그들로 말미암은 교회의 파괴도 방지하고 교회 자체가 그들의 신성모독 행위에 전염되어 동일한 죄를 범할 가능성도 제거했다. 이는 대단히 지혜로운 목회자의 처신이다. 이런 처신은 자신을 많이 해롭게 한 원수를 사랑해야 가능하고, 원수 갚는 것이 주님께 있음을 인정하며 보복의 마음을 갖지 않아야 가능하고, 교회를 지극히 사랑해야 가능하다. 바울은 이런 목회자적 소양을 모두 갖추었다. 이런 처신의 기록을 통해 바울은 지금 "사랑"에 이르는 명령의 지혜로운 사용법을 믿음의 아들에게 가르치고 있다. 명령의 목적이 징계에 의한 파괴가 아니라 사랑으로 세우는 것임을 가르친 바울은 이처럼 자신이 먼저 믿음에서 파선한 두 사람에게 그 가르침을 실천한 교사였다. 바울처럼 목회자도 가르칠 내용을 행하면서 가르쳐야 한다. "누구든지 이를 행하며 가르치는 자는 천국에서 크다 일컬음을 받으리라"(마 5:19). 행하지 않고 가르치면 교육도 제대로 되지 않겠지만 행하지 않는 자신을 자기 입으로 정죄하는 결과를 초래한다. 알고도 행하지 않으면 죄이기 때문이다(약 4:17).

바울이 사탄에게 넘긴 이단들의 육신적인 운명은 베드로 앞에서 성령을 속인 삽비라와 아나니아 부부의 죽음과 유사하다(행 5:1-11). 성령께서 교회에 강하게 임하셔서 복음의 역동적인 전파가 시작될 무렵에 거짓의 은밀한 독소가 교회로 파고들지 못하도록 싹을 잘라내는 듯한 그 부부의 죽음은 영혼이 아니라 육체의 멸망으로 해석함이 좋다. 즉 베드로도 바울처럼 그 부부를 육신적인 차원에서 징계했다. 그리고 바울의 복음 전파를 방해하던 마술사 엘루마가 맹인이 된 것도 영혼의 몰락이 아닌 육신에 가해진 형벌의 한 유형이다(행 13:6-12). 또한 고린도 교회에서 "주의 몸을 분별하지 못하고 먹고 마시는 자"들 중에 "약한 자와 병든 자가 많고 잠자는 자도 적지" 아니한 것도 비록 몸으로는 징계를 받았으나 장차 심판대 앞에서는 "우리로 세상과 함께 정죄함을 받지 않게"(고전 11:29-32) 하려는 육신적인 징계라고 바울은 가르친다. 때때로 고삐가 풀린 육신에 부과되는 형벌은 영혼의 건강 유지와 회복에 유익하다. 이러한 사도의 가르침에 비추어 볼 때, 육신의 형벌을 영혼의 버림으로 해석하는 것은 합당하지 않다.

아무리 잘못을 저질러도 사탄에게 그의 육신을 내어주는 것은 너무나 가혹한 벌이라고 생각하는 사람들이 있다. 가장 악한 사탄에게 그보다는 덜 악한 후메내오 및 알렉산더를 넘긴다는 것, 헌금의 액수를 속였다고 삽비라와 아나니아 부부를 죽음의 입에 내던지는 것은 정의롭지 않아 보이는 게 사실이다. 이런 이유로 하나님께 불평을 쏟아낸 대표적인 인물은 하박국 선지자다. 그는 사역의 초기에 주님께서 악한 갈대아 사람들로 하여금 이스라엘 백성을 멸망하게 만드시는 것은 정의를 굽히는 조치라며 하나님께 강하게 항변했다(합 1:4). 갈대아 사람들이 이스라엘 백성보다 더 난폭하고 더 불의한 것은 사실이다. 이처럼 "악인이 자기보다 의로운 사람을 삼키고 있는데도 잠잠"(합 1:13)히 계시는 하나님께 불평과 원망을 쏟아내는 선지자의 항변은 어쩌면 당연하다. 그러나 하나님은 이 세상에 존재하는 무수히 많은 죄인들과 악인들과 귀신들과 심지어 사탄까지 당신의 백성을 훈육하는 채찍으로 삼으신다. "화 있을진저 앗수르 사람이여 그는 나의 진노의 막대기요 그 손의 몽둥이는 나의 분한이라"(사 10:5). 남 유다를 멸망시킨 앗수르가 정의를 이루시는 하나님의 도구였다. 비록 인간 자신의 광기로 인하여 육신은 망가지고 가정은 깨어지고 기업은 도산하고 국가는 멸망하고 세계는 전쟁에 휩쓸리게 둠으로써 인간의 죄악된 육신은 잠잠하게 하고 그들의 영혼은 건지시기 위해 주님은 불의한 자들도 훈련의 회초리로 쓰시는 극단적인 조치까지 취하신다. 이것이 가혹한가? 일시적인 육신의 멸망으로 영원한 영혼의 멸망을 막으시는 하나님의 허용은 결코 가혹하지 않고 오히려 지극히 자비롭다.

이 편지를 쓰는 바울 자신도 아주 극단적인 도구로 자비를 베푸시는 하나님을 경험했다. "여러 계시를 받은 것이 지극히 크므로 너무 자만하지 않게 하시려고 내 육체에 가시 곧 사탄의 사자를 주셨으니 이는 나를 쳐서 너무 자만하지 않게 하려 하심이라"(고후 12:7). 바울은 "가시 즉 사탄의 전령" 때문에 육신이 심히 괴로웠다. 그래서 하나님께 이 가시를 제거해 주시라고 세 번이나 기도했다. 그러나 하나님은 그의 기도를 수용하지 않으셨다. 이유는 바울을 괴롭히기 위함이 아니라 바울이 자만하지 않도록 방지하기 위함이다. 바울은 이 사실을 너무도 잘 이해했다. 그래서 자신의 육신에 가시가 존재하는 역설적인 유익 즉 교만의 방지를 두 번이나 반복해서 언급했다. 교만으로 영혼이 위태롭게 되는 것보다 사탄의 뾰족한 가시로 인한 육신의 괴로움이 훨씬 유익함을 깨달았다. 겸손한 마음을 가지신 그리스도 예수께서 자기 안에 사신다면 바울은 고난의 끝인 "죽음도 유익이라"(빌 1:21) 한다. 바울이 후메네오와 알렉산더를 그렇게 사탄에게 내어준 이유는 바로 악을 선의 도구로도 쓰시고, 심지어 악 자체를 선으로도 바꾸시는 하나님의 섭리에 대한 바울 자신의 이러한 깨달음 때문이다. 육신이 고통으로 제어되어 악을 저지르지 않는 것은 우리의 영혼에 큰 유익이다. 교만한 사람과 죄악을 저지르는 사람은 자기보다 더 악한 자들에 의한 벌이나 징계를 각오해야 한다. 영혼의 교만은 자기보다 악한 자들과의 무서운 만남을 자초하는 원인이다.

그러나 육신에 문제가 생기면 무조건 후메내오 혹은 알렉산더 같은 경우를 적용하며 죄의 억제라는 딱지를 붙이는 것은 금물이다. 욥의 경우가 대표적인 반증이다. 주님은 욥을 사탄에게 넘기셨다. "내가 그를 네 손에 넘기노라 다만 그의 영혼은 해하지 말지니라"(욥 2:6). 이 구절에 대해 히브리어 성경의 헬라어 번역본인 70인경에는 바울이 사용한 "넘기다"(παρα- δίδωμί)는 동사가 동일하게 사용된다. 욥의 영혼을 해하지 말라는 제한에서, 사탄의 손에 넘겨진 것은 욥의 영혼이 아니라 그의 육신임을 확인한다. 욥의 육신이 사탄에게 넘겨진 이유는 무엇인가? 욥으로 하여금 죄를 짓지 못하게 하거나 지은 죄에 대한 형벌을 부과하는 차원에서 넘겨진 것이 아니었다. "내 종 욥을 주의하여 보았느냐 그와 같이 온전하고 정직하여 하나님을 경외하며 악에서 떠난 자가 세상에 없느니라"(욥 2:3). 욥이 당한 육신의 고난은 그의 순수한 신앙과 완전한 경건이 어떠함을 온 세상에 드러내기 위해 주어졌다. 욥의 입장에서 보면, 이전보다 더 높은 차원의 신앙과 경건의 세계로 들어가기 위한 고난이다.

육신에 가해지는 고통의 이유는 이처럼 다양하다. 1) 죄를 저지르지 못하도록, 2) 더 심각한 죄의 상태로 빠져들지 않도록, 3) 죄가 확산되어 교회 공동체에 전염되지 않도록, 4) 받은 은혜가 너무나도 커서 교만한 마음을 가지지 않도록, 5) 신앙의 본질을 드러내고 보다 깊은 신앙의 세계로 들어가는 계기를 마련하기 위해 고통이 주어진다. 우리 각자에게 주어진 육신의 고통은 무엇 때문이고 무엇을 위함인가? 육신의 고통은 우리의 영혼에 유익하다. 내가 고통 가운데에 있다면, 혹시 고통 가운데에 있는 형제와 자매가 있다면, 육신의 회복을 위해 세 번 정도는 기도하되 치유나 회복의 응답이 없더라도 낙심하지 말고 영혼에 유익을 주시는 하나님의 뜻에 감사해야 한다. 육신의 고통에 대해 인간적인 사상들을 수용하지 않고 영혼을 유익하게 하시는 하나님의 자비로운 섭리의 관점에서 해석하는 것도 목회자의 영적인 싸움이다.

딤전 2:1-7

¹그러므로 내가 첫째로 권하노니 모든 사람을 위하여 간구와 기도와 도고와 감사를 하되 ²임금들과 높은 지위에 있는 모든 사람을 위하여 하라 이는 우리가 모든 경건과 단정함으로 고요하고 평안한 생활을 하려 함이라 ³이것이 우리 구주 하나님 앞에 선하고 받으실 만한 것이니 ⁴하나님은 모든 사람이 구원을 받으며 진리를 아는 데에 이르기를 원하시느니라 ⁵하나님은 한 분이시요 또 하나님과 사람 사이에 중보자도 한 분이시니 곧 사람이신 그리스도 예수라 ⁶그가 모든 사람을 위하여 자기를 대속물로 주셨으니 기약이 이르러 주신 증거니라 ⁷이를 위하여 내가 전파하는 자와 사도로 세움을 입은 것은 참말이요 거짓말이 아니니 믿음과 진리 안에서 내가 이방인의 스승이 되었노라

❖ ❖ ❖

¹그러므로 나는 모든 것 중에서 첫째로 모든 사람들을 위한 간구와 기도와 도고와 감사를 권고한다 ²왕들과 높은 지위에 있는 모든 사람들을 위하여도 [기도하라] 이는 우리가 모든 경건과 품위 속에서 고요하고 평안한 삶을 살기 위함이다 ³이것은 우리의 구주 하나님 앞에 선하고 받으실 만한 것이란다 ⁴그는 모든 사람들이 구원을 받고 진리의 지식에 이르기를 원하신다 ⁵하나님은 한 분이시고 하나님과 사람의 중보자 즉 사람이신 그리스도 예수도 한 분이시다 ⁶그는 모든 사람을 위하여 자기를 대속물로 주셨으며 자신의 때에 증거이신 분이시다 ⁷나는 거짓을 말하지 않고 진실을 말하노니, 이(증거)를 위하여 내가 전파하는 자와 사도로, 믿음과 진리 안에서 이방인의 스승으로 세워졌다

06 기도하는 목회자

적잖은 사람들이 전투하는 목회자를 논쟁적인 언어의 칼잡이로 생각한다. 그러나 전투의 이면에 보이지 않는 목회자의 정체성은 기도하는 사람이다. 기도는 전투의 필수적인 방식이다. 목회자가 목숨을 걸고 싸워야 할 전쟁터는 기도의 골방이다. 바울은 명령의 권한을 위임한 믿음의 아들에게 기도하는 목회자가 되라고 가르친다. 기도하는 이유는 그 명령의 권한이 디모데가 마음대로 행사해도 되는 것이 아니기 때문이다. 하나님은 기도라는 대화를 통해 어떠한 것은 해도 되고 어떠한 것은 하지 말아야 하는지의 종류와, 해도 되는 것을 어디까지 얼마만큼 해도 되는지의 범위를 보이신다. 바울이 가진 사도의 권한도 하나님의 승인 하에서 행사해야 하는 것처럼 디모데가 받은 명령의 권한도 하나님의 승인을 받아야 함을 바울은 기도의 권면으로 가르친다. 이 기도는 싸움을 선하게 유지하고 그 싸움의 승리를 가져오는 가장 중요한 비결이다. 본문에서 바울은 그 기도의 핵심적인 내용을 가르친다.

¹그러므로 나는 모든 것 중에서 첫째로 모든 사람들을 위한 간구와 기도와 도고와 감사를 권고한다

바울은 기도가 "모든 것 중에서 첫째로"(πρῶτον πάντων) 행해야 할 목회자의 일이라고 한다. 선한 싸움의 일 번지는 기도이다. 싸움은 지휘관의 지시로 시작되기 때문이다. 여기에서 "첫째"라는 말은 사역의 순서에 있어서의 "일등"과 사역의 중요성에 있어서의 "으뜸"을 의미한다. 성경에서 기도는 쉬지 않고 때를 가리지도 않고 무시로 해야 하고 일회적인 행위가 아니라 항구적인 상태를 요구한다. 교회의 목회자든 세상의 목회자든 섬기는 모든 이들에게 기도는 목회적 활동의 시작이며 전제이며 토대이며 원천이다. 기도가 없는 목회는 사람의 사역이고 기도가 있는 사역은 하나님의 사역이다.

하나님의 도우심을 구하는 기도는 목회의 주도권이 하나님께 있음을 인정하는 행위이다. 섬김의 지혜와 능력이 나에게 있지 않고 하나님께 있음을 고백하는 행위이다. 이에 대한 베드로의 조언이다. "어떤 이가 섬긴다면 하나님이 베푸시는 능력으로 하는 것처럼 하라 이는 범사에 하나님이 예수 그리스도로 말미암아 영광을 받으시게 하기 위함이라"(벧전 4:11). 지혜와 재능이 나에게서 나오고 나의 소유라고 생각하면 자신을 드러내고 자랑하게 된다. 그러나 교회는 목회자의 이름을 나타내고 목회자의 위대함을 과시하는 전시장이 아니라 하나님께 영광을 돌리는 구별된 기관이다. 하나님은 자신의 영광을 위해 섬기는 교회의 진실한 자들에게 능력을 베푸신다(대하 16:9).

자신의 실력을 믿고 목회하는 사람들은 반드시 실패한다. 물론 남다른 재능으로 사람들을 많이 모으고 교회의 덩치를 키우고 조직을 강화하는 일은 가능하다. 하지만 하나님의 나라와 의를 구하는 일에는 무관심을 보이고 오히려 그 일에 걸림돌이 된다. 하나님의 영광보다 교회의 덩치를 자랑하고 동시에 그렇게 만든 자신도 자랑한다. 나아가 그렇게 키우지 못한 목회자를 무시하고 곁에서 협력하는 목회자를 갑질의 대상으로 여기며 개인비서처럼 활용한다. 심지어 자신의 비자금 관리도 맡기고 사사로운 집안일도 시키는 담임 목회자도 있다. 그러나 모든 목회자는 하나님의 집에서 일하는 사환이다. 주인이신 하나님이 부여하신 권한과 능력만큼 섬겨서 주인의 존귀와 위엄을 드러내는 직분이다. 서로를 하나님의 동일한 사환으로 여기며 존중하는 것은 마땅하다.

바울은 하나님의 도우심을 구하는 기도의 종류를 네 가지로 구분한다. 첫째, "간구"(δέησις)이다. "간구"는 무언가가 부족하여 "필요가 느껴질"(δεύω) 때에 도움을 요청하는 행위를 의미한다. 모든 피조물은 스스로 존재할 수 없고 외부의 도움에 의해서만 존재한다. 피조물 자체는 일종의 결핍이다. 창조자에 대한 태생적인 의존성 때문이다. 기도는 이러한 피조물의 본질적인 특성과 결부되어 있다. 인간에게 필요가 발생하는 것은 정상이다. 그 필요가 창조자의 존재와 그 창조자를 향한 피조물의 마땅한 의존성을 깨우친다. 이 깨우침이 결핍의 유익이다. 그런 깨우침의 절정은 교회에서 확인된다. 교회는 창조자 의존성을 보여주는 최고의 모델이다. 그런데 오늘날 교회는 하나님이 아니라 다른 수단으로 필요를 채우고자 하는 유혹에 쉽게 넘어간다. 그 유혹에 넘어가면 혹시 필요를 채울 수는 있어도 창조자 의존적인 피조물의 모델을 제시함에 있어서는 실패한다. 채워진 결핍도 곧장 재발한다.

둘째, "기도"(προσευχή)이다. 이것은 마음의 "소원"(ευχή)을 하나님 앞으로 내미는 것을 의미한다. 마음의 소원을 어떤 대상에게 알린다는 것은 나의 깊은 속마음을 공유하는 행위이다. 이런 기도는 어떤 사람이나 다른 종교적인 대상에게 드려지지 않고 오직 하나님께 드려져야 한다. 기도는 인격의 섞임이다. 성경은 기도를 단회적인 행위가 아니라 지속적인 상태라고 가르친다. 하나님과 우리 사이에 인격의 지속적인 접촉과 교류가 기도이기 때문이다. 기도를 통해 섞이면서 우리는 하나님을 알아가고 하나님을 닮아간다. 이러한 알아감과 닮아감을 통하여 우리의 소원은 하나님의 소원까지 이르러야 한다. 예수님의 본을 따라 나의 소원이 아니라 아버지의 소원을 내미는 단계까지 나아가야 한다. 목회자와 교회는 그 소원을 붙잡고 날마다 매 순간마다 엎드려야 한다.

셋째, "도고"(ἐντεύξις)이다. "도고"는 고대의 문헌에서 "만남, 대화, 동행, 청원, 개입" 등을 의미한다. 성경에서 "도고"라는 단어는 두 번 나오기 때문에(딤전 2:1, 4:5) 그 의미를 확정하기 어렵지만 대체로 타인과 하나님 사이에 개입하여 그 타인을 위하여 하나님께 기도하는 행위를 가리킨다. 그런데 예수만이 성경에서 말하는 하나님과 인간의 유일한 중보자다. 그런데 바울은 왜 이러한 기도의 개입을 믿음의 아들에게 권하는가? 내 생각은 이러하다. 예수님은 분명 유일한 중보자다. 그러나 그 예수는 우리 안에 거하신다. 그리스도 예수가 그 안에 사시는 모든 사람들은 그의 몸이며 그 몸의 지체로서 서로에게 간접적인 중보자의 기능을 수행한다. 그래서 야고보는 가르친다. "너희 죄를 서로 고백하며 병이 낫기를 위하여 서로 기도하라 의인의 간구는 역사하는 힘이 큼이니라"(약 5:16). 믿음의 형제와 자매는 서로의 죄를 고백하며 나누어야 한다. 약점과 꼬투리를 잡아 서로를 넘어지게 하는 관계 속에서는 곤란한 고백이다. 서로의 병 낫기를 위해서도 기도해야 한다. 특별히 믿음이 더 큰 사람은, 성령으로 더 충만한 사람은 그렇지 않은 사람들을 위해 더 많이 기도해야 한다. 믿음은 한 개인의 종교적 우월성을 보여주는 증거물이 아니라 주님께서 맡기신 사랑의 선물이기 때문이다. 그런데 어떤 이들은 자신의 강한 믿음을 믿음이 약한 사람들을 도와야 할 이유가 아니라 비판하고 정죄해도 되는 자격으로 생각한다. 나아가 그들을 깔보고 무시한다. 이는 믿음의 올챙이 시절을 망각한 자의 오만이다. 그래서 바울은 이렇게 명령한다. "믿음이 강한 우리는 마땅히 믿음이 약한 자의 약점을 담당하고 자기를 기쁘게 하지 아니할 것이라"(롬 15:1). 바울은 누구보다 강한 믿음의 아들 디모데를 향해서도 타인을 위해 기도하며 도우라고 한다. 타인을 위해서 하나님께 기도하면 가장 아름다운 사랑의 열매가 결실한다. 도고는 우리에게 기도가 필요한 대상과 같아질 것을 요구한다. 그의 상황 속으로 들어가 그의 입장이 되어 그의 아픔을 아파하는 자가 되지 않으면 도고가 가능하지 않기 때문이다. 그래서 도고는 형제와 자매가 서로를 가장 잘 이해하게 만들고 가장 진실한 사랑의 관계를 맺도록 유도한다.

넷째, "감사"(εὐχαριστία)이다. "감사"는 하나님이 "좋은 것"(εὐ)을 "값없이 베푸신 것"(χαρίζομαι)에 대한 인간의 자발적인 반응이다. 하나님은 인간에게 선을 베푸시는 선하신 분이시다. "모든 좋은 은사와 모든 온전한 선물"은 "위로부터 빛들의 아버지"가 인간에게 베푸시는 선물이다(약 1:17). 감사는 모든 좋은 것들이 나에게서 나온 것이 아니라 위로부터 주어진 것이라는 사실을 인정하는 행위이다. 비록 나의 시간을 들여서 나의 재능을 가지고 내가 행한 일의 결과라고 하더라도 그것이 좋은 것이라면 위로부터 주어진 것이기 때문에 자랑하지 말고 감사해야 한다.

나아가 바울은 간구와 기도와 도고와 감사를 하되 자신을 위하여 하지 않고 "모든 사람들을 위하여"(ὑπὲρ πάντων ἀνθρώπων) 하라고 가르친다. 이것은 기도의 바람직한 방향이다. 여기에서 "모든"은 선한 사람만이 아니라 악한 사람도, 의로운 사람만이 아니라 불의한 사람도, 나에게 유익한 사람만이 아니라 무익하고 해로운 사람도, 내가 좋아하는 사람만이 아니라 내가 싫어하는 사람도 포괄한다. 우리는 우리 주변에 있는 모든 사람들의 필요를 채워 달라고 하나님께 기도해야 한다. 우리는 사람을 차별하지 말고 모든 사람들이 하나님의 소원을 가슴에 품고 각자에게 합당한 그 소원이 이루어질 수 있도록 하나님께 기도해야 한다. 모든 사람들의 상황과 입장과 아픔을 가슴에 품고 하나님께 치유와 회복을 위해 기도해야 한다. 그리고 주변에 있는 모든 사람들을 위하여 범사에 하나님께 감사해야 한다. 모든 사람들의 필요를 채우고자 하고 그들의 소원을 소원하고 그들의 아픔을 아파하고 그들의 기쁨을 함께 기뻐하며 감사하는 것이 기도하는 목회자의 정상적인 모습이다. 비록 자신의 정체성은 사방으로 흩어지나 오히려 그것이 자아를 확장하는 결과를 가져온다. 모든 사람들을 위하여 진심으로 기도하는 자만이 세계를 품고 교구로 삼은 목회자가 된다.

²왕들과 높은 지위에 있는 모든 사람들을 위하여도 [기도하라]
이는 우리가 모든 경건과 품위 속에서 고요하고 평안한 삶을 살기 위함이다

바울은 특별히 "왕들과 높은 지위에 있는 모든 사람들"을 위하여 기도할 것을 권면한다. 그 이유는 그들의 부귀와 권력이 탐나서 빼앗고자 함도 아니고, 그들에게 잘 보여서 이득을 취하기 위함도 아니고, 그들을 편애하기 때문도 아니며, 그들이 다른 사람보다 더 많은 권한을 가지고 더 많은 책임을 맡고 있기 때문이다. 그들이 공동체에 끼치는 부정적인 영향과 긍정적인 영향이 남들보다 더 크기 때문이다. 여기에서 우리는 각자가 좋아하는 일부의 고위 공직자가 아니라 "모든"(πᾶς) 공직자를 위하여 기도해야 한다. 하나님을 믿는 사람들도 특정한 정파를 지지하고 후원한다. 그런 정치적인 입장을 취하는 것은 얼마든지 가능하다. 그러나 자신이 지지하는 정파에 속하지 않았다고 해서 대통령을 비롯한 고위 공직자를 위해 기도하지 않고 오히려 진리와 무관하게 비난하고 저주하고 저항하는 것은 합당하지 않다. 1세기 당시의 "왕들과 높은 지위에 있는 모든 사람들"은 대체로 기독교에 대해 호의적인 인물들이 아니었다. 그럼에도 불구하고 바울은 그들 모두를 위해 기도해야 한다고 가르친다.

바울은 모든 공직자를 위해 기도해야 하는 이유로서 교회의 "고요하고 평안한 삶"(ἤρεμον καὶ ἡσύχιον βίον)을 언급한다. 공동체의 질서와 행복 유

지를 위해 막강한 권력이 주어진 자들이 종교에 끼치는 영향력은 지대하다. 만약 공직자가 진리를 거스르고 불의를 저지르면 사회의 도덕성이 무너지고 그러면 진리를 따르고 정의를 추구하는 하나님의 사람들은 그들과 대립각을 세워야 하고 그들에게 순종할 수 없는 상황이 발생한다. 그러면 고요하고 평안한 삶은 결코 가능하지 않다. 성도의 삶은 오히려 전투 모드로 전환된다. 나아가 바울은 공무를 수행하는 사람들에 대해 그들의 공적인 권세가 하나님에 의해 분배된 것이라고 강조한다(롬 13:1). 그들은 자신에게 부여된 고유한 역할을 수행하며 하나님의 나라를 세우는 교회의 동반자다. 바울은 그들을 "하나님의 종"이라고 한다(롬 13:6). 그들이 하나님의 권세를 가지고 사회에서 공의를 행하고 질서를 유지하고 백성의 행복을 추구하는 것은 마땅하다. 그러나 인간은 부패하여 권력을 바르게 사용하지 않고 불의를 저지르고 사회를 위협하고 백성을 불행하게 만드는 흉기로 사용한다. 이렇게 사회의 권력이 부패하고 무너지면 하나님의 뜻이 하늘에서 이루어진 것처럼 땅에서 이루어질 수 없기 때문에 그 나라의 백성인 성도의 삶은 요란하고 불안하다. 그러므로 하나님의 나라와 의를 구하는 사람들은 권세를 주신 하나님의 나라가 이 땅에서 구현될 수 있도록 모든 공직자를 위해 기도해야 한다. 사회가 안정될 때 교회도 "모든 경건과 품위 속에서 고요하고 평안한 삶"을 영위하게 된다. 이러한 삶은 이 세상에서 잘 먹고 잘사는 그런 육신적인 고요와 평안을 추구하는 삶과는 무관하다.

³이것은 우리의 구주 하나님 앞에 선하고 받으실 만한 것이란다

왜 우리는 모든 고위 공직자를 비롯한 모든 사람들을 위해 기도해야 하나? 그것이 "하나님 앞에 선하기" 때문이다. 그리고 그것은 하나님이 "받으시는" 기도이기 때문이다. 여기에서 바울은 하나님을 "우리 구주"라고 고백

한다. "구주"(σωτήρ)는 구원자를 의미한다. 기도하는 것이 구원자 하나님 앞에서 선하고 받으실 만하다는 것과 무슨 관계인가? 여기에서 우리는 기도의 목적을 확인한다. 즉 만인을 위한 기도의 목적은 그들의 구원이다. 만약 그들이 우리의 삶을 안전하고 평화롭게 만드는 유익을 제공하기 때문에 우리가 기도를 드린다면 그것은 조건부 사랑이다. 우리는 그들이 하나님을 구주로 고백하게 만들기 위해 기도하는 무조건적 사랑을 실천해야 한다. 사회에 질서가 유지되고 정의가 구현되는 것의 목적은 사람의 구원이다. 구원이 주어질 수 있도록 우리는 공직자를 위해 기도해야 하고 공직자의 모범도 보여야 하고 사회적인 삶의 모든 영역에서 예수의 향기를 나타내야 한다.

⁴그는 모든 사람들이 구원을 받고 진리의 지식에 이르기를 원하신다

하나님은 모든 사람들을 향한 소원을 가지고 있으시다. 그 소원은 모든 사람들의 구원과 진리의 인식이다. 먼저 하나님은 "모든 사람들"이 구원에 이르기를 원하신다. 만사가 자신의 소원이 아니라 하나님의 소원대로 되기를 원하는 하나님의 모든 사람들은 그의 소원을 따라 모든 사람들이 구원에 이르기를 기도해야 한다. 입술로만 기도하지 않고 온 몸이 추구해야 한다. 그래서 모든 사람들의 구원을 위한 기도가 몸을 움직여 예루살렘, 온 유대, 사마리아, 땅끝까지 이르러야 한다. 오전에는 가족과 교회를 위해 기도하고, 오후에는 직장과 지인들을 위해 기도하고, 저녁에는 민족과 세계를 위해 기도하자. 그렇게 기도하지 않고 타인의 필요를 외면하고 타인의 소원을 짓밟고 조롱하며 타인의 아픔과 고통을 함께 아파하지 않고 타인의 참된 행복을 기뻐하고 감사하지 않는 사람들은 하나님의 소원보다 자신의 소원에 사로잡힌 이기적인 인간이다. 그러나 바울은 믿음의 아들에

게, 우리 모두에게 모든 사람들을 기도로 품으라고 가르친다. 참된 목회자는 내 교회만 부흥하고 행복하게 되는 일에 만족하지 않고 모든 사람들이 구원을 받을 때까지는 결코 만족하지 않는 거룩한 불만의 소유자다. 모든 사람들의 구원에 대한 예수님의 거룩한 불만을 마태는 이렇게 기록한다. "이 작은 자 중의 하나라도 잃는 것은 하늘에 계신 너희 아버지의 뜻이 아니니라"(마 18:14). 이는 지극히 작은 자를 하나라도 잃는다면 결코 만족하지 못하시는 예수님의 마음이다. 이것은 믿음의 사람들 모두에게 주신 주님의 도전이다. 지극히 작은 자 하나라도 잃지 않으려는 정신을 소수가 아니라 모든 교회가 공유하고 구현해야 한다.

바울은 모든 사람들이 구원을 받은 이후에 "진리의 지식"에 이르러야 한다고 가르친다. 여기에서 "지식"(ἐπίγνωσις)은 정보의 취득보다 강한 의미로서 깨달아서 그 지식을 인생의 토대로 삼는 신뢰의 단계까지 나아갈 것을 의미한다. 목회자는 믿지 않는 사람에게 복음을 전파할 뿐만 아니라 예수를 믿어 구원에 이른 성도에게 계속해서 진리를 가르쳐야 한다. 이러한 바울의 강조에 근거하여 고대의 경건한 사람들은 "이해를 추구하는 신앙"(fides quaerens intellectum)을 강조했다. 모든 사람들이 예수를 믿고 구원에 이르는 것에 머물지 않고 진리를 아는 지식까지 추구하는 것은 하나님의 소원이며 신앙의 본질이다. 그래서 바울은 에베소 교회에 보낸 편지에서 "하나님의 아들을 믿는 것과 아는 것에 하나"가 되어야 하고 그러할 때에 "온전한 사람"을 이룬다고 강조했다(엡 4:13). 기독교는 맹목적인 신앙을 거부하고 진리의 인식을 강조한다. 이는 진리의 인식이 없으면 구원도 없기 때문이다.

이는 예수님의 기도문 안에서도 확인된다. "영원한 생명은 곧 유일하신 참 하나님과 당신께서 보내신 자 예수 그리스도를 아는 것입니다"(요 17:3). 여기에서 아는 것은 곧 생명이다. 진리의 지식은 영원한 생명이다. 이처럼 진리의 지식과 구원은 결부되어 있다. 구원을 받은 사람이 진리를 사모하지 않는다면 그 사람의 구원을 의심해야 한다. 그의 신앙은 거짓일 수 있으며 그가 생각하는 구원은 망상일 가능성이 높다. 구원에 이르는 신앙은 진리에 대한 이해를 필히 추구한다. 진리를 모르는데 믿음이 있다는 것은 진리가 아닌 다른 무언가를 믿는다는 것이 아니고 무엇인가? 구원에 이르기 위하여 우리가 믿어야 할 진리의 핵심적인 내용은 무엇인가? 예수님의 말씀에 의하면, 유일하신 참 하나님과 그리스도 예수가 바로 믿어야 할 진리의 내용이다.

> 5하나님은 한 분이시고 하나님과 사람의 중보자
> 즉 사람이신 그리스도 예수도 한 분이시다 6그는 모든 사람을 위하여
> 자기를 대속물로 주셨으며 자신의 때에 증거이신 분이시다

바울은 예수님의 가르침을 따라 유일하신 참 하나님과 예수가 구원의 진리라고 설명한다. 먼저 우리가 믿어야 할 진리는 "하나님은 한 분"(εἷς)이라는 사실이다. 이러한 하나님의 유일성은 하나님이 없다는 무신론과 둘 이상의 하나님이 계시다는 다신론을 배제한다. 눈에 보이지 않는 영이라는 이유로 하나님을 없다고 하거나 각자가 마음에 스스로 만든 신을 모시기에 사람의 수만큼 많다고 하는 것은 진리에 대한 무지가 저지른 주장이다. 우리가 믿어야 할 하나님은 오직 한 분이시다. 단순히 숫자에 있어서 하나라는 진리만이 아니라 하나님의 유일성이 갖는 진리의 권위에 대해서도 인지해야 할 무언가가 있다. 그것은 야고보의 글에서 발견된다. "네가 하나님은 한 분이신 줄을 믿느냐 잘하는 일이지만 귀신들도 믿고 떠느니라"(약 2:19). 하나님이 한 분이심을 믿는다면 어떠한 태도가 합당할까? 온 존재가 흔들릴 정도로 그분을 경외해야 한다. 이런 두려움은 귀신들도 하는 반응이다. 야고보는 우리가 귀신보다 못한 신앙의 소유자가 아니기 위해서는

선을 행하여야 한다고 주장한다. 즉 머리와 생각만이 아니라 몸과 삶도 진리에 이르러야 한다.

그리고 하나님이 보내신 자 그리스도 예수는 하나님과 사람의 중보자다. "중보자"는 하나님과 인간 사이의 화목을 도모하고 소통을 가능하게 하는 직분이다. 이 화목은 예수께서 자신의 몸을 찢어서 둘 사이의 막힌 담을 허무시는 방식으로 이루셨다(엡 2:14). 우리는 예수를 통해서만 하나님과 그의 뜻을 알고 하나님은 예수를 통해서만 우리를 아시기에 우리는 죄인으로 간주되지 않고 그의 의로운 자녀로 간주된다. 그래서 중보자가 없다면 우리는 아버지 하나님께 나아갈 수도 없고 하나님 앞에서 의로운 자녀로 발견될 수도 없기에 구원도 우리를 빗겨간다. 이러한 중보자는 "한 분"(εἷς)이시다. 우리를 위해 자신의 몸을 찢으면서 하나님과 죄인 사이에 막힌 담을 허물고 아버지 하나님께 나아갈 수 있도록 길이 되어주신 분은 누구인가? 그가 예수이다. 그래서 바울은 예수가 "모든 사람을 위하여 자기를 대속물로 주셨"다고 한다. 그런데 현대종교 조사에 의하면, 한국에는 자칭 하나님은 20여 명, 자칭 중보자 예수도 50명이 넘는다고 한다. 이들은 타인을 위해 자신의 생명을 준 사람들이 아니라 오히려 자신의 생명을 위해 타인의 생명을 갈취하는 자들이다. 이는 성경이 가르치는 진리에 이르는 것이 아니라 역행하는 현상이다. 성경에서 중보자의 자격은 자신의 생명을 아끼지 않고 모든 사람들을 위해 내어주는 희생적인 사랑이다. 이런 사랑을 실천한 다른 중보자는 없다. 혹시 자신의 생명을 주더라도 인간은 모두 죄인이기 때문에 "대속물"(ἀντίλυτρον)의 조건에는 부합하지 않다. 대속물은 어떠한 흠과 결도 없이 완전하게 정결하고 순수해야 한다. 예수만이 온 세상의 죄를 짊어지고 가는 순수하고 정결한 어린 양이시다.

그리고 예수는 하나님이 육체로 오신 분이시기 때문에 "사람"(ἄνθρωπος)이다. 이러한 예수의 신성과 인성은 인간의 이성과 논리로 증명할 수 없고 상식으로 이해할 수도 없고 통념으로 받아들일 수도 없기 때문에 대부분의 사람들이 거부하는 진리이다. 거부하는 방식은 다양하다. 예수는 하나님이 아니라고 말하기도 하고 사람이 아니라고 말하기도 한다. 예수를 믿는다고 하면서 예수의 인간적인 본성을 거부하는 하나의 형태는 가현설(docetism) 즉 예수의 몸이 진짜가 아니라 몸처럼 보인 환상일 뿐이라는 주장이다. 이것은 이단적인 주장이다. 사도 요한은 성자 하나님 예수께서 "육체로"(ἐν σαρκί) 오신 것을 부인하는 자를 "적그리스도" 혹은 "미혹하는 자"로 규정한다(요일 2:22; 요이 1:7). 예수는 완전한 사람이다. 그를 판단하는 세속의 권력자 빌라도는 이렇게 고백한다. "이 사람에게 죄가 없도다"(눅 23:4). 대단히 정확한 고백이다. 본성만 사람이 아니라 예수의 삶도 온전한 사람의 삶이었다. 그래서 히브리서 기자는 예수를 "모든 일에 우리와 한결같이 시험을 받은 자로되 죄는 없"는 분이라고 기록한다(히 4:15).

바울은 예수를 "자신의 때에 증거"(τὸ μαρτύριον καιροῖς ἰδίοις)가 되신 분이라고 한다. 여기에서 "자신의 때"는 히브리서 기자가 말하는 "모든 날 마지막"을 의미한다(히 1:2). 히브리서 문맥에서 하나님의 아들 예수는 하나님의 마지막 계시이다. 이 예수는 모세나 천사와는 비교할 수 없을 정도로 영광과 존귀의 관을 쓰신 분이시다. 그는 아론의 반차를 따르지 않는 우리의 영원한 대제사장 자격으로 이 땅에 오셨으며 우리에게 "신앙고백 혹은 믿는 도리"(ὁμολογία)가 되신다고 히브리서 기자는 기록한다(히 4:14). 예수는 모든 사람들이 구원에 이르고 알아야 할 믿음의 대상이다. 그 예수를 믿고 우리는 아버지 하나님께 나아간다. 예수님이 "자신의 때에 증거"이신 것처럼 우리도 우리의 시대에 구원의 증거가 되어야 하고 진리의 물증으로 살아가야 한다.

7나는 거짓을 말하지 않고 진실을 말하노니, 이(증거)를 위하여
내가 전파하는 자와 사도로, 믿음과 진리 안에서 이방인의 스승으로 세워졌다

바울은 그러했다. 바울은 모든 사람들이 이르러야 하는 구원과 진리의 인식을 위하여 복음을 전파하는 자와 사도로 세워졌고 믿음과 진리 안에서 이방인의 스승이 되었다고 한다. 하늘의 보직을 다양하게 맡겼지만 고단한 겸직에 대한 불평이 없고 깨끗한 열정을 불태우는 바울이 아름답다. 우리도 진리를 믿는다면, 진리를 전파하는 사도의 직무를 수행해야 한다. 그런 사람을 하나님은 이방인의 스승으로 세우신다. 그 스승은 땅끝까지 이르러 많은 민족들을 복음의 진리로 섬기는 사람이다. 모든 사람들을 위한 간구와 기도와 도고와 감사에는 모든 사람들을 실제로 섬기는 실천이 뒤따라야 한다. 기도의 결론은 실천이다. 이는 기도가 입술의 언어적인 움직임이 아니라 전인의 활동이기 때문이다. 인간의 전 존재가 기도의 입술이다. 기도는 소리를 내는 것이기도 하지만 추구하는 것이기 때문이다. 무언가를 추구하면 목숨과 마음과 뜻과 힘이 동원된다. 모든 사람들의 구원과 진리의 인식을 위해 기도하는 사람은 구원의 배달부가 되고 진리의 전달자가 된다. 바울이 그러했다. 바울이 복음 전파자, 사도, 이방인의 스승으로 하나님에 의해 세움을 받았다는 것은 거짓이 아니라 진실이다. 복음을 전파하고 교회를 세우고 이방인을 진리로 가르친 바울은 과연 진실한 기도의 사람이다. 바울처럼 우리도 이 세상에서 모든 사람들이 구원을 얻고 진리의 지식에 이르도록 기도하는 목회자, 실천하는 목회자로 살아가야 한다. 유일하신 하나님을 믿고 떨었던 귀신보다 나은 목회자가 되기 위해서는 반드시 구원의 진리를 선포하고 가르치는 실천이 뒤따라야 한다.

딤전 2:8-15

8그러므로 각처에서 남자들이 분노와 다툼이 없이 거룩한 손을 들어 기도하기를 원하노라 9또 이와 같이 여자들도 단정하게 옷을 입으며 소박함과 정절로써 자기를 단장하고 땋은 머리와 금이나 진주나 값진 옷으로 하지 말고 10오직 선행으로 하기를 원하노라 이것이 하나님을 경외한다 하는 자들에게 마땅한 것이니라 11여자는 일체 순종함으로 조용히 배우라 12여자가 가르치는 것과 남자를 주관하는 것을 허락하지 아니하노니 오직 조용할지니라 13이는 아담이 먼저 지음을 받고 하와가 그 후며 14아담이 속은 것이 아니고 여자가 속아 죄에 빠졌음이라 15그러나 여자들이 만일 정숙함으로써 믿음과 사랑과 거룩함에 거하면 그의 해산함으로 구원을 얻으리라

❖ ❖ ❖

8그러므로 나는 남자들이 모든 장소에서 분노와 다툼이 없이 거룩한 손을 들어 기도하는 것을 원하노라 9여자들도 동일하게 [기도하며] 단정한 옷을 입으며 염치와 정숙으로 자기를 단장하되 땋은 머리와 금이나 진주나 값진 옷이 아니라 10여호와 경외를 공언한 여자들에게 어울리는 선행을 통하여 하라 11여자는 전적인 순종 속에서 잠잠히 배우라 12하지만 나는 여자가 남자를 가르치고 주관하는 것이 아니라 잠잠히 있기를 허락한다 13이는 아담이 먼저 지음을 받았고 하와가 그 다음이며 14아담이 속은 것이 아니라 여자가 속아서 죄에 빠졌기 때문이다 15그러나 여자들이 만일 정숙함 가운데서 믿음과 사랑과 거룩함에 거한다면 그 해산을 통하여 구원을 얻으리라

07   기도하는 성도

본문에서 바울은 성도의 기도를 가르친다. 남자들은 주님께 기도해야 한다. 이는 그리스도 예수를 자신의 머리로 여기고 그의 다스림을 받는 남자들의 처신이다. 그리고 여자들은 동일하게 기도하되 남자들의 가르침을 받고 잠잠히 배우며 순종해야 한다. 이는 남자를 자신의 머리로 여기고 그의 다스림을 받는 여자들의 처신이다. 바울은 이러한 가르침을 통해 교회 안에서 그리스도 예수 안에서 동등한 남자와 여자 사이의 질서가 어떠함을 가르친다.

[8]그러므로 나는 남자들이 모든 장소에서 분노와 다툼이 없이
거룩한 손을 들어 기도하는 것을 원하노라

바울은 남자들과 여자들이 모두 기도할 것을 권면한다. 목회자도 모든 사람들을 위하여 기도해야 하지만 교회 공동체의 개개인이 모두 함께 기도해야 한다. 기도의 의미는 무언가를 추구하는 것이라고 했다. 하나님의

백성이 모두 동일한 것을 추구하는 것은 공동체의 하나됨을 위해 반드시 필요하다. 기도에 있어서 하나가 되면 모두가 협력하여 하나님의 나라와 의를 도모하게 된다. 반대와 대립과 다툼과 분쟁과 분열이 저절로 방지된다. 기도하지 않으면 중심이 분산되고 의견도 갈라지기 때문에 사도들도 말씀 전파하는 일과 더불어 "기도하는 일"에 전념할 것이라고 했다(행 6:4). 만약 교회의 지체들 중 하나라도 뜻과 마음의 하나됨을 거부하고 반대하면 공동체에 불화의 틈이 쩍쩍 갈라진다. 마귀는 이 기회를 놓치지 않고 그 틈새로 들어와 교회의 분란과 분열을 조장한다. 이러한 마귀를 대적하는 기도의 하나됨은 마땅히 구해야 할 바를 성령께서 모두에게 깨닫게 해주셔야 가능하다. 그래서 온 교회는 성령을 의지하여 기도해야 한다.

바울은 기도에 있어서 남자와 여자가 취하는 방법이 조금 다르다는 점을 지적한다. 먼저 바울은 기도의 주체로서 "남자들"(ἄνδρας)을 지목한다. 이러한 지목의 이유는 무엇인가? 남자들의 특성 때문이다. 첫째, 바울은 "여자의 머리는 남자"라고 가르친다(고전 11:3). 머리의 의미는 지배와 군림이 아니라 책임이다. 하와의 불순종에 대한 책임을 하나님은 아담에게 물으셨다. 땅에 내려진 저주에 대해서도 책임을 아담에게 물으셨다. 남자의 어깨에는 여자와 자연의 모든 문제에 대한 책임이 주어졌다. 자신만이 아니라 자기보다 더 소중한 여자와 일그러진 자연의 회복을 위해서도 기도해야 한다. 머리는 영광인 동시에 생명까지 희생해야 하는 책임이다. 둘째, 남자는 자신이 여자의 머리라는 이 사실 때문에 여자보다 더 완고하게 자신이 자기 인생의 주인인 것처럼 쉽게 착각한다. 실제로 머리는 다스림을 의미한다. 그래서 자신의 주권을 자랑하며 여자와 자연을 지배하고 군림하려 한다. 참으로 오만하다. 다시 말하지만, "다스리다"(מָשַׁל)는 말의 의미는 지배와 군림과 독재와 착취와 유린이 아니라 책임이다.

예수님을 보라. 그는 우리의 머리로서 우리를 다스리는 왕이시며 이 땅에 오셔서 왕의 직분을 행하셨다. 그 내용은 무엇인가? 우리에게 영원한 생명을 주시기 위해 자신의 생명을 버리셨다. 이것이 진정한 책임의 내용이고 개념이다. 이런 책임의 완수는 외면하고 자신의 부패한 욕구를 분출할 출구처럼 다스림을 악용하는 남자들은 각성해야 한다. 여자와 자연에 대한 책임을 망각한 남자는 에서와 같이 망령된 사람이다. 장자권은 영광이다. 그러나 동시에 동생들을 돌보아야 할 책임이다. 그런데 그런 장자권을 죽과 바꾸었다. 이제 장자권의 영광과 책임은 야곱에게 넘어갔다. 남자들이 책임을 방기하면 그 책임은 여성에게 넘어간다. 실제로 구약과 신약의 시대를 보면 여성들이 공동체를 다스리고 가르치고 보호하고 희생하며 책임을 진 경우들이 허다하다.

둘째, 남자들은 "남자의 머리는 그리스도"(고전 11:3) 예수라는 사실도 기억하고 인정해야 한다. 자기 인생이 자기 것이라고 생각하는 남자들은 인생의 주권을 가지신 그리스도 앞에 기도의 고개를 숙이고 엎드려야 한다. 바울은 기도의 강조를 통해 이런 영적 질서를 가르친다. 또한 바울은 기도에 있어서 남자들의 분발을 촉구한다. 이는 예나 지금이나 대체로 여자가 남자보다 훨씬 더 열심히 기도하기 때문이다. 교회의 역사가 이를 증명한다. 한국의 경우도 그러하다. 생계를 책임지기 위해 종일 업무에 매달려야 하는 남자들은 대체로 기도하지 않아도 자신의 책임을 다 했다고 생각한다. 그러나 기도에 면죄부는 없다. 기도는 그리스도 예수가 우리의 머리라는 질서를 존중하는 남자의 가장 우선적인 의무이기 때문이다.

기도의 처소는 어디인가? 바울은 우리가 "모든 장소에서"(ἐν παντὶ τόπῳ) 기도해야 한다고 강조한다. 여기에서 장소의 일차적인 의미는 물리적인 공간이다. 바울의 강조처럼, 우리는 집에서, 직장에서, 학교에서, 거리에서, 나의 몸이 출입하고 머무는 모든 곳에서 기도해야 한다. 물론 이사야가 기록한 것과 같이(사 56:7) 예수님도 성전을 가리켜 "내 집은 만민이 기도하는 집이라"(막 11:17)고 말하신다. 이는 성전이 기도의 유일한 처소이기 때문이 아니라 그곳이 하나님과 인간의 만남과 대화라는 기도의 모델이기 때문이다.

진정한 성전은 어디인가? 기도하는 집으로서 성전은 사람의 손으로 지은 건물이 아니라 우리 자신이다. 우리는 하나님의 성령이 거하시는 하나님의 성전이다(고전 3:16). 예수님의 말씀과 바울의 말을 종합하면, 우리 개개인이 바로 기도하는 주체로서 만민이고 기도하는 집으로서 성전이다. 기도의 주체와 기도의 처소가 이처럼 동일하다. 우리는 어디를 가든지 기도하는 집과 주체라는 정체성이 유지된다. 나아가 "모든 장소"는 "모든 상황"으로 이해해도 된다. 이렇게 본다면, 우리는 어디서나 어떠한 상황 속에서도 기도해야 한다. 슬프고 불행하고 절망적인 상황 속에서만 기도하지 않고 기쁘고 행복하고 희망적인 상황 속에서도 우리는 항상 기도해야 한다.

바울은 남자들이 "분노와 다툼이 없이"(χωρὶς ὀργῆς καὶ διαλογισμοῦ) 기도해야 한다고 가르친다. 분노는 언제 생기는가? 상처를 받거나 손해를 보거나 무시나 부당한 일을 당할 때에 발생한다. 기도는 과연 분노의 출구나 앙갚음의 수단인가? 내가 보복하는 것보다 전능하신 하나님의 주먹으로 보복하면 더 통쾌하고 화끈하기 때문에 하나님께 도움을 요청하는 기도가 어찌 기도일 수 있겠는가! 오히려 기도는 나의 분노를 녹이는 용광로다. 원수를 친구로 바꾸는 조용한 마술이다. 이는 기도하면 주님의 마음을 배우고 그 마음이 내 안에 가득 채워지기 때문이다. 분노가 변하여 용서가 되는 것이 기도의 기적이다. 그리고 다툼은 언제 생기는가? 서로를 동료로 보지 않고 경쟁자로 여길 때에 발생한다. 기도는 연합의 자궁이다. 기도에서 가장 깊은 차원의 하나됨이 잉태되기 때문이다. 그런데도 많은 사람들이 기도를 통해 자신은 이기고 타인은 패해야 한다는 묘한 경쟁에 돌입한다. 내가 합격하고 내 기업이 번창하고 내 나라가 승리해야 한다는 경쟁적인 욕망이 실제로 대부분의 기도회를 차지하고 있다. 그러나 우리는 모든 장소에서 정의가 불의를 이기고, 진리가 거짓을 이기고, 빛이 어둠을 이기고, 생명이 사망을 이기는 하나님의 나라와 의를 위해 기도해야 한다. 이것이 하나님의 나라와 의를 구하는 기도이고 기도의 올바른 용도이기 때문이다.

바울은 "거룩한 손을 들고"(ἐπαίροντας ὁσίους χεῖρας) 기도해야 한다고 가르친다. 여기에서 "거룩한 손"은 세정제로 닦은 바이러스 제로의 청결한 손을 의미하지 않고 윤리적인 혹은 종교적인 삶에 있어서의 거룩한 상태를 의미한다. 바울의 이 언급은 모세의 기도를 떠올린다. 모세는 아말렉과 이스라엘 전투에서 손을 들고 기도했다. 손이 내려오면 아말렉이 이기고 손을 들면 자기 민족이 이기는 전투였다. 여기에서 손을 올린다는 것은 우리의 도움이 위로부터 온다는 사실을 인정하는 믿음과 순종을 의미했다. 그리고 "거룩한 손"은 우리가 하나님께 구별된 존재라는 사실을 암시한다. 그런 존재로 살기 위해서는 하나님의 도움이 필요하다. 이 땅의 힘으로는 살아낼 수 없는 새로운 인생이기 때문이다. 또한 손은 몸에서 죄를 저지르는 대표적인 기관이다. 손은 사랑과 도움의 손길도 되지만, 타인의 육체에 고통을 주는 폭력의 도구이고, 타인의 마음에 고통을 주는 멸시와 조롱의 도구이다. 이사야 선지자는 우리가 기도를 드려도 하나님이 듣지 않으시게 하는 원인은 죄라고 지적한다(사 59:2). 기도의 막중한 책임을 아는 남자라면 하나님은 가까이 하고 죄는 멀리해야 한다.

> 9여자들도 동일하게 [기도하며] 단정한 옷을 입으며 염치와 정숙으로 자기를 단장하되 땋은 머리와 금이나 진주나 값진 옷이 아니라

바울은 "동일하게"(ὡσαύτως)라는 표현을 사용하여 여자들도 남자들과 동일하게 분노와 다툼 없이 거룩한 손을 들고 기도해야 함을 강조한다. 이에 더하여, 여자는 옷차림에 있어서 주의해야 한다. 옷은 몸과 인격의 품위를 보존하는 "제2의 피부, 제2의 자아"라고 불릴 정도로 우리의 삶에 중요하다. 옷은 자신의 부끄러운 부분은 가리고 아름다운 부분은 드러내며 신체를 보호하는 동시에 사회적인 활동에 있어서는 하나의 메시지로 작용한

다. 형태와 색상을 달리하며 결혼, 장례, 파티, 노동 등의 의미를 그 자체로 전달한다.

바울은 여자가 교회에서 옷을 단정하게 입어야 한다고 가르친다. 여기에서 "단정한"(κόσμιος)의 의미는 "질서 있는 혹은 정돈되어 있는"이다. 즉 한 사람의 인격 자체보다 더 많은 시선과 관심을 차지하는 옷은 단정하지 않다. 한 사람의 고유한 본질을 왜곡하지 않고 있는 그대로 잘 드러내는 옷이 단정하다. 모든 사람은 있는 그대로가 드러날 때 그를 통해 나타내고 싶으신 하나님의 성품이 드러난다. 그런데 만약 교회에서 과도하게 많은 머리와 눈부신 금이나 황홀한 진주나 값진 옷을 걸치고 등장하면 어떻게 되겠는가? 교회가 패션쇼를 하듯 자신의 부와 미모를 자랑하는 무대인가? 남자를 낚는 클럽인가? 몸에 보다 많은 금과 진주를 주렁주렁 걸치지 말고 자신이 금과 진주가 되어야 하지 않겠는가! 인생 자체가 값진 옷차림이 되기를 시도하라. 진실로 우리는 그리스도 안에서 존재가 이미 금과 진주이며 하나님의 자녀라는 신분이 이미 최고급 복장이다. 또한 과도한 장신구를 금한다고 해서 저항의 일환으로 여자가 추레한 안방 차림을 고집하는 것도 합당하지 않다.

단정한 옷차림을 강조하는 바울의 의도는 또한 아데미 여신을 숭배하는 에베소의 외설적인 문화를 경계하기 위함이다. 당시 아데미 신전의 여자 사제들은 화려하고 선정적인 옷차림을 통해 남성들의 성적 욕구를 자극하며 종교적인 의식을 거행했다. 하지만 교회 안에서는 남자들의 시선을 과도하게 독점하여 하나님을 경배하는 일보다 여자 자신에게 더 집중하게 만드는 기이한 옷차림은 합당하지 않다. 단정한 옷차림은 배려이다.

바울은 외적인 단정함을 넘어 내적인 단정함도 가르친다. 즉 여인들은 자신을 "염치와 정숙"으로 단장해야 한다. "염치"(αἰδώς)는 공동체 안에서 수치가 무엇임을 알고 체면을 적당히 차리면서 존경할 자에 대해서는 존경을 표하는 건강한 감각을 의미한다. 그리고 "정숙"(σωφροσύνη)은 경박하지 않고 신중하며 좌로나 우로나 치우치지 않고 균형이 잘 잡힌 마음의 건강한 상태를 의미한다. 이러한 염치와 정숙은 여인을 아름답게 만드는 최고의 장신구다. 상대방의 이맛살이 구겨지고 있는 것도 모르고 계속해서 많은 말을 하거나, 타인의 시선을 거부하게 만드는 기이한 몸동작을 하거나, 말해야 할 때와 들어야 할 때를 분간하지 못하거나, 온갖 좋은 일의 공로를 자기에게 널름 돌린다면 그것은 모두 염치와 정숙이 없는 행동이다. 종교적인 표현이 과한 것도 주의해야 한다. "할렐루야, 아멘, 믿습니다" 등과 같은 표현들도 타이밍이 맞지 않고 볼륨이 조절되지 않으면 예배나 모임의 분위기를 훼손한다. 감동이 오면 인격에 저장해 두었다가 꺼내어 선행으로 분출하는 게 더 아름답다. 그리고 지나친 염치나 정숙도 아름답지 않다는 점을 주의해야 한다. 염치의 과잉은 몰염치의 사촌이며 가식이다. 정숙의 과잉은 경직의 다른 이름이다. 무엇이든 적당해야 한다. 염치와 정숙이 처음에는 남의 옷처럼 어색할 수 있지만 연습을 거듭하면 맞춤옷을 입은 것처럼 편안하고 아름답다.

10여호와 경외를 공언한 여자들에게 어울리는 선행을 통하여 하라

바울은 몸의 장식과 마음의 상태를 언급한 이후에 행동의 문제로 넘어간다. 바울은 "선행을 통하여"(δι' ἔργων ἀγαθῶν) 자신을 단장하는 것이 하나님을 경외하는 여인에게 합당한 것이라고 가르친다. 하나님을 경외하는 여자라고 "공언한"(ἐπαγγελλομέναις) 후 선한 행실이 따르지 않는다면 "여호와 경외"(θεοσέβεια)라는 경건의 정수를 종교적인 미끼로 이용하는 사기꾼이 된다. 믿음도 동일하다. 믿는다고 하면서 선을 행하지 않는 사람의 믿음은 죽은 믿음이다(약 2:17). 행함이 없는 믿음이 헛된 것처럼 여호와 경외도 선한 행실로 나타나지 않으면 죽은 것이며 헛되고 무익하다. 선행 없는 경

외의 소유자는 하나님께 마음으로 가까이 가지는 않으면서 입술로만 존경한 서기관과 바리새인 같은 위선적인 사람이다(마 15:8). 이처럼 예수님이 "외식하는 자"라고 책망하신 사람처럼 되지 말라고 바울은 경고한다.

여기에서 우리가 주목할 것은 바울이 교훈하고 있는 대상이 "여호와 경외를 공언한 여자"라는 사실이다. 여호와를 경외하는 여자는 누구이며 어떻게 살아야 하는지에 대해 계속해서 바울은 가르친다. 즉 여호와를 경외하는 자들에게 어울리는 "염치와 정숙" 그리고 "선한 행실"의 구체적인 내용을 태초에 이루어진 창조와 타락의 사건에 근거하여 가르친다.

¹¹여자는 전적인 순종 속에서 잠잠히 배우라

바울은 여자에게 전적인 순종과 잠잠함 속에서의 배움을 강조한다. "순종"(ὑποταγή)은 자신을 하나님의 질서 속에 두는 행위이며, 하나님의 진리를 내 존재 속으로 흡수하는 수단이며, 하나님의 약속을 내 선물로 삼는 방편이다. 이런 순종은 배움에 있어서도 최고의 방법이다. 순종은 귀의 배움만이 아니고 머리의 배움만이 아니라 몸의 배움도 포함하기 때문이다. 듣는 것도 중요하고 이해하는 것도 중요하나 실천하는 것이 가장 중요하기 때문이다. 사무엘의 말처럼, 순종은 제사보다 낫다(삼상 15:22). 제사는 죄를 용서하는 소극적인 경건이고, 순종은 용서를 받은 사람이 하나님을 위해 살아가는 적극적인 경건이기 때문이다. 순종하면 하나님의 진리가 손과 발의 끝까지 채워진다. 이러한 순종은 여성의 특별한 배역이다.

순종은 복의 수도꼭지 같은 놀라운 능력이다. 하나님은 순종하는 자에게 자기 자신도 선물로 베푸신다. 순종하는 자는 집에서도 복을 받고 들에서도 복을 받고 들어와도 복을 받고 나가도 복을 받고 그의 자녀와 가축과 밥그릇과 땅까지도 복을 받는다고 한다(신 28:1-6). 그리고 순종하면 머리가 되고 꼬리가 되지 않으며, 타인에게 꾸어주고 꾸지 않으며, 위에만 있고 아래에 있지 않게 된다고 모세는 가르친다(신 28:12-13). 사람들은 순종하면 상대방의 권위 아래로 내려가 종이 되는 불쾌한 일이라고 생각한다. 그런데 모세는 하나님에 대한 순종이 이 세상에서 머리가 되는 길이라고 가르친다. 역설적인 교훈이다. 이러한 순종의 아이콘, 순종의 고유한 메시지는 여성이다. 바울은 여자에게 이러한 순종으로 진리를 배워서 진리와의 간격을 좁히고 진리와 겹치는 인생을 살라고 권면한다. 한 사람의 진정한 권위는 '내가 명령하는 자냐 순종하는 자냐'에 의해 좌우되지 않고 진리와의 간격이 좁을수록, 진리와의 일치가 커질수록 높아진다.

"잠잠함"(ἡσυχία)은 "침묵"(σιγή)보다 포괄적인 말이며 활동과 언어의 중지 혹은 단념을 의미한다. 잠잠함은 입술과 몸의 움직이지 않음이다. 그러나 잠잠함은 말하지 않으면서 외치고 행동하지 않으면서 활동한다. 모든 것을 느끼고 모든 것을 생각하고 모든 것을 읽어내고 모든 것을 이루는, 흔들림 없는 내면의 평안이다. 잠잠함은 진리의 선물을 어떠한 불순물도 섞이지 않은 최상의 상태로 수용하는 최고의 방법이다. 진리는 하나님의 생각이고 하나님의 입장이고 하나님의 결정이고 하나님의 선택이고 하나님의 질서이고 하나님의 의지이고 하나님의 속성이다. 개선하지 않아도 되고 어떠한 가공도 필요하지 않을 정도로 이미 완전한 선물이다. 잠잠하지 않고 인간의 행위나 언어를 진리에 추가하면 추가한 만큼의 변질이나 왜곡이 발생한다. 때로는 아무것도 하지 않음이 최고의 활동이다. 아무것도 말하지 않음이 최고의 언술이다. 그래서 잠잠함은 자신을 진리의 기준으로 삼지 않고 진리를 거슬러서 말하지 않고 진리 그 자체를 있는 그대로 수용하는 배움의 방식이다.

12하지만 나는 여자가 남자를 가르치고 주관하는 것이 아니라
잠잠히 있기를 허락한다

바울은 여자에게 남자를 가르치지 말고 주관하지 말라고 가르친다. 많은 학자들이 11절과 12절을 권위의 문제로 이해하고 남자와 여자 사이에 있는 미묘한 대립과 경쟁의 관점에서 해석하려 한다. 이 구절은 바울의 말이 아니라 후대에 다른 사람이 삽입한 것이라고 주장하는 사람들도 있고, 여기에서 "여자"는 그리스도 예수가 없는 불신자를 가리키는 말이라고 주장하는 사람들도 있고, 고대의 미숙한 문화 속에서만 적용되는 말이기 때문에 개화된 현대에는 적용되지 않는다고 주장하는 사람들도 있고, 아내를 재산의 일부로 여기는 고대의 율법적인 사고와 여자를 인격자로 보지 않고 이방인과 여자로 태어나지 않은 것에 대해 하나님께 감사를 드리는 당시의 유대 문화에 바울 자신도 빠져 있어서 초래된 그의 사상적인 오류라고 주장하는 사람들도 있다. 영국의 작가 조지 버나드 쇼(Goerge Bernard Shaw, 1856-1950)는 여자가 교회에서 잠잠해야 하고 전적으로 순종해야 하고 가르치지 말고 주관하지 말고 배워야만 한다는 말 때문에 바울이 모든 여성의 영원한 원수가 되었다고 평가했다. 나는 위의 주장들과 평가를 반대한다. 이런 평가의 배후에는 조용한 것보다 말하는 것이 낫고, 순종하는 것보다 다스리는 것이 낫고, 배우는 것보다 가르치는 것이 낫다는 권위주의 사고들이 작용하고 있기 때문이다. 성경은 이러한 사고들에 동의하지 않는다고 나는 생각한다.

성경은 분명히 가르치는 선생이 "더 큰 심판"을 받기 때문에 "선생이 많이 되지 말라"고 가르친다(약 3:1). 순종의 중요성에 대해 예수님은 지극히 작은 계명 하나라도 행하지 않고 가르치는 자는 "천국에서 지극히 작다"는 평가를 받게 될 것이라고 말씀한다(마 5:19). 이로 보건대, 진리는 가르치는 자보다 순종하는 자에게 보다 큰 존귀와 위엄이 주어진다. 지혜자의 통찰력도 보라. "자기의 마음을 다스리는 자는 성을 빼앗는 자보다 나으니라"(잠 16:32). 다스리고 지배하고 군림하는 자보다 마음을 다스리는 사람이 더 위대하다. 그러므로 마음을 잘 다스리는 염치와 정숙의 가치를 폄훼하지 말라.

바울이 여자에게 남자를 가르치지 말고 주관하지 말라고 한 이유는 무엇인가? 두 가지이다. 즉 인류 창조의 순서와 인류 타락의 원인 때문이다. 이것을 13절과 14절에서 설명한다.

13이는 아담이 먼저 지음을 받았고 하와가 그 다음이며
14아담이 속은 것이 아니라 여자가 속아서 죄에 빠졌기 때문이다

첫째, 아담이 먼저 지음을 받았고 하와가 그 다음이기 때문이다. 둘째, 속아서 죄에 빠진 사람은 아담이 아니라 하와이기 때문이다. 이 두 가지의 이유와 여자가 남자를 가르치지 않고 주관하지 않는 교훈은 어떤 관계인가? 가르치는 문제를 먼저 생각하자. 창조에 있어서, 아담은 하와보다 먼저 지음을 받은 사람이다. 하나님의 명령이 그에게 먼저 주어졌다. 그래서 하와가 아담을 가르치지 않고 아담이 하와를 가르쳐서 그 진리를 공유하는 게 정상이다. 타락의 관점에서 보면, 마귀의 유혹과 거짓이 하와에게 먼저 주어졌다. 아담은 하나님의 명령을 가지고 있는 상황이다. 만약 하와가 아담을 가르치면 아담은 하나님의 명령을 버리고 거짓을 취해야만 한다. 실제로 하와는 아담을 가르쳤고 아담은 하나님의 진리를 버리고 사탄의 거짓을 택하였다. 아담은 하와에게 하나님의 진리를 제대로 가르쳐야 했는데 하와에게 배워서 실패했고, 하와는 아담을 통해 하나님의 말씀을 배워야 했는데 아담에게 가르쳐서 실패했다.

이것은 그리스도 예수와 교회의 관계에 그대로 적용된다. 그리스도 예수는 교회를 가르치고 교회는 그에게서 배우는 게 정상이다. 이는 하나님의 명령이기 때문이다. "이는 내 사랑하는 아들이요 내 기뻐하는 자니 너희는 그의 말을 들으라"(마 17:5). 주님은 가르치고 교회는 들어야 한다는 것

이 아버지 하나님의 명령이다. 그런데 교회가 그에게서 배우지 않고 감히 그를 가르치려 들면 심각한 문제가 발생한다. 남편과 아내의 관계도 동일하다. 교회가 예수께서 가르치는 진리를 잠잠히 배우고 순종해야 하듯이, 여자도 남편이 가르치는 예수의 진리를 잠잠히 배우고 그 진리에 순종해야 한다. 이와 관련하여 바울은 고린도 교회에 보내는 서신에서 여자가 모르는 게 있으면 "집에서 자기 남편에게 물으라"(고전 14:35)고 한다. 아내가 진리에 대해 남편에게 물으면 남편에게 변화가 일어난다. 남편이 진리에 관심을 기울이게 된다. 아내의 물음이 진리에 대한 남편의 갈증을 유발한다. 이는 또한 아내가 하나님의 진리에 대해 어떠한 것을 물어도 남편은 주님처럼 대답할 가르침의 준비가 되어 있어야 한다는 말이기도 하기 때문이다.

이제 주관하는 문제를 살펴보자. 창조의 관점에서 보면, 하나님은 아담과 하와 모두에게 세상을 정복하고 다스릴 것을 명하셨다(창 1:28). 두 사람은 다음과 같은 질서를 존중해야 했다. 즉 아담이 에덴동산 및 온 세상을 경작하며 지키는 일에 있어서 하와는 아담에게 돕는 배필로서 협력한다(창 2:15, 18). 돕는 배필의 협력은 가르침이 아니라 아담을 통한 배움에 의해서만 가능하다. 그런데 하와는 아담의 주도적인 지휘를 따라 하나님의 명령을 수행하지 않고 스스로 주도권을 발휘하여 사탄에게 미혹되는 자신의 일에 아담을 동원하는 질서의 전복을 일으켰다. 이렇게 하와는 불순종을 저지름에 있어서 아담을 주관했다. 그래서 주어진 하나님의 새로운 질서는 이러하다. "너는 남편을 원하고 남편은 너를 다스릴 것이니라"(창 3:16).

아담이 하와를 다스리는 것의 의미는 두 가지이다. 첫째, 아담은 돕는 배필로 주어진 하와를 하나님의 말씀으로 잘 다스리지 못하여 사탄의 거짓에 넘어가게 만들었기 때문에 하와의 죄에 대해 책임을 지고 하와를 제대로 지키고 돌보아야 함을 의미한다. 둘째, 하와는 자기가 아담을 보필하지 않고 주관하는 바람에 둘 다 범죄에 빠졌기 때문에 주관이 아니라 보필을

만회해야 함을 의미한다. 보필의 방식에 대해서 바울은 여자가 "율법에 이른 것 같이 오직 복종할 것이라"(고전 14:34)고 가르친다. 여기에서 "율법"은 모세에게 주어진 특정한 조항이 아니라 창세기 3장에서 하와에게 형벌로서 율법의 성문화 이전에 주어진 하나님의 명령을 가리킨다. 이스라엘 역사에서 하나님의 말씀을 가르치는 선지자를 보더라도, 평상시에는 남자들이 선지자로 활동하고 비상시가 되면 여자 선지자(드보라, 훌다)가 등장했다. 긴 역사 속에서 여자 선지자는 남자 선지자의 부재 상황에서 돕는 배필처럼 활동했다. 중요한 것은 평상시와 비상시가 모든 시대에 공존하고 있다는 사실이다. 진리로 가르치고 사랑으로 다스리는 남자가 없는 가정이나 교회나 민족의 비상시에 여자가 곳곳에 세워진다. 때로는 대체의 차원에서, 때로는 보필의 차원에서 남자와 여자의 리더십은 그렇게 공존한다.

바울은 여성들이 잠잠해야 하고 배워야 하고 단정해야 하고 순종해야 한다고 가르치고 여자가 남자를 가르치는 것과 주관하는 것을 금지하여 여성에게 가장 잔인한 사도인 것처럼 보이지만 그렇지가 않다. 바울은 여자를 남자와 동일하게 존중한다. 그리스도 안에서 남자와 여자는 하나라고 강조한다(갈 3:28). 실제로 하나님은 여자를 소중하게 여기신다. 그리스도 예수는 남자가 아니라 여자를 통하여 출생했다(창 3:15). 예수의 죽음을 준비하는 여인은 칭찬하되 남자 제자들은 책망했다(요 12:1-8). 예수의 죽음을 그의 "곁에서" 지켜본 목격자도 남자 제자들이 아니라 여자였다(요 19:25). 예수의 부활에 대해서도 남자 제자들이 아니라 여인들이 처음으로 목격했다(요 20:1-18). 사도들의 시대에 브리스가 및 루디아를 비롯하여 바울의 많은 동료들도 여자였다(롬 16:3). 하나님의 깊은 진리를 아는 브리스가의 경우에는 당시에 대단히 탁월한 성경학자 아볼로도 가르쳤다(행 18:26). 심지어 바울을 보호하는 후견인도 뵈뵈라는 여자였다(롬 16:1-2). 이처럼 여성은 남성보다 열등하지 않고 남성을 도울 정도로 유능하다. 하나님의 나라를 섬김에 있어서 남자와 여자는 이처럼 질서 속에서 협력했다.

그리스도 안에서 남자와 여자가 동등한 관계를 가진다는 사실의 근거를 바울은 이렇게 제시한다. "주 안에는 남자 없이 여자만 있지 않고 여자 없이 남자만 있지 아니한데, 이는 여자가 남자에게서 난 것 같이 남자도 여자로 말미암아 났음이라 그리고 모든 자가 하나님에게서 났느니라"(고전 11:11-12). 남자와 여자 모두의 근원이 하나님께 있기 때문에 궁극적인 가르침과 다스림의 주체는 남자도 아니고 여자도 아닌 하나님 자신이다.

그리고 앞에서도 말했지만, 가르치는 자와 배우는 자의 관계, 다스리는 자와 순종하는 자의 관계는 존재의 아래위 개념도 아니고 계급의 높낮이 개념도 아니라는 점을 우리는 기억해야 한다. 인간문맥 안에서 가르치는 자는 결코 배우는 자보다 높지 않고 다스리는 자가 순종하는 자보다 결코 위대하지 않다. 이는 가르치는 자가 자신을 가르치지 않고 진리를 가르치는 것이고, 배우는 자는 가르치는 자의 생각을 배우는 것이 아니라 진리를 배우는 것이며, 다스리는 자는 진리와 사랑으로 섬기되 순종하는 자의 모든 문제를 책임지는 것이고, 순종하는 자는 다스리는 자에게 순종하지 않고 그에게 권위를 부여하신 하나님께 순종하는 것이기 때문이다. 가르침과 배움, 다스림과 순종은 질서일 뿐이고 존재의 가치와 무게의 결정과는 무관하다.

15그러나 여자들이 만일 정숙함 가운데서 믿음과 사랑과 거룩함에 거한다면 그 해산을 통하여 구원을 얻으리라

바울은 여성의 구원을 가르친다. 그 구원의 방법은 무엇인가? 먼저 정숙해야 한다. 여기에서 "정숙"의 의미는 앞에서 언급된 염치와 정절과 잠잠함과 순종과 배움을 포괄한다. 정숙은 마음의 태도이기 때문에 구체적인 내용으로 채워져야 한다. 믿음과 사랑과 거룩함이 그것이다. 여자는 이러한 내용으로 충만해야 한다. 그 내용물 안에 푹 잠겨서 머리 끝부터 발 끝

까지 물들어야 한다. 첫째, 그리스도 예수가 우리의 주시라는 믿음이 필요하다. 이 믿음이 없으면 주님이 보이지 않아서 남자를 주목하게 되고 남자의 부족한 모습에 실망하게 되고 하나님이 정하신 질서를 거부하게 된다. 둘째, 이웃을 내 몸처럼 그저 사랑하는 아가페가 필요하다. 이웃에는 남자도 포함된다. 불쌍히 여기는 마음으로 사랑하지 않으면 그에게 순종하며 사는 것이 결코 가능하지 않다. 셋째, 우리는 특정한 인간이나 피조물이 아니라 하나님께 구별된 존재라는 사실을 확고히 붙들고 그 구별된 거룩함을 유지해야 한다. 여자가 남자에게 속한 자가 아니라 하나님께 속한 자라는 영적인 사실을 망각하면 여자는 남자를 벗어나야 할 멍에로 인식하게 된다. 그러면 관계의 질서는 당연히 무너진다.

정숙과 함께 믿음과 사랑과 거룩함에 머무는 여자가 "그 해산을 통하여"(διὰ τῆς τεκνογονίας) 구원을 얻는다고 바울은 가르친다. "해산"(τεκνογονία)은 자녀의 출생을 비롯한 모성적 책임의 수행을 의미한다. 해산은 죽음을 방불하는 크기의 고통이다. 그런데 그 속에서 생명이 잉태되는 사건이다. 믿음과 사랑과 거룩함의 관점에서 본 여자의 해산은 독생자의 생명을 내어주는 아버지 하나님의 아픔을 체현하며 죽음보다 큰 고통 속에서도 아버지 하나님이 우리에게 기필코 영원한 생명을 주어서 당신의 자녀로 삼으신 것의 증거처럼 이해된다. 여성이 겪는 해산의 고통은 분명히 태초의 불순종이 낳은 형벌이다. 그러나 하나님의 진노가 담긴 그 형벌에는 그것의 단짝인 그의 긍휼도 존재한다. 여자는 해산을 통해 온 세상을 보존하고 복음의 진리를 가르치며 사랑으로 다스린다. 남자를 통해 주님을 섬긴다는 믿음, 남자를 마치 자녀처럼 참고 인내하며 품어주는 모성적인 긍휼, 하나님이 정하신 질서 때문에 이탈하지 않는 여자의 거룩함을 정숙의 마음으로 유지하며 해산의 고통을 감내하면 여자는 자신이 구원의 기쁨과 영광을 누리면서 동시에 온 세상에 대해서는 주님의 구원을 가장 강하고 아름답게 증거하게 된다.

딤전 3:1-7

¹미쁘다 이 말이여, 곧 사람이 감독의 직분을 얻으려 함은 선한 일을 사모하는 것이라 함이로다 ²그러므로 감독은 책망할 것이 없으며 한 아내의 남편이 되며 절제하며 신중하며 단정하며 나그네를 대접하며 가르치기를 잘하며 ³술을 즐기지 아니하며 구타하지 아니하며 오직 관용하며 다투지 아니하며 돈을 사랑하지 아니하며 ⁴자기 집을 잘 다스려 자녀들로 모든 공손함으로 복종하게 하는 자라야 할지며 ⁵(사람이 자기 집을 다스릴 줄 알지 못하면 어찌 하나님의 교회를 돌보리요) ⁶새로 입교한 자도 말지니 교만하여져서 마귀를 정죄하는 그 정죄에 빠질까 함이요 ⁷또한 외인에게서도 선한 증거를 얻은 자라야 할지니 비방과 마귀의 올무에 빠질까 염려하라

❖ ❖ ❖

¹미쁘다 이 말이여, "어떤 이가 감독의 직분을 열망하고 있다면 그는 선한 일을 갈망하는 것이라" 함이로다 ²그러므로 감독은 나무랄 것이 없고 한 아내의 남자이며 온건하며 절제하며 단정하며 나그네를 대접하며 가르치는 일에 유능하며 ³술에 빠지지 아니하며 구타하지 아니하고 관용해야 하며 다투지 아니하며 돈을 사랑하지 아니하며 ⁴자신의 집을 잘 다스리고 모든 품위를 지키며 자녀들로 하여금 복종하게 하는 자여야 하며 ⁵(어떤 이가 자신의 집도 다스릴 줄 모른다면 어찌 하나님의 교회를 돌볼 수 있겠는가?) ⁶교만하게 되어 마귀의 정죄에 빠지지 않도록 최근에 회심한 자가 아니어야 하며 ⁷또한 마귀의 비방과 올무에 빠지지 않도록 외인들에 의해서도 좋은 평판을 가져야만 한다

목회자의 자질

바울은 이제 교회를 섬기는 지도자의 자질들을 언급한다. 인사가 만사라는 말처럼, 한 사람의 올바른 지도자를 세우는 것은 교회 공동체 하나를 세우는 것만큼 중요하다. 먼저 용어를 정리하면, 바울이 사용하는 단어 "감독"은 그의 서신에서 "장로"라는 단어와 호환되기 때문에 동일한 직분을 가리킨다. 그리고 "장로"는 가르치는 장로와 다스리는 장로로 구분된다. 통상 전자를 목사라고 하고 후자를 장로라고 한다. 바울이 여기에 열거하는 감독의 자질들은 오늘날의 목사와 장로의 자질로 보아도 무방하다. 바울은 감독의 자질을 크게 개인적인 자질과 가정적인 자질과 사회적인 자질로 구분하여 설명한다. 즉 감독은 고매한 인격을 갖추고 가정을 잘 돌보고 사회의 지탄이 없는 사람이다.

1미쁘다 이 말이여, "어떤 이가 감독의 직분을 열망하고 있다면
그는 선한 일을 갈망하는 것이라" 함이로다

교회에서 직분을 맡은 사람들은 누구인가? 칼뱅에 의하면, 고대교회 사역자는 세 가지로 분류된다. 첫째, 복음을 선포하고 진리를 가르치는 목사와 교사이다. 둘째, 성도의 도덕적인 문제를 견책하고 지도하는 장로이다. 셋째, 가난한 자들을 돌보고 구제 물자를 배분하는 집사이다. 여기에서 감독은 목사와 교사와 장로를 가리킨다. 복음을 전파하고 진리를 가르치고 성례를 집례하여 교회에 덕을 세우는 것이 감독의 가장 중요한 직무라는 것은 교회의 오랜 역사에서 상식이다.

바울이 본문에서 말하는 감독은 누구이고 감독의 직무는 무엇인가? 이후에 열거되는 감독의 자질들이 잘 설명해 주겠지만 바울은 여기에서 하나의 경구로써 감독의 의미를 설명한다. 즉 "감독의 직무"(ἐπισκοπή)는 선한 일이며 감독직은 선한 일을 갈망하는 자에게 합당한 직분이다. 바울은 이 말이 "믿을만한"(Πιστὸς) 것이라고 한다. 어떤 말이 미쁘다는 것은 그 말과 진실 사이의 간격이 대단히 좁아서 말 자체를 진실로 간주해도 무방함을 의미한다. 말의 권위는 그 안에 담긴 진실성의 크기에 비례한다. 감독의 직분을 소원하는 것과 선한 일을 갈망하는 것이 다르지 않다는 말에는 믿어도 될 만큼 큰 진실성이 있다고 바울은 생각한다. 이는 또한 앞으로 나눌 감독의 직분 이야기가 대단히 중요함을 암시한다.

오늘날 많은 사람들이 교회에서 직분을 얻으려고 노력한다. 그 이유는 무엇인가? 적잖은 분들의 경우, 교회라는 공동체 안에서 종교적인 존경과 경제적인 유익을 취하고 싶기 때문이다. 교회 안에서 어떠한 직분을 가지고 있으면 사회적인 유익도 짭짤하기 때문이다. 그러나 바울은 교회의 직분을 추구하는 것이 선행을 갈망하는 것과 같다고 단언한다. 이는 감독직의 추구 자체가 선한 일이라는 뜻이기도 하고, 선한 일을 갈망하는 사람이 감독의 직분을 추구해야 한다는 말이기도 하다. 대체로 세상은 종교인의 삶을 하찮은 것으로 간주한다. 경제적인 생산성이 제로에 가까운 관념의 몽롱한 추종자로 보이기 때문이다. 그러나 목회자는 인간의 영적인 필요를 채워주는 사람이다. 가시적인 성과물이 없어도 인간의 진정한 행복에 기여한다. 그리고 여기에서 "선한 일"(καλός ἔργον)은 "선한 수고"라고 번역해도 된다. 즉 교회의 직분은 선한 일을 추구하기 위해 수고를 마다하지 않는 자리임을 의미한다. 자신의 명예를 드높이고 사업을 확장하고 이윤을 챙기고 존경과 예우를 받으려는 사람들이 추구하면 안 되는 것이 바로 교회의 직분이다.

바울이 말하는 교회 직분자의 선과 선행은 무엇인가? 선은 하나님의 법이고 선행은 그 법의 성취이다(롬 7:12, 21-22). 이는 선이라는 것이 태초부터 사람들의 인위적인 합의가 아니라 하나님이 보시기에 좋은 것이었기 때문이다. 교회에서 직분자가 되어 섬기는 이유는 하나님의 나라와 의를 추구하기 위함이다. 이러한 선을 갈망하지 않는 사람이 감독의 직분을 맡는다면 개인과 공동체 모두에게 재앙이다. 그리고 직분이 없어도 행할 수 있는 선행은 그냥 무명으로 행하는 것이 더 아름답다. 직분을 가지고 있으면 직분 때문에 의무적인 선행을 한 것처럼 오해될 수 있고 선행의 진정성도 훼손될 수 있기 때문이다. 그러나 자신에게 주어진 재능과 은사와 소명이 직분 없이는 도저히 타인에게 선을 행하지 못하는 것이라면 직분을 추구해야 한다.

감독의 직분을 가지는 사람은 누구인가? 감독직은 그 일을 열망하는(ὀρέγεται) 자의 직분이다. 외부에서 추천하여 이 직분을 수락하는 것보다 자발적인 의지로 직분에 이르는 것이 더 합당하다. 외부에서 부여된 과제를 수행하는 것보다 마음에서 우러나온 사명을 수행하는 것이 더 아름답기 때문이다. 하나님은 우리가 헌금만이 아니라 자신을 직분자로 드리는 헌신에 있어서도 억지로나 인색한 마음으로 행하는 것을 좋아하지 않으신다(고후 9:7). 그러므로 교회에서 직분을 맡으라고 어떤 사람에게 강요하는 것은 올바르지 않다. 직분의 강제적인 임명은 당사자가 억지로 헌신하게 되는 부작용을 낳기 때문이다. 바울 자신은 복음을 위하여 하나님의 택하심을 받은 동시에 스스로도 이 복음을 위하여 기꺼이 "하나님의 일꾼"이 되었다고 고백한다(엡 3:7; 골1:23). 그리고 바울은 "어떤 이"(τις)든지 감독의 직분을 열망할 수 있다고 생각한다. 그렇기 때문에 나는 교회의 직분이 특정한 가문에 속하거나 특정한 민족이나 특정한 국적을 소유한 자들의 전유물이 아니라고 생각한다. 감독의 직분 추구에는 누구도 배제됨이 없다. 하지만 기회는 공평하나 자격은 엄격하다.

지도자의 자리에서 공동체를 섬기기 위해서는 자질들이 필요하다. 감독의 직분은 자신의 자발적인 헌신과 함께 그의 지도자적 자질에 대한 타인의 객관적인 승인도 필요하다. 즉 내적인 소명만이 아니라 외적인 소명도 요구한다. 리더십을 연구하는 세속의 문헌들은 외적인 소명의 증거로서 판단력, 성실성, 정직성, 책임성, 융통성, 창의성과 같은 지도자의 자질들을 강조한다. 기독교는 어떠한가? 주님께서 자신의 피 값으로 사신 교회는 온 세상의 모든 공동체가 본받아도 될 리더십의 본을 제공해야 하는 하늘의 기관이다. 그런데 지금의 교회는 과연 그런 기관인가? 일반인의 눈에 비친 교회의 모습은 정부에서 세무감사 나올까봐 전전긍긍 하고 직권남용 문제를 털면 무사할 교회가 하나도 없을 정도로 심각한 독재의 온상이다. 이런 모습으로 전락한 이유는 무엇인가? 목회자의 자질 부족 때문이다. 공동체를 이끄는 인격적인 자질이 없으면 다른 세속적인 수단을 필히 동원한다. 자질이 없는 목회자의 배출은 목회자가 되는 훈련과 검증의 과정이 너무도 느슨하기 때문이다. 이것은 목회자를 양성하는 신학교의 교수들과 목회자 후보생을 검증하는 노회의 일차적인 잘못이다. 바울은 감독이 되기 위한 구체적인 요건들 혹은 자질들을 다음과 같이 제시한다. 바울은 디모데전서 3장과 디도서 1장에서 장로와 집사의 자격을 논하면서, 장로의 자질은 14가지, 집사의 자질은 11가지, 장로와 집사의 공통된 자질은 9가지로 제시한다. 먼저 감독 혹은 장로의 자질이다.

²그러므로 감독은 나무랄 것이 없고 한 아내의 남자이며
온건하며 절제하며 단정하며 나그네를 대접하며 가르치는 일에 유능하며

바울이 보기에 하나님의 교회에 적합한 감독 혹은 장로 후보자는 누구인가? 첫째, "나무랄 것이 없는"(ἀνεπίληπτος) 사람이다. "나무랄 것이 있는" 사람은 사회적인 규정을 어기거나 인륜을 범하여서 체포되고 유죄 판결을 받아 벌금을 내고 감옥에 투옥되는 사람을 일컫는다. 홀로 깊은 진리를 터득한 사람이라 할지라도 더불어 살아가는 사회 속에서 공동의 기본적인 질서를 준수하지 않는다면 감독의 후보에서 배제해야 한다. 감독은 교회에서 신앙과 삶, 경건과 도덕의 모델이다. 그렇기 때문에 공동체가 따르고 본받아도 괜찮은 인격과 사상과 언어와 행실을 구비해야 한다. 사실 흠결이 없는 사람이 어디에 있겠는가! 그럼에도 불구하고 인지 가능한 범위 내에서는 검증하고 또 검증해야 한다. 엄격한 기준으로 검증하지 않고 결국 사회적인 지탄의 대상이 된 사람을 교회의 감독으로 세운다면 교회도 동일한 지탄의 대상으로 전락하게 된다. 모든 사람에게 나무랄 것이 있지만 하나님 앞에서 늘 회개하고 사람들 앞에서도 칭찬과 존경을 받으려고 노력하는 사람이 감독 후보자로 적합하다. 그리고 바울은 감독의 자질을 논하면서 "~해야 한다"(δεῖ)는 필연성 혹은 당위성을 나타내는 헬라어 조동사를 사용한다. 이는 지도자의 자질을 갖추지 않은 목회자의 배출은 결코 용납할 수 없는 일이라는 점을 강조하고 싶은 바울의 의도적인 글쓰기 기법이다.

둘째, 감독은 "한 아내의 남자"(μιᾶς γυναικὸς ἄνδρα)여야 한다. 이 구절의 해석은 분분하다. 어떤 사람들은 교회의 감독이 한 여자와 한 번 결혼하여 한 아내와 함께 사는 남자여야 한다고 주장한다. 이 엄격한 입장에 따르면, 결혼하지 않은 총각이나, 아내와의 사별이나 이혼으로 혼자가 된 남자나, 이혼한 이후에 다른 여자와 결혼한 남자나, 여러 명의 아내들과 함께 살아가는 남자는 모두 감독의 직분에서 배제된다. 그러나 칼뱅은 바울의 이 본

문이 "일부다처 제도"의 배제를 뜻한다는 크리소스토무스의 입장을 수용하며 바울 당시에 유대인은 일부다처 제도를 합법적인 것으로 여겼다는 사실을 주목한다. 그리스 로마 문화는 더 심하였다. 한 예로서, 데모스테네스는 이렇게 기록한다. "정부들을 우리는 쾌락을 위해, 첩들은 우리 사람들의 일상적인 돌봄을 위해, 그러나 아내들은 우리에게 자녀들을 출생하고 집안의 신실한 후견인이 되도록 유지한다"(Contra Neaeram, 59.122.). 칼뱅에 의하면, 바울은 아브라함, 이삭, 야곱과 같은 조상들이 보인 잘못된 일부다처 관행의 모방을 금지했고 그런 맥락에서 아내가 여럿인 남자는 감독이 될 수 없다고 천명했다. 이는 결혼하지 않은 남자, 아내와의 사별이나 합법적인 이혼으로 홀로 된 남자, 정당한 이유로 혼자가 되었으나 재혼한 남자는 감독의 직분에서 배제되지 않음을 의미한다.

셋째, 감독은 "온건해야"(νηφάλιος) 한다. 이 단어의 일차적인 의미는 "술에서 자유로운" 사람을 가리킨다. 온건한 사람은 정신을 온전하지 못하게 만드는 술처럼 중독성이 강한 무언가에 의해 사로잡혀 있지 않은 마음의 안정적인 상태를 유지하는 사람이다. 감독은 어떠한 이념이나, 어떠한 사람이나, 어떠한 물건이나, 어떠한 문화에 푹 빠져서 좌로나 우로나 치우치는 일 없이 항상 마음의 균형을 유지해야 한다. 이런 마음의 균형은 하나님의 말씀을 떠날 때에 깨어진다(신 28:14). 인격이 하나님의 말씀과 조율될 때에 균형이 잡히고 온건하게 된다.

넷째, 감독은 "절제해야"(σώφρων) 한다. 술은 절제의 둑을 터뜨리는 대표적인 주범이다. "적게 마시면 약주요, 많이 마시면 망주"라는 한국의 속담은 절제의 미덕을 잘 설명한다. 바울은 술의 적당한 섭취가 건강에 유익한 것이라고 생각하여 믿음의 아들에게 권할 정도였다(딤전 5:23). 절제는 모든 것을 좋은 것으로 바꾸는 양약이다. 심지어 악인이라 할지라도 적당한 때에 이루어진 그의 적당한 활동은 하나님의 섭리라고 지혜자는 가르친다(잠 16:4). 그런데 곳간은 은이나 소득으로 만족하지 못하고 눈은 보아도 만족함이 없고 귀는 들어도 차지 않는 게 인간이다(전 1:8, 5:10). 그런 인간에게 절제는 고통이다. 하지만 감독이 자신의 열정과 욕망과 의지를 다스리지 못하고 "절제"라는 마음의 브레이크 없이 질주하면 필히 어떤 극단으로 치우치게 되고 이로써 공동체에 심각한 혼란을 초래하게 된다. 인간의 욕망은 끝이 없기 때문에 감독은 걸음을 멈추어야 하고, 입을 다물어야 하고, 손을 거두어야 하고, 생각을 중단해야 하고, 의지를 꺾어야 할 적정한 시점을 잘 포착하고 적절히 처신하는 높은 자제력을 발휘해야 한다.

다섯째, 감독은 "단정해야"(κόσμιος) 한다. 이것은 외적인 모습과 관계된 자질이다. 헝클어진 머리, 불쾌한 몸동작, 민망한 옷차림, 무질서한 수염, 음흉한 눈빛, 삐딱한 자세, 사치스런 소비, 거만한 행동은 감독에게 합당하지 않다. 어떤 사람은 "낙타털 옷을 입고 허리에 가죽 띠를 띠고 음식은 메뚜기와 석청"(마 3:4)을 먹은 세례 요한의 모습을 제시하며 섬김의 내용이 중요하지 감독의 모습은 단정하지 않아도 된다고 주장한다. 여인이 낳은 자 중에 가장 위대한 요한도 그런 모습을 보였다면 우리도 야성적인 모습을 보여도 된다고 생각한다. 그러나 세례 요한은 보편화될 수 없는 이례적인 인물이다. 성경을 보더라도 좋은 것을 좋은 그릇에 담는 것은 목회자의 기본이다. 새 포도주는 낡은 가죽 부대가 아니라 새 부대에 넣는다는 예수님의 말씀(마 9:17)과, 주님께 쓰임을 받고자 한다면 그릇이 깨끗해야 한다는 바울의 말(딤후 2:21)을 감독이 되고자 하는 사람은 늘 기억해야 한다. 내면만이 아니라 외적인 자신의 언어와 표정과 몸짓과 행동에 있어서도 감독은 교회에서 수행하는 사명의 막중함에 어울리는 단정함의 여부를 늘 점검해야 한다.

여섯째, 감독은 "나그네를 대접하는"(φιλόξενος) 사람이다. 나그네를 잘 대접하는 것은 기독교의 전통적인 미덕이다. 욥은 나그네가 노숙하지 않고 자기 집에서 자도록 문을 열어 준 호인이다(욥 31:32). 이는 나그네와 접촉하지 않고 조용히 도와주는 은밀한 배려의 대표적인 사례이다. 아브라함 경우에는 나그네를 대접하는 중에 천사를 대접했다. 그는 헷 족속에게 자신을 "나그네"로 소개했다(창 23:4). 그의 아들 이삭도 떠도는 나그네의 인생을 살았으며(창 26:2-15), 그의 아들 야곱은 130년 동안 나그네의 험난한 세월을 보냈다고 바로 앞에서 고백했다(창 47:9). 모든 인간의 삶은 잠시 머물다가 지나가는 나그네 인생이다(히 11:13). 그런데 시인은 자신을 "주님과 함께 있는 나그네"로 규정한다(시 39:12). 이 세상에서 나그네로 살아가는 우리는 나그네를 잘 대접하여 우리의 정체성을 확인하고 나그네 된 우리를 잘 대접해 주시는 주님을 나타내야 한다. 감독은 이런 미덕의 모델이다. 교회는 이 세상에서 거할 곳이 없는 사람들이 머물러야 하는 작은 천국이다.

일곱째, 감독은 "가르치는 일에 유능해야"(διδακτικός) 한다. 감독은 하나님의 진리를 가르치는 선생이다. 그런데 최고의 교사는 그 이전에 최고의 학생이다. 잘 배우지 않은 사람이 잘 가르치는 것은 결코 가능하지 않기 때문이다. 그래서 감독은 진리를 파악하는 지성적인 능력과 파악된 진리를 잘 전달하는 수사학적 능력을 겸비해야 한다. 진리의 내면화가 무엇보다 우선이다. 그러면 그 진리가 교사의 입술에서 언어로, 교사의 몸에서 행동으로 자신을 스스로 나타내는 진리의 외면화가 뒤따른다. 교사가 자신에게 내면화된 진리를 언어와 행실로 보여주며 가르치지 않는다면 배우는 학생들은 진리를 귀로 듣기만 하고 보지는 못하며, 감동이 아니라 강요를 느끼며, 배움을 설레는 축제가 아니라 따분한 고문으로 간주한다. 칼뱅은 누구든지 가르치는 능력이 없으면 감독이 아닌 다른 일로 섬기라고 권면한다. 그러나 가르치는 능력이 없더라도 진리를 가르치기 위해 주님의 보내심을 받은 성령께 기도하면 결코 꾸짖지 않으시고 그 능력을 후히 베푸신다(눅 12:12, 약 1:5). 혹시 가르치는 능력이 있다고 할지라도 기도하지 않으면 진리를 전달함에 있어서는 반드시 실패한다. 그리고 최고의 교수법은 사랑이다. 학생들은 교사를 좋아해야 그가 가르치는 과목도 좋아한다. 학생들은 자기를 사랑하는 선생님을 안다. 사랑하면 학생과 교사의 관계는 친밀하게 되고 교사의 가르침도 학생에게 친밀하게 된다. 감독은 이처럼 진리의 습득과 실천, 성령의 도움에 대한 기도, 성도에 대한 사랑으로 가득해야 한다.

₃술에 빠지지 아니하며 구타하지 아니하고 관용해야 하며
다투지 아니하며 돈을 사랑하지 아니하며

지금까지 바울은 감독의 긍정적인 자질들에 대해 말하였다. 이제 바울은 경계해야 할 부정적인 내용을 소개한다. 여덟째, 감독은 "술에 빠지지"(πάροινος) 아니해야 한다. 술에 빠진 자들에 대해 이사야 선지자는 이렇게 경고한다. "포도주를 마시기에 용감하며 독주를 잘 빚는 자들은 화 있을진저"(사 5:22). 지혜자는 "술 취하고 탐식하는 자는 가난하여 질 것"이라고 경고한다(잠 23:21). 특별히 국가의 공직을 수행하는 왕은 술을 마시다가 법을 망각하게 되어 공의를 훼손할 수 있기 때문에 독한 술을 찾는 것이 마땅하지 않다고 기록한다(잠 31:4-5). 바울은 고린도 교회에게 술 취하는 자와 "사귀지도 말"라고 가르친다(고전 5:11). 에베소 교회에도 "술 취하지 말라 이는 방탕한 것"이라고 경계한다(엡 5:18). 술 취함도 이렇게 방탕한 것인데 술에 이미 파묻힌 자가 어찌 감독이 될 수 있겠는가! 다른 장점들이 있더라도 술 취함의 문제를 대체하는 것이 아님을 명심해야 한다.

아홉째, 감독은 "구타하지 아니하고 관용해야"(μὴ πλήκτην, ἀλλὰ ἐπιεικῆ) 한다. 타인을 제어하기 위해 물리적인 힘을 행사하는 사람은 감독 후보에서 배제된다. 술에 만취된 사람은 대체로 사고의 정상적인 기능이 마비되기 때문에 폭력적인 언어와 과격한 동작으로 의사를 표시한다. 그래서 술독과 구타의 문제가 나란히 열거되어 있다. 술 취함 없이 폭력을 빈번하게 사용하는 자에게도 감독의 직분이 합당하지 않다. 완력으로 문제를 해결하는 사람이 감독이 된다면 성도를 주먹으로 다스리게 되고 교회에는 폭력이 난무하게 될 가능성이 높기 때문이다. 그러므로 감독은 타인이 잘못을 저질러서 주먹을 사용하고 싶은 순간에도 관용해야 한다. 모든 사람을 품어주며 너그럽게 대하여야 한다. 교계에서 목회자의 폭행 소식이 간간히 들려온다. 뺨을 때리거나 등을 때려서 질병을 일으키는 귀신을 쫓아낼 수 있다고 주장하며 실제로 구타를 치유의 도구로 사용하는 이단적인 사람들도 있다. 바울이 말하는 감독의 자질 목록을 한 글자도 읽지 않은 교계의 양아치다. 회원들을 탈퇴하지 못하도록 관리하기 위해 험악한 어깨들을 동원하는 이단들이 태반이다. 그러나 감독은 회원들의 탈퇴에 대해서도 폭력의 사용을 단호히 금하여야 한다. 혹시 자신의 권한과 권리를 침해하는 성도가 있더라도 그를 법전으로 때리거나 언어로 타박하지 않고 관용해야 한다. 감독은 때때로 당하면서 사람을 얻고 피를 흘리면서 타인의 인격을 혁신한다. 본래 목회는 십자가를 짊어지는 섬김이다.

열째, 감독은 "다투지 아니한다"(ἄμαχος). 타인과 관계를 맺을 때, 적잖은 사람들이 경쟁과 대립을 앞세운다. 예수님의 제자들도 "누가 크냐"는 물음을 둘러싸고 심하게 다투었다(눅 22:24). 다툼은 미움이 시키는 일이라고 지혜자는 설명한다(잠 10:12). 다툼은 또한 미련하고 교만한 자의 표증이기 때문에 이런 다툼을 멀리하는 것은 사람에게 영광이다(잠 13:10, 18:6, 20:3). 그러므로 교회의 감독은 경쟁이 아니라 공존을, 대립이 아니라 상생을, 분노가 아니라 화목을 선택해야 한다. 가치관과 성격이 달라도 그 다름을 틀림으로 간주하지 않고 서로를 보완하는 다양성의 파트너로 이해해야 한다. 교회는 참으로 다양한 사람들로 구성된 공동체다. 당회나 노회에서 쌈닭처럼 다투는 목사들과 장로들은 목회자의 자격이 없는 자들이다. 이렇게 싸우는 이유는 무엇일까? 그 이유는 다음에 소개되는 감독의 자질과 관계되어 있다.

열한째, 감독은 "돈을 사랑하지 아니한다"(ἀφιλάργυρος). 감독은 모든 종류의 물질적인 이득을 추구하지 않는 사람이다. 사람들이 돈을 사랑하는 것은 말세의 특징이다(딤후 3:1-2). 돈을 사랑하는 것은 일만 악의 뿌리라고 바울은 엄중하게 경계한다(딤전 6:10). 돈을 사랑하는 자가 감독이 되면 목회를 영업의 방편으로 간주한다. 심방을 갈 때마다 성도를 위로하고 격려하는 것에는 관심이 없고 주머니에 찔러주는 헌금에만 눈독을 들인다. 성도를 대할 때에도 그의 재산과 월급의 크기에 따라 목양의 수위를 조절한다. 돈을 사랑하면 돈이 목회의 아랫목을 차지하고 다른 모든 것들은 수단으로 전락한다. 그에게는 설교나, 심방이나, 기도나, 상담이 모두 돈벌이의 종교적인 수단이다. 돈을 사랑할 때 발생하는 목회적인 악들이다. 돈을 사랑하지 않는 비결은 무엇인가? "돈을 사랑하지 말고 있는 바를 족한 줄로 알라"(히 13:5)고 히브리서 기자는 가르친다. 목회자는 언제나 가진 것에 만족해야 한다. 족하게 여겨야 할 감독에게 "있는 것들"(τοῖς παροῦσιν)은 무엇인가? 히브리서 기자는 "그리스도 예수"라고 대답한다. 우리를 결코 버리지 않으시고 절대 떠나지 않으시는 주님께서 우리에게 계시는데 무엇이 불만인가? 감독은 주님 한 분만으로 만족하는 사람이다.

> 4자신의 집을 잘 다스리고 모든 품위를 지키며 자녀들로 하여금 복종하게 하는 자여야 하며 5(어떤 이가 자신의 집도 다스릴 줄 모른다면 어찌 하나님의 교회를 돌볼 수 있겠는가?)

열두째, 감독은 "자신의 집을 잘 다스리는"(τοῦ ἰδίου οἴκου καλῶς προϊ-τάμενον) 사람이다. 자신의 가정을 천국의 작은 지부로서 사랑과 평화가 가득하게 만들지 못한다면 어떻게 가정보다 더 규모가 큰 교회를 맡길 수 있겠는가? 가정을 잘 다스리는 사람은 다른 무엇보다 자녀를 잘 양육해야 한다. 먼저 감독은 자녀를 양육함에 있어서 모든 품위를 유지해야 한다. 경솔한 부모는 자녀를 자신이 낳은 자식이기 때문에 자신의 소유물로, 때로는 자기가 마음대로 부려도 되는 종으로 간주한다. 대단히 위험한 발상이다. 모든 자녀는 부모의 마음대로 처분해도 되는 소유물이 아니라 하나님의 형상을 따라 지음을 받은 부모와 동등한 인간이다. 그렇기 때문에 최고의 피조물인 인간이 가진 "모든 품위를 따라"(μετὰ πάσης σεμνότητος) 자녀를 하나의 독립된 인격체로 존중해야 한다. 주먹과 폭언으로 자녀를 무릎 꿇게 만드는 방식이 아니라 자녀들로 하여금 부모가 보여주는 인격적인 존중의 태도에 감복하여 그 부모에게 복종하게 만들어야 한다. 이는 자녀가 부모를 공경하는 것은 하나님의 말씀에 순종하여 형통하고 장수하는 비결이기 때문이다. 자녀를 사랑하는 부모라면 자녀가 이런 복의 수혜자가 되도록 모든 품위를 갖추어 순종을 가르쳐야 한다.

이렇게 인격적인 감흥을 통해 자녀를 가르치고 순종하게 만들지 못하는 사람이 감독의 자리를 차지하면 그 감독은 성도를 자신의 소유물로 여기며 함부로 대하게 되고 교회는 그런 감독의 비인격적 지배와 군림으로 신음하게 된다. 오늘날 목회자의 가정은 안녕한가? 자녀들과 아내에게 폭력을 휘두르고 가장의 권한만 내세우며 비인격적 태도로 가정을 다스리는 적잖은 목회자의 자녀들이 예수를 부인하고 교회를 떠나 세상에 뛰어들고 그곳에서 누구보다 더 심하게 예수를 대적하고 있다. 어떤 자녀들은 예수를 믿는다고 하면서도 아버지를 닮아 세상에서 주목과 언어의 폭력을 마구 휘두른다. 목회자의 자녀로 태어나지 않았으면 더 좋았을 이들이다. 이것은 모두 자녀들이 아니라 목회자의 잘못이다. 자녀들의 존경을 받지 못하는 사람, 모든 품위를 따라 자녀들의 불순종을 해결하지 못하는 사람은 감독의 자리에 적합하지 않다. 감독이 직분을 원한다면 가정부터 잘 다스려야 한다. 가정은 감독이 되고자 하는 사람들의 훈련소다. 아내와 자녀들은 한 남자가 감독의 자질을 가지고 있는지 없는지를 가장 정확하게 알려주는 가장 유력한 증인이다. 만약 가정에서 보이는 모습과 교회에서 보이는 모습이 다르다면 그 사람은 이중적인 인격의 소유자다. 신뢰하기 힘든 사람이다.

6교만하게 되어 마귀의 정죄에 빠지지 않도록

최근에 회심한 자가 아니어야 하며

열셋째, 감독은 "최근 회심자 혹은 입교자"(νεόφυτος)가 아니어야 한다. 믿음의 연수가 짧음에도 불구하고 성급하게 교회의 중직에 오르려는 사람들이 있다. 최근에 회심한 사람이 충분한 훈련과 검증의 과정도 거치지 않은 채 감독과 같은 중책을 맡는다면 그는 필히 "교만하여 부풀어 오르게 된다"(τυφωθεὶς). 사람은 누구든지 자질의 결핍에도 불구하고 막중한 책임을 맡으면 자신이 대단한 사람이 된 것처럼 스스로를 높이고 거만하게 된다. "교만은 패망의 선봉이요 거만한 마음은 넘어짐의 앞잡이"다(잠 16:18). 패망의 내용을 바울의 언어로 표현하면, "마귀의 정죄에 빠진다"(εἰς κρίμα ἐμπέσῃ τοῦ διαβόλου)는 거다. 마귀가 받을 정죄에 동참하는 것보다 더 큰 불행이 어디에 있겠는가! 그러므로 최근에 거듭난 자 자신을 위해서도 그를 감독의 직분에서 배제해야 한다. 사실 태생적인 실력자는 없다. 또한 아무리 외부에서 좋은 훈련을 받았어도 하나의 공동체에 새롭게 들어온 모든 사람들은 검증이 필요하다. 서로를 충분히 알아가고 충분한 분량의 신뢰와 친밀감이 쌓인 이후에 그 사람을 평가하고 지도자의 직분에 합당한 자인지의 여부를 가늠해도 된다. 급하게 바늘 허리에 실을 묶어서 어떻게 쓰겠는가!

교부들을 보라. 박윤선 목사님이 자신의 주석에서 잘 정리하신 것처럼, 아타나시우스는 자신이 감독으로 피택되자 도망갔고, 바실은 회심한 이후에 자신의 전 재산을 고아들과 나그네와 가난한 자들에게 나누어 주었으나 감독의 자리를 계속 피하다가 마지 못해 그 직분을 받았으며, 그레고리 경우는 자신도 모르는 사이에 교회 공동체의 의결로 감독직에 올랐으며, 구제와 기도에 뜨거운 열정을 쏟은 암브로스는 자신이 감독으로 임명되자 심히 놀랐으며, 자신의 재산을 하나님께 바친 아우구스티누스 또한 감독의 자리를 결코 원하지 않았다고 고백했다. 믿음의 거인들은 할 수만 있다면

08 목회자의 자질   133

무명으로 조용하게 하나님의 나라와 의를 구하려고 했다.

사실 바울은 자신이 젊었을 때에 성급하게 완장을 차고 권세를 휘두르며 날뛰었던 사람이다. 종교계의 막강한 권력을 등에 업고 예루살렘 본거지를 털어 기독교의 뿌리를 뽑으려고 유대교의 열정을 마구 분출했다. 그러다가 예수님을 만났고 자신이 얼마나 교만한 자인지를 깨달았다. 그래서 철저하게 겸손한 자리로 내려가 자신을 "죄인 중의 괴수"(딤전 1:15)로 규정하고 "모든 성도 중에 지극히 작은 자보다 더 작은"(엡 3:8) 자라고 고백했다. 바울은 하나님의 나라를 맹목적인 열정으로 파괴하는 교만의 위험성과 진리에 순응하지 않는 인간이 그렇게 교만해질 수밖에 없다는 사실을 인정하고 자신을 최대한 낮추는 겸손의 필요성을 뼈저리게 체험한 사람이다. 최근에 회심하고 입교한 사람은 이런 겸손으로 다져지지 않은 사람이다. 사람은 자신의 자질에 어울리는 자리에 머물러야 안전하다. 그런 자리에 있더라도 자신을 가능하면 더 낮추어야 한다. 그렇지 않으면 위험하다. 하물며 자신의 자질보다 높은 자리로 올라가면 그 위험성이 얼마나 높아질까! 개인과 공동체 모두를 필히 위태롭게 한다.

7또한 마귀의 비방과 올무에 빠지지 않도록
외인들에 의해서도 좋은 평판을 가져야만 한다

열넷째, 감독은 "외인들에 의해서도 좋은 평판"(μαρτυρίαν καλὴν)을 받아야만 한다. 여기에서 "외인들"(τῶν ἔξωθων)은 예수를 믿지 않는 사람들 혹은 같은 공동체에 속하지 않은 사람들을 일컫는다. 이는 감독이 될 사람은 공동체 안에서나 밖에서나 동일하게 좋은 인품과 행실을 가져야 함을 의미한다. 공동체 내부의 사람들은 속일 수 있더라도 그 사람이 머무는 장소의 모든 사람들을 속이는 것은 가능하지 않다. 공동체에 많은 유익을 주어

공적인 직무의 자질이 검증된 사람이라 할지라도 그에 대한 세상의 평판을 확인해야 한다. 세속적인 기준으로 보더라도 사람들이 인생의 표준으로 삼아도 될 정도의 모범을 교회는 제공해야 하기 때문이다. 교회는 세상의 빛과 소금이다. 교회의 감독은 그런 교회의 본질적인 기능을 대표하는 사람이다.

만약 세상 사람들 앞에서 칭찬과 존경을 받지 못하고 교회의 울타리 안에서만 유익을 끼치는 감독의 자리에 앉는다면 그 개인과 교회 공동체는 이기적인 집단이 되어 "마귀의 비방과 올무"(ὀνειδισμὸν καὶ παγίδα τοῦ διαβόλου)에 빠지지 않겠는가! 마귀는 비방의 달인이다. 교회의 실족을 위해 어떠한 수단도 가리지 않고 동원하고 어떠한 희생도 감수한다. 그런데 교회의 감독이 마귀의 비방과 올무에 빌미를 제공하면 어떻게 되겠는가! 마귀는 사회적인 기준을 따라서도 나쁜 평판을 받는 그런 감독의 등장을 쌍수로 환영한다. 그런 상황을 부추긴다. 이는 손 대지 않고 코 풀듯이 교회가 자멸하는 '유익'을 마귀가 챙기기 때문이다.

지금까지 감독의 다양한 자질들에 대한 바울의 생각을 나누었다. 나 개인을 돌아본다. 바울이 열거한 자질들 중에 나에게서 발견되는 자질은 희귀하다. 부끄럽다. 말씀을 가르치는 목회자가 되었으나 충분한 훈련과 엄격한 검증을 받지 않고 얼렁뚱땅 직분을 수락한 느낌이다. 한국의 교회도 돌아보게 된다. 과연 교회는 한국사회 속에서 지도자의 직분이 합당한가? 그런 자질을 갖춘 종교인가? 지금 교회는 대한민국 국민에게 지탄의 대상이다. 외인들의 좋은 평판을 받은 기억이 아득하다. 폭력을 사용하고 싸움이 빈번하고 관용 대신에 혐오와 이기심이 가득하고 이웃을 사랑하는 것보다 자기애에 빠진 모습을 교회는 부끄러운 줄도 모르고 계속 드러내고 있다. 성도 개개인이 이 세상에서 왕 같은 제사장의 직분을 가지고 있음을 늘 의식해야 한다. 바울이 제시한 감독의 자질들은 사실 우리 모두에게 선택적인 수용이 아니라 필히 겸비해야 할 것들이다.

딤전 3:8-16

⁸이와 같이 집사들도 정중하고 일구이언을 하지 아니하고 술에 인박히지 아니하고 더러운 이를 탐하지 아니하고 ⁹깨끗한 양심에 믿음의 비밀을 가진 자라야 할지니 ¹⁰이에 이 사람들을 먼저 시험하여 보고 그 후에 책망할 것이 없으면 집사의 직분을 맡게 할 것이요 ¹¹여자들도 이와 같이 정숙하고 모함하지 아니하며 절제하며 모든 일에 충성된 자라야 할지니라 ¹²집사들은 한 아내의 남편이 되어 자녀와 자기 집을 잘 다스리는 자일지니 ¹³집사의 직분을 잘한 자들은 아름다운 지위와 그리스도 예수 안에 있는 믿음에 큰 담력을 얻느니라 ¹⁴내가 속히 네게 가기를 바라나 이것을 네게 쓰는 것은 ¹⁵만일 내가 지체하면 너로 하여금 하나님의 집에서 어떻게 행하여야 할지를 알게 하려 함이니 이 집은 살아 계신 하나님의 교회요 진리의 기둥과 터니라 ¹⁶크도다 경건의 비밀이여, 그렇지 않다 하는 이 없도다 그는 육신으로 나타난 바 되시고 영으로 의롭다 하심을 받으시고 천사들에게 보이시고 만국에서 전파되시고 세상에서 믿은 바 되시고 영광 가운데서 올려지셨느니라

❖ ❖ ❖

⁸이와 같이 집사들도 존경할 만하며 일구이언 하지 아니하고 정중하고 과다한 포도주에 마음을 빼앗기지 말고 더러운 이득을 탐하지 아니하고 ⁹깨끗한 양심에 믿음의 비밀을 가져야만 한다 ¹⁰그런데 이들은 먼저 검증을 받아야만 하고 그 이후에 책망할 것이 없으면 섬기게 하라 ¹¹아내들도 이와 같이 존경할 만하고 비방하지 아니하며 온건하며 범사에 믿을만한 자여야 한다 ¹²집사들은 한 아내의 남편이며 자녀들과 자신의 집을 잘 다스리는 자여야 한다 ¹³잘 섬긴 자들은 아름다운 것과 그리스도 예수 안에 있는 믿음에 큰 담력을 얻느니라 ¹⁴내가 속히 너에게로 가기를 바라면서 이것을 너에게 쓰는 것은 ¹⁵내가 지체하는 경우에 네가 살아계신 하나님의 교회요 진리의 기둥과 터인 하나님의 집에서 어떻게 행하여야 할지를 알게 하기 위함이다 ¹⁶경건의 비밀이 크다는 것은 모두가 동의한다 육신으로 나타나신 하나님(혹은 그분)은 영으로 의롭다 하심을 받으시고 천사들에게 보이시고 열국에서 전파되시고 세상에서 믿은 바 되시고 영광 가운데서 올려진 분이시다

09   집사의 자질

바울은 감독의 자질을 논의한 이후에 집사의 자질에 대한 설명으로 넘어간다. 두 직분의 자질이 크게 다르지는 않음을 확인한다. 그리고 감독이든 집사이든 자신에게 맡겨진 일에 충성하는 자에게는 놀라운 복 즉 권위와 믿음의 담력이 주어질 것이라고 말하면서 직분을 맡아 수행하는 것이 아름다운 일이라고 권면한다. 그리고 감독과 집사 모두에게 해당되는 것으로서 교회의 비밀을 알아야 하고 경건의 큰 비밀도 깨달아야 함을 가르친다. 그 비밀을 안 사람은 외부에서 지시하고 명령하지 않아도 그 비밀이 직분 맡은 사람들을 움직인다. 교회 공동체의 이런 독특성은 오늘날 교회가 다시 회복해야 할 성경적인 정치의 원리라는 점을 주목해야 한다.

8이와 같이 집사들도 존경할 만하며 일구이언 하지 아니하고 정중하고 과다한 포도주에 마음을 빼앗기지 말고 더러운 이득을 탐하지 아니하고 감독의 자질에 대해 논의한 바울은 이제 집사의 자질을 언급한다. "집사"(διάκονος)는 누구인가? "집사"는 "섬기다"(διακονέω)는 동사에서 파생된 것으로서 "섬기는 사람"을 가리킨다. 유경민 교수의 연구(2019)에 따르면, 한국어 "집사"라는 낱말은 절에서 쓰인 용어로서 잡무를 처리하는 직임이고, 왕권을 보좌하고 비서실과 유사한 역할을 담당한 국가의 한 부서로서 "집사부" 혹은 "집사성" 안에서 쓰인 말이었다. 비록 단어는 같더라도 그 의미는 쓰여진 문맥에 의존한다. 성경에서 27번 사용되는 단어 "집사"의 일반적인 의미는 "섬기는 종"이며 바울도 자신을 "하나님의 종"(고후 6:4), "복음의 종"(엡 3:7), "교회의 종"(골 1:25)이라고 고백할 때 이 단어를 사용한다. "집사"는 다양한 대상을 가리키는 포괄적인 용어인 동시에 교회에서는 주로 구제와 봉사를 담당하는 고유한 직분이며, 감독(목사와 장로와 교사)과 함께 교회의 항존적인 직분을 가리킨다. 칼뱅은 집사의 직무가 사도행전 6장 3절에 언급된 "성령과 지혜가 충만하여 칭찬 받는 사람"처럼 고아와 과부와 나그네와 같은 가난한 자들을 구제하며 돌보는 것이라고 주장한다.

그리스 로마 문화이든 이스라엘 문화이든 1세기에 식탁에서 타인의 시중을 드는 섬김은 열등하고 천한 일로 여겨졌다. 권세를 부리며 지배하고 군림하는 자가 높고 큰 자라고 생각했다(마 20:25). 심지어 예수님도 "앉아서 먹는 자가 크냐 섬기는 자가 크냐 앉아서 먹는 자가 아니냐"(눅 22:27)는 말씀으로 당시 사람들의 보편적인 인식을 밝히셨다. 섬기는 사람들을 하대하는 문화는 그때나 지금이나 유사하다. 그러나 성경은 섬김의 진정한 가치를 가르친다. "너희 중에 누구든지 으뜸이 되고자 하는 자는 너희의 종이 되어야 하리라"(마 20:27). 섬김은 으뜸이 되는 첩경이다. 이는 교만한 자를 낮추시고 겸손한 자를 높이시는 하나님의 섭리 때문이다(약 4:10). 예수님은 모든 이름 위에 뛰어난 이름이 되셨는데, 어떻게 그렇게 되셨는가? "인자가 온 것은 섬김을 받으려 함이 아니라 도리어 섬기려 하고 자기 목숨을 많은 사람의 대속물로 주려 함이니라"(마 20:28). 예수님은 자신을 철저하게 낮추셨다. 예수님은 이사야가 예언한 것처럼 목숨을 다하여 섬기는 고난의 종이셨다(사 52:13-53:12). 그 예수님은 제자들과 우리에게 이러한 자신의 발자취를 따르라고 명하신다.

적잖은 사람들이 목사와 장로와 집사가 마치 계급의 서열인 것처럼 오해한다. 그러나 "집사"가 목사나 장로와 같은 다른 직분에게 종속된 자라든지, 목사나 장로의 종이거나, 목사나 장로의 자리로 승진해야 하는 하위 계급일 뿐이라는 뉘앙스로 기록된 문구는 성경 어디에도 없다. 집사는 하나님을 섬기는 종이며, 복음의 확산을 위해 일하는 종이며, 교회 공동체의 성장과 발전을 위해 섬기는 사람이다. 목사와 장로와 집사 사이에는 어떠한 종속적인 관계도 없으며 각각의 직분은 자신의 고유한 직무를 수행하며 하나님의 나라와 의를 추구하는 "하나님의 동역자"(고전 3:9)다. 역할의 차이를 계급의 차이로 간주하는 것은 교회의 성경적인 제도성을 파괴하는 직분론의 왜곡이다.

집사는 어떤 사람인가? 첫째, "존경할 만한"(σεμνός) 사람이다. 인격과 행실에 있어서 존경하고 따라도 될 인생의 본을 보이는 사람이다. 어떤 사람이 받아야 할 존경의 크기는 그 사람에게 기대되는 공공선의 실현 가능성에 비례한다. 그런데 대부분의 사람들은 자신이 취득한 어떤 사회적 타이틀에 근거하여 존경을 받으려고 한다. 사장이 되고 회장이 되고 대표가 되고 특정한 전문직에 종사하면 은근히 타인의 존경을 기대한다. 그러나 어떤 분야든지 그 전문성에 국한된 존경을 표하면 되고 당사자는 그 이상의 존경을 기대하지 않도록 주의해야 한다. 포괄적인 존경의 출처는 그 사람의 가슴에 붙은 명찰이나 호칭이나 전문성이 아니라 인성과 행실의 품격이다. 이는 한 사람이 사회에 끼치는 도덕성의 증진에 대한 사람들의 전반적인 기대감이 사회적 존경으로 표출되기 때문이다. 존경의 자질은 구비하지 않으면서 존경을 기대하는 것은 그 자체로 갑질의 씨앗이고 존경을 요구하는 것은 전형적인 갑질이다. 집사는 공동체의 공적인 이익을 도모하는 사람의 인격과 습성을 구비해야 한다.

둘째, 집사는 "일구이언"(δίλογος) 하지 않는 사람이다. "일구이언"은 한 입에서 상반된 말이 쏟아지는 것을 의미한다. 여기서는 이 말을 하고 저기서는 저 말을 하는, 어떤 이에게는 이 말을 하고 어떤 이에게는 저 말을 하는 사람의 입에서 나오는 모든 말은 당연히 신뢰성이 떨어진다. 이것은 또한 몸의 입으로는 축복을 하지만 마음의 입으로는 저주를 쏟아내어 언어의 겉과 속이 다른 "표리부동"(表裏不同) 언사와 유사하다. 나아가 한 사람이 두 마음을 품어 이리저리 휘둘리는 것은 마음의 일구이언 현상이다. 야고보는 "주 아버지를 찬송하고 또 이것으로 하나님의 형상대로 지음을 받은 사람을 저주하"(약 3:9)는 것은 합당하지 않다고 꾸짖는다. 때때로 말은 진실을 가리는 은밀한 커튼으로 악용된다. 입술의 말이든 마음의 소리이든 말의 신뢰성은 그 사람 자체의 신뢰성과 연동되어 있다. 일구이언이든 표리부동이든 진실의 무게가 가벼운 언어의 소유자를 집사로 세우는 것은 합당하지 않다. 집사가 되기를 원한다면, 나에게 아무리 큰 피해와 상처를 준 원수라고 할지라도 마음과 입술이 사랑에 근거하여 동일하게 그 원수를 축복해야 한다.

셋째, 집사는 "과다한 포도주에"(οἴνῳ πολλῷ) 마음을 빼앗기지 않는 사람이다. "과다한 포도주에 마음이 빼앗"긴 사람은 알코올 중독증에 걸린 사람을 가리킨다. 한 사람이 술독에 빠지면 자신의 건강도 해치지만 가족의 행복도 파괴하고 사회의 안녕도 불안하게 한다. 이는 모든 역사가 증거한다. 2016년 OECD 통계에 의하면, 한국의 폭음률(30.5%)은 세계 평균치(18.2%)의 두 배 정도라고 한다. 술에 마음을 빼앗기는 술독의 비율(5.5%)도 세계 평균치(2.6%)의 두 배가 넘는다고 한다. 음주로 인한 사망자는 한 해 5천 명에 육박하고 교통사고 중 9% 즉 2만여 건의 원인이 음주라고 한다. 그리고 살인이나 강간과 같은 강력범의 경우는 30%가 범행을 음주 상태에서 저지른 것이라고 한다. 술 문제로 말미암아 대한민국 사회에서 1년 동안 발생하는 경제적 손실액은 9조 4천억원에 달한다고 한다. 이처럼 개인의 삶과 사회의 질서를 위협하는 폭음의 문제를 잘 다스리고, 중독성이 강한 것과 적당히 거리를 둘 줄 아는 사람만이 집사의 직위에 적합하다.

넷째, 집사는 "더러운 이득을 탐하지"(αἰσχροκερδής) 않는 사람이다. "더러운 이득"은 합당하지 않은 방식으로 취득한 이득을 의미한다. 이 세상에는 불의한 방식과 달콤한 이득이 타협의 손을 잡고 공정한 경제의 문화를 파괴하는 공동체나 국가가 태반이다. 그러나 이득과 공정함이 충돌되는 지점에서 집사는 이득이 아니라 공정성을 선택해야 한다. 어떤 유익을 얻기 위해서 불의의 강을 건너가야 한다면 차라리 그 유익을 포기하는 사람이다. 이에 대한 지혜자의 권면이다. "적은 소득이 공의를 겸하면 많은 소득이 불의를 겸한 것보다 나으니라"(잠 16:8). 왜 그러한가? 소득의 크기는 하나님이 베푸시는 은혜의 내용일 수 있겠지만 공의는 하나님 자신의 성품이기 때문이다. 교회의 공직자는 하나님의 은혜를 많이 받는 것보다 하나님의 성품 드러내는 것을 더 기뻐하며 추구하는 사람이다. 집사는 가난한 사람들을 구제해야 하기 때문에 막대한 액수의 돈을 관리해야 한다. 그런 사람이 하나님의 성품보다 돈을 더 밝힌다면 얼마나 심각한 문제가 발생할까!

9깨끗한 양심에 믿음의 비밀을 가져야만 한다

다섯째, 집사는 "깨끗한 양심에 믿음의 비밀"(τὸ μυστήριον τῆς πίστεως)을 가진 사람이다. "깨끗한 양심"을 가진 집사는 술이나 돈과 같은 중독성이 강한 것들에 취하여 판단력이 흐려지지 않는 사람이다. 나아가 그런 양심에 "믿음의 비밀"을 가진 사람이다. 바울은 "비밀"이란 단어를 자신의 편지에서 20회나 사용한다. 종합하면, "믿음의 비밀"은 그리스도 예수 자신과 그의 복음 혹은 하나님의 나라를 의미한다(엡 5:32, 6:19; 골 1:27, 2:2). 이 비밀의 내용은 16절에서 자세히 설명한다. 이러한 믿음의 비밀을 가진 집사는 기독교의 진리에 대한 체계적인 지식을 구비한 사람이다. 교회의 모든 직분은 하나님의 나라를 구하고 복음을 전파하고 그리스도 예수의 몸인 교회를 온전하게 만드는 일에 협력해야 한다. 그런데 믿음의 비밀을 가지지 않은 사람이 집사나 다른 직분을 맡는다면 그는 하나님의 나라와 의를 구하지 않고 돈을 분배하는 경제적인 활동만 수행하게 된다. 믿음의 비밀이 판단의 기준으로 작용하지 않고 경제적인 이해관계 속에서 판단하고 처신하면 서로의 의견은 갈라지고 갈등이 조장되고 결국에는 교회가 분열된다. 유다는 회계를 맡은 제자였다. 사회적인 구제에 대한 감수성이 뛰어난 자였지만 예수의 존재와 사명을 이해하지 못해 결국에는 그 스승을 배신했다. 3년 동안 예수님과 동행한 자였지만 예수의 본질과 인생의 의미에 무지할 수 있음을 잘 보여준다.

[10]그런데 이들은 먼저 검증을 받아야만 하고
그 이후에 책망할 것이 없으면 섬기게 하라

바울은 집사가 될 사람은 반드시 "검증을 받아야 한다"(δοκιμαζέσθωσαν)고 가르친다. 여기에서 검증은 후보자가 지금까지 바울이 언급한 집사의 다섯 가지 자질과 앞으로 다루게 될 세 가지의 자질에 부합한 사람인지 아닌지를 확인하는 것을 의미한다. 어떤 사람이 나이가 충분히 들었다고 해서, 헌금을 많이 낸다고 해서, 시간적인 여건이 된다고 해서, 당사자가 섬기고 싶다는 의사를 보였다고 해서 검증도 없이 집사로 임명하는 것은 올바르지 않다. 당사자를 위해서도 올바르지 않고 공동체를 위해서도 올바르지 않고 세상에 대해서도 올바르지 않다. 그런 요건들은 집사의 자질로 전혀 언급되지 않은 것들이다. 그러므로 바울이 언급한 자질들의 여부를 철저히 검증해야 한다. 검증의 결과로서 "책망할 것이 없"(ἀνέγκλτος)으면 비로소 임명하여 섬기도록 해야 한다는 점을 바울은 집사의 자질들을 설명하다 말고 강조한다. 사례비도 없이 섬기는 것 자체도 감사한 일인데 그런 분들도 검증과 승인의 과정을 거쳐야 한다는 것은 기독교적 섬김의 기이한 특징이다. 이렇게 검증을 언급하면 치사해서 하지 않는다는 반응이 나올 가능성이 높다. 그래도 결코 느슨하지 않은 기준으로 검증해야 한다.

11아내들도 이와 같이 존경할 만하고 비방하지 아니하며
온건하며 범사에 믿을만한 자여야 한다

여섯째, 집사가 되기 위해서는 그의 아내도 적당한 자격을 구비해야 한다. 이 조항은 검증의 엄격함을 잘 보여준다. 사실 "아내들"의 헬라어 원어(γυναῖκας)는 그 해석이 간단하지 않다. 이 단어는 "여자들"을 뜻하기도 하기 때문이다. 그런 경우 이 단어는 여자 집사들을 의미한다. 그러나 나는 "아내들"로 번역하는 것이 옳다고 생각한다. "집사들"과 "여자들"은 의미의 파트너가 아니며 "남자 집사"와 "여자 집사" 혹은 "남자"와 "여자"라는 대조가 일반적인 짝말이기 때문이다. 또한 문맥이 남자 집사의 자질들을 계속 언급하고 있기 때문이다. 집사의 아내는 남편처럼 "존경할 만하고 비방하지 아니해야" 한다. "비방"(διάβολος)은 성경에서 35번 나오는데 대부분 "마귀"를 가리킨다. 비방은 마귀의 전공이다. 타인의 잘못과 실수와 약점을 아주 세밀하게 관찰하고 날카롭게 지적하며 수치와 모멸감을 주는 언어의 행위가 비방이기 때문이다. 뒤에서 험담이나 모함을 한다든지, 상대방의 잘못을 절대 봐주지 않고 고발하여 그 잘못을 발판으로 삼아 자신의 의로움을 은근히 드러내는 사람들이 있다. 남자들도 타인의 잘못을 뒤에서 흥보는 불온한 수다를 적잖게 즐기지만, 여자들은 관찰력과 분석력이 더 뛰어나기 때문에 수다의 규모와 수위가 남자들을 훨씬 능가한다. 수다에 대한

여자들의 기호는 바늘 없이도 누군가를 능숙하게 찌른다는 말까지 있을 정도로 지대하다. 그러나 집사의 아내는 입이 무거워야 한다.

집사는 가난한 과부와 고아와 나그네를 상대로 예수의 사랑을 실천하는 직분이다. 연약한 사람들의 은밀한 사연들을 다른 누구보다 많이 취급하는 집사의 직분은 그런 사람들의 개인정보 노출을 극도로 경계해야 하는 자리이기 때문에 가장 가까이에 있는 그의 아내가 자신의 입술에 파수꾼을 세우는 것은 너무도 당연하다. 아내의 입이 가벼운 사람은 집사의 직분에 적합하지 않다. 그리고 집사의 아내는 "온건해야"(νηφάλιος) 한다. 남편의 판단은 아내의 의견에 크게 좌우된다. 그래서 아내는 좌로나 우로나 치우치지 말고 온건해야 구제에 대한 남편의 공정하고 객관적인 판단이 가능하게 된다. 그리고 "범사에 충성된"(πιστός ἐν πᾶσιν) 아내여야 한다. 여기에서 "범사에"는 말 그대로 모든 일이지만 특별히 교회에서 행하는 남편의 모든 공적인 직무를 가리킨다. 집사는 그의 가정이 하나의 단위로서 교회를 섬기는 것이 아름답다.

¹²집사들은 한 아내의 남편이며 자녀들과 자신의 집을 잘 다스리는 자여야 한다

일곱째, 집사는 그러한 "한 아내의 남편"이다. 이에 대해서는 3장 2절에 언급된 감독의 자질에 대한 설명을 참조하라. 여덟째, 집사는 "자녀들과 자신의 집을 잘 다스려야" 한다. 자녀들을 잘 다스리는 것은 인격과 삶의 감화를 통해 자녀들이 부모에게 복종하게 만드는 것을 의미한다. 이것은 감독의 자질과 동일하다. 그런데 집사의 자질에는 "자기 집"(ἰδίων οἴκων)의 뛰어난 관리자가 되어야 한다는 조항이 추가된다. 이는 교회 공동체의 경제적인 살림을 관리하는 직분에 필수적인 자질이다. 잘 다스려진 가정은 자녀에게 타인과 더불어 살아가야 한다는 건강한 사회성을 길러주고, 내가

조금 희생하며 타인을 먼저 존중하고 배려하는 도덕성을 배양하고, 각자 자신에게 맡겨진 고유한 역할에 충실해야 한다는 공동체 의식도 길러주고, 정서적인 안정감과 경제적인 필요를 채워주고, 나아가 현 세대가 다음 세대에게 좋은 문화를 계승해 주는 기능도 수행한다. 만약 가정을 이런 공동체로 잘 세우지 못하고 오히려 무너뜨린 사람이 집사의 직분을 맡으면 교회의 정체성과 살림도 무너뜨릴 가능성이 높다.

이상에서 살펴본 것처럼, 감독도 그렇지만 집사가 되기 위해 합당한 자질들을 갖추는 것도 만만치가 않다. 교회는 과연 감독이나 집사 후보자가 이러한 자질들이 갖추어질 때까지 마냥 기다려야 하는가? 아니면 감독이나 집사로 임명한 다음에 그 직분의 책임감이 그로 하여금 그런 자질의 구비를 독촉하게 만들어야 하는가? 자격도 없는 사람에게 직분을 부여하면 교회의 정체성이 분명히 훼손된다. 그러나 교회에 꼭 있어야 하는 장로와 집사를 세우지 않는다면 교회의 질서가 확립되기 어렵고 특정한 사람이나 소수의 사람들이 교회의 독재자가 될 위험성이 있다. 그래서 이 딜레마는 기독교의 역사에서 늘 갈등의 소재였다. 지금도 교회는 그 문제로 갈등한다. 이에 대해서는 실을 바늘 허리에 매고 쓰지는 못한다는 것이 내 입장이다.

13잘 섬긴 자들은 아름다운 것과
그리스도 예수 안에 있는 믿음에 큰 담력을 얻느니라

집사가 갖추어야 하는 이러한 자질들을 아는 사람들은 대체로 집사가 되기를 주저한다. 그래서 바울은 "잘 섬긴 자들"(οἱ καλῶς διακονήσαντες)의 복을 언급하며 격려한다. 잘 섬겼다는 것은 외적으로 나타난 결과보다 하나님 앞에서의 자세와 관계한다. 하나님이 보시기에 충성된 자에게 하나님은 "아름다운 것"(καλὸν)을 주신다고 한다. 아름다운 것은 무엇인가? 예수님의 말씀에 의하면 하나님은 충성된 자에게 잘 섬겼다고 칭찬을 하시며 "많은 것"을 맡기신다(마 25:21). 많다는 것은 섬김의 범위가 넓어지고 책임의 무게가 늘어나는 것을 의미한다. 이런 종류의 많음은 인생을 더욱 아름답게 한다. 그리고 아름다운 것은 사람들의 존경과 칭찬도 포함한다. 사람들은 자신들을 섬긴 그 사람에게 고개를 숙이고 그를 높이며 그 앞에서 겸손하게 된다. 참으로 아름다운 모습이다. 섬김은 그 자체로 권위의 자궁이다. 그리고 충성된 자는 "그리스도 예수 안에 있는 믿음에 큰 담력"도 얻는다고 한다. 맡겨진 일을 완수하면 아무도 흔들지 못하는 안정감과 무엇이든 도전할 수 있는 용기가 내 마음을 차지하게 된다. 하나님의 나라와 의를 추구함에 있어서 불가능한 것이 없다는 불굴의 정신을 가지고 범사에 도전하게 된다. 사람의 마음은 그런 과정을 통해 성장한다. 이 모든 것보다 더 아름다운 것은 하나님의 기쁨이다. "충성된 사자는 그를 보낸 이에게 마치 추수하는 날에 얼음 냉수 같아서 능히 그 주인의 마음을 시원하게 하느니라"(잠 25:13). 사람이 아니라 사람을 지으신 하나님의 마음을 여름의 얼음 냉수처럼 시원하게 해 드리는 것보다 더 기쁘고 아름다운 영광이 어디에 있겠는가! 하나님의 기쁨은 인간이 존재하는 이유이며 창조의 본래적인 목적이다. 이러한 복은 자신에게 맡겨진 직무에 충성된 감독과 집사에게 주어진다.

14내가 속히 너에게로 가기를 바라면서 이것을 너에게 쓰는 것은
15내가 지체하는 경우에 네가 살아계신 하나님의 교회요 진리의 기둥과 터인
하나님의 집에서 어떻게 행하여야 할지를 알게 하기 위함이다

바울은 감독과 집사의 자질을 설명한 이후에 이렇게 편지를 쓰는 이유를 설명한다. 바울의 속마음은 당장 에베소로 달려가서 디모데를 속히 만나고 싶어한다. 그러나 내일을 모르는 게 인간이다. 어떠한 변수가 내일의

계획을 강제로 수정할지 모르기 때문에 바울은 자신이 "지체할 경우"(ἐὰν βραδύνω)의 대비책을 마련한다. 바울은 신중하고 치밀하다. 하나님을 전적으로 신뢰하고 있지만 인간이 도모할 수 있는 최선의 준비를 다하고 최고의 노력을 기울인다. 바울의 삶에서는 이처럼 인간의 열심과 하나님의 주권적인 섭리가 조화롭게 공존한다. 불가피한 일로 인하여 늦거나 자기가 혹시 죽어서 가지 못한다고 할지라도 하나님의 교회에는 문제가 생기지 않도록 대비하는 사도의 교회 우선적인 판단력이 여기에서 은은하게 번뜩인다. 디모데가 미숙해서 교회에서 어떻게 섬겨야 할지 모르는 리더십의 공백을 최소화할 목적으로 바울은 몸의 이동보다 빠른 펜부터 서둘러 움직였다. 로마서의 경우도 동일하다. 몸이 로마로 가기 이전에 편지가 먼저 그곳에 도달했다. 이처럼 편지에 봉하여진 것은 사랑이다.

바울은 하나님의 교회를 "진리의 기둥과 터"(στῦλος καὶ ἑδραίωμα τῆς ἀληθείας)라고 규정한다. 이러한 규정에서 칼뱅은 교회의 가치와 의미에 대하여 이보다 더 큰 찬사가 없다고 진단했다. 진실로 하나님의 교회는 진리를 떠받치는 토대이고 진리를 올바르게 세우는 기둥이다. 교회는 그런 곳이어야 한다. 교회는 가장 순수한 진리를 경험할 수 있는 곳이어야 한다. 거짓의 광기로 피폐해진 그 누군가가 와도 진리로 말미암아 완전히 깨끗하게 정화되고 진리의 안전한 갑옷으로 무장되는 곳이어야 한다. 그리고 이 진리를 순수하게 보존하여 다음 세대에 고스란히 물려주는 것도 교회의 사명이다. 교회는 진리를 가장 소중하게 생각한다. 왜 그러한가? 진리는 아무리 더러운 사람도 거룩하게 하기 때문이다(요 17:17). 진리는 아무리 강력한 족쇄를 찬 죄수도 자유롭게 하기 때문이다(요 8:32). 진리는 아무리 위태로운 환자의 영혼도 보호하기 때문이다(시 40:11). 진리는 방황하는 모든 자들을 주님의 거처로 인도하기 때문이다(시 43:3). 진리는 죽어가는 사람의 영혼도 새로운 피조물로 살려내기 때문이다(약 1:18). 진리는 아무리 눈이 어두워도 진실을 보게 만드는 빛이기 때문이다(시 19:8). 진리는 아무리 어리석은 자도 지혜롭게 만들기 때문이다(시 19:7). 이처럼 진리는 인생을 바꾸고 역사를 바꾸고 세계를 바꾸는 하나님의 능력이다.

이러한 진리가 머리를 두고 견고히 세워지는 교회에서 감독이나 집사로 섬긴다는 것은 그 자체로 얼마나 큰 영광인가! 이 영광의 크기를 다른 무엇과 비교할 수 있겠는가! 진리를 다루는 이 막중한 사명을 가진 교회를 섬기는 자는 얼마나 진실하고 거룩하고 의롭고 자비롭고 성실하고 선해야 하겠는가! 강한 훈련을 받고 엄격한 기준으로 검증되지 않은 사람에게 이토록 귀한 교회의 공적인 일을 어떻게 맡길 수 있겠는가! 그래서 바울은 감독과 집사가 갖추어야 하는 최소한의 기본적인 자질들을 간략하게 제시했다. 교회를 섬기고자 하는 사람들은 교회가 어떤 곳인지를 먼저 인지해야 한다. 사람의 교회가 아니라 하나님의 교회이며 진리의 기둥과 터라는 사실을 명심해야 한다. 교회가 역사의 흐름을 좌우하고 우주의 질서를 보존하는 곳이라는 사실을 기억해야 한다.

혹시 자질이 갖추어진 사람이 없더라도 아무나 손에 잡히는 자를 목사나 장로나 집사의 자리에 세우는 일은 지양해야 한다. 교회에서 공적인 일을 담당하는 사역자의 수가 적으면 어떠한가! 사역자가 많이 필요한 이유는 성도가 교회에 기대하고 요구하는 것이 많기 때문이다. 성도는 교회에서 사는 사람이 아니라 세상에서 빛과 소금으로 활동해야 한다. 삶의 현장에서 어둠을 밝히지 않고 부패를 방지하지 않고 오히려 세상을 더 어둡게 하고 세상의 뼛속까지 썩게 만드는 원흉으로 살고 있지는 않은가? 세상에서 지은 죄를 숨기려고 교회에 숨으려고 오지 말고, 세상에서 해야 할 일을 방기하고 교회에서 그것을 하려고 몰려들지 말라. 6일 동안 세상에서 빛과 소금의 모습으로 진리를 실컷 발산하고, 주일에는 교회에 와서 세속의 때를 벗겨내고 진리의 탄알을 장전하고 성도의 교제를 통해 사랑으로 철저히 무장하고 다시 세상으로 나아가라. 감독은 성도 개개인을 진리로 섬기고 집사는 특별히 가난하고 연약한 고아와 과부와 나그네를 사랑의 구제로 섬기면서, 그렇게 교회의 모든 공직자는 진리와 사랑으로 모든 성도를 무장해야 한다. 만약 교회가 십자가의 사랑을 잃고 진리의 기둥과 터의 정체성을 잃는다면 무늬만 교회이고 진정한 교회가 아니라는 반증이다. 과연 우리가 출석하는 교회는 진정한 교회인가? 아프지만, 두렵지만, 정직하게 질문하고 정직하게 돌아봐야 한다.

바울은 디모데가 진리의 기둥과 터인 하나님의 교회에서 행해야 할 일로서 감독과 집사를 세우는 문제를 가르쳤다. 이는 사람을 세우는 것이 교회에서 다른 무엇보다 중요하기 때문이다. 칼뱅이 잘 지적한 것처럼, 하나님은 진리의 보존과 전달을 손수 행하지 않으시고 천사에게 맡기지도 않으셨고 오직 사람을 당신의 종으로 부르시고 교회에 세우시고 그를 통하여 이루신다. 그리고 사람을 올바르게 세워야 하는 이유는 교회에서 발생하는 모든 문제가 다 사람이 일으키는 것이기 때문이다. 가장 심각한 문제는 대체로 사역자가 일으킨다. 이처럼 사역자를 올바르게 세우고 성도를 온전하게 하는 일은 하나님의 의지이며 교회의 가장 중요한 사역이다. 교회의 모든 문제는 다 사람이 일으키는 것이기 때문에 사람을 올바르고 온전하게 세우면 저절로 방지된다. 모든 행위는 존재에서 나오는 것이기 때문에 사람이 좋으면 당연히 그가 하는 일도 아름답게 된다.

16경건의 비밀이 크다는 것은 모두가 동의한다 육신으로 나타나신 하나님(혹은 그분)은 영으로 의롭다 하심을 받으시고 천사들에게 보이시고 열국에서 전파되시고 세상에서 믿은 바 되시고 영광 가운데서 올려진 분이시다

바울은 교회가 순수하게 보존하고 온전하게 전달해야 할 진리의 기본적인 내용을 소개한다. 이 진리는 다른 말로 "경건의 비밀"($εὐσεβείας μυστήριον$)이다. 경건이 무엇인가? 그리스도 예수라는 하나님의 크고 놀라운 비밀을

이해함에 있다. 그래서 바울은 곳곳에서 그리스도 예수의 복음을 진리라고 한다(갈 2:5, 14; 엡 1:13; 골 1:5). 그 예수에 대해 바울은 한 줄로 요약한다. 그는 육신으로 나셨으며, 영으로 의롭다 하심을 받으셨고, 천사들이 그를 보았으며, 열국에서 전파되어 세상에서 믿은 바 되시고 결국 영광 가운데서 올라가신 분이시다. 이처럼 바울은 경건의 비밀을 예수의 성육신, 부활, 천사의 증거, 전도, 승천으로 요약한다.

"육신으로 나타나신 하나님"(θεὸς ἐφανερώθη ἐν σαρκί)은 최고의 비밀이다. 그리스도 예수는 완전한 하나님인 동시에 완전한 인간이 되신다는 사실을 밝히면서 하나님이 하나님과 동등됨을 취하지 않으시고 자신을 낮추시고 인간의 형체를 입고 오셨다는 것은 눈으로 보아도 보지 못하고 귀로 들어도 듣지 못하고 마음으로 생각해도 깨닫지 못하는, 측량이 불가능한 크기의 신비라고 고백한다. 하나님과 인간이 하나가 되는 것보다 더 경이로운 일이 어디에 있겠는가! "영으로 의롭다 하심을 받았다"(ἐδικαιώθη ἐν πνεύματι)는 것은 로마서에 기록된 것처럼 "성결의 영으로는 죽은 자들 가운데서 부활하사 능력으로 하나님의 아들로 선포"되신 것을 의미한다(롬 1:4). 죽은 자가 살아가는 부활보다 더 신비로운 것이 과연 무엇인가! 그리고 "천사들에게 보여진"(ὤφθη ἀγγέλοις) 것은 예수의 성육신과 죽음과 부활이 천사들도 보고 놀랄 정도의 경이로운 일이라는 것을 의미한다. 천사들은 전지하지 않다. 하늘에 있는 천사들도 "영원부터 만물을 창조하신 하나님 속에 감추어진 비밀의 경륜"을 알되 교회를 통하여 "하나님의 각종 지혜"를 깨닫는다(엡 3:9-10). 바울의 언급과 같은 맥락에서 베드로는 그리스도 예수의 고난과 영광 즉 죽음과 부활은 "천사들도 살펴 보기를 원하는 것"이라고 기록한다(벧전 1:12). "열국에서 전파되신"(ἐκηρύχθη ἐν ἔθνεσιν) 것은 오직 성령이 사도들과 그 제자들과 그 다음 세대에게 임하여 예루살렘, 온 유대, 사마리아, 그리고 땅끝까지 예수의 복음이 전파될 것이라는 사도행전 기록과 일치한다(행 1:8). 이것도 신비롭다. 예수께서 죽으신 이후로 거의 3백 년에 가까운 핍박의 세월 속에서도 복음의 숨통은 끊어지지 않고 2천 년이 지난 지금까지 계속해서 온 세계로 확산되고 있기 때문이다. "세상에서 믿은 바 되셨다"(ἐπιστεύθη ἐν κόσμῳ)는 것은 예수의 시대 이후로 지금까지 미천하고 연약하고 무지하고 외롭고 가난하고 소외된 사람들이 그리스도 예수를 주라 고백하며 하나님의 자녀라는 위대한 신분의 변화를 받았다는 것을 의미한다. 온 세상에서 하늘의 별처럼 많은 사람들이 믿게 되었다는 것은 설명할 수 없는 신비이며 기적이다. 그리고 "영광 가운데서 올려진"(ἀνελήμφθη ἐν δόξῃ) 분이라는 것은 하늘로 올라가 아버지 하나님의 보좌 우편에 앉아 계시다는 것을 의미한다. 세상에서 가장 초라한 마구간의 지저분한 구유에 나시고 아름다운 것도, 고운 것도, 흠모할 만한 어떠한 것도 없는 종의 형체로 오셨지만 결국 하나님의 보좌 우편에 앉히셔서 모든 이름 위에 뛰어난 이름이 되셨다는 것은 이 세상의 모든 지혜롭고 강하고 부요한 자들이 이해할 수 없는 신비임에 분명하다. 진정한 영광은 이 세상에서 주어지지 않고 위로 올라가서 하나님의 보좌 우편에서 주어지는 것임을 예수님의 승천이 증거하고 있다.

이러한 경건의 비밀을 가지지 않은 사람이 어떻게 교회의 공적인 직무를 수행할 수 있겠는가! 바울은 이러한 비밀의 소유자가 되기 이전에는 누구도 교회의 공직자로 세우지 말 것을 믿음의 아들에게 가르친다. 신중하게 세우지 않는 것이 어설프게 세우는 것보다 더 지혜롭다. 그런데 우리 모두는 이미 하나님이 세우신 세상의 사역자다. 각자의 가정에서, 직장에서, 학교에서, 다른 모든 삶의 현장에서 우리는 감독처럼 진리를 전파하고 가르쳐야 하며, 집사처럼 사랑의 구제로 고아와 과부와 나그네와 같은 가난하고 연약한 사람들을 섬기는 종의 사명에 충실해야 한다. 이를 위하여 세상의 목회자로 부르심을 받은 우리 모두는 바울이 언급한 교회 공직자의 자질들을 구비해야 한다.

딤전 4:1-7

¹그러나 성령이 밝히 말씀하시기를 후일에 어떤 사람들이 믿음에서 떠나 미혹하는 영과 귀신의 가르침을 따르리라 하셨으니 ²자기 양심이 화인을 맞아서 외식함으로 거짓말하는 자들이라 ³혼인을 금하고 어떤 음식물은 먹지 말라고 할 터이나 음식물은 하나님이 지으신 바니 믿는 자들과 진리를 아는 자들이 감사함으로 받을 것이니라 ⁴하나님께서 지으신 모든 것이 선하매 감사함으로 받으면 버릴 것이 없나니 ⁵하나님의 말씀과 기도로 거룩하여짐이라 ⁶네가 이것으로 형제를 깨우치면 그리스도 예수의 좋은 일꾼이 되어 믿음의 말씀과 네가 따르는 좋은 교훈으로 양육을 받으리라 ⁷망령되고 허탄한 신화를 버리고 경건에 이르도록 네 자신을 연단하라

❖ ❖ ❖

¹⁻²그러나 성령은 후일에 어떤 사람들이 거짓을 말하는 자들의 위선 속에서 미혹하는 영들과 마귀들의 교훈들을 따르면서 믿음에서 떠날 것이라고 밝히 말하신다 [거짓을 말하는] 그들은 자신의 양심에 화인을 맞아 ³혼인을 금지하며 음식들을 금하지만 그것들은 하나님이 창조하신 것으로서 진리를 아는 신실한 자들이 감사하며 받을 것이니라 ⁴하나님의 모든 창조물은 선하며 감사로 받아야 하는 것이며 거부할 것이 없느니라 ⁵이는 그것이 하나님의 말씀과 기도로 거룩하게 되기 때문이다 ⁶이러한 것들을 형제들에게 제공하는 너는 그리스도 예수의 선한 종이 될 것이고 믿음의 말씀과 네가 따르는 좋은 교훈으로 양육을 받으리라 ⁷망령되고 낡아빠진 신화를 버리고 경건에 이르도록 자신을 연단하라

경건의 본질

그리스도 예수라는 경건의 비밀을 소개한 이후에 바울은 그 경건에 이르는 그릇된 방법과 올바른 방법을 소개한다. 즉 결혼이나 음식의 금지라는 외형적인 의식으로 경건에 이르려는 간교한 자들의 위선을 경계하고 하나님의 말씀과 기도라는 영적인 방식으로 경건에 이르라고 가르친다. 하나님은 영이시기 때문에 그분을 경외하고 그분에게 다가가는 방식은 기도와 말씀이다. 그것으로 자신과 만물을 거룩하게 만들라고 명령한다.

1-2그러나 성령은 후일에 어떤 사람들이 거짓을 말하는 자들의 위선 속에서
미혹하는 영들과 마귀들의 교훈들을 따르면서 믿음에서 떠날 것이라고
밝히 말하신다 [거짓을 말하는] 그들은 자신의 양심에 화인을 맞아

여기에서 바울은 성령의 확실한 말씀과 미혹하는 영들의 거짓된 교훈을 대비하고 있다. 바울은 지금 자신에게 주어진 성령의 말씀은 인간이 하나

님의 원리적인 말씀 즉 구약 텍스트에 근거한 추론이나 짐작을 통해 이해한 하나님의 허용적인 뜻이 아니라 너무도 명확한(ῥητῶς) 뜻이라고 고백한다. 성령의 명확한 말씀은 사안이 대단히 위중한 것임을 나타내고 우리에게 단호하고 즉각적인 수용과 처신을 요구한다. 아주 긴급한 경우 성령은 우리 개인에게 강력하고 직접적인 교훈을 주어서 때로는 지혜롭게 처신하고 때로는 서둘러 돌이키게 한다. 여기에서 우리는 성령이 하나님의 비인격적 에너지나 능력이 아니라 인격적인 존재임을 확인한다. 성령은 말씀으로 우리를 일깨우고 가르치고 인도하고 보호한다. 거짓된 교훈에 빠지지 않도록 우리를 지켜주는 분이시다.

성령의 위중한 가르침은 무엇인가? 후일에 어떤 사람들이 믿음을 버리고 거짓된 가르침을 따르게 된다는 것 즉 배교에 대한 교훈이다. "믿음을 버린다"(ἀφίστημι τῆς πίστεως)는 것은 불신자의 행위가 아니라 신자의 행위를 의미한다. 여기에서 믿음은 그리스도 예수의 복음에 대한 믿음이다. 후일에 이러한 믿음을 신자가 버리게 된다는 것은 성령의 명확한 예언이다. 배교는 반드시 일어난다. 슬픈 예언이다. 오늘날 그리스도 예수를 주로 고백하고 믿은 사람이 그 믿음을 버리고 하나님의 존재를 미신으로 규정하고 성경의 진리를 부정하고 교회를 공격하는 모습을 종종 목격한다. 혹시 주변에 배교자가 있더라도 당황하지 말라. 이는 성령의 명확한 예언이 이루어진 결과이기 때문이다. 심지어 예수님의 제자였던 유다도 그를 따르다가 떠났다는 사실을 기억하라. 죄가 하나도 없었던 아담과 하와도 배교했다. 하나님이 보시기에 심히 좋았던 인간도, 무려 예수님의 가르침을 받은 자도 그러한데, 이미 죄악 중에 죄인으로 태어난 사람과 인간 목회자의 가르침을 받는 자는 오죽할까!

이러한 배교의 이유는 무엇인가? 배교는 "미혹하는 영들과 마귀들의 교훈들"(πνεύμασι πλάνοις καὶ διδασκαλίαις) 때문에 발생한다. 믿음을 버리는 배교의 배후에는 악한 영들의 교활한 가르침이 있다. 이는 태초부터 한 번도 변하지 않은 현상이다. 하나님의 명령을 거역한 아담과 하와의 배교도 사탄의 은밀한 속임수 때문이다. 그때에는 사탄의 거짓된 교훈이 짐승 중에서 가장 간교한 뱀의 입술에서 쏟아졌다. 이후로는 그 교훈이 "거짓을 말하는 자들의 위선에" 감추어져 있다. 마귀적인 교훈의 숙주는 인간의 "위선"(ὑπόκρισις)이다. 겉으로는 선하고 의로워 보이는데 속으로는 악하고 불의한 것이 위선이다. 이런 식으로 인간의 겉과 속은 거짓을 숭배한다. 위선의 위력은 대단하다. 안디옥 교회를 방문한 베드로는 이방인 성도들과 함께 식사를 하다가 할례를 받은 유대인이 그에게로 오자 슬그머니 그 자리를 피하였다. 겉으로는 사도의 행실을 보이지만 속으로는 유대교의 잔재가 베드로를 차지하고 있었음이 그렇게 드러났다. 이러한 베드로의 위선은 그것을 본 바나바도 미혹될 정도였다(갈 2:11-13). 거짓을 말하는 사람들은 위선자들 중에서도 으뜸이다. 입으로는 비록 선하고 의롭지만 마음만이 아니라 행위로도 불의하고 악하기 때문이다.

모든 악덕의 어머니로 불리는 이런 위선은 마귀의 거짓된 교훈이 서식하기 가장 좋은 환경이다. 위선은 주로 내면이 악한 자에게서 발견된다. 교만하고 간사하고 어둡고 이기적인 사람은 그러한 내면의 이미지를 관리하기 위해 표정과 언어와 행위와 같은 외형적인 도구를 동원하여 자신을 적당히 은폐한다. 위선자의 겉모습이 화려하고 아름답기 때문에 사람들이 그의 입에서 나오는 교훈도 진실인 것처럼 귀를 기울이며 수용한다. 이런 사람들이 늘어나면 위선도 미덕으로 둔갑한다. 위선이 합법화의 단계까지 가면 사회 전체가 위선 덩어리로 전락한다. 위선의 분량을 그렇게 확대하는 방식으로 사탄은 자신의 거짓으로 온 세상을 검게 물들이는 왕놀이를 하고 사회만이 아니라 교회도 동일한 방식으로 장악하려 한다.

문제는 교회가 거짓을 말하는 자들의 은밀한 위선을 읽어내지 못한다는 사실이다. 혹여 알더라도 그 안에 더 은밀하게 숨은 사탄의 속임수와 미혹이 있다는 점은 모른다는 사실이다. 위선도 간파하고 그 안에 감추어진 마귀의 거짓된 교훈도 분별하는 지혜가 필요하다. 위선은 일반 사람들의 눈에 쉽게 발각되지 않아서 더 위험하다. 지혜가 없으면 그 위선의 희생물이 된다. 하나님도 부인하고 신앙도 버리면서 마귀를 추종하게 된다. 믿음을 가졌다가 버린 사람들의 저항은 하나님을 늘 대적하던 사람의 저항보다 더 집요하다. 배교자들 중에 교회에서 상처를 받고 성도의 위선을 경험하고 그들과 격렬하게 다툰 이력이 있는 사람들은 교회의 처참한 해체를 마치 사명으로 생각한다. 그들은 세상 사람에게 상식과 교양을 갖춘 지성인의 포용과 관용의 모습을 보이면서 교회에서 당한 상처에 대한 과거의 분노와 복수심을 아주 거친 언어로 게워낸다.

성도를 미혹하여 믿음을 버리게 만드는 자들은 누구인가? "자신의 양심에 화인을 맞은" 자들이다. "화인을 맞는다"(καυτηριάζω)는 동사는 성경에서 여기에만 사용된다. 의미는 양심의 신경이 아주 심하게 손상되어 감각력과 분별력과 판단력을 잃어버린 불구의 상태를 의미한다. "양심"(συνείδησις)은 무엇인가? 어원에 따르면, 양심은 "함께"(σύν)와 "알다"(οἶδα)라는 두 단어의 조합이다. 즉 하나님과 내가 함께 알고 출입하고 만나고 교통하는 마음의 영역을 의미한다. 그러한 양심에 화인이 찍혔다는 것은 양심의 정상적인 기능이 마비되어 주님과의 모든 교통이 차단되어 있고 당연히 분별력은 바닥을 치는 상태를 의미한다. 그래서 바울은 다른 곳에서 이런 자들에 대해 말하기를 어두워진 총명과 무지함과 마음의 굳어짐 때문에 "하나님의 생명에서" 떠난 자라고 설명한다(엡 4:18). 영적으로 마비된 사람은 외적인 것에 치우치고 그것으로 영적인 결핍을 채우려고 한다.

³혼인을 금지하며 음식들을 금하지만 그것들은 하나님이 창조하신 것으로서 진리를 아는 신실한 자들이 감사하며 받을 것이니라

바울은 양심에 화인 맞은 자들이 신자를 미혹하기 위해 내세우는 두 가지의 거짓말을 언급한다. 첫째, 결혼을 금지한다. 둘째, 음식들을 금지한다. 결혼하지 않고 어떤 음식물을 금한다고 해서 불의한 자가 의롭게 되고 악한 자가 선하게 되는 것은 아닌데도 그들은 그렇게 금욕의 외형적인 경건을 추구하고 그런 종류의 경건을 다른 이에게도 권하며 부추긴다. 결혼하지 않는 자는 결혼하는 자보다 과연 더 경건하고 더 의로운가? 그렇다고 주장하는 사람들의 근거는 예수님의 말씀과 바울의 생각이다. 먼저 예수님의 말씀이다. "부활 때에는 장가도 아니 가고 시집도 아니 가고 하늘에 있는 천사들과 같으니라"(마 22:30). 이 말씀에 의하면 부활의 때에는 천사들과 같이 되고 장가와 시집이 없는 보다 거룩하고 경건한 상태에 도달할 것인데 그것을 앞당기기 위해서는 결혼을 거부해야 한다는 주장이다.

다음은 바울의 생각이다. "내 생각에는 이것이 좋으니 곧 임박한 환난으로 말미암아 사람이 그냥 지내는 것이 좋으니라"(고전 7:26). 이는 결혼하지 않은 여인들과 과부들에 대한 사도의 조언이다. 바울 자신도 독신이다. 그러나 바울이 이렇게 결혼하지 않고 혼자 지내는 것이 더 좋다고 말한 이유는 육신의 고난 때문이다. 실제로 육신의 고난은 결혼을 하고 단란한 가정의 행복을 추구하기 위해 지불해야 하는 막대한 비용이다. 스트레스 지수나 폭력의 비율을 보더라도 기혼자 여성의 삶이 미혼자 여성의 삶보다 더 고단하다. 하지만 이 고난을 피하기 위해 결혼하지 않으면 과연 경건의 증진이 생기는가? 그렇지가 않다. 경건은 하나님과 나의 관계이며 그 관계의 온도와 간격이기 때문에 결혼의 여부와는 무관하다. 하나님과 나의 관계에 유일한 변수는 죄이기 때문이다. 그런데 바울은 분명히 말하기를 "장가 가도 죄 짓는 것이 아니요 처녀가 시집 가도 죄 짓는 것이 아니"라고 했다(고전 7:28). 다만 육신의 안락과 하나님을 더 기쁘시게 하는 일에 더 집중하기 위해서는 결혼하는 것보다 결혼하지 않을 것을 추천한다. "결혼하는 자도 잘 하거니와 결혼하지 아니하는 자는 더 잘하는 것이니라"(고전 7:38).

로마 가톨릭의 사제는 독신을 고집한다. 그 이유는 투명한 삶, 이권에 치우치지 않음, 친인척 비리나 사리사욕 근절에 유익하기 때문이다. 보다 근본적인 이유는 "천국을 위하여 스스로 된 고자"라는 예수님의 말씀이다(마 19:12). 여기에서 스스로 고자가 된 것은 제도의 강요에 의한 것이 아니라 주의 나라를 보다 잘 섬기기 위한 헌신의 자발적인 결단이다. 하지만 독신을 사제의 절대적 조건으로 삼는 엄격하고 배타적인 제도화는 재고해야 한다. 독신이 아니어도 얼마든지 하나님의 나라를 섬길 수 있기 때문이다. 바울은 "다른 사도들과 주의 형제들과 게바"가 "믿음의 자매 된 아내를 데리고" 다니는 권리를 행사하고 있다고 언급했다(고전 9:5). 그리고 감독이나 집사를 선출할 때에도 그 후보자는 "한 아내의 남편"이어야 한다고 강조했다(딤전 3:2, 12). 사도인 베드로도 결혼했고 집사도 결혼했다. 그러므로 성경에 충실하기 위해서는 성직자가 하나님의 나라를 위해 결혼하지 않아도 되고 결혼해도 된다는 결론에 도달한다. 어떤 조항이든 과도하면 예기치 않은 부작용이 발생한다. 결혼의 여부는 성직을 수행할 정도의 합당한 경건에 변수로 작용하지 않는다는 성경의 가르침을 교회는 존중해야 한다.

로마 가톨릭의 수도사 루터는 독신이 사제의 서품에 필수라는 제도가 성경의 가르침에 합당하지 않다는 이유로 카타리나 수녀와 결혼했고 6명의 자녀를 출산했다. 이로써 루터는 성 관계를 악하고 더러운 것으로 여기는 중세의 성 관념, 결혼하지 않은 성직자를 거룩한 사람으로 여기고, 결혼하여 자녀를 낳는 평신도는 세속적인 사람으로 분류하는 중세의 결혼관, 독신의 서약 자체를 무슨 대단한 선행으로 포장하는 로마교회 사제관의 문제점을 꼬집었다. 결혼과 독신이 경건을 좌우하지 않는다는 사실을 그는 삶으로 입증했다. 로마 가톨릭의 엄격한 독신제도 문제지만 결혼하지 않으면 목회자가 될 수 없다고 주장하는 개신교의 혼인제도 문제의 심각성도 그와 유사하다. 만약 이러한 규정을 1세기에 적용하면 바울과 바나바와 디모데를 비롯한 독신들의 목회적 활동들은 모두 불법으로 간주된다. 하나님의 나라를 위해 스스로 독신을 선택하고 자신의 몸을 주님께만 산 제물로 드리는 자들의 열정적인 섬김을 차단해야 한다는 근거는 성경 어디에도 없다.

음식을 금지하는 것도 경건과는 무관하다. "음식은 우리를 하나님 앞에 내세우지 못하나니 우리가 먹지 않는다고 해서 더 못사는 것도 아니고 먹는다고 해서 더 잘사는 것도 아니니라"(고전 8:8). 이 구절은 바울이 우상에게 바쳐진 고기라고 할지라도 "우상은 세상에 아무것도 아니"(고전 8:4)기 때문에 고기도 그 자체로는 부정한 것이 아니라는 가르침 속에서 한 언급이다. 이것은 유대인의 귀에는 대단히 도발적인 주장이다. 이는 그들이 신뢰하는 모세의 율법에 언급된 음식의 규례 때문이다. 그 규례는 정결한 동물과 부정한 동물을 구분한다. 굽이 갈라지고 굽의 틈이 벌어져 있으며 새김질을 하는 동물은 정결하다. 지느러미 및 비늘이 있는 물고기도 정결하다. 날개가 있어서 날고 다리가 있어서 뛰는 메뚜기, 방아깨비, 누리, 귀뚜라미 등은 정결하다. 그 외의 새들과 짐승들과 곤충들과 물고기는 부정한 것으로 간주되어 음식의 목록에서 배제된다. 바울의 주장은 이러한 율법의 명백한 규정을 반박한다. 그래서 유대인은 바울이 상당히 괘씸하고 불쾌하다.

그러나 정결한 동물과 부정한 동물의 구분은 예수님의 말씀에 의해 종료된다. 베드로가 "속되고 깨끗하지 아니한 것을 내가 결코 먹지" 않겠다고 하자 주님은 "하나님이 깨끗하게 하신 것을 네가 속되다 하지 말라"(행 11:9)는 말씀으로 음식의 규정을 바꾸셨다. 동일한 사건이 이 사도에게 세번이나 일어났다. 이 규정의 폐지는 예루살렘 공의회의 결론에서 다시 확인된다. 이방인을 수용함에 있어서 모세의 율법을 어떻게 적용할 것인지를 논하는 모임에서 사도들은 "우상의 더러운 것과 음행과 목매어 죽인 것과 피를 멀리하는 것" 외에 음식의 규정을 요구하는 것에 대해서는 침묵하고 있다. 그럼에도 불구하고 기독교의 역사에 등장한 카타리, 몬타누스, 마니키안 같은 분파들은 결혼과 육식에 대한 극도의 혐오감을 드러냈다. 예수의 길을 예비한 요한이 메뚜기와 석청만 먹은 것처럼 다시 오실 예수의 길을 예비하는 우리도 메뚜기와 석청만 먹어야 한다고 주장하는 사람들도 있다. 이처럼 물질적인 혹은 물리적인 방식으로 하나님을 경외할 수 있고 경건에 이를 수 있다는 사고는 마치 하나님을 물질처럼 여기는 불경건의 발로라고 칼뱅은 올바르게 비판했다. 물질에 대한 의식으로 영이신 하나님을 섬기거나 경배할 수 있다는 발상 자체가 아주 심각한 영적 위선이다.

사실 정결한 동물과 부정한 동물의 구분은 율법을 통해 주어졌다. 예수님이 승천하신 이후에는 그 구분이 사라졌다. 그것은 계시의 역사 속에서 임시적인 구분일 뿐이기 때문이다. 율법 이전에는 그런 구분이 없었으며 비록 율법의 시대부터 그리스도 예수의 승천까지 그 구분이 잠시 있었으나 그의 승천과 함께 그 구분의 계시적인 역할이 끝난 이후에는 다시 사라졌기 때문이다. 율법에 의한 음식의 구분 이전에 주어진 하나님의 말씀이다. "모든 산 동물은 너희의 먹을 것이 될지라 채소 같이 내가 이것을 다 너희에게 주노라"(창 9:3). 원래 모든 생물은 하나님에 의해 인간에게 주어진 합법적인 음식이다. 지금 특정한 음식을 금지하는 것이 경건에 유익할 것이라는 주장은 구약이나 신약 어디에 비추어 봐도 궤변이다.

결혼과 음식은 하나님이 창조하신 것이기에 금지의 대상이 아니라 진리를 아는 신실한 자들이 감사한 마음으로 받아야 하는 것이라고 바울은 주장한다. 믿음의 사람들은 진리를 알기 때문에 결혼과 진리에 대한 거짓을 분별한다. 진리를 알면 모든 거짓의 올무에서 자유롭게 된다. 믿음의 사람들이 보기에 결혼과 음식은 감사의 대상이다. 먼저 결혼은 무엇인가? 하나님의 은혜로 말미암아 주어지는 선물이다. "아내를 얻는 자는 복을 얻고 여호와께 은총을 받는 자니라"(잠 18:22). 결혼은 하나님이 태초에 제정하신 제도로서 모든 공동체의 모판이다. 그래서 결혼은 금지할 것이 아니라 귀하게 여겨야 할 인생의 중차대한 사건이다. "모든 사람은 결혼을 귀히 여기고 침소를 더럽히지 않게 하라"(히 13:4). 결혼을 감사의 이유가 아니라 불결하고 악한 것이라고 비판하며 금지하는 모든 사람들은 그렇게 함으로써 그 제도를 만드시고 없애지 말라고 명하신 하나님의 권위를 멸시한다.

음식에 대해서도 우리는 금지할 것이 아니라 감사해야 한다. 음식은 스스로 존재하지 않는 인간이 오직 하나님을 의지해야 한다는 의존성의 은유이다. 음식은 생존의 필수적인 조건이다. 하나님은 "산에 풀이 자라게 하시며 들짐승과 우는 까마귀 새끼에게 먹을 것을 주시는" 분이시다(시 147:8-9). 동일한 하나님은 식물과 동물만이 아니라 우리도 입히시고 먹이신다(행 17:25). 그래서 전도자는 고백한다. "사람마다 먹고 마시는 것과 수고하며 낙을 누리는 그것이 하나님의 선물인 줄도 또한 알았도다"(전 3:13). 우리로 살게 만드는 어떠한 종류의 음식도 하나님이 베푸시지 않으면 우리에게 주어질 수 없기 때문에 하나님께 감사를 드림은 너무도 마땅하다. 그래서 범사에 감사를 드리는 것은 선택이 아니라 명령이다. 음식은 이렇게 우리로 하여금 하나님께 감사를 드리며 인격적인 교류를 나누게 만드는 섭리의 기초적인 수단이다.

여기에서 주의해야 할 한 가지는 결혼을 해도 되고 안 해도 되며 음식을 먹어도 되고 먹지 않아도 되지만 그것이 하나님을 경외하는 것과 관계되면 영적인 문제가 된다는 사실이다. 아담과 하와는 동산의 중앙에 있는 선악과를 따먹었다. 과일 자체를 따먹은 것이 아니라 그 과일에 결부되어 있는 하나님의 명령을 위반했다. 결혼과 음식에도 만약 잘못된 종교성을 부여하면 믿음에서 떠나는 심각한 결과까지 초래된다. 우리가 결혼과 음식을 비롯한 모든 일과 모든 만물을 대할 때 다음과 같은 바울의 교훈을 명심하면 믿음을 버리지 않고 오히려 믿음에서 성장한다. "너희가 먹든지 마시든지 무엇을 하든지 다 하나님의 영광을 위하여 하라"(고전 10:31). 음식이나 행위의 종류가 아니라 그 음식과 행위의 목적이 어떤 것이냐가 진실로 중요하다.

⁴하나님의 모든 창조물은 선하며 감사로 받아야 하는 것이며 거부할 것이 없느니라

바울은 음식의 문제에서 "모든 창조물"로 논지를 확대한다. 하나님이 창조하신 모든 것들은 어떠한 것도 나쁘거나 악하거나 부정하지 않고 오히려 하나님이 보시기에 "좋은"(טוֹב) 것들이다. 어떠한 것이 악하다면 그것은 악한 인간이 악의 도구로 사용했기 때문이다. 그러나 하나님이 쓰시면 심지어 악한 것조차도 선으로 바뀌거나 선의 수단으로 간주된다. 하나님 앞에서 만물의 본래적인 용도는 무엇인가? 하나님이 지으신 모든 피조물은 보이지 않는 하나님의 영원한 신성과 능력을 보여주는 매개체다. 이러한 기능에서 배제되는 피조물은 없다. 그래서 하나님의 뜻대로 부르심을 받아 그분을 사랑하는 자에게는 모든 것들이 협력하여 선을 이룬다고 바울은 선언한다(롬 8:28). 하나님의 신성과 능력을 드러내어 우리로 하여금 그 아들의 형상을 온전히 본받는 일에 기여하지 않는 피조물은 없다. 온 우주는 하나님의 영광이 드러나는 무대이며 각 피조물은 인간을 그의 형상으로 빚는 일에 유익한 예술가의 조각칼과 같다. 이 세상에 감사한 마음으로 받지 않고 거부할 무엇이 있겠는가!

⁵이는 그것이 하나님의 말씀과 기도로 거룩하게 되기 때문이다

바울은 모든 피조물이 "하나님의 말씀과 기도로 거룩하게 된다"고 가르친다. 사실 아담의 타락으로 말미암아 모든 피조물은 저주를 받았으며 썩어짐의 종이 되어 지금까지 허무한 것에 굴복하고 있다(롬 8:20-21). 결코 거룩하지 않다. 그래서 "이 세상이나 세상에 있는 것들"을 사랑하면 하나님의 사랑에서 멀어지고 불결하게 된다(요일 2:15). 이러한 일은 인간이 말씀에서 떠나고 말씀을 버렸기 때문에 발생했다. "말씀"(λόγος)은 모든 만물과 역사에 대하여 하나님이 정하신 질서이며 규칙이다. 눈에 보이는 모든 피조물은 보이지 않는 하나님의 말씀으로 말미암아 지어졌다(히 11:3). 말씀에 의해 지어졌을 뿐만 아니라 말씀으로 말미암아 유지되고(히 1:3) 말씀을 위하여 지어졌다(골 1:16). 말씀은 만물의 근원이며 토대인 동시에 만물의 목적이다. 인간의 죄 때문에 하나님의 질서를 이탈하게 되어 허무한 것에 굴복하고 있는 모든 피조물은 오직 말씀으로 말미암아 본래의 궤도로 돌아온다. 즉 거룩하게 된다. 바울은 그것을 깨달았다. 말씀이 육신이 되어 우리 가운데에 오신 예수로 말미암아 모든 피조물은 본래의 기능과 목적을 회복하고 거룩하게 된다. 예수로 말미암아 하나님의 아들들이 나타나고 만물은 그 아들들이 가진 영광의 자유에 도달하게 된다.

만물이 "기도"(ἔντευξις)로 거룩하게 된다는 말의 의미는 무엇인가? 여기에서 "기도"는 2장 1절에 나오는 기도의 한 종류로서 "도고"를 의미한다. 즉 둘 사이에 끼어드는 중재를 의미한다. 이 도고의 주체는 인간이다. 인간은 원래 하나님과 모든 피조물 사이에서 모든 피조물을 정복하고 잘 다스리며 하나님의 영광을 나타내는 중재의 사명을 가진 존재였다. 그런 중재의 사명은 죄와 타락으로 말미암아 실패했다. 그런데 말씀이신 예수로 말미암아 인간은 다시 중재의 직분을 회복했다. 모든 피조물이 하나님의 영원한 신성과 영광을 나타내는 본래의 기능과 목적을 회복하는 중재의 영광스런 책임이 다시 주어졌다. 인간은 이 중재의 사명을 수행해야 한다. 이것이 기도로 말미암아 만물이 거룩하게 된다는 말의 의미이다. "거룩하게 된다"는 말은 피조물의 물리적인 성질이 바뀌거나 오물이나 찌든 때를 제거하는 세척의 결과가 아니라 하나님이 본래 의도하신 그것의 고유한 기능과 목적의 회복을 의미한다.

나아가 "기도"는 모든 만물의 저자이고 주인이신 인격적인 하나님을 인정하는 경건한 행동이다. 만물의 주인과 목적 되시는 하나님을 배제하고 만물을 취하는 것은 하나님이 아닌 세상과 세상에 있는 것들에 대한 사랑으로 간주된다. 나에게 있는 모든 것은 저절로 소유된 것이 아니라 전부 하나님에 의해 주어진 것들이다. 그래서 우리는 "도고"의 방식으로 피조물을 매개물로 삼아 하나님께 나아가고 그분께 감사하며 모든 피조물을 우리에 대한 신적인 사랑의 도구로서 수용한다. 이처럼 말씀과 기도는 경건의 본질이다. 결혼을 금지하고 음식을 금하는 자가 아니라 하나님의 말씀을 사랑하고 늘 기도에 힘쓰는 자가 경건한 사람이다. 기도와 말씀에 전념할 것이라고 한 사도들은 이러한 경건의 모델이다. 결혼과 음식의 금지로 경건에 이르고자 하는 자들은 신자들을 미혹하여 경건의 본질을 버리고 믿음에서 떠나게 만드는 위선의 원흉이다. 세례를 받고 성찬에 참여하고 교회의 모든 공적인 예배와 모임에 출석하는 것이 마치 경건의 근거인 것처럼 여기는 사람들은 진정한 경건의 본질에 무지하며 은근히 배척한다.

> 6이러한 것들을 형제들에게 제공하는 너는 그리스도 예수의 선한 종이
> 될 것이고 믿음의 말씀과 네가 따르는 좋은 교훈으로 양육을 받으리라

경건의 본질을 가르친 바울은 믿음의 아들 디모데가 "그리스도 예수의 선한 종"이 되기를 소원한다. "그리스도 예수의 선한 종"(καλὸς ἔαη διάκονος Χριστοῦ Ἰησοῦ)이라는 평가는 목사에게 최고의 보상이다. 바울은 지금 믿음의 아들에게 마땅히 추구해야 하는 목사의 영광을 가르치고 있다. 이것은 돈이나 집이나 차나 다른 명예와는 결코 비교할 수 없이 큰 영광이다. 칼뱅은 이 영광 외에 다른 어떠한 것도 추구하지 않도록 목사는 치열하게 자신과 싸워야 한다고 가르친다. 목사는 사역의 목표가 건강해야 경건하게 된다. 주의 선한 종 되기를 추구하지 않고 다른 영광을 추구하면 필히 변질된다. 주님의 선한 종이 되기 위해서는 말씀과 기도에 뿌리를 둔 경건으로 형

제들을 가르쳐야 한다. 하나님의 말씀을 교회에 제공하고 모든 일과 모든 피조물에 대해 하나님께 감사의 기도를 드리며 구별하는 사람이 참된 목회자다. "선하고 충성된 종"이라는 주님의 칭찬은 교회의 규모를 키우고 화려한 예배당을 짓고 막강한 통솔력을 보이는 목사가 아니라 하나님의 말씀을 바르게 전파하고 감사의 기도에 전념하는 목사에게 주어진다. 말씀과 기도는 하나님의 부르심에 부합한 목사의 사역이다.

놀랍게도 말씀과 기도로 교회를 잘 섬기는 목회자는 "믿음의 말씀과 좋은 교훈"으로 윤택하게 될 것이라고 바울은 단언한다. "믿음의 말씀"은 복음을 가리키고, "좋은 교훈"($\delta\iota\delta\alpha\sigma\kappa\alpha\lambda\iota\alpha$)은 그 복음에 담긴 교리를 의미한다. 목회자는 섬기는 사람이기 때문에 오직 섬김으로 인해 복의 수혜자가 된다. 더욱 잘 섬기고자 하면 더 풍성한 지혜와 지식과 총명과 재능이 주어진다. 복음의 진리에 대한 이해는 더욱 깊어진다. 하나님의 섭리는 진실로 오묘하다. 내가 경건하게 되고자 하면 그냥 노력한 만큼 경건하게 된다. 그러나 다른 사람들을 경건하게 하기 위해 그들에게 말씀과 기도를 제공하려 하면 나 자신을 위하여 노력한 것보다 더 큰 경건의 은총이 주어진다. 타인에게 주고자 하면 가장 좋은 것이 주어지고, 내가 가지고자 하면 그것보다 못한 것이 주어진다. 사실 내 밥상을 차릴 때에는 대충 준비하고 손님의 밥상을 차릴 때에는 갑절의 정성을 쏟아붓고 가장 좋은 음식을 꺼내는 것처럼 내가 알고자 하는 것이 아니라 타인에게 나누고자 말씀을 연구하면 더 깊은 의미의 세계로 들어가게 된다. 이처럼 주는 자가 받는 자보다 복되다는 원칙은 모든 곳에서 존재감을 드러낸다.

7망령되고 낡아빠진 신화를 버리고 경건에 이르도록 자신을 연단하라

바울은 위선자의 거짓을 버리고 "경건"($\epsilon\dot{\upsilon}\sigma\acute{\epsilon}\beta\epsilon\iota\alpha$)에 이르는 훈련을 촉구

한다. "망령되고 낡아빠진 신화"는 결혼을 금지하고 음식을 금하는 방식으로 하나님을 경외하는 경건에 이를 수 있다는 위선적인 교훈을 가리킨다. 오늘날 교회에서 우리가 버려야 할, 경건에 역행하고 믿음을 버리게 만드는 망령되고 낡아빠진 신화들은 무엇인가? 목회자, 장로, 권사, 안수집사 등이 안수를 받을 때에 책정된 안수의 비용을 지불하는 것은 마치 성직매매 같은 망령된 관행이다. 목사에게 잘 보이고 대접하면 하늘의 복을 더 많이 받는다는 관념도 조상신을 섬기는 미신과 동일하다. 물론 말씀을 잘 가르치는 목사에게 갑절의 존경을 표하는 것은 합당하다. 그러나 그것을 축복의 조건으로 여긴다면 우상을 숭배하는 것에 준하는 미신이다. 땅을 밟으면서 기도하면 하늘의 빠르고 확실한 응답이 발로 밟은 모든 부동산에 폭우처럼 쏟아질 것이라는 기대도 미신이다. 자신이나 타인을 아프게 때리면서 기도하면 귀신도 떠나가고 병마도 물러날 것이라는 생각도 미신이며 자해와 학대에 불과하다. 아멘을 크게 자주 외치면 복을 받는다는 말도 미신이다. 이는 모두 교회의 경건을 병들게 만드는 것들이다.

"경건"은 말씀과 기도로 모든 피조물을 구별하여 하나님께 감사와 영광을 돌리는 발판으로 삼고 하나님께 나아가는 인생 전체의 혁신을 의미한다. 문제는 그러한 경건에 이르기가 쉽지 않다는 사실이다. 그래서 바울은 자신을 연단해야 한다(γύμναζε)고 강조한다. 인간은 거짓과 부패에 있어서 다른 모든 피조물의 상태보다 훨씬 더 심각하다(렘 17:9). 거짓과 부패의 촉수가 존재의 뼛속까지 파고들어 있다. 그래서 인간은 좀처럼 변하지 않고 대단히 완고하다. 인간의 완고함에 대한 성경의 평가는 냉혹하다. "완고한 것은 사신 우상에게 절하는 죄와 같으니라"(삼상 15:23). 실제로 이단에 빠지거나 우상을 숭배하는 사람들을 보면 대단히 완고하다. 이단의 거짓을 진리로 명확하게 입증해도 결코 돌이킴이 없다. 이처럼 믿음을 가진 이후에도 여전히 사람은 완고하다. 우상숭배 행위와 동급인 이 완고함이 변하여 경건하게 되려면 당연히 치열하고 장구한 훈련의 시간과 각고의 인내가 필요하다. 죄의 치명적인 독소를 뽑아내는 것은 주님의 은혜에 의해서만 가능하다. 그 은혜를 힘입어 피가 흐를 정도로 치열하게 죄와 전투해야 한다(히 12:4). 때로는 손을 잘라내고 때로는 눈을 뽑아내야 한다(막 9:43-47). 이런 불행하고 무서운 일들이 우리의 인생에 예기치 않게 발생하는 것은 경건에 이르는 훈련의 양상일 가능성이 높다. 신앙적인 관점에서 보면, 그 일들은 우리를 미신에서 경건으로, 거짓에서 진리로, 악에서 선으로, 어둠에서 빛으로, 불의에서 정의로 돌이키게 만드는 아픈 비용이다.

딤전 4:8-16

8육체의 연단은 약간의 유익이 있으나 경건은 범사에 유익하니 금생과 내생에 약속이 있느니라 9미쁘다 이 말이여 모든 사람들이 받을 만하도다 10이를 위하여 우리가 수고하고 힘쓰는 것은 우리 소망을 살아 계신 하나님께 둠이니 곧 모든 사람 특히 믿는 자들의 구주시라 11너는 이것들을 명하고 가르치라 12누구든지 네 연소함을 업신여기지 못하게 하고 오직 말과 행실과 사랑과 믿음과 정절에 있어서 믿는 자에게 본이 되어 13내가 이를 때까지 읽는 것과 권하는 것과 가르치는 것에 전념하라 14네 속에 있는 은사 곧 장로의 회에서 안수 받을 때에 예언을 통하여 받은 것을 가볍게 여기지 말며 15이 모든 일에 전심 전력하여 너의 성숙함을 모든 사람에게 나타나게 하라 16네가 네 자신과 가르침을 살펴 이 일을 계속하라 이것을 행함으로 네 자신과 네게 듣는 자를 구원하리라

❖ ❖ ❖

8왜냐하면 육체의 연단은 조금 유익하나 금생과 내생의 약속을 가진 경건은 범사에 유익하기 때문이다 9이 가르침은 신뢰할 만하며 전적인 수용이 합당하다 10이를 위하여 우리가 수고하며 비방을 받는 것은 모든 사람 특히 믿는 자들의 구주이신 살아계신 하나님을 우리가 소망하기 때문이다 11너는 이것들을 명하고 가르치라 12누구도 너의 연소함을 무시하지 못하게 하고 오히려 너는 말에 있어서, 행실에 있어서, 사랑에 있어서, 믿음에 있어서, 정절에 있어서 믿는 자들의 본이 되어라 13내가 이를 때까지 읽기와 권면과 가르침에 전념하라 14장로회의 안수와 함께 예언을 통하여 너에게 주어져 네 속에 있는 은사를 대수롭게 여기지 말고 15이것들을 숙고하고 그것들 안에 머물러서 너의 진보를 모든 사람에게 나타나게 하라 16네 자신과 가르침에 유의하고 그 일을 지속하라 이것을 함으로써 너는 네 자신과 너에게 듣는 자들을 구원할 것이니라

11   경건의 모델

바울은 경건의 유익에 대해 설명하며 경건에 이르는 구체적인 방법을 믿음
의 아들에게 제시한다. 말과 행실과 사랑과 믿음과 정절에 있어서 본이 될
정도로 성숙해야 하고 읽기와 권면과 가르침에 전념해야 한다. 특별히 목
회자로 부름을 받을 때에 주님께서 베푸신 은사와 재능을 소중하게 여기며
주어진 것에 안주하지 않고 깊이 숙고하며 모든 사람이 보기에도 성숙이
진행되고 있음을 나타내야 한다고 강조한다. 이런 경건의 훈련은 디모데 자
신만이 아니라 그에게서 듣고 배우는 모든 성도의 구원에 유익하다.

⁸왜냐하면 육체의 연단은 조금 유익하나
금생과 내생의 약속을 가진 경건은 범사에 유익하기 때문이다

경건에 이르기를 힘쓰라고 말한 바울은 경건의 연단을 통해 얻는 유익
이 얼마나 큰 것인지를 설명하기 위해 육체적인 연단의 유익과 대비한다.

"육체의 연단"(σωματικὴ γυμνασία)은 무엇인가? 몸으로 하는 운동과 기술의 연마 등을 의미한다. 이 연단이 주는 유익은 결코 사소하지 않다. 운동은 건강에 유익하고 기술은 전문성을 기르고 생계를 유지하고 안락한 삶을 영위하는 일에 유익하기 때문이다. 일반인이 보기에 육체의 연단이 주는 유익의 크기는 건강과 삶의 풍요를 약속할 정도로 막대하다. 그런데도 바울은 육체적 연단의 유익이 "조금"(ὀλίγος)일 뿐이라고 한다. "조금"이라는 말은 대체로 수량, 분량, 정도의 적음이나 시간의 짧음을 의미한다. 본문에서 "조금"은 유익의 적음을 뜻하기도 하지만 보다 강조되는 의미는 바울이 경건의 유익으로 금생과 내생의 약속을 언급하고 있기 때문에 유익의 "짧음"이다(같은 용법에 대해 행 26:28과 엡 3:3을 참조). 그래서 "프로스 올리곤"(πρὸς ὀλίγον)은 "한동안, 혹은 잠시만"으로 번역된다.

육체의 연단은 결코 무익하지 않다. 그러나 그 유익의 기한은 금생이다. 무덤에 들어가기 전까지만 유효하다. 그러니 날고 뛰는 어떠한 육체의 연단도 내생에는 전혀 유익하지 않다. 그런데 경건은 어떠한가? "조금"만 유익하지 않고 "전부"(πρὸς πάντα) 유익하다. 우리의 인생에 그렇게도 유익한 육체의 연단보다 훨씬 더 유익하다. 경건은 일시적인 유익이 아니라 영원한 유익이기 때문이다. 왜 그러한가? 경건은 금생과 내생(ζωῆς τῆς νῦν καὶ τῆς μελλούσης)의 약속을 모두 가지고 있기 때문이다. 경건이 주는 금생과 내생의 약속은 무엇인가? 이에 대하여 바울은 침묵한다. 나는 바울이 3장 16절에서 밝힌 "경건의 비밀"이신 그리스도 예수의 약속과 관계되어 있다고 추정한다. 예수님의 약속은 무엇인가? "내가 진실로 너희에게 이르노니 하나님의 나라를 위하여 집이나 아내나 형제나 부모나 자녀를 버린 자는 현세에 여러 배를 받고 내세에 영생을 받지 못할 자가 없느니라"(눅 18:29-30). 여기에서 예수님은 하나님의 나라와 의를 다른 무엇보다 먼저 구하는 자에게는 영원한 생명을 받아 내생의 유익을 취하는 동시에 이 땅에서도 희생의 "여러 배"(πολλαπλασίονα)를 되돌려 받는다고 말씀한다.

다른 곳에서는 하나님의 나라와 의를 먼저 구하면 먹을 것과 입을 것과 마실 것은 "추가로 주어지는 것"(προστεθήσεται)이라고 말씀한다(마 6:33). 욥의 사례가 여기에 해당된다. 욥은 자신의 전부를 다 잃었으나 하나님께 원망하지 않고 오히려 그의 이름을 찬양했다. 그리고 자신의 무지와 하나님의 무한한 위엄을 깨닫는 보다 깊은 경건의 회복 이후에 주님은 그에게 본래의 복에 "추가로 더 베푸셨기"(יֹסֶף) 때문이다(욥 42:10). 경건한 자에게는 물질적인 복만이 아니라 영적인 복도 주어진다. 특별히 하나님은 자신을 위하여 섬기도록 경건한 자들을 택하신다(시 4:3). 창조자의 일을 섬기는 것은 피조물이 누리는 최고의 영광이다. 섬기게 하실 때에 그에게 필요한 능력도 베푸신다. 특별히 말씀에 대한 깨달음과 그것에 의한 분별력 즉 "주의 우림과 둠밈"을 베푸신다(신 33:8). 그리고 경건한 자가 시험을 당할 때에는 그를 건지신다(벧후 2:9). 이는 모두 금생에 대한 약속이다.

예수님은 금생의 약속만이 아니라 내생의 약속도 주셨는데 그것은 앞에서 언급한 것처럼 영원한 생명이다. 영원한 생명은 모든 사람들이 갈망하는 유익이다. 그러나 경건한 자에게만 주어지는 다소 배타적인 유익이다. 불경건한 자에게는 오히려 하나님의 진노가 부과된다(롬1:18). 영원한 생명의 유익은 이 땅에서 그 무엇을 비용으로 지불해도 얻을 수 없는 하늘의 선물이다. 이 세상에서 인간의 기준을 따라 착하고 정직하고 너그럽게 산다고 해서 주어지는 것이 아니라 경건의 놀라운 비밀로서 그리스도 예수의 죽음과 부활에 대한 믿음에 의해서만 주어지는 유익이다. 영원한 생명은 생명과 진리와 빛과 기쁨과 행복과 만족과 영광의 근원이신 하나님과 영원히 함께 사는 것이기 때문에 영원한 기쁨이며 영원한 행복이며 영원한 만족이며 영원한 영광을 의미한다. 영원한 생명은 죽음과 거짓과 어둠과 슬픔과 불행과 불만과 수치의 영원한 없음이다. 이는 세상의 어떠한 유익과도 비교할 수 없는 완전한 유익이다.

9이 가르침은 신뢰할 만하며 전적인 수용이 합당하다

경건에 대한 바울의 이 가르침은 디모데와 같은 목회자만 경청하고 따를 것이 아니라 모든 사람이 신뢰하고 전적으로 수용해야 하는 내용이다. 세상에서 전적인 수용이 합당한 학문은 보편성과 항구성과 공통성을 구비해야 한다. 이는 모든 사람들이 붙들어야 하는 신앙의 요건을 제시한 5세기의 수도사 빈센트(Vincent of Lerins)의 경구에 의존한다. "어디에도 있는 것, 항상 있는 것, 모두에 의한 것"(Quod ubique, quod semper, quod ab omnibus). 그러나 과연 특정한 곳에 제한되지 않고 모든 곳에서도 옳은 보편성과, 어제나 오늘이나 영원토록 변하지 않고 존재하는 항구성과, 누구에 의해서도 동의해도 좋을 공통성을 구비한 진리가 어디에 있겠는가? 그런데 바울은 경건의 비밀과 유익에 대한 가르침이 모든 사람에게 "전적인 수용"(πάσης ἀποδοχῆς)이 합당할 정도로 온전한 보편성과 항구성과 공통성을 가졌다고 주장한다. 이 가르침을 수용하고 있는 바울은 디모데와 교회를 향해서도 전적인 수용을 권고하고 있다. 이는 이 경건의 가르침에 인생을 건 사람의 권면이다.

10이를 위하여 우리가 수고하며 비방을 받는 것은 모든 사람 특히 믿는 자들의 구주이신 살아계신 하나님을 우리가 소망하기 때문이다

경건에 대한 이 가르침을 위하여 바울은 자신이 수고의 땀을 흘리며 비방의 대상이 되는 것도 마다하지 않는다고 고백한다. 수고와 비방은 육체의 연습으로 얻는 안락과 영예의 유익과는 대조된다. 이처럼 바울은 경건을 위하여 육신의 유익을 포기했다. 금생의 복과 내생의 복을 어느 것 하나라도 포기하지 않고 모두 취하는 것은 모든 성도의 갈망이다. 그러나 바울의 상황처럼 어느 하나를 포기해야 하는 일이 발생한다. 두번째 편지에서 바울은 육체의 유익과 경건의 유익에 대해 때로는 하나를, 때로는 둘 다를 취할 수 있는 것이 아니라 불가피한 양자택일 문제라고 암시한다. "무릇 그리스도 예수 안에서 경건하게 살고자 하는 자는 박해를 받으리라"(딤후 3:12). 경건을 택하면 박해가, 육체를 택하면 불경건이 따른다고 한다. 경건과 박해의 이중적인 인과율을 존중하자. 그러면 경건하게 살았는데 박해를 받는다고 불평하지 않고, 경건하게 살았어도 박해가 없다면 감사할 것이기 때문이다.

바울이 수고와 비방과 박해 받음을 택한 것은 그것들이 그렇게 심하지 않았기 때문에 하는 배부른 소리인가? 그렇지가 않다. 바울의 솔직한 고백이다. "수고하여 친히 손으로 일을 하며 후욕을 당한즉 축복하고 핍박을 당한즉 참고 비방을 당한즉 권면하니 우리가 지금까지 세상의 더러운 것과 만물의 찌끼 같이 되었도다"(고전 4:12-13). 바울이 당한 고통은 세상의 더러운 걸레와 찌꺼기가 될 정도로 심각했다. 그런데도 이에 대한 바울의 모순적인 반응은 참으로 신비롭다. 바울은 가해자에 대해 후욕을 당하면 축복하고 핍박을 당하면 참고 비방을 당하면 권면했다. 이는 육체의 유익이 아니라 경건의 유익을 택한 자의 아름다운 경건이다. 바울이 이런 선택을 내린 이유는 무엇인가? "하나님을 소망하기" 때문이다. 경건의 유익은 하나님을 소망하지 않는 사람이 결코 취할 수 없는 선택이다. 칼뱅의 지적처럼, 그 역도 성립한다. 이 세상에서 당하는 고난과 비방과 박해는 하나님을 더 절박한 인생의 소망으로 삼아 더욱 강하게 의지하는 경건의 강력한 원인으로 작용하기 때문이다. 바울은 이것도 하나님의 뜻이라는 사실을 경험했다. "힘에 겹도록 심한 고난을 당하여 살 소망까지 끊어지고 우리는 우리 자신이 사형 선고를 받은 줄 알았으니 이는 우리로 자기를 의지하지 말고 오직 죽은 자를 다시 살리시는 하나님만 의지하게 하심이라"(고후 1:8-9). 정말 힘들면 하나님만 바라보고, 정말 아프면 하나님만 기대하고, 정말 급하면 하나님만 기다린다. 이처럼 고난은 하나님을 더욱 소망하게 한다.

또한 하나님께 소망을 두는 자는 어떠한 고난과 비방과 박해도 수용한다. 소망은 어떠한 역경도 이기고 어떠한 박해도 기승을 부리지 못하게 만드는 불굴의 능력이다. 내 안에서 소망과 고난의 크기는 어떠한가? 소망이 고난을 이기는가? 대체로 사람들은 있는 듯 없는 듯 마음의 아랫목을 은밀히 차지하고 있는 조용한 절망에 순응하며 산다. 진실로 절망은 인생의 실존이다. 이 세상에는 믿을 만한 것이 없기 때문이다. 다 우리를 속이고 다 우리를 비웃고 다 우리를 배신하고 마지막 순간에는 우리를 떠나가기 때문이다. 그런데 문제는 그런 절망이 곧 소망이 지르는 역설적인 절규라는 것을 사람들이 모른다는 사실이다. 절망의 바닥에 소망의 출구가 있다는 사실을 우리는 깨달아야 한다. 탈레스는 소망을 "가난한 사람의 빵"이라고 했다. 절망을 소망의 발판으로 삼은 사람들 중에 안데르센이 있다. 그는 어린 시절에 가난한 집에서 태어났고 초등학교 교육도 받지 못하였고 알코올 중독자인 아버지의 극심한 학대 속에서 생활했다. 그런 절망을 지나온 그는 이렇게 고백한다. "생각해 보니 나의 역경은 정말 복이었다. 가난했기 때문에 〈성냥팔이 소녀〉를 쓸 수 있었고, 못났다고 놀림을 받았기에 〈미운 오리 새끼〉를 쓸 수 있었거든!" 절망은 인생의 끝이 아니라 이처럼 새로운 인생의 시작이다. 절망을 모르는데 소망을 아는 게 가능할까? 인생에서 절망과 소망의 비율은 적당해야 한다.

그런데 이 세상에서 가장 어두운 죽음이란 절망 속에서도 닫히지 않는 소망의 출구는 무엇인가? 하나님 자신이다. 바울은 그 하나님을 소망했다. 그리고 디모데와 에베소 교회도 하나님께 소망을 두라고 권면한다. 하나님을 소망하는 이유는 그가 살아계신 분이시고 믿는 자들을 구원하실 분이시기 때문이다. 하나님은 생명과 구원의 샘이시다. 이는 죽은 것이나 죽음 자체는 소망의 대상이 아니며 구원할 능력이 없는 어떠한 것도 우리에게 소망의 대상이 아님을 의미한다. 생명과 구원의 하나님을 소망하라. 영혼이 소생하게 된다. 어떤 사람의 말처럼, 소망은 젊음이고 실망과 절망은 늙음이다. 실망하고 절망하면 늙어가고 소망을 가진 사람은 날마다 젊어진다. 미래의 시간을 소망의 형태로 가불하여 소비한 사람은 미래의 늙음도 그렇게 빗겨간다. 이와 같이 영원하신 하나님에 대한 소망을 가진다면 비록 겉사람은 후패하나 속사람은 날마다 영원히 젊어진다(고후 4:16). 물론 젊음을 추구하기 위한 수단으로 하나님을 소망하는 것은 올바르지 않다. 하나님을 소망하는 바울의 "간절한 기대와 소망"은 무엇인가? 어떠한 경우에도 주님을 부끄러워 하지 않고 살든지 죽든지 자신의 몸에서 그리스도 예수가 존귀하게 되는 것이라고 고백한다(빌 1:20).

11너는 이것들을 명하고 가르치라

바울은 디모데가 경건에 대한 이 교훈을 에베소 교회의 성도에게 명하고 가르쳐야 한다고 강조한다. 성도가 경건을 사모하고 경건의 연단에 돌입하고 경건의 유익을 누리게 만드는 것은 목회자의 가장 중요한 사명이다. 성도가 목회자를 볼 때 경건에 관하여 어떠한 자극과 도전도 받지 못하고 오히려 세속적인 욕망이 깨어나고 경건의 연습보다 육체의 훈련에 더욱 매달리게 된다면 그 목회자는 확실한 삯꾼이다. 참된 목회자는 성도들로 하여금 자신을 볼 때마다 하나님을 더욱 소망하게 만드는 사람이다. 목회자가 명하고 가르쳐야 하는 내용은 경건이고 하나님에 대한 소망이다. 다른 것들을 가르치지 말고 바로 "이것들"(ταῦτα)을 가르쳐야 한다. 목회자가 경건에 대한 교육을 제치고 당구를 가르치고 요리를 가르치고 골프를 가르치고 주식을 가르치고 정치를 가르치면 겉으로는 "문명인, 지성인, 만능인" 등의 달달한 찬사를 받겠지만 하나님 앞에서는 악하고 게으른 종이라는 준엄한 책망이 주어진다. 그것들은 모두 목회자의 필수적인 직무가 아니라 딴짓이기 때문이다.

¹²누구도 너의 연소함을 무시하지 못하게 하고 오히려 너는 말에 있어서, 행실에 있어서, 사랑에 있어서, 믿음에 있어서, 정절에 있어서 믿는 자들의 본이 되어라

다른 무엇보다 우선적인 이 경건을 교회에서 가르치는 방법은 무엇인가? 바울은 꾸짖고 소리를 지르고 징계하고 강요하는 것이 아니라 경건의 모델이 되라고 주문한다. 주장하는 자세가 아니라 본보기가 되는 것은 가정이든, 학교든, 직장이든, 군대이든 모든 교육의 기본이다(벧전 5:3). 무엇을 가르치든 꾸지람과 강요의 방식은 배우는 사람들의 자발성과 자율성을 훼손한다. 강요된 것을 말과 행동으로 옮기는 일에는 민첩하나 자신의 지성과 양심과 의지를 스스로 사용하는 법에 대해서는 무지하고 둔해지기 때문이다. 그런 성도는 자신의 인생을 경영하고 책임지는 주체가 아니라 타인에 의해 길들여진 사람으로 살아간다. 목회자는 성도를 하나님 앞에서 온전한 사람으로 세우는 직분이다(엡 4:12). 다른 인간이나 사물이나 상황에 의해 움직이지 않고 오직 하나님에 의해서만 움직이며 사는 사람이 온전한 사람이다. 하나님 때문에 말하고 하나님 때문에 섬기고 하나님 때문에 사랑하고 하나님 때문에 양보하고 하나님 때문에 인내하고 하나님 때문에 이동하는 사람이다. 이러한 경건의 모델이 되는 것은 한 사람을 하나님 앞에 온전히 세우는 가르침의 유일한 방법이다.

모델이 되는 일에 하나의 걸림돌을 바울은 언급한다. 디모데의 젊음(νεότης)이다. 윌리엄 바운스에 의하면, 디모데가 49년 쯤에 바울의 2차 선교여행 기간에 사도를 도왔다는 사실(행 16:1)과 바울의 3차 전도여행, 로마 감옥에의 투옥, 에베소에 방문하여 보낸 시간, 그리고 교부들이 "네오테스"(νεότης)라는 단어를 사용할 때의 문맥적인 의미 등을 고려할 때, 당시 디모데의 나이는 20대 후반에서 30대 중반 사이로 추정된다. 대단히 젊은 목회자다. 한국인 사회나 유대인 사회는 생물학적 출생의 순서를 관계의 서열로 간주한다. 장자를 중요하게 여기는 문화도 유사하다. 기수, 학번, 나

이가 깡패라는 말까지 회자된다. 그러나 바울은 젊다는 이유로 디모데가 마땅히 받아야 할 존경을 받지 못하는 것은 합당하지 않다고 생각한다. 그래서 편지를 통해 모든 성도에게 그의 연소함을 무시하지 말라고 당부한다. 디모데를 향해서는 혹시 성도가 그의 젊음 때문에 예우하지 않고 무시하는 태도를 취한다면 공권력을 남용하여 제압하는 처신보다 경건의 모델이 되어야 한다고 가르친다. 어린 나이에 목회자가 된 사람들은 또한 자신의 젊음을 핑계로 미숙한 경건을 당연하게 여기지 않도록 주의해야 한다. 나이가 많든 적든 목회자는 경건에 있어서 모든 성도에게 모델의 수준까지 이르러야 한다.

바울은 말과 행실과 사랑과 믿음과 정절에 있어서 믿는 자들에게 "모델"(τύπος)이 되라고 명시한다. 사실 바울과 디모데는 2차 전도여행 기간에 함께 다니면서 성도에게 경건의 모델이 될 때에 하나님의 나라가 얼마나 견고하게 세워지고 빠르게 확장되어 가는지를 이미 체험했다. 데살로니가 교회에서 그들은 성도에게 강요하지 않고 본을 보였다는 사실을 이렇게 기록한다. "너희는 많은 환난 가운데서 성령의 기쁨으로 말씀을 받아 우리와 주를 본받은 자가 되었으니"(살전 1:6). 바울과 디모데는 교회가 자신의 가르침을 배웠다고 설명하지 않고 "모방자"(μιμητής)가 되었다고 표현한다. 이렇게 모델의 모방을 경험한 데살로니가 교회의 성도는 마게도냐 및 아가야에 있는 모든 믿는 자들에게 "모델"(τύπος)이 되었다고 바울은 칭찬한다(살전 1:7). 본보기와 본받음은 꼬리에 꼬리를 물고 전염된다.

바울이 제시하는 본보기의 항목은 말과 행실과 사랑과 믿음과 정절이다. 이것들은 모두 경건의 모델이 됨에 있어서의 항목인 동시에 경건이 밖으로 표출되는 통로이다.

첫째, 목회자는 "말"(λόγος)에 있어서 모델이다. 목회자의 언어는 어떠해야 할까? 바울이 에베소 교회에 보낸 편지에서 강조한 내용을 참조하자. "무릇 더러운 말은 너희 입 밖에도 내지 말고 오직 덕을 세우는 데 소용되는 대로 선한 말을 하여 듣는 자들에게 은혜를 끼치게 하라"(엡 4:29). 말은 신체가 아니라 마음을 베는 칼이기 때문에 다른 어떤 행위보다 더 주의해야 한다. 더러운 물은 입으로 들어가 위장을 더럽힌다. 그러나 더러운 말은 귀로 들어가 영혼을 더럽힌다. 목회자는 그런 언어가 자신의 입술에 출입하지 못하도록 철저히 차단해야 한다. 오히려 덕을 세우고 은혜를 끼치는 말만 출고될 수 있도록 관리해야 한다. 언어도 연단의 대상이다. 따뜻하게 말하고 진실하게 말하고 차분하게 말하고 아름답게 말하고 적절하게 말하기 위해서는 말의 온도와 색상과 높이와 길이와 구성과 무늬와 간격과 속도와 무게를 자유롭게 조절하는 훈련이 필요하다. 말에서 무엇보다 중요한 것은 내용이다. 생각은 말의 알몸이다. 말의 모델이 되기 위해서는 범사에 지혜롭게 생각해야 한다. 선한 생각은 건강한 의식에서 비롯된다. 말의 모델은 목회자가 입술의 언어만이 아니라 마음의 생각과 의식에 있어서 본이 되어야 함을 의미한다.

둘째, 목회자는 "행실"(ἀναστροφή)에 있어서 모델이다. 목회자의 행실은 대단히 유용한 교육의 수단이다. 경건을 성도에게 전달하는 최고의 수레다. 목회자는 몸가짐도 단정해야 하고 움직임도 단정해야 한다. 경박한 동작이나 민망한 자세나 불손하고 무례한 태도는 결코 합당하지 않다. 표정, 걸음걸이, 인사를 비롯한 모든 행동에서 정중하고 예의 바르고 경건해야 한다. 입술의 언어에서 본을 보이지만 행위라는 몸의 언어에서 본을 보이지 않는다면 그 목회자의 경건은 거짓일 가능성이 높다. 행위는 신뢰의 지수가 언어보다 높다.

셋째, 목회자는 "사랑"(ἀγάπη)에 있어서 모델이다. 행실의 질적인 수준을 의미한다. 사랑은 최고의 행실이다. 그런데 사랑에도 등급이 있는데 네 종류로 구분된다. 첫째, 자연을 나보다 더 사랑하는 것은 최악의 사랑이다. 돈이나 세상의 명예 때문에 비굴하게 되고 거짓과 폭력과 불의를 저질러서 자신의 인격과 삶을 스스로 시궁창에 내던지는 사람의 사랑이다. 둘째, 자신을 타인보다 더 사랑하는 것은 이기적인 사랑이다. 이는 나의 행복을 너의 행복보다, 나의 기쁨을 너의 기쁨보다, 나의 유익을 너의 유익보다 앞세우는 사람의 사랑이다. 셋째, 자신과 타인을 동등하게 사랑하는 것은 평등한 사랑이다. 타인이 행복하면 나도 행복하고 타인이 즐거우면 나도 즐겁고 타인이 아프면 나도 아프고 타인이 슬프면 나도 슬퍼하는 사랑이다. 넷째, 타인을 자신보다 더 사랑하는 것은 최고의 사랑이다. 타인이 행복하면 자신이 행복한 것보다 더 행복하고 타인이 슬프면 자신이 슬픈 것보다 더 슬퍼하는 사랑이다. 예수님은 자신보다 우리를 더 사랑하여 자신의 생명을 수단으로 삼아 우리를 구원한 분이시다. 그리고 자신이 우리를 사랑한 것처럼 우리도 그런 사랑을 타인에게 실천해야 한다고 명하셨다. 목회자는 이 사랑의 모델로 부름을 받은 사람이다. 목회자는 자신을 위해 살지 않고 타인을 위해 살아간다. 나의 유익이 아니라 너의 유익을 앞세우며 타인의 행복과 기쁨과 만족을 자신에게 주어지는 보상으로 간주한다. 이런 사랑이 없으면 성도는 목회자를 신뢰하지 않고 기계적인 관계성만 유지한다.

넷째, 목회자는 "믿음"(πίστις)에 있어서 모델이다. 믿음은 사랑이란 최고의 행실을 생산하는 근원이다. 믿음은 보이지 않는 하나님과 그의 사랑을 분명한 증거로 붙잡고 확신하는 능력이다. 비록 지금은 눈에 보이지 않지만 장차 우리에게 주어질 소망의 실상을 앞당겨서 취하는 능력이다. 그리스도 예수의 죽음과 부활로 이루어진 사랑의 대서사를 있는 그대로 믿고 수용한 사람은 그 신앙의 발판을 딛고 나 자신보다 타인을 더 사랑하는 삶을 살아가게 된다. 믿음에도 등급이 있다고 믿음의 선배들은 가르친다. 첫째, 기적적인 믿음이다. 어떤 초자연적 사건을 체험하면 비로소 믿는 신앙이다. 그러나 그런 체험이 중단되면 신앙도 쉽게 소멸된다. 둘째, 역사적인 신앙이다. 이것은 그리스도 예수의 죽음과 부활을 역사적인 사실로 인정하는 신앙이다. 그러나 인간의 이성은 하나님의 진리에 굴복하지 않고 오히려 그 진리의 심판관이 되어 과학과 학문의 발달과 함께 예수의 성육신과 부활과 같은 설명이 불가능한 기적처럼 이성이 승인할 수 없는 것들은 진리가 아니라 미신적인 표현일 뿐이라는 오만한 자세로 진리의 숨통을 조이는 원흉으로 작용한다. 셋째, 일시적인 신앙이다. 이는 성경의 계시를 다 믿고 동의하고 전적으로 신뢰하는 듯하나 환난과 핍박이 주어지면 그 신앙을 중단한다. 뿌리가 깊지 않아서 뜨거운 태양이 괴롭히면 말라서 곧장 소멸되는 신앙이다. 넷째, 지성적인 신앙이다. 성경을 있는 그대로 이해하고 계시에 근거한 하나님의 존재와 성품과 뜻과 섭리를 아는 신앙이다. 다섯째, 수용적인 신앙이다. 성경에 계시된 모든 진리의 지식에 전적으로 찬동하는 신앙이다. 여섯째, 의존적인 신앙이다. 성경을 통해 알고 전적으로 받아들인 복음의 진리에 나 자신과 인생을 완전히 맡기는 신앙이다. 그리스도 예수의 형상이 내 안에 온전하게 되고 복음의 진리는 내 인생의 질서가 되는 신앙이다. 지성적인 신앙과 수용적인 신앙과 의존적인 신앙의 합이 참된 신앙이다. 이런 신앙의 본을 보이지 못하는 목회자는 무시를 당함이 마땅하다.

다섯째, 목회자는 "정절"(ἁγνεία)에 있어서 모델이다. "정절"은 죄로부터 깨끗한 상태를 의미한다. 정절에도 단계라는 게 엄연히 존재한다. 어떤 사람들은 눈에 보이는 죄만 저지르지 않으면 된다고 생각한다. 그러나 눈에 보이지 않는 죄도 저지르지 말아야 한다고 생각하는 사람들도 있다. 어떤 사람들은 의식 속에서 알고 있는 죄에 대해서만 회개를 하고 깨끗하면 된다고 생각한다. 그러나 내가 알지도 못하는 무의식 속에서의 죄까지도 회개의 대상으로 여기며 숨은 허물을 깨닫게 해 달라고 기도하는 사람들도 있다. 어떤 사람들은 내가 고의로 죄를 짓지만 않으면 된다고 생각한다. 그러나 고의성이 없더라도 저질러진 죄에 대해서는 회개를 하고 책임을 져야 한다고 생각하는 사람들도 있다. 어떤 사람들은 큰 죄들을 피해야 하지만 사소한 죄들에 대해서는 허용해야 한다고 생각한다. 그러나 지극히 작은 죄라고 할지라도 저지르면 하나님을 대적하고 멸시하는 죄이기 때문에 하늘의 준엄한 심판을 받는다고 생각하는 사람들도 있다. 죄와 정절에 대한 생각이 이처럼 다양하다. 목회자는 지극히 작은 죄, 눈에 보이지도 않는 죄, 무의식 속에 있는 죄, 고의성이 없는 죄도 하나님 앞에서는 모두 죄라는 사실을 인정하고 경계하며, 범할 때에는 회개하고 책임지는 정절의 모델이다. 그래서 하나님 앞에서 아주 엄격한 기준으로 보기에도 그의 영혼은 늘 깨끗해야 한다.

¹³내가 이를 때까지 읽기와 권면과 가르침에 전념하라

목회자는 "읽기와 권면과 가르침에 전념"해야 한다고 바울은 강조한다. 읽기는 권면과 가르침의 전제이며, 권면은 읽기의 개별적인 적용이고, 가르침은 읽기의 공통적인 적용이다. 첫째, 목회자는 "읽기"에 전념해야 한다. "읽기"(ανάγνωσις)는 목회자가 성경을 부지런히 진지하게 읽어야 함을 의미한다. 하나님은 "말씀"이다(요 1:1). 하나님의 말씀을 알지 못하면 당연히 하나님에 대해서도 무지하게 된다. "읽기"는 말씀과의 만남이다. 세상에서 가장 중요한 만남이다. 구약 시대에는 하나님의 말씀을 듣기 위해 이스라엘 백성 중에서 오직 대제사장 한 사람만이 그것도 1년에 딱 한 번만 지성소에 들어갔다. 이스라엘 백성에게 말씀과의 만남은 이처럼 가장 소중한 날이었다. 말씀은 인간이 먹고 사는 것보다 더 중요하다. 꿀보다 더 사모하는 것이 마땅하다. 이에 대한 다윗의 고백이다. "주의 말씀의 맛이 내게 어찌 그리 단지요 내 입에 꿀보다 더 다니이다"(시 119:103). 같은 의미로 욥은 먹고 사는 것보다 하나님의 말씀을 알고 행하는 것이 더 귀하다고 고백한다. "내가 그의 입술의 명령을 어기지 아니하고 일정한 음식보다 그 입의 말씀을 귀히 여겼도다"(욥 23:12). 말씀에 대한 복회자의 태도는 이렇게 절박해야 한다. 말씀을 읽지 않으면 죽는다는 절박함과, 말씀을 읽는 것이 꿀보다

도 달고 음식보다 더 귀하다는 즐거움이 목회자의 가슴에서 타올라야 한다. 육체와 영혼으로 구성된 인간은 창조의 원리를 따라 입으로는 빵을, 영으로는 말씀을 먹고 살아간다. 그런 인간의 영혼을 섬기는 목회자는 말씀을 꼴로 먹이는 사명에 충실해야 함이 마땅하다.

여기에서 "읽기"의 의미는 "위로부터 얻는 인격적인 앎의 행위"이다. 읽는다는 것의 일차적인 목적은 정보의 취득이다. 보다 진전된 의미는 정보의 유입을 통한 사상의 출입이다. 여기에서 사상은 하나님의 존재와 뜻과 성품과 사역에 관한 진리이다. 이것은 성령의 가르침을 통해서만 주어지는 진리이기 때문에 위로부터 얻어지는 것이고, 머리만이 아니라 가슴으로 대하고 목숨으로 대하고 의지로 대하고 힘으로 대하여야 하는 것이기에 전인적인 지식이다. 성경을 읽는다는 것은 이처럼 하나님이 내 안에 거하시고 내가 하나님 안에 거하는 연합의 한 방식이다. 목회자는 말씀 안에 머물러야 하고 말씀이 마음에 가득해야 한다. 말씀과 연합된 상태가 생명보다 더 중요하다. 이런 말씀과의 관계는 목회자의 정체성을 좌우한다. 관계의 끈이 느슨하면 목회자가 아닌 사람으로 필히 살아간다. 그래서 바울은 가장 먼저 권하였다. 그리고 성경의 읽기가 생략된 권면과 가르침은 공허하며 성도에게 무익하다.

둘째, 목회자는 "권면"(παράκλησις)에 전념해야 한다. 권면은 성도들이 처한 각양의 상황 속에서 하나님의 특정한 말씀으로 위로하고 격려하고 안위하는 목회자의 활동을 의미한다. 이로써 성도는 경건의 훈련에 돌입하게 된다. 목회자는 성도의 모든 상황에 적합한 말씀을 어떠한 순간에도 구사할 수 있도록 성경에 박식해야 한다. 가능할까? 가능하다. 우리에게 소망은 성령께서 각 상황에 "마땅히 할 말"(눅 12:12)을 그때마다 가르쳐 주신다는 사실이다. 심지어 평소의 상황만이 아니라 "사람이 너희를 회당이나 위정자나 권세 있는 자 앞에 끌고 가거든 어떻게 무엇으로 대답하며 무엇으로 말할까 염려하지 말라"(눅 12:11)고 약속한다. 말씀의 권면으로 성령의 큰 위로를 경험한 다윗은 특별히 "이 말씀은 나의 고난 중의 위로"이며 이는 "주의 말씀이 나를 살리셨기 때문"이라 고백했다(시 119:50). 목회자는 절망과 슬픔과 아픔과 역경 속에 있는 성도를 말씀으로 위로하고 치유하는 사람이다. 그런데 디모데는 젊기 때문에 인생의 경륜이 부족하다. 그래서 모든 상황 하나하나가 중요하다. 사소한 일이든 심각한 일이든 경중을 따지지 말고 최선을 다해 하나님의 말씀으로 권면하는 일에 전념해야 한다.

셋째, 목회자는 "가르침"($\delta\iota\delta\alpha\sigma\kappa\alpha\lambda\acute{\iota}\alpha$)에 전념해야 한다. "가르침"은 권면과는 달리 특정한 상황과 무관하게 모든 성도가 바르게 알아야 할 내용의 전달을 의미한다. 가르치는 내용은 당연히 성경이다. 특별히 성경이 가르치는 복음의 체계적인 진리를 규모 있게 가르쳐야 한다. 성경의 한 부분만 가르치지 않고, 복음의 한 조각만 전달하지 않고 성경 전체에 담긴 복음의 진리 전체를 가르쳐야 한다. 모세는 성경을 가감하지 말라고 경고한다(신 12:32). 가감의 형벌에 대해서는 사도 요한이 경고한다. 즉 "만일 누구든지 이것들 외에 더하면" 하나님은 그에게 하늘의 재앙을 더하실 것이고 "말씀에서 제하여 버리면" "거룩한 성에 참여함을 제하여" 버리실 것이라고 한다(계 22:18-19). 그러므로 목회자는 성경을 구석구석 꼼꼼하게 읽어서 구체적인 내용에 해박해야 하고 그 해박한 지식이 삶의 모든 곳에 적용될 수 있도록 문제가 생길 때마다 적용해야 하고 나아가 성경 전체의 체계적인 진리의 인식과 전달에도 능숙해야 한다.

¹⁴장로회의 안수와 함께 예언을 통하여 너에게 주어져
네 속에 있는 은사를 대수롭게 여기지 말고

바울은 디모데가 장로회의 안수를 받을 때에 예언을 통해 주어진 "은사"($\chi\acute{\alpha}\rho\iota\sigma\mu\alpha$)를 언급한다. 그 은사의 구체적인 종류와 내용은 밝히지 않고

"대수롭게 여기지 말라"고 당부한다. "장로회"(πρεσβυτέριον)는 바울이 포함된 영적 지도자 그룹을 의미한다. 바울은 디모데를 목회자로 세우는 "안수"가 특정한 개인에 의한 것이 아니라 "장로들의 모임"에 의한 것임을 적시한다. 이는 목회자 후보생이 장로들의 회 즉 노회에서 안수를 받고 목사가 되는 것의 성경적인 근거이다. 디모데가 안수 받을 때에 은사가 그에게 주어졌다. 이는 성령께서 그를 목회자로 불렀다는 일종의 확증이다. 그렇게 성령의 부르심을 받은 목회자는 인간의 지혜와 능력으로 섬기지 않고 "하나님이 공급해 주시는 힘으로" 교회를 섬기며 세우는 직분이다(벧전 4:11). 목회자가 되면 누리는 복 중의 하나는 성령께서 은사를 베풀어 주신다는 사실이다. 그런데 그 은사는 목회를 위함인데 어떤 목회자는 그 용도를 변경하고 오용한다. 이는 마치 주어진 젊음과 건강으로 정욕을 불태우는 것과 일반이다.

인간의 지혜로운 말과 인간적인 정으로 목회를 수행하는 사람들은 교회를 세우지 않고 인간의 조직을 형성한다. 그리고 그 조직의 머리는 하나님이 아니라 목회자 자신이다. 자신의 것으로 세웠기 때문에 자신의 소유라고 주장한다. 일리가 있어 보이지만 그 조직은 교회가 아니라 세상의 기관이다. 바울은 어떻게 섬겼는가? 자신은 다른 사도보다 더 많이 섬겼지만 "내가 한 것이 아니요 오직 나와 함께 하신 하나님의 은혜라"(고전 15:10)고 고백했다. 하나님이 우리를 지으셨고 하나님이 우리를 구하셨고 하나님이 우리를 부르셨고 하나님이 우리를 보내셨고 하나님이 우리를 이끄셨고 하나님이 일을 이루셨다. 목회의 처음과 나중은 이처럼 하나님 자신이다. 인간이 공로의 숟가락을 얹을 틈이 하나도 없기에 목회를 자신이 일군 기업이나 가업으로 여기며 떳떳하게 자신의 핏줄에게 물려주는 세습은 합당하지 않다.

¹⁵이것들을 숙고하고 그것들 안에 머물러서
너의 진보를 모든 사람에게 나타나게 하라

목회자는 개인의 경건(말과 행실과 사랑과 믿음과 정절)과 목회적인 섬김(읽기와 권면과 가르침)을 깊이 생각해야 한다(μελέτα). 전혀 부족함이 없도록 심혈을 기울이고 목숨과 마음과 뜻과 힘을 다 투입해야 한다. 이를 위하여 가장 좋은 시간과 가장 맑은 지성과 가장 강한 의지와 가장 순수한 의식을 여기에 동원해야 한다. 그러다가 죽을지도 모를 정도로 경건의 증진과 섬김의 진보를 위해 전력으로 매달려야 한다. 바울은 그것들 안에 "거하여야 한다"(ἴσθι)고 가르친다. 어떠한 분야이든 오랫동안 그곳에 푹 잠겨야 전문성이 길러진다. 목회자도 읽기와 권면과 가르침의 바다에 빠져 그 곳에 충분히 머물러야 체질이 조금씩 변화되고 깊은 곳에서 목회자의 건강한 기운이 올라온다. 어설프지 않고 온전해 질 때까지 연단의 바다에서 성급하게 나오지 말고 인내하며 거기에 머물러야 한다.

연단의 끝은 어디인가? 내가 스스로 판단하지 않고 다른 모든 사람들의 판단에 의존한다. 바울은 목회자의 "진보 혹은 성장"(προκοπή)이 외적으로 "분명히 나타나야"(φανερὰ) 한다고 주장한다. 이 훈련의 기간을 오늘날의 시스템 속에서는 목회학 과정(M.div.)이라 한다. 여기에서 신학교 교수들은 학생들의 충분한 진보가 보이지 않으면 그들의 졸업을 유보한다. 퇴보가 보이거나 진보의 가능성이 없다고 판단되면 퇴학 처분까지 들어간다. 바울은 목회자의 진보가 "모든 사람에게" 혹은 "모든 방면에 있어서"(πᾶσιν) 나타나야 한다고 강조한다. 목회자는 특정한 부분의 자질만 구비하고 다른 부분에 있어서는 미숙해도 되는 사람이 아니라 전인격적 성숙이 요청되는 사람이다. 공부는 잘하는데 상담을 못하거나, 상담은 잘하는데 공부를 못하거나, 말의 전달력은 좋은데 아는 게 별로 없다거나 상내방을 배려하는 소통의 능력이 없으면 목회자로 적합하지 않다. 치열하게 자신을 연단해서 모든 사람이 수긍의 고개를 끄덕일 정도의 분명한 진보를 나타내야 한다.

16네 자신과 가르침에 유의하고 그 일을 지속하라 이것을 함으로써
너는 네 자신과 너에게 듣는 자들을 구원할 것이니라

목회자는 자신과 자신의 가르침을 늘 성찰해야 한다. 개인적인 경건과 공적인 사역은 어느 것 하나라도 소홀히 여겨서는 안되는 것이기 때문이다. 바울은 자신을 점검하고 가르침을 성찰하는 일을 "지속해야 한다"(ἐπίμενε)고 강조한다. "지속하다" 동사는 어떤 대상이나 일에 적합하게 될 때까지 멈추지 말아야 함을 의미한다. 목회는 정상이 없고 오르막만 있다. 이만하면 됐다고 안심할 지점이 없고 계속해서 전진해야 하기 때문이다. 그래서 목회자는 계속해서 성숙해야 한다. 진보하지 않으면 현상을 유지하는 것이 아니라 퇴보로 간주된다. 시간이 흐르기 때문이다. "진보"는 시간의 흐름에 맞추어서 걷는 답보가 아니라 시간의 흐름보다 한 걸음 더 나아가는 성장을 의미한다.

자신의 개인적인 경건을 연단하고 교회에서 공적인 가르침의 섬김을 지속하면 주어지는 유익과 결과는 무엇인가? 바울은 두 가지를 제시한다. 첫째, 목회자 "자신을 구원할 것이라"(σεαυτὸν σώσεις)고 한다. 가르침의 일차적인 수혜자는 가르치는 목회자 자신이다. 구원은 영원한 생명을 뜻하는 것이지만 그 생명을 이 땅에서도 누리기에 인생의 행복과 기쁨도 포괄한다. 한국에서 최초로 성경 66권을 주석하신 박윤선 목사님은 자신에게 "최대의 즐거움은 성경 주석"을 저술하는 것이라고 고백한다. 벵겔의 말을 인용하면 "성경을 주석하는 일은 꿀을 짜내는 것과 같은 작업"이라 한다. 나도 동의한다. 나에게 지금 가장 즐겁고 행복한 일을 묻는다면 성경을 해석하는 일이라고 고백한다. 가장 심혈을 기울이는 일은 성경을 해석하고 설교를 작성하고 회중에게 선포하는 것이라고 대답한다.

둘째, "너는 너에게서 듣는 사람들도 구원할 것이라"(σώσεις καὶ τοὺς ἀκούοντάς σου)고 한다. 복음은 믿는 모든 자들에게 구원을 주시는 하나님의 능력이다(롬 1:16). 다른 복음이나 왜곡된 복음이 아니라 참된 복음을 올바르게 전하는 것이 중차대한 이유는 목회자의 경건과 가르침이 듣는 모든 사람들의 구원과 직결된 문제이기 때문이다. 한 사람에게 영원한 생명을 선물하는 일에 도구로 쓰임을 받는다는 것은 목회자의 특별한 영광이다. 동시에 자신의 직무에 충실하지 않으면 악하고 게으른 종이라는 가장 엄중한 책망을 각오해야 한다. 나아가 에스겔 선지자의 기록도 늘 의식해야 한다. "칼이 임함을 파수꾼이 보고도 나팔을 불지 아니하여 백성에게 경고하지 않아서 그 중의 한 사람이 그 임하는 칼에 제거되면 그는 자기 죄악으로 말미암아 제거될 것이지만 그 죄는 내가 파수꾼의 손에서 찾으리라"(겔 33:6). 목회자는 자신의 경건만 잘 지키면 되는 사람이 아니라 다른 지체들의 구원까지 책임지는 사람이다.

물론 자신이 구원을 받지 못한다고 해서 다른 사람에게 책임을 돌리는 것은 합당하지 않다. 자기 죄악으로 말미암은 것이기 때문이다. 그러나 하나님은 책임을 물으신다. 목회자는 하나님의 종이며 하나님의 뜻을 수행해야 하는 사람이다. 하나님은 모든 사람이 구원에 이르고 모든 사람이 진리를 아는데 이르기를 원하신다. "나는 악인이 죽는 것을 기뻐하지 아니하고 악인이 그의 길에서 돌이켜 떠나 사는 것을 기뻐한다"고 말씀한다(겔 18:23). 목회자가 이러한 주인의 뜻을 알고도 선한 자나 악한 자를 가리지 않고 모든 자들에게 복음의 나팔을 불지 않는다면 자신에게 맡겨진 모든 사람들의 죽음에 대해 하나님은 책임을 물으신다. 목회자는 타인에 대하여 구원의 여부를 결정하는 권한을 가지고 있지 않고 그저 주인의 복음을 전달하는 사람이다. 이러한 구원의 사역이 얼마나 소중한가! 그런데 목회자가 자신의 사사로운 취미 때문에 이 공적인 직무를 소홀히 여긴다면 주께서 그에게 물으시는 책임의 무게는 얼마나 무거울까!

딤전 5:1-8

¹늙은이를 꾸짖지 말고 권하되 아버지에게 하듯 하며 젊은이에게는 형제에게 하듯 하고 ²늙은 여자에게는 어머니에게 하듯 하며 젊은 여자에게는 온전히 깨끗함으로 자매에게 하듯 하라 ³참 과부인 과부를 존대하라 ⁴만일 어떤 과부에게 자녀나 손자들이 있거든 그들로 먼저 자기 집에서 효를 행하여 부모에게 보답하기를 배우게 하라 이것이 하나님 앞에 받으실 만한 것이니라 ⁵참 과부로서 외로운 자는 하나님께 소망을 두어 주야로 항상 간구와 기도를 하거니와 ⁶향락을 좋아하는 자는 살았으나 죽었느니라 ⁷네가 또한 이것을 명하여 그들로 책망 받을 것이 없게 하라 ⁸누구든지 자기 친족 특히 자기 가족을 돌보지 아니하면 믿음을 배반한 자요 불신자보다 더 악한 자니라

❖ ❖ ❖

¹늙은 남성을 꾸짖지 말고 아버지께 하듯 권면하라 젊은 남성들은 형제들을 대하듯이, ²늙은 여성은 어머니께 하듯, 젊은 여성들은 온전한 깨끗함을 가지고 자매들을 대하듯이 하라 ³참 과부인 과부를 존대하라 ⁴만일 어떤 과부에게 자녀나 손주들이 있거든 그들로 먼저 자기 집에서 경건하게 행하고 부모에게 보답을 돌려주는 것을 배우게 하라 이는 하나님 앞에 받으실 만한 것이기 때문이다 ⁵그런데 혼자가 된 참 과부는 하나님께 소망을 두고 밤낮으로 간구와 기도를 지속한다 ⁶그러나 향락을 좋아하는 자는 살았어도 죽은 것이니라 ⁷너는 이것들을 명하여 그들로 책망을 모면하게 하라 ⁸어떤 이가 자신에게 속한 자들, 특히 자신의 가족을 돌보지 아니하면 믿음을 부정하는 자요 믿음이 없는 이보다 더 악하니라

12   교회, 그 특이한 공동체

기독교는 가장 방대한 종류의 사람들로 구성된 공동체다. 이는 다른 어떠한 곳보다 교회의 문턱이 낮기 때문이다. 그래서 누구든지 출입이 가능하다. 직업이 있거나 없거나, 외모가 잘났거나 못났거나, 재산이 많거나 적거나, 혈통이 좋거나 나쁘거나, 국적이 같거나 다르거나, 남자나 여자나, 주인이나 종이나, 늙었거나 젊었거나, 누구든지 그리스도 예수를 믿기만 하면 하나님의 자녀가 되는 권세를 가지고 교회의 회원권을 취득하는 것이 가능하다. 그래서 교회 공동체는 세상에서 가장 다채롭다. 그런데 이토록 다양한 종류의 사람들이 하나의 공동체를 이룬다면 평화와 사랑을 유지하는 것이 가능할까? 이를 위해서는 어떠한 관계의 질서가 필요할까? 가족의 관계성 추구가 해법이다. 그래서 바울은 교회를 가족으로 규정한다. 그런 전제 위에 바울은 문제가 발생할 때마다 공동체의 질서와 행복을 위해 획일화된 공식의 강요가 아니라 다양한 접근법이 필요함을 가르친다. 5장과 6장에서 바울은 교회의 구성원들 중에서 일반적인 분류로서 노인들과 청년들에 대한 관계성을 먼저 언급하고, 특수한 분류로서 과부들과 장로들과 종들과 부자들에 대한 관계성을 연이어서 가르친다. 먼저 노인들과 청년들과 과부들을 주목한다. 이들과의 관계 속에서 문제의 해결을 위한 목회자의 다양한 사역들(읽기와 권면과 가르침) 중 권면하는 일에 대해 바울은 가르친다.

¹늙은 남성을 꾸짖지 말고 아버지께 하듯 권면하라
젊은 남성들은 형제들을 대하듯이,

한 사람을 대한다는 것은 하나의 우주를 대하는 것처럼 신비롭다. 우주와 다른 우주가 만나는 일이기 때문이다. 바울은 남성을 늙은이와 젊은이로 구분한 후 "늙은이"(πρεσβύτερος)를 대하는 태도부터 언급한다. 어른을 대하는 태도는 한 사람이 이 세상에서 맺는 관계의 첫단추와 같아서, 어른을 올바르게 대하지 못하면 다른 관계들도 마치 도미노 현상처럼 쉽게 무너진다. 모든 어른들은 모든 사람들이 공경해야 하는 대상이다. "너는 센 머리 앞에 일어서고 노인의 얼굴을 공경하며 네 하나님을 경외하라"(레 19:32). 여기에서 "노인"은 나와 혈통적인 관계가 있다거나 사회적인 지위가 높다거나 재산이 많다거나 사회적인 공덕을 많이 쌓은 어른을 특정하지 않고 모든 어른들을 가리킨다. 우리는 자신의 나이보다 많은 모든 어른들을 공경해야 한다. 째려 보거나 눈을 흘기거나 경멸하는 표정을 어른에게 보이면 안되고 그 앞에서 몸을 일으켜 공손함의 합당한 예를 표해야 한다고 율법은 가르친다. 어른에 대한 공경은 하나님을 경외하는 아주 기본적인 훈련이며 방식이며 관문이다. 보이는 어른 공경 없이는 보이지 않는 여호와 경외도 없기 때문이다.

그러나 어른도 잘못을 저지른다. 이때 목회자는 그 잘못을 감지하고 적절한 조치로 해결해야 한다. 그렇게 할 때에 목회자는 그 어른을 아버지와 동급으로 대우해야 한다. 해결의 방식은 꾸짖음이 아니라 권면이다. "꾸짖다"(ἐπιπήσσω)는 말은 주먹을 휘두르듯 과격하고 징벌적인 언사를 내뱉으며 비난하고 책망하는 것을 의미하고, "권하다"(παρακαλέω)는 말은 곁에서 어른의 주의를 집중시켜 무엇이 잘못이고 어떻게 개선할 수 있는지에 대해 친절하게 설명하고 스스로 깨닫도록 돕는 것을 의미한다. 목회자는 잘못을 범한 어른에 대해 으름장을 놓는 것이 아니라 권면을 하되 아버지께 하듯 공경하는 마음의 자세를 유지해야 한다.

아버지가 아무리 큰 잘못을 저질러도 자녀는 십계명의 가르침을 따라 여전히 사랑하고 존경하는 마음으로 그의 회복을 위해 노력해야 한다. 만약 어른이 잘못을 했다고 해서 때리거나 저주하는 목회자가 있다면 교회는 그를 당장 면직해야 한다. 율법은 이렇게 기록한다. "자기 아비나 어미를 치는 자는 반드시 죽일 것이니라"(출 21:15). 지혜자도 유사한 것을 이렇게 가르친다. "자기의 아버지나 어머니를 저주하는 자는 그의 등불이 흑암 중에 꺼짐을 당하리라"(잠 20:20). 예수님은 구약의 이러한 가르침을 그대로 받으시며 다음과 같이 인용한다. "아버지나 어머니를 비방하는 자는 반드시 죽임을 당하리라"(마 15:4). 그러므로 어른을 부모처럼 공경하는 마음을 상실하여 때리고 저주하고 비방하면 인생의 등불도 꺼지고 장수의 복도 빼앗긴다. 율법과 예수님의 가르침을 따라, 목회자의 경우에도 직분의 효력을 중지함이 마땅하다.

바울은 목회자가 "젊은 남성들"(νεωτέρους)을 형제처럼 대해야 한다고 가르친다. 바울의 이 지침은 특이하다. 노인을 대할 때에 부모처럼 대한다면, 청년을 대할 때에는 자녀처럼 대하여야 균형이 맞기 때문이다. 그런데 목회자와 청년 사이에는 부모와 자녀의 서열적인 관계가 아니라 형제의 동등성이 강조된다. 자기보다 어린 사람이 잘못을 범할 때 목회자는 무의식 중에 나이의 입김이 작용하여 대체로 부모의 자격으로 권위적인 판결을 내리고 따끔한 형벌을 그 청년에게 부과하기 쉽다. 그러나 바울은 목회자가 높은 자리에 서서 청년에게 고통과 아픔을 주어서 슬픔과 절망에 이르도록 뾰족한 말로 비판하고 정죄하는 것은 합당하지 않다고 가르친다. 목회자가 젊은 남자를 자신의 동생으로 여긴다면 싸늘한 매뉴얼을 제시하며 차가운 행정적 처분을 내리는 방식으로 일을 처리하지 않고 그의 변화와 회복을 바라는 긍휼의 마음과 동등한 형제의 자격으로 친절하게 그의 곁으로 다가가 권면하게 된다. 바울은 목회자의 위압적인 태도를 상당히 경계한다. 자녀처럼 낮아지는 것은 얼마든지 허용된다. 그러나 목회자가 부모처럼 높아지고 군림하는 것은 금물이다. 물론 책임감에 있어서는 아비의 심장이 필요하다. 지금까지 언급된 노인과 청년 남성을 대하는 태도의 이중적인 양상은 노인과 청년 여성을 대하는 태도에도 그대로 적용된다.

²늙은 여성은 어머니께 하듯, 젊은 여성들은 온전한 깨끗함을 가지고
자매들을 대하듯이 하라

"늙은 여성"(πρεσβύτερος)이 잘못을 범할 때에는 어머니께 하듯 권면해야 한다. 앞에서 살펴본 것처럼 구약과 신약에서 아버지와 어머니의 무게는 동등하다. 그래서 동등하게 공경해야 한다(엡 6:2). 그래서 자녀가 만약 아버지나 어머니 중 누구라도 부모를 때리고 저주하고 비방하면 동일하게 죽임을 당한다고 성경은 가르친다. 물론 아버지를 더 좋아하는 자녀들도 있고, 어머니를 더 좋아하는 자녀들도 있다. 그러나 누구를 더 좋아한다 할지라도 부모에 대한 공경은 동등해야 한다. 사실 아버지와 어머니는 한 몸이기 때문에 분리해서 사랑하고 따로따로 공경하는 것 자체가 모순이다. 그런데 교회 안에서는 아버지와 어머니만 공경하지 않고 늙은 남성과 여성도 부모처럼 동일하게 공경해야 한다. 이로써 교회 안에서는 아버지와 어머니와 늙은 남성과 늙은 여성을 동등하게 존경해야 한다는 결론에 도달

한다. 어른에게 어떠한 문제가 발생하든 부모와 자녀라는 관계성 속에서 해결해야 한다. 그러므로 해결책은 때림과 비방과 꾸짖음과 저주가 아니라 애틋한 권면이다.

"젊은 여성들"(νεωτέρας)이 잘못을 저지를 때에 목회자는 자매들을 대하듯이 권면해야 한다. 특별히 이들의 문제에 대해서 목회자는 "온전한 깨끗함을 가지고"(ἐν πάσῃ ἁγνείᾳ) 해결해야 한다. 여기에서 "깨끗함"은 특별히 성적인 죄에서의 깨끗함을 의미한다. 목회자는 죄를 지은 젊은 여인에게 생각이나 말이나 행위로 성적인 죄를 범하지 않도록 철저히 주의해야 한다. 죄의 기운이 의식의 표면에도 접지하지 못하도록 철저하게 차단해야 한다. 젊은 여인은 아직 마음이 여려서 잘못을 저지르면 심히 경직되고 위축된다. 목회자가 그 여인에게 다가가서 따뜻한 권면을 하면 그녀의 움츠러든 심리가 눈 녹듯 풀어진다. 대체로 젊은 여인은 이러한 경험을 계기로 그 목회자를 존경하고 따르고 의지하게 된다. 이런 상황에서 어떤 목회자는 자기가 도움을 주었고 여인도 따르기 때문에 그녀에게서 무언가를 취하고 누려도 된다는 착각에 빠져 음흉한 마음을 품고 그녀에게 성적 욕구의 걸음을 옮기기도 한다. 하지만 이것은 넘지 말아야 할 범죄의 영역으로 들어가는 행동이다. 이렇게 다가오는 목회자를 젊은 여인들은 조심하고 경계해야 한다.

바울은 목회자로 하여금 적정선을 넘어가지 말라고 조언한다. 목회를 그런 성적인 쾌락의 방편으로 여기는 것 자체가 합당하지 않다. 실제로 목회자가 권면을 잘 하면 갑절의 매력을 발산한다. 성도들에 의한 갑절의 존경이 그에게 주어진다. 그런데 자신의 매력과 성도의 존경을 적당히 이용하고 싶은 목회자의 욕구도 갑절이다. 그래서 목회자는 그 욕구에 쉽게 압도된다. 이는 심히 위태로운 상황이다. 이 난관에서 벗어나기 위해서는 사태의 진실을 깨달아야 한다. 사실 젊은 여인이 죄에서 돌이키고 회복된 것은 하나님의 은혜 때문이다. 그런데도 목회자는 자기의 탁월한 권면 때문에 그녀가 돌이킨 것이라고 착각한다. 권면의 공로가 나에게 있다고 판단하는 순간 목회자의 마음에는 본전이나 보상의 욕구가 강하게 솟구치고 긴장의 끈도 풀어지고 못된 일을 저지를 가능성도 올라간다. 하나님의 은혜를 망각하면 성적인 욕망을 위해 목회자는 경건의 무장도 해제한다. 그러나 참된 목회자는 마음의 선도 넘어가지 말고 신체적인 접촉의 선은 더더욱 넘어가지 않도록 자제한다. 이런 자제를 위해 젊은 여인 보기를 '돌같이' 하는 비인격적 목석이 되는 것보다 친 "자매"로 간주하는 것이 최고의 방법이다. 자매로 여긴다는 것은 젊은 여인을 결혼 대상자나 성적인 파트너로 보지 않음을 의미한다. 이처럼 젊은 여성의 회복이 하나님의 은혜임을 기억하고 그녀를 자매로 여길 때 목회자는 그 여성과의 관계에서 온전한 깨끗함을 유지하게 된다.

바울이 1절과 2절에서 말하는 교회는 가족 공동체다. 교회의 모든 구성원을 가족으로 대한다는 자세는 목회자가 수행해야 할 권면의 기본이다. 가족이기 때문에 비방하고 정죄하고 끊어내고 분리하는 방법으로 문제를 해결하지 않고 각자의 잘못과 허물을 덮어주고 용납하고 권면하고 함께 치유하는 방식으로 해결하려 한다. 성격이 다르고 취향이 다르고 삶의 방식이 다르고 성장의 배경이 다르고 습관과 문화가 다른 사람들이 오직 그리스도 예수의 복음으로 말미암아 가족이 된 공동체가 교회이기 때문에 다른 어떠한 기관보다 교회라는 공동체에 발생하는 문제는 심히 다양하다. 문제의 다양성 때문에 몇 개의 특정한 규정들로 교회의 질서를 유지하는 것은 거의 가능하지 않다. 교회는 다른 조직의 문화를 쉽게 적용할 수 없는 이 세상에 아주 새롭고 낯선 조직이다. 혈연이나 지연이나 학연의 끈이 없이도 하나가 된 이런 특이한 공동체의 질서가 유지되는 비결은 하나님을 하나의 아버지로 삼은 동등한 자녀들이 되어서 나누는 가족의 사랑이다. 각자에게 일어난 각각의 문제들을 규정이 아니라 가족의 사랑에 근거한 권면으로 풀어가야 한다. 강제적인 규정이 과도하면 사랑의 자율적인 활동은 위축된다. 공동체의 생기는 사라지고 규율의 예리한 칼날만 번뜩인다. 이러한 공동체는 하나님의 나라와 무관하다.

교회에서 발생하는 문제들 때문에 교회를 떠나거나 비방하는 사람들이 많다. 떠나서 마음이 맞는 사람들이 단체를 구성하고 또 하나의 교회처럼 운영한다. 그러나 구성원이 동질화 된 공동체는 그 자체로 이미 규율이다. 좋아하는 사람을 좋아하고 사랑하는 사람을 사랑할 최적의 획일화된 환경이다. 나에게 불편하고 불쾌하고 거북하고 아프고 괴로운 경험의 가능성이 잘 차단된 환경이다. 그런 공동체 안에서 과연 우리는 어떤 사람으로 빚어질까? 인격의 어느 한 쪽만 비대하게 커진 기형적인 사람이 될 가능성이 높다. 하나님은 우리에게 달콤한 것만 주지 않으시고 맵고 짜고 쓴 것도 주셨으며 형통한 날만이 아니라 곤고한 날도 주셨으며 빛만이 아니라 어둠도, 정의만이 아니라 불의도, 기쁨만이 아니라 슬픔도, 희락만이 아니라 고통도, 진리만이 아니라 거짓도 경험하게 만드셨다. 공동체 안에서도 우리는 나와 잘 어울리는 사람만이 아니라 잘 어울리지 않는 사람과도 교류해야 한다. 직장이나 학교나 학회나 각종 동우회나 선교단체 같은 곳에서는 비슷한 관심과 비슷한 적성과 비슷한 기호와 비슷한 나이와 비슷한 목적과 비슷한 전문성을 가진 사람만 대체로 접촉한다. 따라서 오묘한 인격의 특정한 부위만 사용하기 때문에 그 부위만 발달하는 인격의 비만 현상이 발생한다. 그런데 교회는 그렇지가 않다. 교회에는 다양한 나이, 다양한 성별, 다양한 지역, 다양한 문화, 다양한 전문성, 다양한 성격, 다양한 습관, 다양한 문화, 다양한 생각이 공존한다. 그래서 인격의 모든 부위가 두루두루 노출되고 골고루 단련된다. 나는 인격의 조화로운 성장을 위해 교회보다 더 좋은 공동체를 아직까지 만나지 못하였다. 앞으로도 만날 가능성이 없다고 생각한다.

이제 바울은 "참 과부"를 대하는 목회자의 태도를 가르친다. "과부"는 결혼을 하였으나 사별이든 이혼이든 남편이 없는 여인을 의미한다. "과부"는 인류의 역사에서 가난하고 소외되고 버림을 받고 사람들의 냉대와 멸시를 당하는 사회적인 약자의 대명사와 같은 호칭이다. 과부는 사회에서 실제로 그런 홀대를 항상 당하였다. 구약 시대의 사회에서 과부는 치욕을 느꼈으며(사 54:4), 타인에게 보이도록 마치 주홍글씨 같은 "과부의 의복"까지 착용해야 했다(창 38:19). 그러나 하나님은 사회적 소외와 경제적 빈곤으로 서러움과 고통을 겪는 과부를 레위인과 고아와 나그네와 가난한 자들과 더불어 절대 멸시하지 말고 공동체가 연합하여 돌보아야 할 대상으로 지목하고 있다(신 10:18, 26:12; 슥 7:10; 렘 7:6). 과부를 존대하고 돌보아야 하는 근원적인 이유는 하나님이 과부들을 불쌍히 여기시고(눅 7:13) 붙드시고(시 146:9) 변호하는 분이시기(시 68:5) 때문이다.

그럼에도 불구하고 과부를 무시하고 괴롭히면 어떻게 되겠는가? "너는 과부나 고아를 해롭게 하지 말라 네가 만일 그들을 해롭게 하므로 그들이 내게 부르짖으면…내가 칼로 너희를 죽이리니 너희 아내는 과부가 되고 너희 자녀는 고아가 되리라"(출 22:22-24). 과부의 보호에 대한 성경의 입장은 대단히 엄중하다. 과부와 같은 연약한 이들을 무시하고 해롭게 하면 돌이킬 수 없는 멸망과 절망과 불행이 초래된다. 이는 하나님이 연약한 과부를 대신하여 죽음의 칼로 갚으시기 때문이다. 예수님은 "과부의 가산"을 삼킨 서기관은 다른 누구보다 "더 엄중한 심판"을 받을 것이라고 하셨으며(눅 20:47) 그들을 향해 아주 심한 비판도 쏟으셨다. "뱀들아 독사의 새끼들아 너희가 어떻게 지옥의 판결을 피할 수 있겠느냐"(마 23:33). 목회자는 하나님의 집에서 하나님을 섬기는 사환이고, 하나님의 관심사를 자신의 관심사로 여기며 그 관심사에 인생을 거는 사람이다. 주께서 과부에게 기울이는 관심의 크기만큼 그들에게 관심을 기울여야 한다. 교회에 과부와 고아와 나그네와 외국인과 가난하고 연약한 사람들이 있다면 그들에게 더 큰 관심을 기울여야 한다. 그렇게 하지 않는다면 그가 목사인가! 과부를 공경하고 돌아보지 않는 교회가 교회인가!

　"참 과부"(τὰς ὄντως χήρας)는 남편만 없는 것이 아니라 자신의 생계를 스스로 책임질 수 없고 그녀를 돌보아 줄 자녀나 후손이 없는 사람을 가리킨다. 과부의 가난은 극심했다. 어떤 과부의 경우에는 헌금으로 드린 5천원 정도의 두 렙돈이 그녀에게 "생활비 전부"였다(눅 21:2-4). 목회자는 그러한 과부를 부모에 준하는 공경의 마음으로 존대해야 한다. 과부를 무시하고 악하게 말하면 그는 목회자의 자격이 없는 사람이다. 목회자는 과부를 마음으로 존대하고 행위로도 공경해야 한다. 특별히 과부의 생계를 잘 보살펴야 한다. 부모를 굶기는 사람이 어디에 있는가! 교회는 참 과부가 생계를 유지할 수 있도록 기본적인 생필품을 제공해야 한다.

　이러한 섬김의 복에 대하여 모세는 이렇게 설교한다. "너희 중에 분깃이나 기업이 없는 레위인과 네 성중에 거류하는 객과 및 고아와 과부들이 와서 먹고 배부르게 하라 그리하면 네 하나님 여호와께서 네 손으로 하는 범사에 네게 복을 주시리라"(신 14:29). 내 손으로 하는 일마다 제대로 풀리는 것이 하나도 없으면 무엇 때문인가? 마땅히 돌보아야 할 사람들을 돌보지 않고 돌보려는 마음과 의지도 없다면 어떻게 범사에 형통하는 복을 기대할 수 있겠는가! 마땅히 해야 할 일로서 고아와 과부를 돌보는 일을 망각하고 하지 말아야 할 일에 매달리면 교회 공동체는 필히 몰락한다. 교회는 고아와 과부를 돌보되 그들이 눈치를 보게 만들거나 교회의 짐이라는 모멸감을 느끼지 않도록 먼저 마음으로 공경해야 한다. 느낌까지 배려해야 한다. 나아가 그분들이 즐거움을 느끼도록 공경해야 한다. 하나님은 이스라엘 백성이 특별히 절기를 지킬 때에 그들과 그들의 자녀만이 아니라 그들의 "노비와 네 성중에 거주하는 레위인과 나그네와 고아와 과부가 함께 즐거워” 하게 하라고 명하셨다(신 16:14). 이는 즐거운 날을 즐길 수 없는 사람들이 즐거운 날을 즐거운 날로 누리도록 배려해야 한다는 교훈이다. 이것은 진실로 사회에서 그 실천을 기대하기 어려운 교훈이다. 그래서 하나님은 교회에게 명하신다. 교회는 세상적인 낙이 없다고 생각하는 과부도 즐거움을 마음껏 누리는 특이한 공동체다.

4만일 어떤 과부에게 자녀나 손주들이 있거든 그들로 먼저 자기 집에서 경건하게 행하고 부모에게 보답을 돌려주는 것을 배우게 하라 이는 하나님 앞에 받으실 만한 것이기 때문이다

교회에는 “참 과부”와는 달리 자녀나 손주들이 있는 과부들도 있다. 이러한 경우에는 자녀나 자손들이 “먼저”(πρῶτον) 그 과부를 섬겨야 한다고 바울은 가르친다. 자녀는 부모를 공경해야 한다. 마음과 필요한 물질로 부모를 공경하는 것은 부모의 무조건적 사랑에 대한 일종의 “보답”(ἀμοιβὰς)이다. 자녀들은 이런 보답의 실천을 “배워야만 한다”(μανθανέτωσαν). 바울이 이러한 배움의 당위성을 강조하는 이유는 그런 보답이 “하나님 앞에 받으실 만한 것이기 때문이다.” 효도는 하나님을 기쁘시게 한다. 그래서 야고보는 자녀이든 자녀가 아니든 “과부를 그 환난 중에 돌아보”는 것은 “하나님 아버지 앞에서 정결하고 더러움이 없는 경건”이라 했다(약 1:27). 본성을 따라서도 효도를 자녀의 마땅한 도리로 여겨야 하겠지만 이웃을 사랑함에 있어서 가장 중요한 하나님의 계명으로 주어진 것이기 때문에 효도가 하나님을 경외하는 행위라는 사실은 더 주목해야 할 부분이다. 그런데 적잖은 자녀들이 자신들에 대한 부모의 사랑과 양육을 당연한 것으로 여기며 그것이 없으면 마땅히 받아야 할 것을 받지 못한 것처럼 부모에게 원망하고 불평한다. 배우지 못한 자식들의 모습이다. 그런 자식들은 부모를 홀대하

고 무시하는 것만이 아니라 효도의 규정을 세우신 하나님도 무시하는 불경을 저지름에 있어서도 담대하다.

5그런데 혼자가 된 참 과부는 하나님께 소망을 두고
밤낮으로 간구와 기도를 지속한다

"참 과부"는 누구인가? "혼자가 된"(μεμονωμένη) 여인이다. 이는 자녀들과 손주들이 없는 과부를 의미한다. 이러한 "참 과부"는 "하나님께 소망을 두고 주야로 간구와 기도를 지속한다." 과부는 자녀가 없고 남편도 없기 때문에 자녀를 가질 가능성도 없다. 그래서 가문의 미래가 없는 사람이다. 미래가 없으니까 소망도 없는 사람이다. 그러나 이 세상의 모든 소망을 다 수거해 가도 빼앗아갈 수 없는 소망이 있는데 그것은 하나님에 대한 소망이다. "참 과부"의 소망은 하나님 자신이다. 과부는 바로 참된 소망이 하나님 이외에는 없다는 소망의 본질과 비밀을 이 세상에 보여주는 사람이다. 과부는 기쁘게 해주어야 할 사람이 없기 때문에 하나님만 기쁘시게 한다. 늘 "주의 일을 염려하여 어떻게 해야 주님을 기쁘시게 할까"(고전 7:32) 늘 궁리하는 사람이다.

그런데 주님을 기쁘시게 하는 것은 과부의 전유물이 아니라 모든 하나님의 사람들이 추구해야 하는 인생의 목적이다. 바울이 에베소 성도들을 향해 강조한 것처럼, 누구든지 부모를 대할 때에도 주께 하듯이, 상전을 대할 때에도 주께 하듯이, 남편을 대할 때에도 "사람을 기쁘게 하는 자처럼 하지 말고… 기쁜 마음으로 섬기기를 주께 하듯"(엡 6:6-7) 행하는 것이 마땅하다. 주님께만 소망을 두는 과부의 인생은 주님을 기쁘시게 하는 모든 인생의 표본이다. 사회에서 소외되고 무시와 멸시를 당하는 과부의 영적인 위상이 교회 안에서는 너무나도 높다. 이는 교회의 본래적인 모습이다. 교회는 사회적인 약자도 인생의 최고 모델로 높여지는 곳이어야 한다. 우리는 열정의 단 한 조각도 다른 어떠한 것에 빼앗기지 않고 오직 하나님을 기쁘시게 하기 위하여 전부를 쏟아 붓는 과부를 모델로 삼아 주님께만 소망을 두고 살아가야 한다.

그리고 "참 과부"는 "밤낮으로"(νυκτὸς καὶ ἡμέρας) 하나님께 기도하는 사람이다. 시간의 단위로서 "종일"을 표현할 때에 유대인은 대체로 "낮과 밤"이 아니라 "밤과 낮"이라는 표현을 선호한다(막 4:27, 5:5; 행 20:31; 살전3:10). 하나님을 사랑하는 사람은 태양과 무관하게 살아간다. 태양이 떠오르기 이전에 삶의 시간이 시작되고 하나님이 그에게는 영원한 태양이기 때문이다. 그는 항상 하나님을 만나고 하나님과 대화하고 하나님의 마음을 알고 그의 뜻을 깨달아 그 뜻이 이 땅에서도 이루어질 수 있게 해 달라고 간구한다. 예수님은 하나님의 뜻이 한 사람도 잃지 않고 모두 구원에 이르는 것이라고 한다(요 6:39). 안나는 바로 그런 뜻의 성취를 일평생 밤낮으로 기도한 과부였다. 누가의 기록에 의하면, 그녀는 "결혼한 후 일곱 해 동안 남편과 함께 살다가 과부가 되고 팔십사 세"가 된 아셀 지파 바누엘의 딸이었다. 안나는 "성전을 떠나지 아니하고 밤낮으로 금식하며 기도"하며 하나님만 섬긴 사람이다(눅 2:36-37). 그녀는 구원의 주로 오신 예수 때문에 하나님께 감사를 드리며 "속량을 바라는 모든 사람에게" 예수에 관하여 설명했다(눅 2:38). 이처럼 안나는 하나님께 소망을 두고 섬기며 밤낮으로 기도하며 구원의 복음을 전파한 "참 과부"의 표준이다.

6그러나 향락을 좋아하는 자는 살았어도 죽은 것이니라

하나님만 소망하며 기도하는 안나와 같은 참 과부와는 달리, "향락을 좋아하는" 과부들도 있다. 여기에 사용된 헬라어 "스파탈로사"(σπαταλῶσα)는 편안하고 호사스런 삶을 추구하되 절제까지 없는 사람을 의미한다. 대부분의 사람들은 평화와 향락을 마음껏 즐기는 삶을 인생이 흠모할 만한 아주 화끈한 삶이라고 생각한다. 그러나 바울은 그런 과부들은 살아 있더라도 죽은 것과 같다고 질책한다. 그들은 산 송장이다. 이것은 또한 부패한 사데 교회를 꾸짖는 주님의 표현과 동일하다. "내가 네 행위를 아노니 네가 살았다 하는 이름은 가졌으나 죽은 자로다"(계 3:1). 삶과 죽음에 대한 기독교의 관점은 이렇게 세상의 관점과는 판이하다. 죽은 것 같지만 살아있고 산 것 같지만 죽어있는 사람들이 많다. 우리는 어떠한가? "무명한 자 같으나 유명한 자요 죽은 자 같으나 보라 우리가 살아 있고 징계를 받는 자 같으나 죽임을 당하지 아니하고 근심하는 자 같으나 항상 기뻐하고 가난한 자 같으나 많은 사람을 부요하게 하고 아무 것도 없는 자 같으나 모든 것을 가진 자로다"(고후 6:9-10). 하나님께 소망을 두고 주야로 기도만 하는 과부가 세상 사람들의 눈에는 정말 초라하고 낙이 없는 사람처럼 보이는 게 사실이다. 그러나 교회의 눈으로 보면 안나와 같은 과부는 세상의 잡다한 일에 시간이나 의식의 한 조각도 빼앗김 없이 무한하고 영원하신 하나님을 즐기는 일에만 평생을 소비해도 되기 때문에 최고의 낙을 누리는 사람이다.

혼자가 된 과부는 마음만 먹으면 무엇이든 가능하다. 과부는 남편의 법에서 벗어나서 자유롭고 자녀가 없어서 그들에게 매이지도 않고 가문의 보존과 계승에 신경 쓸 필요도 없기 때문이다. 과부는 하나님께 소망을 두고 하나님께 주야로 기도하며 살아가는 것도 가능하고, 쾌락으로 여생을 채우는 방탕한 삶도 가능하다. 그런데 향락의 삶은 비록 우리에게 활력을 주고 제대로 살아있는 사람인 것처럼 우리를 속이지만 바울은 죽음의 첩경일 뿐이라고 한다. 그래서 어떤 자에게도 속박되지 않는 "자유로 육체의 기회를 삼지 말라"(갈 5:13)고 경고한다. 향락을 맹렬히 추구하는 과부에게 경제적인 지원은 타락으로 질주하는 육체의 자유에 기름을 공급하는 것과 일반이다. 가난한 자를 돕는 차원에서 그들을 구제할 수는 있겠지만 교회의 과부로 인정하는 것은 곤란하다. 그래서 바울은 죽은 시체처럼 향락을 추구하는 여인들에 대해 "과부"라는 단어를 사용하는 것조차 꺼려한다. 바울은 두 종류의 과부를 대조했다. 참 과부와 거짓 과부의 삶은 비록 열정의 겉모습은 비슷하나 하나님 앞에서는 삶과 죽음처럼 판이하다.

7너는 이것들을 명하여 그들로 책망을 모면하게 하라

바울은 디모데를 향해 목회자의 명령권 발동을 지시한다. 즉 디모데는 과부가 된 어머니를 공경하고 돌보도록 자녀에게 명령하고, 허망한 향락의 길로 빠져드는 과부들을 돌이켜 책망을 받지 않도록 그들에게 명령해야 한다. 과부가 되어 경제적인 능력이 없어 스스로는 생존이 불가능한 어머니를 돌보지 않거나 버리는 자녀들에 대해서는 속히 어머니를 모시도록 명령해야 한다. 그리고 하나님께 소망을 두며 밤낮으로 기도하지 않고 쾌락의 늪에 빠져 영적으로 죽은 삶을 살아가는 과부에 대해서는 속히 "참 과부"의 길을 가도록 명령해야 한다. 이처럼 목회자는 삶의 바른 길도 제시하는 가르침의 사역에도 충실해야 하겠지만 그 길을 벗어난 사람들이 다시 본래의 궤도로 돌아와 하나님과 사람 앞에서 책망을 받지 않도록 만드는 권면의 사역에도 충실해야 한다. 목회자는 항상 온유하고 부드럽고 인내하고 기다리는 성품만이 아니라 문제가 심각할 때에는 단호한 결단과 신속한 조치를 취하는 목회적 순발력도 갖추어야 한다.

8어떤 이가 자신에게 속한 자들, 특히 자신의 가족을 돌보지 아니하면
믿음을 부정하는 자요 믿음이 없는 이보다 더 악하니라 특별히 자신의 가족을 돌보지 않는 자들을 바울은 책망한다. "돌보다"(προνοέω)는 말은 "미리 생각하다, 필요를 채우다, 관심을 기울이다" 등을 의미한다. 문제가 터진 이후에 수습하는 것보다는 문제가 발생하지 않도록 사전에 예방하기 위해 늘 그들의 필요를 관찰하고 적시에 채우는 것이 참된 돌봄이다. 그렇게 가족을 돌보지 않는 사람은 "믿음을 부정하는 자"라고 바울은 꾸짖는다. 믿음을 인정하는 사람은 가정을 소중하게 생각한다. 하나님은 분명히 모든 성도에게 부모를 공경하고 자녀를 노엽게 하지 않고 본을 보이면서 양육해야 한다고 명하시기 때문이다. 그런데 교회를 섬긴다는 이유로 가정을 돌보아야 할 책임을 내던지는 사람들이 있다. 교회에서 많은 직분을 맡아 섬기면서 정작 가족의 생계와 부모의 공양과 자녀의 양육을 방기하는 사람들은 믿음을 부정하는 자들이다. 그들은 믿음이 없는 사람들과 동일하다. 예수를 믿으면 믿기 이전과는 혁명의 수준으로 달라져야 한다. 말과 행실과 사랑과 신앙과 정절에 있어서 하나님의 자녀다운 면모가 나타나야 한다.

나아가 바울은 가족을 돌보지 않는 사람을 "믿음이 없는 이보다 더 악"하다고 평가한다. 왜 그러한가? 믿음이 없는 사람들은 성경의 가르침을 몰라서 가족을 올바르게 돌보지 않을 수 있지만 믿음이 있는 사람들은 가족을 돌보아야 한다는 성경의 가르침을 알고도 돌보지 않는 것이기 때문이다. 알고도 행하지 않는 것을 야고보는 죄로 규정한다(약 4:17). 행하지 말아야 할 것을 자신이 행하고 동시에 타인이 그렇게 행하는 것도 옳다고 말하는 사람들에 대해 하나님은 그들의 악한 마음을 제어하지 않으시고 하나님의 진노를 쌓도록 두신다고 바울은 설명한다(롬 1:28-32). 행해야 할 것을 알고도 행하지 않는 사람과 행하지 말아야 할 것을 알고도 행하는 사람들은 심판의 때에 믿음이 없는 사람보다 더 많이 맞는다고 한다(눅 12:47).

가족을 돌보지 않는 사람이 불신의 사람보다 더 악한 것은 믿음을 가진 자들 중에는 믿음을 이익의 방편으로 악용하는 사람들도 있기 때문이다.

대표적인 사례를 마가는 이렇게 기록한다. "내가 드려 유익하게 할 것이 고르반 곧 하나님께 드림이 되었다고 하기만 하면 그만이라"(막 7:11). 이들은 자신의 세속적인 잇속을 챙기려고 "하나님을 섬긴다, 하나님께 드린다" 등의 종교적인 명분을 악용하고 남발한다. 하나님을 알지 못하는 사람들 중에서도 발견되지 않는 악들이 심지어 교회에서 자행되고 있다. 고린도 교회에서 어떤 아들이 그 아버지의 아내를 취한 일은 경건을 빙자해서 부모를 속여 재물을 취한 것보다 더 심각한 악행이다(고전 5:1). 이처럼 말과 행동이 현저하게 다른 사람들에 대한 바울의 평가는 혹독하다. "그들이 하나님을 시인하나 행위로는 부인하니 가증한 자요 복종하지 아니하는 자요 모든 선한 일을 버리는 자니라"(딛 1:16). 이런 현상은 세상보다 교회가 더 심각하다. 오늘날 교회는 세상에서 쉽게 구경할 수 없는 희귀한 죄악들의 박람회장 같다.

우리는 어떠한가? 자녀라면, 생계를 스스로 유지할 수 없는 부모를 공경하며 돌보는가? 과부라면, 자유로운 몸이 되었기에 마음껏 향락에 취하는 죽음의 길을 활보하고 있지는 않은가? 아니면 오직 하나님께 소망을 두며 그분을 기쁘게 하기 위하여 밤낮으로 하나님의 나라와 의를 구하는 기도에 전념하는 사람인가? 우리 교회는 과연 과부들의 도리와 자녀들의 도리를 잘 가르치고 있는가? 성경의 가르침은 고사하고 인간의 기본적인 도리도 저버리는 불효를 저지르며 믿음이 없는 사람의 삶보다 훨씬 더 악한 행실로 교회에서 악취를 풍기고 있지는 않은가? 교회는 이 세상에서 희귀한 공동체다. 왜냐하면 천국을 보여주는 곳이기 때문이다. 교회는 모든 면에서 천국의 수준까지 이르러야 한다. 세상이 보기에는 지극히 작고 연약하고 볼품 없는 과부들도 하나님께 소망을 두기 때문에 전혀 위협과 조롱과 멸시를 받지도 않고 느끼지도 않는 인생의 모델로 등극하는 곳이어야 한다. 교회는 이 땅에 세워진 천국의 지부이기 때문이다.

딤전 5:9-16

⁹과부로 명부에 올릴 자는 나이가 육십이 덜 되지 아니하고 한 남편의 아내였던 자로서 ¹⁰선한 행실의 증거가 있어 혹은 자녀를 양육하며 혹은 나그네를 대접하며 혹은 성도들의 발을 씻으며 혹은 환난 당한 자들을 구제하며 혹은 모든 선한 일을 행한 자라야 할 것이요 ¹¹젊은 과부는 올리지 말지니 이는 정욕으로 그리스도를 배반할 때에 시집 가고자 함이니 ¹²처음 믿음을 저버렸으므로 정죄를 받느니라 ¹³또 그들은 게으름을 익혀 집집으로 돌아 다니고 게으를 뿐 아니라 쓸데없는 말을 하며 일을 만들며 마땅히 아니할 말을 하나니 ¹⁴그러므로 젊은이는 시집 가서 아이를 낳고 집을 다스리고 대적에게 비방할 기회를 조금도 주지 말기를 원하노라 ¹⁵이미 사탄에게 돌아간 자들도 있도다 ¹⁶만일 믿는 여자에게 과부 친척이 있거든 자기가 도와 주고 교회가 짐지지 않게 하라 이는 참 과부를 도와 주게 하려 함이라

❖ ❖ ❖

⁹과부로 등록해야 하는 자는 육십 살보다 적지 않으며 한 남자의 아내였고 ¹⁰선한 행실의 증거를 받되 자녀를 키웠거나 나그네를 환대해 주었거나 성도들의 발을 씻겼거나 환난 당한 자들을 도왔거나 모든 선한 일과 동행하는 자니라 ¹¹그러나 젊은 과부들은 거절해라 왜냐하면 그들은 그리스도와 반대되게 정욕을 부리며 시집가려 하기 때문이다 ¹²그들은 첫 신의를 버렸기 때문에 정죄를 받을 자들이다 ¹³게다가 그들은 집집마다 다니며 게으름을 익히고 게으를 뿐 아니라 쓸데없는 말을 하고 하찮은 일로 분주하며 해서는 안 되는 것들을 발설하는 자들이다 ¹⁴그러므로 나는 청년들이 결혼을 하고 자녀를 양육하고 가정을 다스려서 대적하는 자들에게 비방할 기회를 조금도 주지 말기를 원하노라 ¹⁵이는 어떤 이들이 이미 돌이켜 사탄을 뒤따르고 있기 때문이다 ¹⁶만일 어떤 신실한 여자가 과부들을 데리고 있다면 그들을 도와주어 교회에 부담을 주지 말고 교회가 참 과부들을 도와주게 하라

13   교회의 공문서

제도적인 교회는 세상에서 모든 과부들의 생계를 책임지는 곳이 아니라 진리의 터와 기둥의 공적인 기능을 수행하는 기관이다. 과부에 대한 교회의 정책도 하나님의 나라를 세우고 확장하는 방식의 일환이다. 교회가 제공하는 공적인 도움은 참 과부에게 국한된다. 참 과부의 명부에 등록되기 위해서는 소정의 자격을 갖추어야 한다. 본문에서 바울은 교회의 "참 과부" 목록에 등록될 수 있는 요건들에 대해 설명한다. 여기에 적시된 요건들을 갖추지 못하여 생계의 지원을 받지 못하는 과부들도 있다. 그들에 대해서는 성도 개개인이 특별한 관심을 기울이고 보살펴야 한다. 과부를 돌보고 섬기는 것은 교회가 예수님의 뜻을 이루는 그의 몸이기 때문이다. 예수님이 이 세상에 오신 이유는 아름다운 소식을 전하며 "마음이 상한 자를 고치며 포로된 자에게 자유를, 갇힌 자에게 놓임을 선포하며…슬픈 자를 위로하되…슬퍼하는 자에게 화관을 주어 그 재를 대신하며 기쁨의 기름으로 그 슬픔을 대신하며 찬송의 옷으로 그 근심을 대신"하기 위함이다(사 61:1-3). 교회가 세상에 존재하는 이유는 바로 이것이다. 그런데 이런 존재의 이유가 교회에서 종적을 감추었다. 어찌해야 할까!

⁹과부로 등록해야 하는 자는 육십 살보다 적지 않으며 한 남자의 아내였고

"등록하다"(καταλέγω) 동사는 성경에서 딱 한 번 이곳에만 사용된 낱말이다. 이 동사 때문에 고대 교회에는 과부들의 명부가 있었다고 사람들은 추정한다. 합당한 추정이다. 그러나 과부의 명단을 작성하는 것이 모든 교회의 보편적인 현상이며 이후에도 교회의 항구적인 제도로 굳어진 것인지에 대해서는 명확한 증거물이 없다. 홀아비의 명부가 교회에 있었다는 증거는 어디에도 없다. 최소한 에베소 교회의 경우에는 참 과부의 명부가 있었음이 분명하다. 과부를 대하는 에베소 교회의 태도를 온 교회가 모델로 삼는 것은 아름답다. 그런데 과부의 명부와 같은 그리스도 예수의 몸인 교회의 공문서는 공신력이 다른 어떤 기관보다 뛰어나야 한다. 명단을 작성하면 온 교회에 알려진다. 공동체의 모든 구성원은 등록된 과부에게 합당한 예를 갖추어야 한다. 명부에 오른 과부를 교회가 높이는 모습은 세상 사람들도 본다. 만약 명부와 내용이 일치하지 않으면 교회가 거짓의 온상으로 전락한다.

오늘날 교회에는 다양한 명부들이 있다. 명부의 종류에 따라 목사들의 이름, 장로들의 이름, 권사들의 이름, 집사들의 이름, 교인의 이름, 세례자의 이름 등이 적시되어 있다. 두 가지의 문제가 발견된다. 첫째, 적잖은 사람들이 명부에 자신의 이름이 없음에도 불구하고, 그 명부에 합당한 거취와 활동의 증거가 없음에도 불구하고, 취업이나 결혼이나 다른 목적을 위해 거짓된 증명서의 발부를 교회에 요청하고 있다는 사실이다. 오늘날 교회는 세례증서, 교회 등록증서 혹은 출석증서, 목회자나 장로의 안수증서 등과 같은 공문서의 위조를 가볍게 생각하고 거짓된 공문서의 발급을 남

발한다. 그러나 교회는 정직해야 한다. 교회의 공문서는 사랑을 구실로 삼아 뭉개고 타협할 수 없는 공의와 관계된 사안이다. 공의가 무너진 교회의 사랑은 거짓의 교묘한 둔갑이다. 교회는 세상에 사랑과 공의의 기준을 세우고 공급하는 하늘의 기관이다. 그래서 세상보다 행정의 기준이 더 엄격해야 한다. 하늘의 생명책이 가진 권위까지 바랄 수는 없겠으나 교회의 공문서는 그런 경지의 권위까지 추구해야 한다.

둘째, 비록 명부에 이름이 있기는 하지만 그 명부가 가진 공신력에 합당한 자격이나 자질을 구비하지 않는 사람들이 너무나도 많다는 사실이다. 인격과 삶에 있어서 세상도 조롱하는 목사와 장로와 권사와 집사가 너무나도 많다. 물론 완전한 인간이 어디에 있겠는가! 그러나 인격과 삶의 함량이 미달인 사람에게 사람의 영혼을 다루고 하늘의 진리를 취급하는 목회자나 다른 공직자의 권위를 부여하면 그 피해는 얼마나 크겠는가! 영혼의 문제는 어떠한 시대이든 어떠한 상황이든 어떠한 지역이든 가장 엄중하게 다루어야 한다. 시대가 아무리 수상해도 목회자의 명부에 올릴 자들의 자격은 엄격하게 심사하고 미달한 경우에는 어물쩍 넘어가지 말고 엄격한 훈련의 과정을 충실하게 거치게 하고 다시 심사해서 적합하면 그때서야 목회자로 안수하고 등록해야 한다. 과부를 명부에 등록하는 것의 자격도 그렇게 엄격한데, 하물며 교회의 항구적인 직분인 목사와 장로와 집사를 명부에 올리는 것의 자격은 얼마나 더 철저해야 하겠는가!

교회에서 과부의 명부에 올려서 생계의 수단을 지원하는 대상이 갖추어야 할 일반적인 요건으로 바울은 두 가지를 제시한다. 첫째, 나이는 60세 이상이다. 둘째, 과거에 한 남자의 아내였던 여인이다. 참 과부의 나이를 60세 이상으로 정한 이유는 다시 결혼할 가능성이 희박하고 자녀를 가질 가능성도 당연히 희박하고 스스로 생계를 유지할 노동이나 취업의 가능성도 희박하기 때문이다. 지금 일반직 공무원의 정년은 대체로 60세이며, 교수의 정년은 65세이고, 목사의 정년은 70세이다. 1989년 이전에는 공무원의 정년이 55세 정도였다. 이제는 의학과 생활수준 향상으로 남성이든 여성이든 60세 이후에도 생계의 활동이 가능하다. 대한민국 경우, 2020년 1월을 기준으로 평균수명은 82.8세이다. 그러나 고대 로마시대 팔레스틴 지역에는 수명의 평균적인 길이가 기껏해야 30세 정도였다. 이것만 보더라도, 그 시대에 60세 이상의 과부가 스스로 생계를 유지하는 것은 쉽지 않았을 것이라고 짐작된다. 한 시대의 문화만이 아니라 창조의 원리를 보더라도, 남자가 이마에 노동의 땀을 흘리며 여성의 생계를 유지하는 것이 마땅한데 그런 남자가 없는 여인이기 때문에 과부는 교회의 도움이 절실하게 필요하다.

그리고 과부가 "한 남자의 아내"(ἑνὸς ἀνδρὸς γυνή)라는 과거를 등록의 필수적인 요건으로 삼은 이유는 아내였던 적이 없이 혼자인 여성은 과부가 아니라 처녀이기 때문이다. 그런데 여기에서 "한 남자의 아내"라는 말이 재혼하지 않은 과부를 의미할까? 이 요건에 근거하여 명부에 등록될 과부에게 재혼의 이력이 있어서는 안 된다고 주장하는 사람들이 있다. 이들은 다른 남자와 재혼하지 않고 "한 남자의 아내"로서 60년을 살았다는 것은 그 자체로 정절의 뚜렷한 증거이기 때문에 과부의 명부에 마땅히 올라야 한다는 당위성도 추가한다. 일리가 있는 주장이다. 남편이 일찍 사망했든 늦게 사망했든 60세가 넘도록 한 남자에게 정절을 지킨다는 것은 과부의 명부에 등록된 이후에 그 서약을 파기하고 재혼할 가능성이 낮을 것이라는 짐작의 근거로 작용하기 때문이다. 그러나 초혼에서 과부가 되었든, 재혼에서 과부가 되었든, 남편이 동시에 둘인 경우가 아니라면 결격 사유가 없다는 해석도 가능하다. 바울이 14절에서 젊은 과부에게 재혼할 것을 제안하고 있다. 바울의 제안을 따라 재혼한 이후에 다시 과부가 된 여인이 과부의 명부에서 제외되는 것은 부당하다. 물론 재혼한 이후에 과부가 된 사람은 다시 결혼할 가능성이 다른 과부보다 높을 것이라는 추정은 타당하다. 그렇지만 그런 가능성을 명부에서 배제할 정도의 결점으로 보는 것은 과도하다.

10선한 행실의 증거를 받되 자녀를 키웠거나 나그네를 환대해 주었거나 성도들의
　　발을 씻겼거나 환난 당한 자들을 도왔거나 모든 선한 일과 동행하는 자니라

　　바울은 과부의 명부에 올릴 상황적인 요건을 언급한 이후에 행위적인 요
건을 제시한다. "선한 행실"에 대한 증거가 뚜렷하여 타인에 의해서도 인정
을 받아야 한다는 요건이다. 자신이 선한 행실을 했다고 스스로 주장하는
것이 아니라 타인의 객관적인 인증을 요구한다. "행실"은 머리 속의 관념이
아니라 몸의 실천이다. 타인에게 보여진다. 그래서 선한 행위는 참 과부의
객관적인 물증으로 간주된다. 과부 후보자가 지금까지 타인에게 보여준 선
행의 대상은 자녀와 나그네와 성도와 환난을 당한 사람으로 구분된다.
　　첫째, 자녀를 키운다는 것은 선한 행실이다. 사실 "자녀를 키웠다"
(ἐτεκνοτρόφησεν)는 것은 참 과부에게 자녀가 없어야 한다는 조항과 상충되
는 것처럼 보이지만, 두 가지의 해명이 가능하다. 첫째, 자녀를 낳아서 길
렀지만 그 자녀가 세상을 떠난 경우이다. 이 경우는 다른 누구보다 더 슬프
고 괴로운 과부를 의미한다. 둘째, 자녀가 혈통적인 자녀가 아니라 주변의
고아들 혹은 교회 공동체에 있는 그리스도 안에서의 자녀들을 가리킨다.
참 과부는 교회 안에서 어린 지체들을 그들의 부모가 있든 없든 사랑으로
돌보며 부모처럼 양육한 선행의 증거를 가진 사람이다. 자녀를 양육하는
것은 위대한 섬김이다. 특정한 필요가 아니라 하나의 인생이 요구하는 모
든 필요를 채우는 일이기 때문이다. 그래서 자신의 전부를 자녀의 양육에
필요한 비용으로 소비해야 한다. 대단한 헌신이다. 이처럼 교회에서 참 과
부가 된다는 것은 모든 사람들의 필요를 인지하고 그 필요를 채우기 위해
자신의 전부를 희생하는 어미의 마음으로 하나님께 기도로 엎드리는 사람

임을 의미한다.

둘째, 나그네를 환대하는 것도 선한 행실이다. 나그네는 학연이나 지연이나 혈통에 있어서 어떤 연관성도 없는 사람이고 당연히 섬겨야 할 필연적인 이유가 없는 사람이다. 그런데도 그런 "나그네를 환대해 주었다"(ἐξενοδόχησεν)는 것은 그녀가 혈통의 경계 밖에 있는 사람들도 사랑의 대상으로 품은 과부임을 나타낸다. 참 과부는 그런 사람에 대해서도 넉넉한 사랑을 실천하는 사람이다. 이는 이웃에 대한 조건부 사랑이 아니라 무조건적 이웃 사랑이다. 나그네는 일인칭 소유격을 붙여 관계성을 표현할 수 없는 대상이다. 나그네의 환대는 감독이나 집사의 자질에도 포함되어 있다. 그들이 나그네를 환대하며 돕고자 하는데 과부가 반대하고 눈치를 준다면 교회는 분열되고 교회의 정체성은 심각하게 훼손된다. 교회는 하늘을 본향으로 여기고 세상을 아침의 안개처럼 잠시 머물다가 떠나는 여관으로 여기는 성도의 모임이다. 그런 교회에 나그네가 안식의 등을 잠시도 눕히지 못한다면 세상이 영원한 안식처의 모델하우스인 교회의 본질을 어떻게 알겠는가!

셋째, 성도들의 발을 씻기는 것도 선한 행실이다. "성도의 발을 씻겼다"(ἁγίων πόδας ἔνιψεν)는 것은 과부가 교회 안에서 자신을 낮추고 다른 모든 성도를 섬김의 대상으로 여겼음을 의미한다. 교회에서 허리를 굽히지 않는 사람들도 많다. 그러나 과부는 공동체 안에서 자신의 노동력이 필요한 사람에게 아끼거나 주저하지 않고 적극적인 섬김의 본을 보이는 사람이다. 낮아지는 것은 향기롭고 아름답다. 모든 사람의 종이 되는 낮아짐은 으뜸의 첩경이다.

넷째, 환난 당한 사람들을 돕는 것은 선한 행실이다. 돕는 자가 꼭 부자여야 할 필요는 없다. 도움은 크기보다 질이 중요하다. 과부가 "환난 당한 자들을 도왔다"(θλιβομένοις ἐπήρκεσεν)는 것은 그녀가 타인의 아픔을 함께 아파하며 나의 아픔인 것처럼 여기며 해결책을 찾는 사람임을 의미한다.

환난을 당한다는 말은 경제적인 가난, 정치적인 억압, 사회적인 소외, 신체적인 연약함을 의미한다. 이런 환난의 피해자가 곁에 있다면 능력이 크든 작든 누구든지 도움의 손을 내밀어야 한다. 시인은 이렇게 노래한다. "가난한 자를 보살피는 자에게 복이 있음이여 재앙의 날에 여호와가 그를 건지실 것이니라"(시 41:1). 하나님은 가난한 사람을 보살핀 자의 재앙을 결코 지나치지 않으시고 반드시 복으로 갚으신다. 환난에서 타인을 건져주는 것은 자신도 언제 당할지 모르는 재앙의 가장 든든한 보험이다. 환난 당한 자에게 도움을 준 여인이 과부가 되었을 때 교회가 그녀를 책임지는 것은 시편에 기록된 이 약속의 아름다운 성취이다.

명부에 올릴 과부의 요건으로 지금까지 언급한 네 가지 외에도 선행의 종류는 다양하다. 바울은 언급되지 않은 다른 "모든 선행들"(παντὶ ἔργῳ ἀγαθῷ)도 한 과부를 교회의 명단에 올리는 합당한 요건으로 인정하고 있다. 선행은 나 자신보다 타인의 유익을 추구하는 행위를 가리킨다. 교회는 선행이 장려되고 기념되는 곳이어야 한다. 믿는다고 하면서도 선을 행하지 않는 사람들은 교회에서 어떠한 공적인 직함이나 지위도 얻지 못한다는 것을 우리는 참 과부의 요건에서 확인한다. 교회의 어떠한 공직에 있더라도, 믿음의 말들이 입술에만 고여 있고 몸으로는 침묵하는 사람은 그 공직에서 물러나야 한다. 자신을 위해, 교회를 위해, 하나님을 위해 자발적인 면직이 합당하다. 사회에서 큰 죄를 저지르고 감옥에 투옥된 상황에서 믿음을 얻은 사람이 곧장 신학교로 가서 목회자가 되는 것은 올바르지 않다. 안수보다 선행이 우선이다. 자신도 스스로를 선한 행실로써 검증해야 하고 타인에게 선행의 증거물을 제시해야 한다.

11그러나 젊은 과부들은 거절해라 왜냐하면
그들은 그리스도와 반대되게 정욕을 부리며 시집가려 하기 때문이나
12그들은 첫 신의를 버렸기 때문에 정죄를 받을 자들이다

바울은 "젊은 과부들"(νεωτέρας χήρας)을 교회의 명부에 올리지 말라고 가르친다. 이유는 크게 두 가지로 구분된다. 첫째, 기회를 봐서 재혼하려 하기 때문이다(11-12절). 둘째, 행실이 덕스럽지 않기 때문이다(13절). 젊은 과부들은 결혼 가능성이 있고 결혼하면 자녀를 가질 가능성이 생기고 자녀가 있으면 혈통적인 미래를 꿈꿀 수 있는 사람이다. 바울은 특별히 그리스도 예수를 거스르는 정욕의 분출과 재혼을 우려하고 있다. 과부의 명단에 이름을 올린다는 것은 앞으로 재혼에 소망을 두지 않고 오직 하나님께 소망을 두고 그분을 위해 기도하는 여생을 살겠다는 일종의 서약이다. 그런데 과부로 등록된 이후에도 시집의 기회를 노리다가 재혼하면 이는 그리스도 외에 어떤 남성을 위해서 살아가게 되고 이는 "첫 신의 혹은 서약"(τὴν πρώτην πίστιν)를 깨뜨리는 일이기 때문에 정죄 받음이 마땅하다. 여기에서 젊은 과부들이 시집 가기를 "원한다"(ἐθελέω)는 점을 바울은 지적한다. 소원은 언제나 상황을 주시하고 기회를 기다리고 나타나면 붙들고 곧장 행동에 돌입한다. 과부가 교회 공문서의 공동체적 권위와 영예를 이용하여 뭇 남성들의 시선을 수집하고 재혼의 대상을 고르다가 발견하면 곧장 시집가는 것은 경건을 이익의 방편으로 악용하는 것이 아니고 무엇인가!

젊은 과부들을 거절해야 한다는 바울의 권고를 재혼의 금지로 해석하는 것은 부당하다. 젊은 과부들이 다시 결혼하는 것은 얼마든지 가능하다. 재혼은 죄를 짓는 것도 아니고 부도덕한 행위도 아니기 때문이다. 바울은 오히려 14절에서 그들의 재혼을 권유하고 있다. 하지만 바울의 이런 권유에 근거하여 등록된 과부의 재혼을 정죄까지 하는 것이 과하다고 주장하는 사람들이 있다. 그런 주장이 오히려 나는 과하다고 생각한다. 등록된 과부의 재혼을 정죄하는 이유는 재혼 자체보다 교회의 공적인 문서를 결혼의 수단으로 활용하는 문제 때문이다. 교회에서 받은 어떤 공적인 직함이 개인의 이익을 추구하는 방편으로 사용되는 것은 모두 부당하다. 목사가 목사의 권위에 근거하여 타인의 지갑을 열고 타인의 옷을 벗기고 타인의 순수한 마음을 이용하고 몸을 유린하는 것은 그에 상응하는 형벌로서 파면이나 면직을 받아 마땅하다. 장로나 집사라는 진실한 기독교의 이미지를 선거에 활용하고 부당한 혜택을 취하고 배타적인 사업을 따내는 행위도 정죄를 받음이 합당하다. 과부가 재혼의 의지가 없는 것처럼 교회의 명부에 올리고서 시집의 소원을 이루려는 태도도 동일한 정죄의 대상이다. 모든 직분은 교회의 공직이 이익의 도구가 아님을 명심해야 한다.

[13]게다가 그들은 집집마다 다니며 게으름을 익히고 게으를 뿐 아니라 쓸데없는 말을 하고 하찮은 일로 분주하며 해서는 안되는 것들을 발설하는 자들이다

에베소 교회에 있는 젊은 과부들의 두번째 문제점은 덕스럽지 않은 행실이다. 바울은 세 가지를 언급한다. 첫째, 그들은 집집마다 다니며 "게으름"(ἀργός)을 연습하는 사람이다. 서로에게 도움을 주거나 다른 선을 이루기 위한 협력의 필요성 때문에 타인의 집을 방문하는 것은 얼마든지 가능하다. 그런데 그렇지 않은 젊은 과부들은 타인의 집 방문 자체가 게으름의 연습이다. 마땅히 해야 할 일들을 뒷전으로 넘기고 집집마다 모여서 세월을 허비하기 때문이다. 둘째, 그들은 게으름만 피우지 않고 "쓸데없는 말을 쏟아내는 사람"(φλύαρος)이다. 무익한 말을 쏟아내는 자는 입술의 합당한 용도를 왜곡하는 사람이다. 은혜를 끼치고 덕을 세우고 선을 도모하는 것이 아닌 말을 쏟아내는 수다는 게으름의 언어적인 유형이다. 셋째, 그들은 "하찮은 일에 분주한 사람"(περίεργος)이다. 선하고 의롭고 아름다운 일에 열심을 내는 것에도 그늘이 존재한다. 하물며 하찮은 일에 매여 숨가쁘게 살아가는 것은 오죽할까! 넷째, 그들은 "해서는 안되는 것들"(τὰ μὴ δέοντα)을 발설하는 사람이다. 지혜롭지 않은 정직은 타인과 공동체를 위태롭게 한다. 사실이라 할지라도 들어가지 말아야 할 귀에까지 배달하는 것은 정직

이 아니라 경박한 입의 방정이다. 이로 보건대, 당시의 에베소 지역에는 과부들의 정욕적인 재혼과 덕스럽지 못한 행실이 편만했을 가능성이 높다. 그러나 바울은 에베소 교회의 젊은 과부들로 하여금 세상과는 달리 게으름과 무익한 말과 하찮은 일과 위태로운 발설에 소중한 시간과 에너지를 소비하지 않도록 타이른다.

14그러므로 나는 청년들이 결혼을 하고 자녀를 양육하고 가정을 다스려서 대적하는 자들에게 비방할 기회를 조금도 주지 말기를 원하노라

바울은 디모데를 가르치되 젊은 과부가 하지 말아야 할 것들의 경계와 더불어 마땅히 해야 할 적극적인 실천의 지침도 제공한다. 첫째는 재혼이고 둘째는 자녀의 양육이고 셋째는 가정의 경영이다. 첫째, 바울은 젊은 과부의 재혼을 소원한다. 사실 바울의 관점에서 볼 때 결혼한 여인은 정욕의 절제가 힘든 사람이다. "만일 절제할 수 없거든 결혼하라 정욕이 불 같이 타는 것보다 결혼하는 것이 나으니라"(고전 7:9). 이로 보건대, 결혼을 했다면 불타는 정욕이 있을 가능성이 높은 사람이다. 그래서 바울은 젊은 과부가 결혼의 경험이 없는 처녀보다 정욕의 절제가 더 힘들 것이라고 판단한다. 둘째, 젊은 과부는 재혼하여 자녀를 낳고 "자녀를 키우라"(τεκνογονεῖν)고 한다. 자녀의 양육은 참 과부가 교회의 명부에 올라가는 요건이다. 바울의 이 바램은 과부가 재혼하여 자신의 자녀를 낳아 기르든지, 교회의 모든 아이들을 자녀처럼 돌보든지, 고아들을 자신의 자녀처럼 양육하는 것을 의미한다. 자녀의 양육은 결코 만만하지 않고 대단히 중요한 사역이다. 양육의 노고는 해산의 고통보다 더 크고 더 오래 지속된다. 그래서 자녀를 키운다는 것은 자신의 모든 것을 그 일에 쏟아붓는 헌신을 의미한다. 셋째, 젊은 과부는 재혼하여 자녀를 낳고 "가정을 다스려야 한다"(οἰκοδεσποτεῖν). 사

랑과 화목이 가득하고 공평과 정의가 가득하고 성실과 인내와 용서가 가득하여 천국을 방불하는 가정의 분위기를 조성해야 한다. 이런 가정에서 성장한 아이들이 사회에서, 국가에서, 세계에서 겸손과 섬김의 리더십을 발휘하는 주역으로 활동한다. 가정의 경영은 곧 세계의 경영이다.

이렇게 젊은 과부들이 다시 결혼하여 자녀를 낳아 기르고 천국 같은 가정을 경영하면 대적하는 자들이 가할 공격의 빌미와 비방의 꼬투리는 사라진다. 세상은 굶주린 사자의 입을 벌리고 삼킬 자를 찾는 마귀가 왕 노릇하는 곳이어서 교회를 파괴하고 해체시킬 비방의 단서를 잡으려고 수면과 음식도 포기하며 매달리는 그의 추종자가 많다. 그들의 결기는 대단하다. 특별히 그들은 정욕의 절제가 어려운 젊은 과부들의 실족을 기다린다. 믿는 자의 실족은 교회의 비방으로 이어진다. 그 비방의 칼끝은 하나님의 이름이 능욕 당하는 것을 겨냥한다. 하나님의 이름이 세상에서 누더기가 되는 것은 원수의 가장 고약하고 가장 간절한 열망이다. 원수들은 스스로 하나님의 이름을 더럽히는 것보다 그의 백성을 이용하여 능욕하는 것을 더욱 소원한다. 그래서 교회를 공격하되 특별히 교회의 연약한 부위를 건드린다. 때로는 미혹하고 때로는 괴롭힌다. 참으로 비겁하고 야비하다. 그런데 그것이 사탄의 속성이다. 이런 속성은 사람들 안에서도 발견된다.

아말렉은 이스라엘 백성을 괴롭힌 대표적인 민족이다. 아말렉은 "민족들의 으뜸"(민 24:20)인 동시에 하나님의 항구적인 대적이다(출 17:16). 그들은 이스라엘 백성 중에서도 아이나 노약자나 임산부를 공격하되 그들이 지쳤을 때를 골라서 공격했다(신 25:18). 야비한 사탄의 판박이 족속이다. 그들에 대한 하나님의 엄중한 선언이다. "내가 아말렉을 없이하여 천하에서 기억도 못 하게 하리라"(출 17:14). 이 일을 이스라엘 백성의 태조 사울에게 맡기셨다. 그런데 그는 하나님의 명령을 거부했다. 그런데 사탄은 지금도 여전히 현대판 아말렉을 일으키고 교회의 약점을 건드리며 하나님의 그 선언에 대항하여 아말렉의 기억을 떠올리게 한다. 예나 지금이나 사회에는 일대일 정면승부 대신에 아내나 아이들과 같은 가족의 연약한 구성원을 인질로 삼아 겁박하는 비열한 짐승 같은 인간들이 거대한 권력 집단을 이루고 국민 위에 군림하고 있다. 그러나 교회는 저항해야 한다. 연약한 자들을 사랑으로 섬기며 보호하는 방식으로 아말렉의 불쾌한 부활을 저지해야 한다.

15이는 어떤 이들이 이미 돌이켜 사탄을 뒤따르고 있기 때문이다

바울이 젊은 과부들의 실족과 그것에 대한 대적들의 비방을 꼬집어 경계한 이유는 이미 그런 일이 일어났기 때문이다. 그리스도 예수를 등지고 사탄을 뒤따른 젊은 과부들이 하나둘이 아니라 다수(τινες)였다. 심각한 문제가 터져도 경계하지 않으면 반드시 재발한다. 동일한 문제의 재발이 반복되면 그 문제는 문제로 여겨지지 않고 하나의 넓은 길처럼 여겨진다. 많은 사람들이 안심하고 출입한다. 멈추어야 할 때에 적신호가 깜빡이지 않으면 뒤를 따라오는 사람들은 심각한 위험에 노출된다. 뒤따르는 개개인이 역사의 적신호를 인지하는 것도 중요하다. 과거의 심각한 적색등을 보고서도 교훈을 얻지 못하는 사람의 미래는 브레이크 없는 자동차와 같다. 자신만이 아니라 타인도 위태롭게 한다. 바울은 젊은 과부들의 배교가 이미 여러 건 발생했기 때문에 디모데가 사태의 위중함을 인지하고 신속하게 조치하여 교회의 미래를 밝게 지키라고 조언한다.

16만일 어떤 신실한 여자가 과부들을 데리고 있다면
그들을 도와주어 교회에 부담을 주지 말고 교회가 참 과부들을 도와주게 하라

바울은 과부들을 돌봄에 있어서 각 가정과 교회의 역할을 구분한다. 즉

가정은 일반적인 과부들을 도와주고 교회는 참 과부들을 도와준다. 여기에서 가정은 직계 가족만이 아니라 친척까지 포함한다. 한 가문에 과부들이 있다면 가문에 속한 믿음의 여인들이 과부들을 도와야 한다고 바울은 가르친다. 남자들이 아니라 여자들이 과부들을 도울 때 보다 효과적인 돌봄이 가능하기 때문이다. 나아가 바울은 과부들을 여인들 중에서도 믿음이 없는 여자에게 의탁하지 않고 "신실한 여인"(πιστὴ)에게 의탁해야 한다고 강조한다. 믿음의 사람은 그 자체로 하나님의 성전인 동시에 교회의 한 부분이다. 그래서 믿음의 여인들이 과부들을 돌보는 것도 넓은 의미에서 교회의 돌봄이다. 제도적인 교회 공동체는 남편도 없고 자녀도 없고 가족도 없는 참 과부들의 돌봄을 담당한다.

바울은 이런 권면을 하면서 교회에 "짐을 지우지 말라"(μὴ βαρείσθω)는 언급을 삽입한다. 교회에 짐을 지운다는 것은 각 가정에서 해결해야 할 문제를 교회에 떠넘기는 경우를 의미한다. 매사에 우리는 공과 사를 구분해야 한다. 가정에서 해결해야 하는 문제가 교회의 과제로 주어지면 교회의 공적인 직무를 수행함에 있어서는 어떤 식으로든 차질이 빚어진다. 교회의 의식은 사방으로 분산되고 에너지는 빨리 소진된다. 교회가 본연의 공적인 사명, 즉 "진리의 기둥과 터"로서의 사명에 집중할 수 있도록, 한 가정의 해결사 혹은 심부름 센터로 전락하지 않도록, 공동체의 모든 구성원은 협력해야 한다. 자신의 사적인 유익을 위해 공적인 유익의 손실을 초래하는 문제는 전염성이 강해서 한 사람에게 국한되지 않고 산불처럼 번져 너도 나도 자신의 이익 챙기기에 급급한 분위기를 조성한다. 이권 쟁탈전 때문에 갈라지고 망가지는 교회가 무수하다. 이는 목회자가 먼저 본을 보여야 하는 사안이다. 그런데 목회자가 오히려 적정한 사례비 이외에 자녀의 교육비, 주택 관리비, 차량 유지비, 적정한 보험 외에도 가입된 사치스런 보험의 비용을 교회에 떠넘기는 현상이 종종 목격된다. 얼마나 부당한 특혜인가! 혹시라도 교회 공동체가 먼저 그렇게 하시라고 권한다고 할지라도 목회자는 단호히 거부해야 한다. 감사한 마음으로 받는 것이 자유일 수는 있겠으나 교회와 세상에 덕을 세우는 일은 아니기 때문이다. 말씀을 잘 가르쳐서 성도가 두 배의 존경 차원에서 목사에게 권하는 혜택이라 할지라도 목사 편에서의 도리라는 것도 있음을 목회자 된 자는 명심해야 한다.

교회는 하나님 나라의 모형이다. 하나님의 거룩한 이름이 있고 하늘의 질서가 운용되는 곳이기 때문에 교회에서 발행하는 공문서는 세상의 다른 어떠한 문서보다 정확하고 진실해야 한다. 과부의 명부에는 교회가 생계를 책임져야 할 다양한 요건을 갖춘 과부들의 이름만 등재해야 한다. 젊은 과부들은 거짓으로 서약한 후 재혼하여 주님을 떠나 정죄 당하지 말고 덕스럽지 못한 행실을 금하고 마음에 맞는 배우자를 찾아 재혼하고 자녀를 낳아 양육하고 가정을 천국의 모델로 만드는 일에 집중해야 한다. 이로써 대적들로 하여금 과부들 자신을, 교회를, 하나님의 이름을 비방할 구실을 얻지 못하도록 주의해야 한다. 혹시 가족 안에서나 친척들 중에 젊은 과부들이 있다면 도움의 손을 뻗어서 교회에 부담이 되지 않도록 힘써 돌보아야 한다. 교회는 참 과부들을 돕는 일에 집중해야 하기 때문이다. 참 과부의 명부에 오른 여인들은 그들 자신이 교회와 세상에서 살아가는 일종의 공문서다. 과부만이 아니라 목사와 장로와 집사를 비롯한 교회의 모든 공직자는 발 달린 공문서다. 위조가 아님을 인격과 삶으로 증명해야 한다. 만약 목사가 세상의 기준으로 보더라도 위조된 문서로 규정되면 하나님의 이름이 세상에서 능욕을 당하게 만드는 부끄러운 공직자가 된다. 성도 개개인은 세상에서 살아가는 교회의 공문서다. 세상의 다른 어떠한 문서보다 신뢰도가 높은 것이어야 한다.

바울이 과부 이야기를 이토록 길고 세세하게 언급하는 이유는 무엇인가? 과부는 고아와 더불어 세상에서 가장 연약한 사람들을 가리킨다. 세상은 연약한 자들을 무시하고 이용하고 학대한다. 그러나 기독교는 그들을 그 어려움 중에서 보살피는 것을 "하나님 아버지 앞에서 정결하고 더러움이 없는 경건"(약 1:27)으로 이해한다. 교회는 경건해야 한다. 하나님의 뜻이 구현되고 하나님의 질서가 회복되는 곳이어야 한다. 하나님의 뜻이 그대로 성취되고 하나님의 질서가 완벽하게 보존된 곳은 천국이다. 그 천국의 모습에 대하여 이사야는 이렇게 기록한다. "이리가 어린 양과 함께 살며 표범이 어린 염소와 함께 누우며 송아지와 어린 사자와 살진 짐승이 함께 있어 어린 아이에게 끌리며 암소와 곰이 함께 먹으며 그것들의 새끼가 함께 엎드리며 사자가 소처럼 풀을 먹을 것이며 젖 먹는 아이가 독사의 구멍에서 장난하며 젖 뗀 어린 아이가 독사의 굴에 손을 넣을 것이라"(사 11:6-8). 이 말씀에서 무엇이 보이는가! 어린 양과 어린 아이와 젖 먹는 아기와 젖 뗀 아기가 어떠한 위협이나 멸시나 학대나 불이익을 당하지 않고 오히려 이리와 표범과 사자와 곰과 독사가 그들에게 순응하는 모습이다. 지극히 작은 자가 모든 이름 위에 뛰어나게 되는 아주 역설적인 질서가 구현되는 곳이 바로 천국이다. 교회는 세상에서 지극히 연약한 고아와 과부가 높아지고 최고의 평강과 기쁨과 만족과 행복을 누리는 곳이어야 한다. 그들의 상태에 공동체 전체가 눈높이를 맞추어야 한다. 그래서 바울은 특별히 과부 이야기를 통해 교회가 세상에 있는 천국의 지부라는 사실을 가르친다.

딤전 5:17-25

¹⁷잘 다스리는 장로들은 배나 존경할 자로 알되 말씀과 가르침에 수고하는 이들에게는 더욱 그리할 것이니라 ¹⁸성경에 일렀으되 곡식을 밟아 떠는 소의 입에 망을 씌우지 말라 하였고 또 일꾼이 그 삯을 받는 것은 마땅하다 하였느니라 ¹⁹장로에 대한 고발은 두세 증인이 없으면 받지 말 것이요 ²⁰범죄한 자들을 모든 사람 앞에서 꾸짖어 나머지 사람들로 두려워하게 하라 ²¹하나님과 그리스도 예수와 택하심을 받은 천사들 앞에서 내가 엄히 명하노니 너는 편견이 없이 이것들을 지켜 아무 일도 불공평하게 하지 말며 ²²아무에게나 경솔히 안수하지 말고 다른 사람의 죄에 간섭하지 말며 네 자신을 지켜 정결하게 하라 ²³이제부터는 물만 마시지 말고 네 위장과 자주 나는 병을 위하여는 포도주를 조금씩 쓰라 ²⁴어떤 사람들의 죄는 밝히 드러나 먼저 심판에 나아가고 어떤 사람들의 죄는 그 뒤를 따르나니 ²⁵이와 같이 선행도 밝히 드러나고 그렇지 아니한 것도 숨길 수 없느니라

❖ ❖ ❖

¹⁷잘 다스리는 장로들, 특별히 말씀과 가르침에 수고하는 이들은 배나 존경할 자로 예우해야 한다 ¹⁸이는 성경이 "타작하는 소의 입에 망을 씌우지 말라" 그리고 "일하는 자에게는 그의 품삯이 합당한 것이라"고 말하기 때문이다 ¹⁹장로에 대한 고발은 만약 두세 증인이 없다면 접수하지 말라 ²⁰범죄한 자들은 모든 이들 앞에서 꾸지람을 받게 하여 나머지 사람들도 두려움을 갖게 하라 ²¹내가 하나님과 그리스도 예수와 선택된 천사들 앞에서 엄히 경고한다 치우침을 따라 어떠한 일도 행하지 않도록 선입견 없이 이것들을 준행하라 ²²너는 어떤 이에게도 성급하게 안수하지 말고 다른 사람들의 죄들에 가담하지 말고 네 자신을 정결하게 보존하라 ²³이제는 물만 마시지 말고 위장과 너의 빈번한 질병으로 인해 약간의 포도주를 사용해라 ²⁴어떤 사람들의 죄들은 명백하여 먼저 심판으로 나아간다 그러나 어떤 이들의 경우에는 이후에 따라온다 ²⁵이처럼 선행들도 밝히 드러나고 다르게 취한 것들(선행들)도 감춰질 수 없느니라

14 공의롭게 정의롭게

교회는 공의와 정의를 생명처럼 사수해야 한다. 공의와 정의의 사수는 하나님의 거룩한 이름이 걸린 사안이다. 그래서 바울은 교회가 어떠한 치우침과 선입견도 없이 공적인 직무를 수행해야 한다고 엄중히 경고한다. 이러한 경고를 따라, 교회는 잘 다스리고 잘 가르치는 장로를 두 배로 존경해야 한다. 장로에 대한 고발에는 두세 증인에 의한 확증 이후에 접수해야 한다. 범죄한 자들은 누구든지 공평하게 징계를 받아야 하고 절차와 결과에 있어서도 공정해야 한다. 선행이든 악행이든 비록 시간 차가 있기는 하지만 반드시 드러난다. 이것이 하나님의 공의와 정의이기 때문이다. 바울은 이러한 하나님의 뜻을 따라 교회가 공의와 정의의 마지막 보루여야 함을 가르친다. 교회가 연약하여 공의와 정의의 버팀목이 되지 못해도 의로우신 하나님은 친히 그것을 붙드시고 이루신다.

17잘 다스리는 장로들, 특별히 말씀과 가르침에 수고하는 이들은
배나 존경할 자로 예우해야 한다

과부에 대한 교회의 태도를 언급한 바울은 이제 장로들을 대하는 태도를 가르친다. 여기에 언급된 "장로"(πρεσβύτερος)는 3장에 나오는 "감독"(ἐπισκοπή)을 의미한다. 장로는 다스리는 장로와 가르치는 장로로 구분된다. 교회는 먼저 잘 다스리는 장로들, 그들 중에서도 특히 말씀과 가르침에 수고하는 장로들을 "배나"(διπλοῦς) 존경해야 한다. 이는 구약에서 장차 가족을 다스리며 돌보아야 하는 장자에게 "두 몫"의 소유를 물려주는 관행(신 21:17)과 연결되어 있다. 행정적인 리더십을 통해서든 말씀과 가르침을 통해서든 '교회'라는 가정에서 잘 다스리는 모든 장로에게 성도는 교회의 장자처럼 두 배의 존경을 배당해야 한다. 이 말씀의 뒷면에는 잘 다스리지 못하는 장로를 절반도 존경할 필요가 없다는 부정적인 대응도 내포되어 있다. 말씀은 좌우에 날 선 검이어서 우리는 텍스트의 얼굴만이 아니라 등도 읽어내야 한다. 이 구절의 핵심은 장로들이 잘 다스리고 잘 가르쳐야 한다는 사실이다.

잘 다스리는 지도자와 잘 가르치는 선생을 향하여 예수님은 아주 역설적인 진리를 명하셨다. 즉 "너희의 선생은 하나요…너희의 지도자는 한 분" 그리스도 자신이기 때문에 누구도 지도자나 선생 행세를 하지 말고 자신을 낮추라고 명하셨다(마 23:8-10). 공동체 안에서 리더십을 발휘하는 모든 사람은 예수님의 이 말씀을 명심해야 한다. 이것을 무시하는 지도자나 선생은 필히 스스로를 높이고 사람들의 존경과 섬김을 강요하게 된다. 이러한 종류의 리더들 때문에 부당한 갑질이 교회만이 아니라 사회 곳곳에서 그 뻔뻔한 고개를 들고 공동체적 평화와 평등과 공정과 공존을 위협한다. 하지만 온 천하를 통치하고 계신 하나님은 절대로 이런 불의를 좌시하지 않으신다. 예수님이 천명하신 섭리의 원칙은 이러하다. "누구든지 자기를 높이는 자는 낮아지고 누구든지 자기를 낮추는 자는 높아지리라"(마 23:12). 세상은 자신을 높이지만 교회는 자신을 낮추어야 한다. 행정이든 교육이든 교회에서 다스리는 장로들은 이러한 섭리의 원리를 보여주는 본보기가 되도록 자신을 낮추는 일에 앞장서야 한다.

"다스리는 장로"는 그리스도 예수의 삼중직 즉 왕직, 선지자직, 제사장직 중에서 왕직을 수행하는 사람을 가리킨다. 장로가 다스리는 왕직을 "잘"(καλῶς) 수행하는 비결은 무엇인가? 왕직은 예수님의 공적인 직무이기 때문에 예수님이 그 직무를 수행하신 것을 그대로 본받으면 된다. 예수님은 온 세상의 왕으로 오셨지만 섬김을 받으려고 하지 않으시고 오히려 섬기셨다. 그 섬김의 수위는 자신의 생명을 도구로 삼으실 정도였다(마 20:28). 다스리는 장로는 "너희 중에 큰 자는 너희를 섬기는 자가 되어야 하리라"(마 23:11)는 예수의 말씀처럼 자신이 대접을 받는 높은 자리에 있다고 생각하지 말고 스스로 낮추어서 모든 사람들을 섬기는 자로 부름을 받았다는 사실을 명심해야 한다. 자신을 낮추지도 않고 타인을 섬기지도 않으면서 지시하고 명령하고 호통치고 독재하고 강요하며 자신을 높이기만 하는 장로들은 다음과 같은 하나님의 섭리를 멸시하고 정면으로 대적하는 자들이다. "너희 중에 누구든지 으뜸이 되고자 하는 자는 모든 사람의 종이 되어야 하리라"(막 10:44). 모든 사람의 종이 되지 않고서도 으뜸이 되는 것은 하나님의 질서를 파괴하는 불법이다. 이 세상에서 지도자는 올라가지 말고 내려가고 또 내려가야 한다. 그런데도 오늘날 교회의 지도자는 그 역방향을 추구한다. 세속의 관원들을 닮은 행실이다.

바울은 "말씀과 가르침(λόγῳ καὶ διδασκαλίᾳ)에 수고하는" 장로들을 "특별히"(μάλιστα) 두 배나 존경해야 하는 대상으로 지목하고 있다. 가르치는 장로는 예수의 선지자적 직무를 수행하는 오늘날의 목사(신학교 교수와 지역교회 목회자)를 가리킨다. 잘 가르치는 목사를 성도는 두 배나 존경해야 한다. 동시에 목사는 두 배의 존경에 부합한 자격을 갖추어야 한다. 즉 하나님의 말씀을 깊이 연구하고 깨달은 진리를 잘 가르쳐야 한다. 먼저 목사는 하나님의 말씀을 늘 가까이 하고 밤낮으로 늘 읽어야 하고 말씀이 입술에만 머물지 않고 몸과 마음에 배도록 그 말씀을 묵상하고 암송하고 연구해야 한다. 공부하지 않는 목사를 교회는 목사로서 존경하지 말아야 하고 경계해야 한다. 하나님의 말씀으로 가득 채워지지 않은 목사는 필히 진리가 아니라 자신의 간교한 생각을 꺼내서 성도에게 전달할 것이기 때문이다.

하나님의 말씀으로 둔갑한 인간의 생각은 독극물과 같다. 이런 목사는 구약 시대에 하나님이 보내지 않으셔도 달려가고 말씀하지 않으셔도 예언하는 거짓 선지자와 동일하다. "그들이 말한 묵시는 자기 마음으로 말미암은 것이요 여호와의 입에서 나온 것이 아니니라"(렘 23:16). "그들은 이 백성에게 아무 유익이 없느니라"(렘 23:32). 선지자는 섬기는 자이기 때문에 그가 하나님의 백성에게 유익하지 않으면 하나님은 그를 단호하게 버리신다. 교회도 그런 자들을 경계하고 거부하는 것이 합당하다. 오늘날 자신의 마음에서 나오는 가증한 교설을 하나님의 말씀인 것처럼 포장하고 선포하는 목사의 앞날도 거짓 선지자의 운명과 동일하다.

참된 목사가 되기 위해서는 장로가 그러한 것처럼 예수의 선지자적 사역을 본받아야 한다. 참된 목사는 하나님의 말씀을 너무나도 사랑하기 때문에 그 말씀에 완전히 사로잡힌 사람이다. 말씀에 죽고 말씀에 사는 사람이다. 말씀에 자신의 운명을 맡긴 사람이다. 그래서 언제든지 툭 건드리면 그 입에서 비명이 아니라 말씀이 쏟아져야 한다. 변명이 아니라 진실이 범람해야 한다. 이 말씀 때문에 하루에도 일곱 번씩 노래해야 한다. 입으로 들어가는 육의 양식보다 마음으로 들어가는 영의 양식을 더 좋아하고 사모해야 한다. 말씀으로 생각하고 말씀으로 자신과 세상을 이해하고 말씀에서 문제의 해답을 찾고 말씀으로 공동체 안에서 교제하며 말씀으로 성도의 경건을 건축해야 하는 사람이다. 참된 목사는 말씀 안에서 말씀을 통하여 말씀과 함께 생각하고 말하고 행동하며 살아간다.

이는 예수님이 보여준 목사의 모습이다. "내가 너희에게 이르는 말은 스스로 하는 것이 아니라 아버지께서 내 안에 계셔서 그의 일을 하시는 것이라"(요 14:10). 예수님의 선지자적 사역은 자신의 생각에서 새것을 꺼내는 것이 아니라 아버지의 말씀을 선포하는 것이었다. 그리고 예수님이 행하신 모든 일도 스스로 행한 것이 아니라 아버지의 말씀에 순종한 것이었다(요 14:31, 17:4). 심판하는 권세가 그에게 주어졌다. 그러나 예수님은 스스로 판단하지 않으시고 자기가 들은 아버지의 말씀을 따라 심판을 행하셨다(요 5:30). 예수님의 일생은 아버지의 말씀에서 한 발짝도 벗어나지 않는 삶이었다. 스스로도 고백한다. "아들이 아버지께서 하시는 일을 보지 않고서는 아무 것도 스스로 할 수 없느니라"(요 5:19). 스스로는 아무것도 행하지 않는 아들을 사랑하신 아버지는 친히 "자기가 행하시는 것을 다 아들에게 보이"셨다(요 5:20). 예수님이 생각하고 말하고 행하신 모든 것은 모두 아버지의 말씀 안에서의 일이었다. 참된 목회자도 이러한 말씀의 사람이다. 아버지의 진리만 알고 아버지의 뜻만 행하고자 하면 자신이 행하시는 모든 섭리를 아들에게 보여주듯 보이신다.

하나님의 말씀을 올바르게 이해한 목사는 이해된 말씀을 정확하게 잘 전달해야 한다. 말씀과 가르침은 서로를 보완한다. 말씀을 알지 못하면서 가르치는 목사도 문제이고, 말씀을 잘 알지만 제대로 가르치지 않는 목사도 문제이다. 말씀을 잘 전달하는 방법은 말과 행실이다. 말에 의한 가르침을 위해 목사는 말하기와 글쓰기에 유능해야 한다. 재능이 없다고 판단하여 포기하고 절망하는 것은 게으름의 소치이다. 기도하고 훈련해야 한다. 그리고 웅변술의 도움을 어느 정도 받으면서 평소에 경건의 훈련처럼 잘 말하는 연습도 필요하다. 말을 잘하기 위해서는 발음의 정확성, 억양의 높낮이, 말의 속도, 음색의 밝기 조절에 능숙해야 한다. 발음에 안개가 자욱하면 듣는 사람의 이맛살이 구겨진다. 억양 조절에 실패하면 알아들을 수 없는 외국의 방언처럼 들리기 십상이다. 말의 속도가 너무 빠르면 청자는 생각의 참여 없이 듣기만 하고 너무 느리면 지루하여 집중력을 상실한다. 음색이 너무 어두우면 청자의 마음에도 먹구름이 끼고 너무 밝으면 가볍게 느껴지고 말의 진정성이 상실된다. 문법학과 논리학과 수사학의 도움을 받으면서 글을 잘 쓰는 연습도 필요하다. 문법을 통해서는 개별적인 낱말의 특성을 파악하고 단어와 단어의 적법한 관계를 이해하고 비문(非文)이 아니라 올바른 문장 쓰기를 연습한다. 논리학을 통해서는 문장과 문장의 질서를 익히고 모순 없는 글의 일관성 유지를 연습한다. 수사학을 통해서는 건조하고 딱딱하고 차갑고 기계적인 문장이 되지 않도록 글에 다양하고 아름다운 무늬 새기기를 연습한다. 나아가 문법학과 논리학과 수사학의 테두리를 넘나들며 예술의 경지에 이르는 자유로운 글쓰기 훈련도 필요하다.

진리의 가르침에 있어서는 말보다 더 중요한 것이 행실이다. 행실은 보이는 언어이기 때문이다. 정보의 전달력에 있어서는 눈이 귀보다 더 뛰어나다. 그래서 선인들은 백 번 듣기가 한 번 보는 것보다 못하다(百聞不如一見)고 했다. 예수님은 아버지의 말씀을 살아내는 선지자의 직무를 수행하며 3년 동안 제자들의 귀에만 말씀을 전달하지 않고 그들의 눈에도 그 말씀을 보이셨다. 그래서 요한은 이렇게 고백한다. "태초부터 있는 생명의 말씀에 관하여는 우리가 들은 바요 눈으로 본 바요 자세히 보고 우리의 손으로 만진 바라"(요일 1:1). 제자들이 가진 몸의 모든 기관들이 예수의 증인이다. 예수님의 보여주는 가르침은 아버지의 말씀을 입으로 전하신 것만이 아니라 삶으로 이루셨기 때문에 가능했다. 아버지의 말씀은 예수님의 인생 전체에 완전한 질서였다.

목사도 하나님의 말씀을 입으로만 전파하지 않고 마음과 몸에 담아서 성도로 하여금 듣기만 하지 않고 보기도 하고 만지기도 하도록 말씀의 입체적인 가르침을 제공해야 한다. 이를 위해서는 예수를 공부하는 것에 멈추지 말고 그를 따라가야 한다. 이는 목사가 예수님을 배우는 학생만이 아니라 그를 따르는 제자도 되어야 함을 의미한다. 예수님이 자신을 공부해야 한다고 제자들을 다그치신 적이 있었는가! 오히려 예수님은 그들에게 "나를 따르라"(마 9:9)고 명하셨다. 예수님을 배우기만 하지 않고 따르는 제자가 되기 위해서는 무엇이 필요한가? "누구든지 나를 따라 오려거든 자기를 부인하고 자기 십자가를 지고 나를 따를 것이니라"(막 8:34). 자기를 부인하는 것과 십자가를 짊어지는 것은 동전의 양면이다. 예수님은 하나님과 동등한 자로서의 자신을 부인하고 이 땅에 오셔서 자신을 십자가에 못 박으셨다. 자신의 말을 실천하신 스승을 본받아 그의 제자들도 동일한 길을 갔다는 사실을 바울은 이렇게 표현한다. "그리스도 예수의 사람들은 육체와 함께 그 정욕과 탐심을 십자가에 못 박았느니라"(갈 5:24). 예수의 길을 따르고자 하는 참된 목사는 자신의 정욕과 탐심을 십자가에 못 박고 그 십자가를 끝까지 짊어지며 자신을 성도에게 보여주지 않고 예수님을 보여주는 사람이다. 그렇게 삶의 십자가를 보여주며 가르치는 사람이다.

교회는 이처럼 모든 성도들을 섬기는 종의 가장 낮은 자리에서 잘 다스리는 장로와 말씀을 가르치되 예수를 공부하고 따르면서 그 말씀을 들려주고 보여주고 만지도록 잘 가르치는 목사를 두 배로 존경해야 한다. 그렇지 않는 장로와 목사는 존경하지 말고 오히려 경계해야 한다. 일하는 소의 입에 망을 씌우지 말아야 하지만 일하지 않는 소는 먹지도 말게 함이 마땅한 것처럼, 잘 다스리며 수고하는 장로들은 두 배로 존경해야 하겠지만 잘 다스리지 못하고 수고하지 않는 자에게는 한 조각의 존경도 표하지 않음이 마땅하다.

18이는 성경이 "타작하는 소의 입에 망을 씌우지 말라"
그리고 "일하는 자에게는 그의 품삯이 합당한 것이라"고 말하기 때문이다

바울은 잘 다스리고 가르치는 장로들을 두 배로 존경해야 하는 이유를 구약과 예수님의 말씀에 근거하여 설명한다. 존경의 이유는 첫째, "타작하는 소의 입에 망을 씌우지 말라"(신 25:4)는 말씀 때문이다. 둘째는, "일하는 자에게는 그의 품삯이 합당한 것이라"(눅 10:7)는 말씀 때문이다. 일하는 소

의 입에 망을 씌우지 않고 자유롭게 먹도록 허용하는 것은 소에게 주어지는 합당한 품삯이다. 소도 그러한데, 인간이 일에 합당한 품삯을 받는 것은 더더욱 합당하지 아니한가! 장로와 목사가 교회에서 성도를 잘 섬기는 것은 일이고 성도들이 그들을 두 배로 존경하는 것은 그들에게 마땅히 지불해야 하는 품삯이다. 교회에서 섬기는 자들을 향한 교회의 존경은 대단히 중요하다.

교회에서 존경은 무엇이 덕스럽고 무엇이 덕스럽지 않은지를 구분하는 기준으로 작용한다. 이 기준이 병들면 교회에는 덕과 부덕이 왜곡되고 전도된다. 덕의 기준을 반듯이 세우기 위해서는 존경 사용법이 중요하다. "존경"(τιμή)의 방식은 다양하다. 칭찬과 감사와 높임의 말과 미소는 존경의 가장 손쉬운 방식이다. 경제적인 후원과 맛있는 식사 대접과 선물도 존경의 좋은 방식이다. 칼뱅은 이 "존경"이 말씀을 가르치는 일에 종사하는 목사에게 "생계를 조달해야 한다"는 의미가 내포되어 있다고 주장한다. 어떠한 방식이든 존경은 진실한 마음이 담긴 것이어야 한다. 존경심의 크기는 너무 빈하지도 않고 너무 과하지도 않고 적정해야 한다. 과하면 가식이, 빈하면 무시라는 불순물이 낀다. 그런 존경은 불쾌함을 유발한다. 그러나 지나친 존경을 은근히 요구하고 기대하는 목사가 성도에게 주는 불쾌함은 존경의 실패보다 더 심각하다.

19장로에 대한 고발은 만약 두세 증인이 없다면 접수하지 말라

다스리는 장로나 가르치는 장로도 잘못을 저지른다. 바울은 장로가 잘못을 저질러서 고발을 당하는 사안의 처리에 대해 가르친다. 행정이든 교육이든 다스리는 장로는 다양한 성도의 이해가 상충되는 자리에 서 있기 때문에 고발을 당할 가능성이 남들보다 높다. 어떤 사람이 장로를 고발하

면 접수하기 전에 두세 명의 증인이 있는지의 여부를 확인해야 한다. 두세 증인에 근거한 고발의 접수 원칙은 장로에게 국한되지 않고 모든 성도에 대한 고발에도 유효하다. 율법에는 이렇게 기록되어 있다. "사람의 모든 악에 관하여 또한 모든 죄에 관하여는 한 증인으로 정할 것이 아니요 두 증인의 입으로나 또는 세 증인의 입으로 그 사건을 확정할 것이며"(신 19:15). 즉 두세 증인에 의한 확정은 모든 사람의 모든 악에 대한 고발의 요건이다. 그럼에도 불구하고 지도자를 고발하고 징계하는 문제는 대단히 신중하게 다루어야 한다. 자칫 교회 전체에 큰 혼란을 초래할 수 있고 부당한 고발인 경우가 많기 때문이다. 지도자의 적법한 행정적 처리로 인해 어떤 사람에게 경제적인 불이익이 발생하면 그 사람은 그 지도자에 대해 앙심을 품고 고발로 복수할 가능성이 크다. 그래서 한 사람의 증언만이 아니라 다수의 증언이 필요하다. 만약 고발이 모함하기 위한 것으로 판명되면, 장로에게 징벌을 요구한 사람에게 동일한 크기의 징벌을 되돌려 주어야 한다고 율법은 가르친다(신 19:19).

20범죄한 자들은 모든 이들 앞에서 꾸지람을 받게 하여
나머지 사람들도 두려움을 갖게 하라

바울은 범죄한 자들이 장로이든 교인이든 누구라도 "꾸지람을 받아야 한다"(ἔλεγχε)고 가르친다. 만약 꾸짖지 않는다면 어떻게 되겠는가? 자신이 저지른 범죄의 심각성을 깨닫지도 못하고 재범할 가능성은 높아지고 공동체적 범죄의 키는 커져간다. 다른 곳에서 바울이 밝힌 꾸짖음의 이유는 잘못을 저지른 자들의 "믿음을 온전하게 하기" 위함이다(딛 1:13). 그래서 적당한 꾸지람은 착하고 유익하다. 그러나 꾸지람 없는 범죄자의 미래는 암울하다. 징계가 없으면 마치 사생아와 같다(히 12:8). 그래서 지혜자는 강조

한다. "면책은 숨은 사랑보다 나으니라"(잠 27:5). 대부분의 사람들은 사랑이 정의와 공존하기 힘들다고 생각한다. 사랑은 정의를 굽히는 일이고 정의는 사랑을 외면하는 것이라고 이해하기 때문이다. 그러나 사랑과 정의는 반드시 손을 잡고 동행해야 한다. 요한의 기록처럼, 하나님은 자신이 "사랑하는 자를 책망하고 징계"하는 분이시기 때문이다(계 3:19). "죽일 마음을 두지"(잠 19:18) 않으면서 잘못을 징계하는 것은 자비로운 정의의 집행이다. "채찍과 꾸지람이 지혜를" 주기 때문에(잠 29:15), 징계는 진실로 정의로운 사랑이다. 그러나 사랑이 없는 정의는 잔인하고 정의가 없는 사랑은 불의하다.

나아가 바울은 "모든 이들 앞에서"(ἐνώπιον πάντων) 꾸짖어야 한다고 강조한다. 이는 범죄한 자들만이 아니라 나머지 사람들도 건강한 두려움을 갖도록 하기 위함이다. 보이지 않게 조용히 문제를 해결하는 것이 덕스러워 보이는 게 사실이다. 예수님도 이런 해결을 권하신다. "네 형제가 죄를 범하거든 가서 너와 그 사람과만 상대하여 권고하라"(마 18:15). 이는 바울의 공개적인 꾸짖음과 다른 입장인가? 그렇지가 않다. 예수님도 범죄자가 개인적인 권고를 듣지 않는다면 "두 세 증인"을 대동하게 하고 "만약 그들의 말도 듣지 않거든 교회에 말하고 교회의 말도 듣지 않거든" 교제의 단절(excommunicatio) 즉 그를 출교해야 한다고 명하시기 때문이다(마 18:16-17). 바울이 가르치는 공개적인 꾸지람은 개인적인 권면이나 두 세 증인의 말로는 해결되지 않아서 교회에 말할 수밖에 없는 징계의 마지막 단계에 해당한다.

이처럼 예수님의 입장과 바울의 입장은 결코 모순되지 않다. 온 성도 앞에서의 공적인 꾸지람은 공동체의 건강을 위해 꼭 필요하다. 그래서 믿음의 선진들은 참 교회의 표지로서 말씀과 성례에 권징을 추가했다. 인간은 환경적인 존재이기 때문에 나타나는 결과에 근거하여 동일한 행동의 반복을 결정한다. 전도자의 말처럼, "악한 일에 관한 징벌이 속히 실행되지" 않는 분위기에 적응되면 "인생들이 악을 행하는 데에 마음이 담대"하게 된다 (전 8:11). 그런데도 바울의 공개적인 책망을 여전히 거부하는 사람들은 베드로를 증인으로 소환한다. "사랑은 허다한 죄를 덮느니라"(벧전 4:8). 그러나 이 말은 타인이 나에게 잘못을 저질렀을 때에 용서해 주라는 개인적인 문제와 관계된 조언이다. 교회 차원의 공적인 문제를 그냥 덮으라는 주장의 버팀목이 되기에는 말의 문맥이 부실하다.

21내가 하나님과 그리스도 예수와 선택된 천사들 앞에서 엄히 경고한다
치우침을 따라 어떠한 일도 행하지 않도록 선입견 없이 이것들을 준행하라

바울은 공적인 사무를 처리함에 있어서 공정성과 형평성, 정의와 공의를 생명보다 소중하게 여기라고 "엄중히 경고한다"(διαμαρτύρομαι). 이는 목사나 장로라고 해서 봐주거나 덮고 지나가면 안된다는 이야기다. 교회는 어떠한 징계의 처리이든 "치우침을 따라"(κατὰ πρόσκλισιν) 행하지 말아야 하고 "선입견 없이"(χωρὶς προκρίματος) 실행해야 한다. "치우침"은 "어느 한 쪽으로 이미 기울어진 상태"를 의미하고 "선입견"은 "사안을 살피기 이전에 미리 판단하는 행위"를 의미한다. 이 구절에서 바울은 교회에게 정의롭고 공의로운 공동체를 주문하고 있다. 이러한 경고의 엄중함 때문에 바울은 "하나님과 그리스도 예수와 선택된 천사들"의 이름을 걸고 경고한다. 두 번째 편지에는 예수의 재림과 그의 나라까지 언급한다(딤후 4:1). 이는 사안의 심각성을 최고 수위로 격상하기 위해 사용되는 수사적 표현이다. 실제로 공의와 정의는 하나님과 그리스도 예수와 선택된 천사들의 존재와 결부되어 있다. 그래서 시인은 "의와 공평"은 여호와께 "보좌의 기초"라고 한다(시 97:2). 하나님은 "공의와 정의를 사랑"하는 분이시다(시 33:5). 하나님은 범사에 본인의 이름을 걸고 공정성과 형평성을 지키신다. 하나님은 세

상이든 그의 백성이든 의로운 판단과 공평한 심판을 내리신다(시 98:9). 그리스도 예수는 선택된 천사들을 부려 공의와 정의를 집행한다. 예수는 하나님의 나라를 "영원히 정의와 공의로 보존하실 것이라"고 이사야는 기록한다(사 9:7). 하나님의 우주적인 공의를 세우기 위해 자신의 생명도 버리셨다. 이처럼 하나님 나라의 무너짐과 세워짐이 정의와 공의에 근거한다. 만약 교회가 공의와 정의를 버린다면 그것은 하늘 보좌의 기초를 뒤흔들고 하나님 나라의 두 기둥을 뽑아내는 도발로 간주된다.

나아가 하나님은 구원자의 자격으로 당신의 구별된 백성에게, 하나님 나라의 백성에게, 교회에게 공평을 지키라고 명하신다. 그래야 하나님의 백성답기 때문이다. "공평한 저울과 공평한 추와 공평한 에바와 공평한 힌을 사용하라"(레 19:36). 이러한 하나님의 성향과 명령을 따라 기독교는 경제적인 정의, 정치적인 정의, 사회적인 정의, 종교적인 정의, 관계적인 정의를 사수해야 한다. 교회의 사활을 걸고 공의와 정의를 보존하고 세상에 공급해야 한다. 이는 교회가 공정성과 형평성을 상실하면 공동체의 질서는 무너지고 교회 자체의 정체성도 붕괴되기 때문이다. 공정과 공평의 상실은 하나님의 상실이고 그리스도 예수의 상실이고 의로운 천사들의 상실이다.

이 세상에는 공정과 공평이 어디에도 없다. 성경은 온 세상의 모든 사람들이 "다 치우쳐 무익하게 되"었다고 증언한다(시 14:3; 롬 3:12). 본성의 운동장이 심각하게 기울어져 있다. 그래서 치우침과 편견이 세상 곳곳에 가득하다. 시대마다 나라마다 실제로 공의는 거북한 퇴물로 여겨지고 정의는 뇌물의 철퇴를 맞아 땅바닥에 나뒹군다. 이처럼 총체적인 편파성을 보이는 불의한 세상에 빛과 소금으로 부르심을 받은 교회는 이 세상에 공의와 정의를 수혈하는 일에 목숨을 걸고 매달려야 한다. 이에 대하여 당신의 백성에게 내리신 하나님의 준엄한 명령이다. "오직 정의를 물 같이, 공의를 마르지 않는 강 같이 흐르게 할지어다"(암 5:24). 이것은 교회라는 가족 공동체의 영원한 가훈이다.

²²너는 어떤 이에게도 성급하게 안수하지 말고
다른 사람들의 죄들에 가담하지 말고 네 자신을 정결하게 보존하라

바울은 안수의 문제도 언급한다. 목회자의 공적인 직무 중의 하나는 집사, 장로, 목사 등의 임직과 세례를 위한 안수와 아프고 연약한 자들의 치유와 회복을 위한 안수이다. 그러나 임직과 관련하여 "어떤 이에게도 성급하게" 안수하는 것을 경계해야 한다. "성급하게"(ταχέως) 안수하지 말라는 말의 의미는 두 가지이다. 첫째, 검증되지 않은 사람에게 하나님의 이름으로 공적인 권위나 직위를 부여하지 말라는 것을 의미한다. 둘째, 너무 많은 사람에게 안수를 남발하지 말라는 것을 의미한다. 목사는 엄격한 심사를 거쳐 검증된 자에게만 안수해야 한다. 그리고 교회의 유익과 무관하게 과다한 공직자를 인간적인 정 때문에 임명하는 것은 종교적 허세에 불과하다.

아프고 연약한 자들의 치유와 회복을 위해 목사는 안수해야 한다. 그러나 이때에도 "성급하게" 안수하지 말라는 이유는 안수가 하나님의 은혜와 긍휼을 구하고 그분과의 영적인 관계성이 회복되는 궁극적인 목적을 추구하는 기도의 한 형식이기 때문이다. 만약 치유에 급급한 기도만 드리면 그것이 마치 의료 행위인 것처럼 오해될 가능성이 높다. 이런 기도를 경험한 성도는 목사를 하나님의 말씀 전파가 아니라 병 고치는 의사로 간주하며, 하나님을 아는 것보다 질병의 신체적인 치료를 위해 목사를 찾아간다. 물론 경건과 치유는 다 필요하고 중요하다. 그러나 본말이 전도되면 경건은 치유의 방편으로 전락되기 쉽다. 진료는 의사에게, 약은 약사에게, 말씀은 목사에게 문의하는 게 합당하다. 오늘날 교회에는 아프고 연약한 자들의 절박한 사정을 이용하여 사람들을 모으고 그들의 지갑을 열어 헌금을 뜯어낼 목적으로 안수를 남발하는 목사들도 있다. 하나님의 이름을 팔아 장사하는 교활한 자들이다. 그들의 부끄러운 영업 때문에 안수는 돈벌이의 종교적 도구로 여겨지고, 사람들은 교회의 비루한 모습을 비웃고 하나님의

이름도 조롱한다.

바울은 믿음의 아들에게 "타인들의 죄들"(ἁμαρτίαις ἀλλοτρίαις)에 가담하지 말라고 당부한다. "가담하다"(κοινωνέω)라는 동사는 "공유하다, 참여하다, 기여하다, 교류하다" 등을 의미한다. 공범자가 되지 말라는 이야기다. 오히려 타인의 죄는 책망해야 한다. 나도 동일한 죄를 짓지 않도록 경계해야 한다. 바울이 죄에의 가담을 경계하는 이유는 무엇일까? 디모데가 그럴 사람도 아닌데 왜 그랬을까? 나는 그 이유를 시편에서 유추한다. "악을 행하는 자들 때문에 불평하지 말며 불의를 행하는 자들을 시기하지 말지어다"(시 37:1). 사람들이 타인의 죄에 가담하는 일반적인 이유는 죄의 달콤한 결과물을 자신도 가지고 싶기 때문이다. 불의한 악을 저지르고 많은 재물을 차지하는 자들을 보면 불평과 함께 시기심도 발동한다. 죄는 한 순간이고 재물의 소유는 길어 보이기 때문이다. 이는 인간의 탐욕이 고개를 내미는 보편적인 방식이다. 그런데 바울은 그런 탐욕과의 결별을 주문한다. 목회자는 어떠한 사람의 죄에도 가담하지 않도록, 탈취물에 눈독을 들이지 않도록 늘 자신을 살피고 "정결하게"(ἁγνός) 보존해야 한다. 목사는 자신의 죄만이 아니라 타인의 죄에 의해서도 부정하게 되지 말라고 바울은 지시한다. 자신을 지켜 세속에 물들지 않는 목회자는 고용하신 하나님께 한여름의 시원한 얼음냉수 같고 세상 사람들의 탁하고 답답한 목구멍에 청량한 사이다와 같다.

<blockquote>
23이제는 물만 마시지 말고 위장과 너의 빈번한 질병으로 인해
약간의 포도주를 사용해라
</blockquote>

바울은 디모데의 건강을 걱정하며 금욕의 문제를 언급한다. 바울 자신도 종합병원 수준의 환자 인생이다. 아파 본 사람은 아픈 타인의 마음을 누

구보다 빨리 이해하고 누구보다 정확하게 조언한다. 바울은 디모데가 위장에 어려움이 있고 상습적인 질병으로 고생하고 있음을 알고 물만 마시지말고 "포도주"도 사용할 것을 권장한다. 그런데 바울이 권하는 포도주의 사용을 음주의 허용으로 간주하는 사람들도 있다. 그러나 디모데는 교회의 공직자다. 술을 즐기거나 술에 취하는 것이 모든 성도에게 합당하지 않다는 것은 기독교의 상식이다(딤전 3:3, 8). 이런 상식이 과했던 디모데는 소량의 포도주 사용도 절제했다. 물만 마시면서 아픔을 감내하는 중이었다. 디모데의 순박한 마음이 감지되는 대목이다. 나이도 젊은데 술 마시는 모습까지 보이면 교회에서 무시당할 가능성은 훨씬 더 증폭되고 결국 목회에도 지장을 줄 수 있다는 우려가 그의 처신에 스며들어 있다.

그러나 과도한 금욕은 금물이다. 당시 에베소 지역에는 일부의 대적들이 금욕을 강조하고 요구했다(딤전 4:3). 그런 분위기 속에서 디모데는 자신을 정결하게 지켜야 한다는 바울의 조언을 금욕의 적극적인 긍정과 요구인 것처럼 오해할 가능성이 있다. 그러나 건강에 적신호가 왔는데도 금욕을 이유로 치료하지 않고 방치하는 것은 올바르지 않다. 목회자의 건강은 이기적인 목적이 아니라 교회를 바르게 섬기기 위한 것이기 때문에 중요하다. 목회자의 건강이 무너지면 당사자는 신체적인 고통과 왕성한 사역의 위축을, 교회는 영적인 복지의 축소 내지는 상실을, 가족은 가장의 소득활동 중단으로 인한 생계의 위협을 감수해야 한다. 그래서 바울은 디모데의 건강을 위해서, 오해 가능성을 차단하기 위해서, 그리고 디모데가 물만 사용하여 건강을 관리하는 것이 자칫 금욕을 실천하고 두둔하는 듯한 인상을 제공하고 성도에게 잘못된 선례를 제공할 수 있기 때문에, 건강의 회복을 위해 포도주의 사용을 권장한다. 과도한 환락도 문제이고 과도한 금욕도 문제이기 때문에 목회자는 일상 속에서도 좌로나 우로 치우치지 않는 적정한 태도를 유지해야 한다.

바울은 포도주를 권함에 있어서 신중하다. 포도주의 분량을 "약간"

(ὀλόγος)으로 제한한다. 음주의 지혜로운 절제에 대한 표현이다. 이로 보건
대 포도주의 사용이 무절제한 음주의 허용이 아니라 의료적인 처방의 하
나임에 분명하다. "약간의 포도주"란 표현에 근거하여 칼뱅은 술과 관련하
여 대적들이 자신을 오해하고 비방하는 것을 미연에 막으려는 바울의 지
혜라고 이해한다. 일리가 있는 지적이다. 예수님도 그런 오해와 비방을 받
았는데, 그 세대의 적잖은 사람들은 예수를 세리나 죄인과만 어울리며 "먹
기를 탐하고 포도주를 즐기는 사람"으로 이해했다(눅 7:34). 이는 비록 예수
께서 다양한 약자들과 함께 식사를 하며 음식을 나누어 먹기는 하셨으나
포도주를 즐긴 적은 없기에 근거 없는 풍문이다. 아마도 바울은 포도주를
권할 때 이러한 풍문이 발생할 소지를 미리 차단하고 싶었을 가능성이 있
다. 바울처럼, 목회자는 말에 있어서 복음의 원수에게 불필요한 비방의 빌
미를 제공하지 않도록 단어 하나의 사용에도 늘 주의해야 한다. "약간"이란
단어의 사용은 절묘하다.

> ²⁴어떤 사람들의 죄들은 명백하여 먼저 심판으로 나아간다
> 그러나 어떤 이들의 경우에는 이후에 따라온다 ²⁵이처럼 선행들도
> 밝히 드러나고 다르게 취한 것들(선행들)도 감춰질 수 없느니라

바울은 디모데의 건강과 금욕의 경계를 조언한 이후에 죄와 관련된 다
양한 현상들을 설명한다. 세상에는 죄를 짓더라도 명백하게 드러나는 경우
들도 있고 오랫동안 은밀하게 가려지는 경우들도 있다. 명백한 죄에 대해
서는 즉각적인 심판이 주어진다. 그러나 은밀한 죄에 대해서는 그 심판이
늦어진다. 비록 심판의 실행이 더디기는 해도 결코 심판이 취소되는 경우
는 없다고 바울은 강조한다. 명백하게 드러난 죄는 오히려 심판의 매를 미
리 맞아 심리적인 두려움의 길이는 짧아진다. 그러나 은밀하게 가려진 죄

는 비록 심판의 집행은 더디지만 그로 인하여 공포와 근심의 길이는 길어진다. 이는 행한 대로 갚으시는 하나님의 엄격한 공의로 인한 현상이다. 교회의 입장에서 보더라도 은밀한 죄는 명백하게 드러난 죄보다 더 위험하다. 명백한 죄는 모든 사람이 인지하고 경계할 수 있지만 은밀한 죄는 인지할 수도 없고 대처할 수도 없기 때문이다. 그 죄의 치명적인 독소는 조용한 확산으로 결국 교회의 명치까지 위협할 것이기 때문이다.

바울은 선행들도 밝히 드러나고 "다르게 취한 것들"도 밝히 드러날 것이라고 선언한다. 앞에서 바울은 명백한 죄가 밝히 드러나 심판에 먼저 들어가는 경우와 은밀한 죄가 감추어져 심판에 늦게 들어가는 경우를 구분했다. 여기서도 그런 패턴이 이어진다. 밝히 드러나는 선행과 밝히 드러나지 않지만 반드시 드러나는 선행을 구분한다. "다르게 취한 것들"(τὰ ἄλλως ἔχοντα)은 "밝히 드러나는 선행과는 다른 취급을 받는 선행"을 의미한다. 밝히 드러난 명백한 선행은 보상이 빨리 주어지고 늦게 드러나는 은밀한 선행은 보상이 늦게 주어진다. 어쩌면 명백한 선행은 쉽게 알려지기 때문에 이 땅에서 보상을 받고, 은밀한 선행은 쉽게 알려지지 않기 때문에 이 땅이 아니라 하늘에서 보상을 받을 가능성이 높다. 그래서 명백한 선행보다 은밀한 선행이 선호된다. 왼손이 하는 것을 오른손도 모를 정도로 은밀하게 선을 행하면 사람이 갚아주지 못하고 은밀한 중에 보시는 하나님이 은밀하게 갚으시기 때문이다. 그렇다고 해서 명백한 선행을 거부하는 태도는 올바르지 않다. 도저히 감출 수 없는 필수적인 선행들도 있기 때문이다. 죄악과 선행이 드러나는 시기와 관련하여, 죄악은 빨리 드러나고 선은 늦게 드러나는 것이 아름답다. 죄가 빨리 드러나면 죄의 중독이나 전염의 가능성을 차단하고 빨리 고쳐지고, 선이 늦게 드러나면 땅의 보상은 지나가고 하늘의 보상만 주어질 것이기 때문이다.

지금까지 바울은 장로들에 대한 대우, 장로들의 잘못에 대한 고발, 범죄에 대한 처리의 방식, 안수와 정결의 문제, 지혜로운 절제의 문제, 악행과 선행의 문제를 논하였다. 그런데 이 모든 일들을 처리함에 있어서 바울이 하나님과 예수님과 천사들의 이름까지 거명하며 엄중히 경고한 것은 바로 어떠한 치우침과 선입견도 없는 공의와 정의를 고수해야 한다는 뜻이었다. 교회의 공적인 직무는 어떠한 사안을 처리함에 있어서도 과하거나 빈하지 않고 적정해야 하는데 그 적정선의 기준은 그 시대의 문화가 아니라 하나님의 말씀이다. 예수님이 아버지의 말씀을 인생의 기준으로 삼으시듯! 그 말씀의 결론은 사랑이다. 그러나 그 사랑은 무분별한 관용이 아니라 정의롭고 공의로운 사랑이다. 교회는 어떠한 사안을 다루든 정의와 공의의 적정선을 유지하여 불의하고 편파적인 세상의 무질서를 고발하고 교정하고 새로운 대안을 제시하는 공동체의 사명을 잘 수행해야 한다. 바울은 바로 이 사명을 다양한 사안으로 당부하고 있다.

딤전 6:1-10

¹무릇 멍에 아래에 있는 종들은 자기 상전들을 범사에 마땅히 공경할 자로 알지니 이는 하나님의 이름과 교훈으로 비방을 받지 않게 하려 함이라 ²믿는 상전이 있는 자들은 그 상전을 형제라고 가볍게 여기지 말고 더 잘 섬기게 하라 이는 유익을 받는 자들이 믿는 자요 사랑을 받는 자임이라 너는 이것들을 가르치고 권하라 ³누구든지 다른 교훈을 하며 바른 말 곧 우리 주 예수 그리스도의 말씀과 경건에 관한 교훈을 따르지 아니하면 ⁴그는 교만하여 아무 것도 알지 못하고 변론과 언쟁을 좋아하는 자니 이로써 투기와 분쟁과 비방과 악한 생각이 나며 ⁵마음이 부패하여지고 진리를 잃어 버려 경건을 이익의 방도로 생각하는 자들의 다툼이 일어나느니라 ⁶그러나 자족하는 마음이 있으면 경건은 큰 이익이 되느니라 ⁷우리가 세상에 아무 것도 가지고 온 것이 없으매 또한 아무 것도 가지고 가지 못하리니 ⁸우리가 먹을 것과 입을 것이 있은즉 족한 줄로 알 것이니라 ⁹부하려 하는 자들은 시험과 올무와 여러 가지 어리석고 해로운 욕심에 떨어지나니 곧 사람으로 파멸과 멸망에 빠지게 하는 것이라 ¹⁰돈을 사랑함이 일만 악의 뿌리가 되나니 이것을 탐내는 자들은 미혹을 받아 믿음에서 떠나 많은 근심으로써 자기를 찔렀도다

❖ ❖ ❖

¹멍에 아래에 있는 종들은 누구든지 자신의 상전들이 온전한 존경을 받기에 합당한 자라고 생각해야 한다 이는 하나님의 이름과 그 가르침이 비방을 받지 않게 하기 위함이다 ²믿는 상전들을 모시는 자들은 그 상전을 형제라는 이유로 가볍게 여기지 말고 더 잘 순종해야 한다 이는 믿는 자와 사랑 받는 자가 그 유익을 취하기 때문이다 너는 이것들을 가르치고 권고하라 ³어떤 이가 다른 것을 가르치고 온전한 말씀들, 즉 우리 주 예수 그리스도의 것들과 경건에 입각한 교훈을 따르지 아니하면 ⁴그는 자만하게 되어 어떠한 것도 알지 못하고 변론과 언쟁에 집착하게 된다 거기(변론과 언쟁)에서 투기와 분쟁과 비방들과 악한 추측들, ⁵마음이 철저하게 부패하고 진리를 빼앗기고 이득을 경건으로 여기는 사람들의 끈질긴 설전들이 일어난다 ⁶그러나 막대한 이득은 자족을 겸한 경건이다 ⁷왜냐하면 우리는 세상에 아무것도 가져오지 않았으며 또한 아무것도 가져가지 못하기 때문이다 ⁸먹을 것과 입을 것이 있기에 우리는 그것들로 충분할 것이다 ⁹부하기를 원하는 자들은 사람들을 파멸과 멸망에 빠뜨리는 시험과 함정과 여러 가지 어리석고 해로운 욕망에 떨어진다 ¹⁰이는 돈에 대한 사랑이 모든 악들의 뿌리이기 때문이다 그것에 집착한 어떤 자들은 믿음에서 떠나게 되었고 큰 비극으로 자신을 꿰뚫었다

15 자족이 경건이다

본문에서 바울은 자족의 경건을 강조한다. 더군다나 종에게, 인생의 밑바닥에 있어서 모든 것들이 욕망이 대상, 즉 최고의 욕망을 가지고 더 가지려고 하는 것이 마땅한 종에게 욕망의 노예가 되지 말고 자신의 상전을 주님처럼 존경하고 섬기며 자족의 경건을 가르친다. 그러나 올바르지 않은 경건을 가르치는 자들은 멸망과 비극을 맞이하게 될 것이라고 경고한다. 그들은 주님의 가르침을 버리고 모든 악들의 뿌리인 돈을 사랑하여 온갖 악들을 저지른다. 바울은 자족의 경건과 돈에 대한 사랑을 대조하며 믿음의 종은 부하기를 원하여 돈을 사랑하는 수많은 사람들의 인생과는 철저히 대조적인 자족의 경건을 보여주는 최고의 신분임을 역설한다. 세상에서 종의 신분을 가진 사람도 신앙에 있어서는 최고의 경건을 보여주는 모델이 될 수 있다는 역설에 나는 감동한다.

¹멍에 아래에 있는 종들은 누구든지 자신의 상전들이
온전한 존경을 받기에 합당한 자라고 생각해야 한다
이는 하나님의 이름과 그 가르침이 비방을 받지 않게 하기 위함이다 바울은 종들의 처신에 대해 가르친다. 노예제는 어떠한 시대이든 부당하다. 하나님의 형상을 따라 지음을 받은 사람을 하나의 에너지로 혹은 화폐로 이해하는 사상은 이성의 질병이다. 인류학의 관점에서 볼 때, 고대의 최초 화폐는 노예였다. 인간이 거래의 도구였다. 종교적인 관점에서 보더라도, 돈을 숭배하면 사람의 신분과 가치를 돈이라는 기준으로 규정한다. 이는 사람을 사람으로 대하지 않는 문화의 끔찍한 산물이다. 바울은 이러한 노예제의 제도적인 폐지에 격한 목소리를 내지는 않았으나 부패한 인간사회 속에서 어떤 식으로든 작용하는 본성 차원의 노예제도 속에서도 굴복하지 않는 기독교 진리의 전파에는 울분을 토하였다. "멍에 아래에"(ὑπὸ ζυγὸν) 있는 종들은 고대로마 사회에서 노예의 신분을 가진 사람이다. 이들 중에도 예수를 믿고 에베소 교회에 출석하는 사람들이 있다. 디모데는 이런 분들에게 기독교적 세계관을 가르쳐야 하기 때문에, 바울은 그 세계관의 내용에 대해 디모데를 가르친다. 종들은 자신의 상전들을 존경해야 한다. 그런데 존경하기 이전에 상전을 "온전한 존경이 합당한"(άσης τιμῆς ἀξίους) 자라고 생각해야 한다.

"온전한 존경"의 의미는 무엇인가? 그 의미의 힌트를 우리는 에베소 교회에 보내는 바울의 편지에서 발견한다. 거기에서 바울은 종들이 육체의 상전에게 주님께 하듯이 순종해야 한다고 강조한다(엡 6:6-7). 주님에 대한 존경까지 이르러야 온전한 존경이다. 오늘날 노예제는 사라졌다. 그러나 비록 신체적인 노예제의 모습은 보이지 않지만 경제적인 노예제, 정치적인 노예제, 문화적인 노예제, 지성적인 노예제는 은밀하게 기생하고 있다. 모든 분야에서 하급자는 자신의 상급자를 대할 때에 바울이 말하는 노예의 도리를 기억해야 한다. 주님을 대하듯이 존경하고 순종해야 한다. 물론 이는 오늘날 일반적인 사람들의 귀에 대단히 불쾌한 궤변이다. 그럼에도 불구하고 믿는 사람들은 그렇게 존경하고 순종해야 한다. 이는 개인의 감정이나 유익과 관계된 문제가 아니라 "하나님의 이름과 그 가르침이 비방을 받지 않게 하기 위함"이다. 믿음의 사람에게 하나님의 이름과 진리는 한 인간의 현세적인 행복이나 이익보다 우선이다. 성도는 어떠한 계층의 신분을 가지고 살아가든 "하나님의 이름과 진리" 때문에 살고 그것을 위하여 살아간다. 이는 기독교 인생관의 핵심이다. 이렇게 살아갈 때에 하나님은 반드시 하늘에서 갚으신다. 이 땅에서는 혹시 만족할 만큼의 보상이 주어지지 않을지 모르지만 하나님은 머리털 한 올의 부족함도 없이 행한 그대로 갚으신다. 심지어 에베소 교회 성도는 바울의 편지를 통해 주님께서 당신의 무한한 능력으로 "우리가 구하거나 생각하는 모든 것에 더 넘치도록 능히 하실 분"이라는 사실을 숙지하고 있다(엡 3:20). 성도는 주인이든 노예이든 하나님을 기준으로 삼고 하나님을 위하여 하나님만 바라보고 살아가는 인생이다.

바울이 종들에게 상전을 온전한 존경의 대상으로 여기라고 한 가르침의 이면에는 상전들이 종들의 온전한 존경을 받아도 될 정도의 인격과 삶을 겸비해야 한다는 함의가 미소짓고 있다. 성경은 좌우의 날 선 검이라고 했다. 성경의 어떠한 교훈도 치우침이 없다. 종들에 대한 교훈은 상전들에 대한 간접적인 교훈이다. 이는 아내에 대한 교훈이 남편에 대한 간접적인 교훈인 것과 일반이다. 바울은 분명히 상전들을 향해 종이 주님께 하듯 상전을 존경하는 것처럼 상전도 종을 주님께 하듯 존경해야 한다고 가르친다. 나아가 더 큰 권세를 가졌다는 이유로 종들을 "위협"하는 일이 절대 있어서는 안 된다는 조항도 추가한다(엡 6:9). 오늘날 사회에서 보다 큰 권세의 모든 소유자는 바울의 이 말을 명심해야 한다. 인간은 어떠한 자리에 있고 어떠한 역할과 기능을 하고 어떠한 분야에 있든지 모두가 하나님 앞에서는 평등하다. 이 평등을 무시하는 자들은 하나님의 이름을 짓밟고 그의 가르침을 멸시하는 자들이다. 하나님은 자신의 이름을 망령되이 일컫고 온갖 불의와 거짓으로 당신의 진리를 능욕하는 자들을 절대 좌시하지 않으신다.

²믿는 상전들을 모시는 자들은 그 상전을 형제라는 이유로
가볍게 여기지 말고 더 잘 순종해야 한다 이는 믿는 자와 사랑 받는 자가
그 유익을 취하기 때문이다 너는 이것들을 가르치고 권고하라

바울은 상전들 중에서도 "믿는 상전들"(πιστοὺς δεσπότας)을 대하는 종들의 태도를 가르친다. 종들은 상전들이 동일한 복음의 자궁에서 태어난 믿음의 동등한 "형제"(ἀδελφός)라는 이유로 그들을 가볍게 여기는 것을 경계한다. 우리는 종교적인 관계와 사회적인 관계를 구분해야 한다. 종교적인 관계에 근거하여 사회적인 관계를 규정하는 것은 종교를 이익의 방편으로 여기는 것과 동일하다. 상전이 믿으니까 나를 더 챙겨주고, 봉급도 더 많이 올려주고, 보다 괜찮은 보직에 임명하고, 더 빨리 진급시켜 줄 것이라는 기대감이 건강한 판단을 우롱한다. 믿는 구석이 있으면 객관성과 공정성과 성실성이 떨어진다. 그러므로 무엇보다 자신에게 유익하지 않다. 자신을 위해서도 종들은 믿는 상전에 대해 더 조심해야 한다. 예를 더 반듯하게 갖추고 더 잘 순종해야 한다. 믿음의 상전 카드가 활용될 계기를 아예 차단해야 한다. 이 땅에서는 하나님 이외에 다른 어떠한 존재도 비빌 언덕으로 여기지 않는 게 상책이다.

바울은 종들이 믿음의 상전에게 더 잘 순종해야 하는 이유를 제시한다. 자신들이 제공하는 섬김의 수혜자가 하나님을 믿는 사람이며 하나님의 사랑을 받는 사람이기 때문이다. 같은 맥락에서 갈라디아 교회에게 바울은 "모든 이에게 착한 일을 하되 더욱(μάλιστα) 믿음의 가정"에게 하라고 가르친다(갈 6:10). 이는 어떠한 사람도 선행의 대상에서 배제되지 않지만 믿음의 가정에 보다 우선적인 관심을 가지라는 교훈이다. 믿음의 상전은 하나님을 경외하는 사람이다. 그런 사람을 더 잘 섬긴다는 것은 하나님을 더 올바르게 경외하는 첩경이다. 존경은 권위에 비례한다. 진정한 권위는 위로부터 주어진다. 하나님을 경외하는 자일수록 위로부터 주어지는 권위가 크

기 때문에 그를 더 존경하는 것은 편파적인 것이 아니라 지극히 합당하고 공정한 처신이다. 돈이 많고 세속적인 권력이 크고 현세적인 유익을 더 제공할 듯한 상전을 더 존경하는 종이 진실로 편파적인 사람이다. 하나님을 믿고 하나님의 사랑을 받는 자에게 더 잘 순종하는 것은 하나님을 더 잘 믿고 더 잘 경외하여 하나님의 사랑을 더 많이 받는 비결이다.

바울은 이러한 것들을 디모데가 가르치고 권고해야 한다고 강조한다. 앞에서도 지적한 것처럼 "가르치는 것"(διδάσκω)은 공적인 자리에서 모든 성도를 대상으로 가르치는 목회를 의미하고 "권고하는 것"(παρακαλέω)은 각각의 사안에 대하여 개개인을 대상으로 가르치는 목회를 의미한다. 목회는 전체를 대상으로 한 가르침과 개인을 대상으로 한 가르침이 균형을 이루어야 한다. 가르치는 이론과 권고하는 실천의 이러한 균형은 목회자의 기본이다.

3어떤 이가 다른 것을 가르치고 온전한 말씀들,
즉 우리 주 예수 그리스도의 것들과 경건에 입각한 교훈을 따르지 아니하면
4그는 자만하게 되어 어떠한 것도 알지 못하고 변론과 언쟁에 집착하게 된다
거기(변론과 언쟁)에서 투기와 분쟁과 비방들과 악한 추측들,

여기에서 바울은 자신이 설명하고 있는 내용과 다른 것을 따르고 가르치는 자들의 실상에 대해 지적한다. 바울이 가르치는 "올바른 말들"은 그리스도 예수의 "말씀과 경건에 입각한 교훈"이다. 그런데 다른 것을 가르치고 따르는 사람들이 있다. 예수님의 말씀은 곧 경건의 말씀인데 그것을 버리면 세 가지의 결과가 초래된다. 첫째, 자만하게 된다(τετύφωται). 자만하게 되는 이유는 실체가 없는데도 마치 자신이 대단한 무언가를 가지고 있는 것처럼 착각할 때에 발생한다. 그래서 이 단어는 "스스로 속는다"는 의미로

도 번역된다. 그는 자신이 속았다는 사실을 모르기 때문에 어리석다. 착각한 것을 사실인 것처럼 여기고 당당한 오만함을 밖으로 분출한다. 그리스도 예수의 말씀과 경건의 교훈이 아닌 내용을 가르치고 따르는 사람들의 오만함은 은밀하지 않고 당당하기 때문에 우리 주변에서 쉽게 관찰된다. 양상은 다양하다. 과학에 대해 조금 알고, 법에 대해 조금 알고, 경제에 대해 조금 알고, 심리에 대해 조금 알고, 고고학에 대해 조금 알면 그것을 가히 종교적인 차원의 열심으로 추종하고 가르치는 사람들이 많기 때문이다. 생명을 주지도 못하고 인간을 인간답게 만들지도 못하는 인간적인 지식에 학술적인 가치 이상의 의미를 부여할 때에 발생하는 교만의 거품을 제거하지 않으면 누구든지 오만하게 된다. 어떠한 분야의 지식이든 그것이 가진 가치의 크기에 비례하여 존중해야 한다.

둘째, 어떠한 것도 알지 못하는(μηδὲν ἐπιστάμενος) 무지에 결박된다. 바울의 평가는 야박하다. 그러나 다른 것을 가르치는 자들은 비록 다양한 영역을 공부하여 박식과 능변을 구사해도 그들의 말을 가만히 듣고 있으면 왠지 공허함이 느껴지는 것이 인간적인 지식의 실상이다. 이는 그들이 진실의 변죽만 울리고 올바른 말에는 전혀 "다가가지 않기"(μὴ προσέρχεται) 때문이다. 그들이 책을 읽기는 읽어도, 강의를 듣기는 들어도, 현상을 보기는 보아도 진리에 대해서는 "도무지 알지 못한다"(οὐ μὴ συνῆτε)고 성경은 평가한다(행 28:26). 바울은 이렇게도 설명한다. "누구든지 무엇을 아는 줄로 생각하면 아직도 마땅히 알 것을 알지 못하는 것이요"(고전 8:2). '내가' 알면 다 지식인가? 내가 안다고 확신한 지식이 인생의 발등을 찍는 일이 허다하다. 지식을 소유하고 있는 것이 아니라 거짓에 결박되어 있는 것이 다반사다. 지식은 분량보다 질이 중요하다. "마땅히 알아야 하는"(δεῖ γνῶναι) 최고의 지식은 그리스도 예수의 말씀과 경건의 교훈이다. 이 말씀에서 나오지 않은 모든 지식은 지식의 겉모습을 가지고 있더라도 거짓이다(요일 2:21). 지혜와 지식의 모든 보화는 그리스도 안에 있기 때문이다. 모든 진리의 지식은 진리 자체이신 예수님의 선물이다. 예수를 바르게 알면 지혜와 지식의 모든 보화를 선물로 소유하게 된다. 그래서 바울은 그리스도 예수와 그가 십자가에 못 박히신 것 즉 예수의 존재와 사역 외에는 아무것도 알지 않기로 작정했다(고전 2:2). 목회자는 바울처럼 예수의 지식을 추구해야 한다. 지식 안에 담긴 진리의 분량만큼 감격하고 신뢰하고 주장해야 한다.

셋째, 변론과 말다툼에 집착하게 된다. 그들은 알지 못하는데 안다고 생각하니 교회에서 의견의 차이가 발생한다. 속았으나 속은 줄도 모르기 때문에 자신은 결코 틀리지 않다고 생각하여 당당하고 오만하게 언어의 칼을 세워 자신의 입장을 호위하고 상대방의 견해를 공격한다. 그래서 바울은 변론과 말다툼이 투기와 분쟁과 비방과 악한 추측과 끈질긴 설전을 낳는다고 한다. "투기"(φθόνος)는 상대방의 말이 자신의 말보다 못하다는 사실을 드러내어 옳음의 영예를 자신이 가지려는 완고한 의지를 의미한다. 이것이 심해지면 상대방의 존재를 지우는 살인까지 저지른다. 대제사장 무리가 예수를 로마의 사법적인 손에 넘겨준 이유도 바로 투기였다(막 15:10). "분쟁"(ἔρις)은 자신의 입장을 굽히지 않고 옳다고 여기기 때문에 생기는 대립의 상태를 의미한다. 분쟁으로 인해 공동체는 다양한 파벌로 갈라진다.

분쟁의 대명사는 고린도 교회였다(고전 1:11-12). 바울은 투기와 분쟁에 발목이 잡힌 고린도 교회를 "육신에 속한 자들"이라 꾸짖었다(고전 3:3). "비방들과 악한 추측들"(βλασφημίαι, ὑπόνοιαι πονηραί)은 변론과 언쟁이 일으키는 아주 고약한 질병이다. 비방은 감정의 명치를 건드리는 아주 해로운 언사를 의미한다. 악한 추측은 사실에 근거하지 않은 부정적인 짐작의 난발을 의미한다. 이처럼 다양한 문제들을 촉발하는 변론과 언쟁은 예수님의 말씀과 경건의 교훈에서 벗어날 때 발생한다. 논쟁의 소용돌이 속으로 휘말리지 않으려면 성경 전체를 진리로 여기며 절대 멀어지지 말고 어떠한 교훈이든 하나님 앞에서의 경건과 일치하는 것만 수용하고 가르쳐야 한다. 교회에서 발생하는 변론과 언쟁의 의미는 무엇인가? 전의를 불태워야 한다는 신호가 아니라 교회가 다시 성경으로, 경건으로 돌아가야 한다는 경고음과 같다.

5마음이 철저하게 부패하고 진리를 빼앗기고
이득을 경건으로 여기는 사람들의 끈질긴 설전들이 일어난다

"끈질긴 설전"(διαπαρατριβή)은 반론이 어떤 주장의 꼬리를 물고 이어지고 그 반론의 끝에 재반론을 매달기 때문에 발생하는 현상이다. 이는 자신의 옳음이 증명되고 타인이 그것에 승복할 때까지 멈추지 않는 다툼의 근성이 인간에게 있음을 잘 보여준다. 다툼이 멈추지 않는 이유는 무엇인가? 외부에 있는 것이 아니라 사람이 문제의 원흉이다. 어떤 사람 때문인가? 첫째, 마음이 철저하게 부패한 사람(διεφθαρμένων)이다. 인간의 마음은 다른 어떤 것과도 비교할 수 없을 정도로 심각하게 부패했다. 그런데 예레미야 선지자는 이 사실을 아는 인간이 하나도 없다고 단정한다(렘 17:9). 모르기 때문에 인간은 자신이 괜찮은 존재라는 전제를 가지고 사고를 시작한다. 반듯한 존재의 기반 위에서 이루어진 사고의 논리적인 결과는 누구도 거부할 수 없는 진리라고 확신한다. 이에 대하여 전도자의 입은 하나님의 한숨을 쏟아낸다. "내가 해 아래에서 행하는 모든 일을 보았노라 보라 모두 다 헛되어 바람을 잡으려는 것이로다"(전 1:14). 지칠 줄 모르는 설전은 비논리의 문제도 아니고 오해의 문제도 아니고 은밀하게 그러나 철저하게 부패한 마음이 일으키는 소동이다.

둘째, 진리를 빼앗긴 사람(ἀπεστερημένων τῆς ἀληθείας)이다. 진리를 상실하면 설전이 벌어진다. 진리는 설전의 마침표. 그래서 진리가 없으면 브레이크 없는 전차처럼 두 입장이 평행선을 그리며 스스로는 결코 멈출 수 없는 논쟁의 궤도를 한없이 질주하게 된다. 진리의 절대성이 없기 때문에

각양의 상대성이 그 빈자리를 차지한다. 절대적인 진리를 말하면 상대성을 진리로 여기는 사람들은 분노한다. 기독교를 독선적인 종교라고, 배타적인 종교라고, 이기적인 종교라고 비난한다. 사실 이런 비난은 당연하다. 이런 비난에 대해 기독교는 변증의 핏대를 세우지 말고 그냥 듣고 인내해야 한다. 기독교의 진리가 참이라는 사실을 인격의 빛과 삶의 향기로 승부하면 된다. 세상의 비난은 성장의 촉매이기 때문에 우리에게 유익하다.

셋째, 이득(πορισμός)을 경건으로 여기는 사람이다. 그는 이득이 없는 경건을 경건으로 여기지 않는 사람이다. 그에게는 무엇을 하든 이득이 되어야 경건이다. 경건의 가치가 이득의 여부나 크기에 의해 결정되는 것이라고 생각하는 사람은 돈벌이를 위해 예배에 출석하고 성경을 공부하고 기도를 드리고 봉사와 전도에 참여한다. 돈벌이에 기여하지 못하는 종교적인 행위는 그에게 경건이 아니기 때문에 중단한다. 그러나 이득을 경건으로 보는 입장과는 달리, 야고보는 경건을 "고아와 과부를 그들의 환란에서 돌보고 자신을 지켜 세속에 물들지 아니하는 이것"(약 1:27)이라고 정의한다. 이 정의에는 경건이 돈벌이의 도구라는 어떠한 뉘앙스도 없다. 경건은 이득과 관계하지 않고 이웃 사랑과 관계한다. 세상에 물들지 않고 약자를 구제하는 이 경건은 다른 어떤 목적에 기여하는 것이 아니라 그 자체로 목적이다. 경제적인 관점에서 보면 야고보가 말하는 경건은 이득이 아니라 손실이다. 경건의 상반된 개념 때문에 평행선을 달리는 극과 극의 다툼이 발생한다. 이득을 경건으로 여기며 남들보다 더 많이 가지려는 사람들 사이에도 세속적인 '경건'의 살벌한 각축전이 벌어진다.

⁶그러나 막대한 이득은 자족을 겸한 경건이다

바울은 경건의 개념을 왜곡하는 자들의 어법에 은밀한 냉소를 뿌리며 유사한 어법으로 참된 이득이 어떤 것인지를 설명한다. "막대한 이득은 자족을 겸한 경건이다." 그들의 어법에 따른다면, "막대한 이득"(πορισμὸς μέγας)이 막대한 경건이라고 말해야 하겠지만 바울은 막대한 경건 대신에 "자족을 겸한 경건"이란 표현을 사용한다. 여기에서 "자족"(αὐτάρκεια)은 무엇인가? 다른 추가적인 재물 없이도 많으면 많은 대로, 적으면 적은 대로 불평하지 않고 만족하는 마음의 자세를 의미한다. 바울은 자족의 전문가다. "어떠한 형편이든 나는 자족함(αὐτάρκης εἶναι)을 배웠노니 나는 비천에 처할 줄도 알고 풍부에 처할 줄도 알아 모든 일 곧 배부름과 배고픔과 풍부와 궁핍에도 처할 줄 아는 일체의 비결을 배웠노라"(빌 4:11-12). 바울이 경험하고 가르치는 최고의 이득은 이처럼 추가적인 욕구의 충족을 더 이상 바라지 않는 자족의 경건이다. 역으로 말하면 더욱 분명하다. 즉 자족의 경건이 그 자체로 최고의 이득이다. 이것을 시인의 언어로 말한다면 이러하다. "너희 성도들아 여호와를 경외하라 그를 경외하는 자에게는 부족함이 없도다"(시 34:9). 지혜자의 표현도 아름답다. "가산이 적어도 여호와를 경외하는 것이 크게 부하고 번뇌하는 것보다 나으니라"(잠 15:16). 돈이 너무 많으면 도둑과 좀벌레의 위협 때문에 근심하고 번뇌하게 된다. 그러나 여호와를 경외하면 전혀 부족함이 없으면서 어떠한 근심이나 두려움도 없다. 그래서 지혜자는 막대한 재물의 소유보다 여호와 경외가 낫다고 단언한다.

7왜냐하면 우리는 세상에 아무것도 가져오지 않았으며 또한 아무것도 가져가지 못하기 때문이다 8먹을 것과 입을 것이 있기에 우리는 그것들로 충분할 것이다

여기에서 바울은 자족의 경건이 최고의 이득인 이유를 설명한다. 인간은 이 세상에 알몸으로 와서 알몸으로 돌아가기 때문이다. 가져온 것도 없고

가져가는 것도 없는 게 인생이다. 그러므로 이 세상에서 뭔가를 조금 더 가지려고 행하는 모든 수고는 부질 없는 일이며 모두가 헛되고 무익하다(전 1:2-3). 전도자는 이러한 인생의 실상을 간파했다. 무에서 와서 무로 돌아가는 인생에게 무언가가 생긴다면 그것은 하나님에 의해 주어진 선물이기 때문에 많든 적든 어떠한 종류이든 감사함이 마땅하다. 욥은 이렇게 고백한다. "내가 모태에서 알몸으로 나왔으니 또한 알몸이 그리로 돌아가니 여호와가 주시고 여호와가 취하시니 여호와의 이름이 찬송을 받으소서"(욥 1:21-22). 전도자와 지혜자와 의로운 욥의 신앙을 그대로 물려 받은 바울은 "먹을 것과 입을 것"이 있다면 그것으로 충분히 만족할 것이라고 다짐하고 가르친다. 기본적인 생필품만 있으면 만족하는 것이 자족의 경건이다.

고대의 어떤 철학과 종교는 욕구가 없는, 혹은 욕구가 잠잠한 상태를 행복의 원천으로 간주했다. 욕망은 커질수록 불행하고 성취는 커질수록 행복하다. 성취의 증대를 추구하면 행복을 가질 수는 있겠지만 그 비용으로 경쟁과 다툼이 증대되고, 욕망의 축소를 추구하면 행복도 커지면서 평화도 덤으로 주어진다. 어쩌면 이러한 고대의 사유가 욥기나 전도서에 닿아 있는지도 모르겠다. 성경은 우리에게 인생의 진정한 만족은 하나님께 있고 위로부터 주어지는 것이라고 가르친다(고후 3:5). 이런 가르침을 붙들기 위해서는 요람과 무덤이 가르치는 벌거벗은 인생, 빈 손으로 와서 빈 손으로 가는 인생의 무상함을 늘 상기해야 한다. 필요한 것 이상으로 가지려는 욕망의 노예로 살아가지 말고 자족하는 법을 배우는 게 행복한 인생의 비결이다.

9부하기를 원하는 자들은 사람들을 파멸과 멸망에 빠뜨리는 시험과 함정과
여러 가지 어리석고 해로운 욕망에 떨어진다

자족하지 않고 세속적인 욕망에 사로잡힌 자의 운명에 대해 바울은 설명한다. 욕망이 너무나도 커서 이득을 신주(神酒)처럼 떠받드는 이상한 경건을 추구하는 자들의 종말은 참으로 비참하다. "부하기"(πλουτεῖν)를 원하는 자들이 겪게 될 미래는 파멸과 멸망이다. 이는 부자가 되려는 사람들을 마치 먹이처럼 삼키려는 "시험과 함정과 여러 가지 어리석고 해로운 욕망" 때문이다. 야고보에 의하면, 부하려는 사람이 "시험"(πειρασμός)에 빠지는 것은 하나님 때문이 아니라 "자신의 욕망"(ἰδίας ἐπιθυμίας) 때문이다(약 1:14). 그 욕망은 부를 취득하게 만드는 것이라면 어떠한 비용의 지불도 단행한다. 심지어 그 비용이 죄를 저지르는 것이라도 망설임이 없다. 그러다가 결국 마귀가 파놓은 "함정"(παγίς) 속으로 떨어진다. 이것은 없는 곳이 없으며 눈에 보이지도 않는 함정이고 부자의 욕망이 없어지기 전까지는 누구도 피할 수 없는 함정이다. "여러 가지 어리석고 해로운 욕망"은 부자가 되려는 욕망의 자식이다. 욕망은 잠잠하지 않고 이렇게 빠른 속도로 번식한다. 내면의 어리석고 해로운 욕망에 결박된 인생은 외적인 시험이나 함정에 빠진 자들의 인생보다 더 끔찍하고 비참하다. 내부의 욕망과 외부의 유혹이 기막힌 동맹을 맺으며 부자가 되려는 자들의 "파멸과 멸망"을 도모한다.

¹⁰이는 돈에 대한 사랑이 모든 악들의 뿌리이기 때문이다 그것에 집착한 어떤 자들은 믿음에서 떠나게 되었고 큰 비극으로 자신을 꿰뚫었다

부자가 되려는 욕망과 멸망이 단짝인 이유를 바울은 이렇게 설명한다. "돈에 대한 사랑이 모든 악들의 뿌리이기 때문이다." "돈에 대한 사랑"(φιλαργυρία)은 돈과 함께 동일한 운명의 배를 타겠다는 강렬한 의지를 의미한다. 부하려는 자는 돈을 그냥 추구하는 정도가 아니라 사랑하게 된다.

돈은 자신을 내주면서 부자의 사랑을 차지하고 그의 삶을 지배한다. 그런데도 이 세상에서 돈에 대한 사람들의 사랑은 식을 줄을 모르고 타오른다. 하지만 바울은 돈을 사랑하는 것이 "모든 악들의 뿌리"(ῥίζα γὰρ πάντων τῶν κακῶν)라고 경고한다. 이것은 대단한 선언이다. 세상을 보는 안경이다. 바울에 의하면, 정치와 경제와 사회와 문화와 교육과 학문과 예술과 기술의 분야에서 발생하는 무수히 많은 문제들의 원흉은 바로 돈에 대한 사랑이다. 실제로 하나의 문제를 조사하며 그 근원으로 소급하고 소급하면 그 배후의 끝에서 발견되는 주범은 돈에 대한 사랑이다. 모든 문제가 돈 때문이다. 돈 때문에 부모도 살해하고, 친구도 배신하고, 음식에 독극물도 집어넣고, 거짓도 진실인 것처럼 포장하고, 욕설과 폭력도 동원하고, 사기꾼과 조폭과 적들과의 내통과 협력도 불사하고, 무수한 생명을 앗아가는 전쟁도 일으킨다.

인간이 주인으로 삼는 두 대상은 하나님과 "돈 혹은 재물"(μαμμωνᾶς)이다(마 6:24). 대부분의 사람에게 신은 돈이고 돈은 신이라고 생각할 정도로 이 "돈"의 위력은 막강하다. 하나님을 사랑하고 하나님을 주인으로 모시지 않은 모든 사람들은 돈을 사랑의 대상으로, 섬김의 주인으로 여기며 추구하게 된다. 실제로 돈은 신처럼 인생을 지배하고 세상을 다스리며 군림한다. 역사가 증명하고 현실이 증언한다. "돈"이라는 말은 인간이 이 땅에서 추구하는 욕망과 사랑과 섬김의 모든 대상들을 가리키는 총칭이다. 주님보다 더 욕망하고 더 사랑하고 더 매달리는 어떠한 것도 모든 악의 뿌리인 "돈"으로 간주된다. 돈이 사랑의 대상이 되면 다른 모든 것들은 돈의 후 순위로 밀려나고 수단으로 전락한다. 심지어 하나님도 그 수단에 포함된다. 이처럼 사용의 대상인 돈을 사랑하면 하나님과 인간을 목적이 아니라 도구로 여기는 존재의 무질서가 초래된다. 이처럼 돈의 사랑이 일으키는 무질서의 정도는 심각하고 규모는 막대하다.

세상에서 부자가 되려는 욕망이 가장 강한 사람은 누구인가? 나는 바울이 앞에서 언급한 종이라고 생각한다. 무언가를 더 가지려는 욕구와 의지가 종보다 더 강한 사람은 누구인가? 종은 자기 자신도 자신의 것이 아닐 정도로 절박한 극도의 필요를 가진 빈털터리 인생의 대명사다. 종은 어떤 종류이든 가진 것이 없고 자기 자신마저 자기 것이 아니기 때문에 모든 차원의 돈에 대한 사랑과 갈망과 목마름이 다른 누구보다 강력한 사람이다. 그런데 그런 종에게 주는 바울의 명령은 무엇인가? 욕망의 분출과 충족이 아니었다. 신분의 상승도 아니었다. 제도적인 개혁도 아니었다. 그런 종류의 돈에 대한 사랑이 아니었다. 바울은 종에게 상전을 주님처럼 섬기라고 명령했다. 모든 부분에서 필요가 절규하는 노예의 신분을 가지고 있더라도 돈에 대한 사랑을 불태우지 않고 상전을 주님처럼 사랑하는 것보다 더 아름다운 자족의 경건이 어디에 있겠는가! 그런 믿음의 종은 자족의 절정을 보여준다. 신앙 안에서는 종도 이렇게 위대하다. 최고의 경건을 가르치는 신분이다. 이는 모든 사람의 종이 되어야 으뜸이 된다는 예수님의 가르침과 모든 사람에게 자유하나 모든 사람에게 종이 된 바울의 신앙에서 입증된 진실이다.

사회에서 지극히 연약한 자에게 순응하는 교회, 사회에서 지극히 낮은 신분이 최고의 경건을 보여주는 모델이 되는 교회가 있다면 천국의 존재는 증명된 것이라고 나는 생각한다.

딤전 6:11-16

¹¹오직 너 하나님의 사람아 이것들을 피하고 의와 경건과 믿음과 사랑과 인내와 온유를 따르며 ¹²믿음의 선한 싸움을 싸우라 영생을 취하라 이를 위하여 네가 부르심을 받았고 많은 증인 앞에서 선한 증언을 하였도다 ¹³만물을 살게 하신 하나님 앞과 본디오 빌라도를 향하여 선한 증언을 하신 그리스도 예수 앞에서 내가 너를 명하노니 ¹⁴우리 주 예수 그리스도께서 나타나실 때까지 흠도 없고 책망 받을 것도 없이 이 명령을 지키라 ¹⁵기약이 이르면 하나님이 그의 나타나심을 보이시리니 하나님은 복되시고 유일하신 주권자이시며 만왕의 왕이시며 만주의 주시오 ¹⁶오직 그에게만 죽지 아니함이 있고 가까이 가지 못할 빛에 거하시고 어떤 사람도 보지 못하였고 또 볼 수 없는 이시니 그에게 존귀와 영원한 권능을 돌릴지어다 아멘

❖ ❖ ❖

¹¹그러나 너 하나님의 사람아 이것들을 피하고 대신에 의와 경건과 믿음과 사랑과 인내와 온유를 추구하라 ¹²믿음의 선한 싸움을 싸우고 영원한 생명을 붙들어라 이를 위하여 네가 부르심을 받았고 많은 증인들 앞에서 선한 고백을 고백했다 ¹³만물을 살게 하시는 하나님과 본디오 빌라도를 향하여 선한 증언을 하신 그리스도 예수 앞에서 내가 너에게 명령한다 ¹⁴우리 주 예수 그리스도께서 나타나실 때까지 흠도 없고 나무랄 데 없이 이 명령을 지키라 ¹⁵그 자신의 때에 복되시고 유일하신 주권자요 왕들 중의 왕이요 주들 중의 주께서 나타나실 것이니라 ¹⁶그 유일하신 분만이 불멸성을 가지셨고 다가갈 수 없는 빛에 거하시고 어떠한 사람도 보지 못하였고 또 볼 수도 없는 분이니라 존귀와 영원한 권능이 그에게, 아멘

16 너는 하나님의 사람이다

바울은 디모데를 비롯한 모든 성도를 하나님의 사람으로 규정한다(편지의 수신자는 너와 너희). 앞에서 언급한 돈의 사람과 대비된다. 하나님의 사람은 자신의 정체성이 자신에 의해 좌우되지 않고 하나님이 누구냐에 의해 좌우되는 사람이다. 바울은 하나님이 유일한 주권자, 왕들의 왕, 주들의 주, 유일한 불멸의 신, 다가갈 수 없는 빛 가운데 거하시고 누구도 보지 못하였고 볼 수도 없는 분이라고 설명한다. 그런 하나님의 사람이 된다는 것은 그 자체로 인간이 누리는 최고의 영광이다.

> ¹¹그러나 너 하나님의 사람아 이것들을 피하고
> 대신에 의와 경건과 믿음과 사랑과 인내와 온유를 추구하라

바울은 앞에서의 내용과 상반된 목회자의 새로운 신분과 인생을 설명하기 위해 반전의 접속사 "그러나"(δέ)를 사용한다. 목회자는 돈을 신으로 삼

고 주인으로 삼고 돈을 따르며 돈이 시키는 대로 살고 부자 되기를 원하고 결국 돈에 이끌리는 '돈의 사람'이 아니라 하나님을 따르고 거룩한 자 되기를 원하며 그분이 이끄시는 대로 살아가는 "하나님의 사람"(ἄνθρωπε θεοῦ)이다. 우리에게 이것보다 더 영광스런 정체성은 없다. "하나님의 사람"은 구약의 헬라어 번역본인 70인경에서 모세와 다윗과 엘리야 등을 가리키며 68회나 사용된 전통적인 표현이다. 이러한 표현에 바울은 "너"(Σύ)라는 지시어와 함께 "오"(ὦ)라는 의성어에 호격까지 곁들여 최고의 집중력을 요청한다. 바울은 디모데로 하여금 막연한 보편성이 아니라 분명한 구체성을 가지고 디모데 자신이 누구인지, 어디에 속한 자인지를 생각하게 한다.

돈의 사람과 하나님의 사람은 극명하게 대조된다. 돈의 사람은 돈의 속성에 자신의 인생을 위탁하고, 하나님의 사람은 자신의 존재와 삶을 하나님의 속성에 위탁한다. 소속의 여부가 존재와 인생을 좌우한다. 인간은 스스로 존재하지 않기 때문에 "나는 나다"는 어법을 사용함이 합당하지 않다. 스스로 계신 하나님 이외의 모든 피조물은 누군가의 존재로 표현된다. 우리는 누구의 사람인가? "하나님의 사람"이다. 이 정체성은 주님에 의해 은혜로 주어진다. 그런데 하나님 편에서 본다면 정말 아찔한 선물이다. 이는 우리가 인격이나 말이나 행실에 있어서 하나님의 그 위대한 이름에 전혀 어울리지 않을 정도로 턱없이 부족하기 때문이다. 자기 명예의 실추가 뻔한 일인데도 그분은 우리와 자신의 운명을 묶으셨다. 우리 때문에 사람들 가운데서 자신의 이름이 능욕을 당할 각오까지 하실 정도로 우리에 대한 사랑이 깊으셨다. 이에 우리는 우리 자신이 먼저 하나님의 사람임을 자각해야 한다. 이러한 정체성이 골수에 박히고 언어와 행실에 스며들고 호흡에도 깃들어야 한다. 이 땅에서의 정체성이 어떠하든 하나님의 사람임을 망각하면 망각한 만큼 자신에 대해 무지하고 다른 사람처럼 살아가게 된다.

자신의 정체성에 대한 인지와 더불어 타인이 나를 하나님의 사람으로 인정해 주는 것도 대단히 중요하다. 그러기 위해서는 하나님의 이름에 합당한 자가 되고(살후 1:5) 합당한 일을 하고(행 26:20) 합당한 열매를 결실해야 한다(눅 3:8). 온전한 하나님의 사람은 하나님이 존재의 근원이고 하나님의 말씀이 행위의 기준이고 하나님의 영광이 인생의 목적인 사람이다. 그런 사람이 되려면 내면의 정체성과 외면의 정체성이 일치해야 한다. 만약 우리가 하나님을 따르지 않고 의지하지 않고 순종하지 않고 그분과 동행하지 않고 연합하지 않는다면 사람들은 우리를 하나님이 아닌 다른 신에게, 혹은 다른 존재에게 속한 사람으로 안다.

그럼 어떻게 해야 타인도 우리를 하나님의 사람으로 이해할까? 바울은 하나님의 사람이 피해야 하는 일들과 추구해야 하는 일들이 있다고 가르친다. 생각과 말과 행위와 거처와 태도에 있어서 피해야 할 것과 추구해야 할 것을 구분하는 것이 필요하다. 이 구분과 목록은 내가 결정하지 않고 하나님의 말씀에 의해 주어진다. 그런데 적잖은 목회자와 성도가 자신을 기준으로 삼아 행위의 가르마를 타고 무분별한 삶을 살아간다. 내가 기준과 주인이 되면 모든 생각과 말과 행동은 필히 영적 분별력을 상실한다. 해야 할 것을 하지 않고 하지 말아야 할 일을 행하는 청개구리 인생으로 전락한다. 올바른 분별력은 하나님께 있다. 분별의 근육은 그 하나님을 의지할 때 길러진다.

바울은 믿음의 아들에게 분별력의 성숙을 자극한다. 이 서신의 문맥에서 보면, 피해야 할 일들은 돈을 사랑하고 부자 되기에 매달리고 믿음에서 떠나고 자신을 학대하는 것을 비롯하여 악한 사람들이 행하는 모든 일들이다. 추구해야 하는 일들은 "의와 경건과 믿음과 사랑과 인내와 온유"이다. 의와 경건과 믿음은 주로 하나님과 관계된 것들이고, 사랑과 인내와 온유는 주로 이웃과 관계된 것들이다. 하나님의 사람은 불의가 아니라 하나님 앞에서의 의를 추구해야 한다. 하나님을 멀리하지 않고 가까이 다가가는 경건을 추구해야 한다. 하나님을 의심하지 말고 하나님을 전적으로 신뢰해야 한다. 이웃을 미워하지 말고 원수까지 사랑해야 한다. 하나님 때문에 손해를 보고 핍박과 억울함을 당해도 복수하지 말고 인내해야 한다. 폭언과 폭력의 사용으로 분노를 격발하지 말고 온유해야 한다. 그렇게 사는 게 하나님의 사람이다.

12믿음의 선한 싸움을 싸우고 영원한 생명을 붙들어라
이를 위하여 네가 부르심을 받았고 많은 증인들 앞에서 선한 고백을 고백했다

하나님의 사람이 의와 경건과 믿음과 사랑과 인내와 온유를 추구해야 한다는 말을 바울은 "믿음의 선한 싸움을 싸우라"는 명령으로 반복한다. 싸움의 중요성을 강조하기 위해 바울은 여기에서 싸움과 관련된 동사(ἀγωνίζομαι)와 명사(ἀγών)를 동시에 사용한다. 야고보에 의하면, "싸움"은 싸우는 본성에서 나오는 것으로서 부패한 인간을 고발하는 본성적인 죄의 물증이다(약 4:1). 의롭다 하심의 근거로서 믿음과 행위 사이에 갈등을 보이는 듯한 바울과 야고보는 싸움에 대한 입장에 있어서도 갈리는가? 갈리는 것처럼 보이지만, 강조점과 뉘앙스의 차이일 뿐 두 사람의 입장은 동일하다. 야고보가 경계한 싸움은 인간적인 혈기의 악한 싸움을 의미한다. 바울이 권하는 싸움은 "믿음의 선한 싸움"이다.

여기에서 우리는 싸움이 선하다는 사실을 주목해야 한다. 싸움과 선함은 어울릴 수 없는 단어의 모순적인 조합이다. 그러나 믿음의 싸움은 긍정적인 수식어와 얼마든지 어울린다. 싸움은 기독교의 대단히 중요한 부분이다. 많은 사람들이 기독교를 매가리가 없는 종교로 여기며 우습게 생각한다. 이는 우리의 잘못이다. 우리가 복음의 야성을 상실했기 때문이다. 그러나 기독교는 불의와 싸우고 어둠과 싸우고 악과 싸우고 거짓과 싸우고 마귀와 싸우는 대단히 호전적인 종교이다. 그런데도 오늘날의 기독교는 이거룩한 전의(戰意)를 상실했다. 일신의 안락과 영달을 추구하는 기복적인

종교로 전락했고 계속 전락하고 있다.

바울이 목회자와 성도에게 권하는 "믿음의 선한 싸움"(τὸν καλὸν ἀγῶνα τῆς πίστεως)은 무엇인가? 자세한 설명이 없는 것을 보면, 디모데와 에베소 교회는 이 싸움의 의미를 알고 있음에 분명하다. 1장 18절에서 언급된 것으로서, 디모데가 안수를 받을 때에 받은 예언을 따라 싸우라고 바울이 말한 "선한 싸움"과 같은 것이라고 나는 생각한다. 나아가 우리는 바울이 에베소 교회에 보낸 편지에서 그 교회가 인지하고 있는 싸움의 구체적인 내용을 확인한다. "믿음의 선한 싸움"은 믿음에 속한 싸움이고 믿음으로 싸우는 영적인 싸움이다. 이 싸움은 "혈과 육을 상대하는 것이 아니라 통치자들, 권세들, 이 어둠의 세상 주관자들, 하늘에 있는 악의 영들"을 상대하기 때문이다(엡 6:12). 바울은 이러한 싸움의 대상을 한마디로 "마귀의 궤계"라고 요약한다. 이것을 상대하기 위해서는 특별한 무장이 필요하다. 총이나 탱크나 전투기가 아니라 하나님의 갑주로 전신을 무장해야 한다. 무장의 도구는 진리의 허리띠, 의의 호심경, 평안의 복음의 신, 믿음의 방패, 구원의 투구, 성령의 검 곧 하나님의 말씀이다(엡 6:14-17). 이 무기들은 이 세상에서 마련할 수 없는 것들이다. 모두 하나님의 전신갑주, 즉 하나님이 주시는 선물이다.

무장을 하지 않고 싸우는 사람들도 있지만, 무장을 하고서도 싸우지 않는 사람들이 많다. 명사의 나른한 관념에 안주하지 말고 역동적인 동사의 싸움을 실행해야 한다. 싸우지 않는 사람에게 하늘의 무장은 종교적 장신구에 불과하다. 싸우지 않으면 세상을 변혁하지 못하고 오히려 기독교가 세상에 의해 변질된다. 야성을 상실한 복음은 성도에게 나른한 수면제와 같다. 하나님의 말씀이 성령의 검이라는 사실을 기억해야 한다. 말씀이 우리 안에 들어오면 전투력이 상승한다. 말씀이 마음의 위로와 치유와 안정을 위한 내적인 용도만이 아니라 영적인 적들을 섬멸하는 유일한 공격용 무기라는 외적인 용도도 늘 의식해야 한다. 좌우에 날 선 어떠한 검보다 더 예리하다. 그 검을 잡고 안으로는 나 자신의 육신적인 자아와 싸우고 밖으로는 마귀의 궤계를 허물어야 한다. 이는 다른 어떠한 무기로도 해낼 수 없는 영적인 전투의 핵심이다.

믿음의 선한 싸움을 싸우는 이유는 무엇인가? 내가 부패했고 세상이 부패했기 때문이다. 무엇을 위함인가? 바울의 다른 서신에 의하면, 우리가 "썩을 승리자의 관"이 아니라 "썩지 아니할 것"을 얻기 위함이다(고전 9:25). 그래서 바울은 디모데를 향해 썩지 아니하는 것으로서 "영원한 생명을 붙들라"고 명령한다. "붙들다"(ἐπι-λαμβάνομαι)는 "강하게 붙들다"를 의미한다. 인생을 걸 정도로 중요하다. "영원한 생명을 붙들라"는 명령은 영생의 소유만을 의미하지 않고 영원한 생명을 가진 자의 정체성을 확립하고 그런 가치관에 기초한 삶의 강력한 추구를 촉구한다. "영원한 생명"은 하나님의 절대적인 선물이다. 이것의 가치를 설명할 비유가 없고 바꾸어도 될 대체물이 없을 정도로 고유하고 위대하다. 오히려 영원한 생명은 유한하고 일시적인 모든 것들과 대조된다. 하나님의 사람은 잠시 있다가 사라지는 덧없는 재물이나 명예나 권력 따위에는 한 조각의 관심도 허비하지 말고 영원한 생명에 모든 관심을 기울여야 한다.

우리는 눈에 보이는 것을 소망하지 않고 보이지 않는 것을 추구한다. 죽음의 문턱을 넘어가지 못하는 것들에 집착하는 사람은 하나님의 사람이 아닐 가능성이 높다. 이는 하나님의 사람이라 한다면 죽음 이후에도 존속하는 가치를 추구할 것이기 때문이다. 일시적인 것들은 모두 누림의 대상이 아니라 사용의 대상이다. 소유의 대상이 아니라 활용의 대상이다. 판단을 좌우하는 독립적인 변수가 아니라 판단을 실행하는 종속적인 변수에 불과하다. 영원한 생명을 가진 하나님의 사람은 앞 절에 언급된 것처럼 의로움을 추구한다. 하나님 앞에서의 경건을 추구한다. 아버지의 보내신 이 즉 그리스도 예수를 믿음이 하나님의 일이라고 생각한다. 하나님을 사랑하고 이웃을 사랑한다. 이 세상은 내 나라가 아니기 때문에 인내하며, 온유한 마음으로 하나님 나라의 상속자 되기를 기뻐한다. 이것이 영생을 붙드는 자의 모습이다. 이 영원한 생명을 성도가 붙들지 않으면 일시적인 생명이 성도 인생의 목덜미를 붙잡는다.

이 영생을 위하여 디모데는 하나님의 부르심을 받았고 많은 증인들 앞에서 선한 고백을 했다고 바울은 설명한다. 그러나 영생을 소홀히 여긴다면 부르심도 헛되고 선한 고백도 가증한 거짓 증언으로 전락한다. 영원한 생명과 그것에 근거한 삶은 부르심의 목적이다. 부르심은 세상의 떡을 먹고 배부르기 위함이 아니라 하늘의 영원한 양식을 먹고 그 배에서 영원한 생수의 강이 솟아나는 삶을 위함이다. 갈라디아 교회에 보내는 편지에서 바울은 부르심의 목적을 "자유"라고 설명한다(갈 5:13). 이 자유의 사용은 베드로가 말한 것처럼 십자가의 길을 걸어가신 예수의 발자취를 따르는 것이며(벧전 2:21) 그 뒤따름의 내용은 모든 사람들을 위한 사랑의 종 노릇이다(갈 5:13).

> ¹³만물을 살게 하시는 하나님과 본디오 빌라도를 향하여
> 선한 증언을 하신 그리스도 예수 앞에서 내가 너에게 명령한다

지금 바울이 디모데를 향해 믿음의 선한 싸움을 싸우고 영원한 생명을 붙들라고 한 명령은 대단히 엄중하다. 그래서 바울은 최고의 존엄을 언급한다. 즉 하나님과 그리스도 예수 앞에서 이 명령을 내린다고 설명한다. 이로 보건대, 바울의 명령은 성도들 사이에 나누는 따뜻한 권면이나 가벼운 덕담이 아니라 사활을 걸어야 하는 막중한 사안이다. 사람들이 무언가를 하도록 명령을 내릴 때에 의존하는 권위의 근거는 무엇인가? 대체로 부모나 선배나 상사나 관원의 권위로 명령의 정당성을 확보한다. 사람이 사람에게 내리는 명령의 크기와 무게는 혈통적인 관계, 사회적인 관계, 법적인

관계에 의존한다. 이런 관계의 구속력을 능가하는 명령의 권한은 인간에게
없다. 인간이 사용할 수 있는 명령의 권위는 제한되어 있다. 그러나 사도
바울이 내리는 명령은 모든 만물에게 생명을 주시는 분의 명령이며 그분
의 승인을 받아서 전한 명령이다. 생명이 걸린 정도가 아니라 생명의 근원
에 뿌리를 둔 명령이다. 동시에 빌라도 법정에서 자신의 생명을 아끼지 않
고 기꺼이 희생하신 우리 모두의 메시아 예수 앞에서의 명령이다. 빌라도
앞에서 예수님이 하신 "선한 증언"은 자신의 생사가 걸린 상황 속에서도 타
협하지 않고 진리를 끝까지 고수하신 메시아의 증언을 의미한다. 그렇게
생명을 희생하신 분 앞에서 전하는 바울의 명령은 목숨을 잃을 각오로 내
리는 명령이다. 생명의 주인, 구원의 주인 앞에서의 명령은 살벌하고 두려
운 것이 아니라 최고의 권위와 사랑이 담긴 명령이다. 디모데와 에베소 교
회는 이 엄중함과 애틋함을 동시에 숙고해야 한다. 믿음의 선한 싸움을 싸
우고 영생을 붙들어야 하는 우리도 동일하게 명심해야 한다.

> ¹⁴우리 주 예수 그리스도께서 나타나실 때까지
> 흠도 없고 나무랄 데 없이 이 명령을 지키라

바울은 순종의 수위에 대해 언급한다. 우리는 "흠 없는"(ἄσπιλος) 상태에
이를 때까지 그 명령에 순종해야 한다. 바울의 명령에 순종하면 우리에게
있는 어떠한 종류의 흠도 사라진다. 흠 없음의 판단은 우리가 스스로 내리
는 자의적인 판단이 아니라 하나님과 사람들의 판단이다. 그래서 하나님
앞에서, 그리고 사람들 앞에서도 "나무랄 데가 없는"(ἀνεπίληπτος) 상태에 이
를 때까지 순종해야 한다. "흠도 없고 나무랄 데가 없는" 존재는 "오직 흠
없고 점 없는 어린 양 같은 그리스도" 예수를 가리킨다(벧전 1:19). 명령에
대한 순종을 통해 우리는 예수를 닮아간다. 우리가 그의 형상을 온전히 본

받는 것은 우리를 향한 신적인 작정의 목적이다(롬 8:29). 예수를 닮은 우리의 거룩함과 흠 없음을 위해 아버지 하나님이 택하신 시점은 세상의 창조 전이었다(엡 1:4). 이것을 종합하면, 바울이 이 서신에서 내리는 모든 명령은 만세 전부터 우리를 향하여 정하신 것이었고 그리스도 예수를 본받아 거룩하고 흠 없는 사람이 되게 하려는 하나님의 명령이다. 성경에 기록된 하나님의 모든 명령은 바로 이 목적을 지향한다. 하나님의 명령은 우리를 억압하고 자유를 박탈하고 괴롭힐 목적으로 주어지지 않았고 우리에게 있는 죄의 시커먼 자국과 흉측하게 파인 상흔을 깨끗하게 지워 거룩하고 아름답게 할 목적으로 주어졌다. 그래서 많은 시인들이 고백한 것처럼 하나님의 명령은 기쁨과 즐거움과 사랑의 대상이다. 당연히 주야로 쓰고 읽고 묵상하고 연구하고 깨달으며 왕성하게 섭취해야 할 영혼의 양식이다. 그러므로 하나님의 모든 명령에 대해 우리는 감사한 마음으로 즐거이, 기꺼이 순종해야 한다.

믿음의 선한 싸움을 하고 영원한 생명을 붙드는 것은 그리스도 예수께서 다시 오실 때까지의 일이라고 한다. 바울과 초대교회 성도들은 자신의 시대에 예수님이 다시 오실 것이라는 확신 속에서 믿음으로 싸우고 영원한 생명을 붙들었다(살전 1:10, 3:13, 4:13-17, 5:23). 인류 역사의 마침표가 될 것이라는 각오와 다짐 속에서 살아갔다. 여기에서 우리는 그들이 예수 재림의 때를 잘못 알았다고 주장할 것이 아니라 그들이 제시하는 성도의 모범적인 자세를 주목해야 한다. 성도의 죽음은 비록 예수님의 공적인 재림은 아니지만 그가 계신 낙원으로 가서 그를 만나는 일이기 때문에 각 개인에게 예수의 재림에 버금가는 의미로 다가온다. 그 죽음의 때는 아무도 모르기에 언제 죽을지 모른다는 자세와 언제 예수님을 만날지 모른다는 자세로 살아가는 것은 당연하다. 하나님의 사람은 예수의 재림 때까지 전투하는 인생이다. 영원한 생명을 망각한 채 이 땅의 일시적인 생명에 매몰되어 땅의 것을 추구하며 살면 안되는 너무도 아까운 인생이다. 썩지 아니하는 하늘의 영원한 인생을 이 땅에서도 살아가야 한다. 그리고 우리는 주님께서 다시 오실 때까지 우리가 흠 없고 나무랄 데 없는 사람이 되기가 쉽지 않다는 사실도 의식해야 있다. 영적인 성장은 천천히 조금씩 일어난다. 무덤에 들어갈 때까지 인내하고 지속해야 하는 성도의 여정이다. 중도에 하차하지 말고 끝까지 정진해야 한다.

15그 자신의 때에 복되시고 유일하신 주권자요 왕들 중의 왕이요
주들 중의 주께서 나타나실 것이니라

일평생 믿음의 선한 싸움을 싸우며 돈이 아니라 영원한 생명을 붙들되 주님께서 다시 오실 때까지 정진해야 하는 이유는 무엇인가? 주님의 위대하심 때문이다. 그분과 만나게 되고 그 만남이 최고의 영광이기 때문이다. 바울은 다시 오실 예수께서 "자신의 때"(καιροῖς ἰδίοις)에 오신다고 생각한다. 바울의 시대에 오신다고 단정하지 않고 그분의 정해진 때에 오신다고 말하는 것은 겸손이다. 이는 때와 기한의 결정이 오직 하나님께 있기 때문이다. 그럼에도 불구하고 바울은 예수님이 자기 시대에 오실지, 그 이후에 오실지 알지 못하기에 자기 시대에 오실 것처럼 살아갔다. 이것은 때와 기한을 모를 때에 취하는 성도의 합당한 태도라고 나는 생각한다. 인류를 거대한 자아로 여기고, 인류의 역사 전체를 자신의 확대된 일대기로 여기는 우주적인 규모의 의식과 책임감을 가지고 살아가는 것은 세계를 품은 성도의 삶과 잘 어울린다.

하나님의 사람은 자신의 정체성과 결부된 예수님에 대해 바울이 여기에서 언급한 세 가지의 진실을 늘 의식해야 한다. 첫째, 예수는 "복되시고 유일하신 주권자"(ὁ μακάριος καὶ μόνος δυνάστης)다. 로마의 황제가 아니라 예수만이 복 자체이며 우리 모두에게 복의 근원이다. 이 세상에서 발견되고

경험되는 모든 복은 예수로 말미암아 주어진다. 그리고 하늘과 땅의 모든 권세를 가진 "유일한 주권자"다. 유일하기 때문에 제국의 황제를 비롯한 이 세상의 어떠한 주권자도 그분 앞에서는 모든 권세를 상실하게 된다. 이런 의미에서 마리아는 예수님을 수태했을 때에 주님께서 이 땅의 모든 "주권 자를 끌어 내리셨다"고 고백했다(눅 1:52). 사실 당시에 "주권자"는 오직 로마의 황제를 가리키는 고유한 칭호였다. 그런데 바울은 과감하게 예수님을 가리켜 그 단어를 사용한다. 바울에게 예수님은 주권자로 간주될 수 있는 유일한 분이시다. 그래서 바울은 비록 이 땅에서의 일시적인 주권을 로마의 황제에게 돌리지만 예수님 때문에 자신과 인류의 궁극적인 주권자로 인정할 수는 없다는 입장을 과감하게 표명한다.

둘째, 예수님은 "왕들 중의 왕"(ὁ βασιλεὺς τῶν βασιλευόντων)이시다. 그는 왕들의 왕이시기 때문에 왕들을 임의로 세우시고 폐하신다(단 2:21). 이 땅에 세워진 왕들을 존중해야 한다. 그러나 그 모든 왕들의 왕이 계시다는 사실도 기억해야 한다. 왕위에 오른 모든 사람들은 섬김을 위해 세워진 공직자다. 세상을 섬기는 그들의 왕위는 진정한 왕이신 주님을 위함이다. 이에 대하여 바울은 이렇게 선언한다. "만물이 그에게서 창조되되 하늘과 땅에서 보이는 것들과 보이지 않는 것들과 혹은 왕권들, 주권들, 통치자들, 권세들, 만물이 다 그로 말미암고 그를 위하여 창조되고"(골 1:16). 주님에 의해 세워진 모든 권세는 그분을 위하여야 하는데 그분을 대적하면 그분은 그들을 폐하신다. 모든 인간이 무릎을 꿇고 경의를 표하며 순종하고 경배해야 하는 대상은 오직 하나님 한 분이시다. 하나님의 사람은 왕들 중의 왕을 자신의 왕으로 모신 사람이다. 그의 명령만 받고 그의 뜻만 이루며 그만을 위해 살고 존재한다. 인생에서 이보다 벅찬 영광이 어디에 있겠는가!

셋째, 예수님은 "주들 중의 주"(κύριος τῶν κυριευόντων)이시다. 그는 이 세상에서 스스로 자신을 주인이라 칭하는 모든 자들의 주인이다. 바울은 비록 사회에서 주인과 종의 제도적인 관계가 있더라도 주인의 주인이며 종의 궁극적인 주인이신 하늘의 상전이 계시다고 한다(엡 6:9). 주인은 소유권과 처분권을 가진 분을 의미한다. 성경이 말하는 그런 "주인"(κύριος)은 누구인가? 다윗의 고백이다. "부와 귀가 주께로 말미암고 또 주는 만물의 주재가 되사 손에 권세와 능력이 있사오니 모든 사람을 크게 하심과 강하게 하심이 주의 손에 있나이다"(대상 29:12).

예수님을 설명하는 주권자, 왕들 중의 왕, 주들 중의 주라는 말은 구약에서 하나님께 돌려지던 표현이다. 바벨론의 왕은 다니엘의 하나님에 대해 이렇게 고백한다. "너희 하나님은 참으로 모든 신들의 신이시요 모든 왕들의 주이시다"(단 2:47). 하나님에 대한 표현과 예수님에 대한 표현이 동일하다. 즉 바울은 예수님이 우리와 동일한 사람이신 것만이 아니라 아버지 하나님과 동등한 분이심을 증언하고 있다. 동등할 뿐만 아니라 신적인 본성이 아버지와 동일하다. "유일하신 주권자"는 다른 주권자가 없다는 표현이다. 그렇다면 아버지 하나님과 성령 하나님은 주권자가 아님을 뜻하는가? 절대 그렇지가 않다. 주권자의 유일성은 아버지 하나님과 아들 하나님과 성령 하나님 모두에게 돌려지나 이 셋이 하나이기 때문에 모순되지 않다. 하나님의 사람은 아버지 하나님의 사람, 아들 하나님의 사람, 성령 하나님의 사람이며, 유일하신 하나님의 사람이다.

¹⁶그 유일하신 분만이 불멸성을 가지셨고 다가갈 수 없는 빛에 거하시고
어떠한 사람도 보지 못하였고 또 볼 수도 없는 분이니라
존귀와 영원한 권능이 그에게, 아멘

사도는 예수님에 대한 고백을 이어간다. 그분만이 "불멸성"(ἀθανασία)을 가지셨다. 이 불멸성은 절대적인 불멸성을 의미한다. 그리스도 예수는 죽거나 소멸되지 않으신다. 앞에서도 바울은 예수님을 "유일하신 주권자"로

표현한 것처럼 불멸성에 있어서도 예수님을 "유일하신"(μόνος) 분이라고 고백한다. 불멸의 유일성도 성자에게 국한된 것이 아니라 성부와 성령 모두에게 적용된다. 사실 기독교는 하나님의 불멸성과 함께 영혼의 불멸성도 고백한다. 인간의 육체는 비록 썩어서 흙으로 돌아가나 영혼은 영원히 소멸되지 않는다는 고백이다. 그러나 영혼이 불멸하는 이유는 무엇인가? 인간의 영혼 자체가 불멸성을 가졌기 때문이 아니라 하나님이 멸하지 않도록 영혼을 보존해 주시기 때문이다. 하나님은 인간의 영혼을 능히 살리기도 하시고 멸하기도 하시기 때문에(마 10:28) 인간의 영혼은 멸절의 가변성을 가졌고 그렇기 때문에 절대적인 불멸성은 주님께만 돌려진다.

예수님은 이제 다가갈 수 없는 빛에 거하신다. 이는 "주께서 옷을 입음 같이 빛을 입으시며 하늘을 휘장 같이 치"신다는 시인의 고백을 떠올리게 한다(시 104:2). "다가갈 수 없는 빛"(φῶς οἰκῶν ἀπρόσιτον)이 다가갈 수 없는 곳이라면, 그 가운데에 계신 예수께는 더더욱 다가갈 수 없는 분이시다. 사실 예수님께 다가간 사람들이 많았기 때문에 다가갈 수 없는 빛 가운데에 계시다는 말이 나에게는 뭔가 어색하다. 그러나 주님의 두 본성을 생각하면 충분히 이해된다. 예수님은 인성을 따라서는 다가갈 수 있는 동시에 신성을 따라서는 다가갈 수 없는 분이시다. 예수님은 누구든지 쉽게 다가갈 수 있는 분이시기 때문에 사람들은 그분을 너무 가볍게 생각한다. 그러나 예수님은 원래 누구도 다가갈 수 없는 분이셨다. 그런데 우리에게 친히 먼저 다가오신 분이시다. 그분의 다가오심 없이는 누구도 감히 다가갈 수 없을 정도로 위대한 분이시다. 그런 분에게 다가갈 수 있다는 것은 우리에게 상상을 초월하는 기적이고 과분한 은총이다.

예수님은 "어떠한 사람도 보지 못하였고 또 볼 수도 없는 분"이시다. 요한도 하나님을 본 사람이 아무도 없다고 기록한다(요 1:18). 이는 그가 태양보다 더 밝은 태양이고 빛보다 더 강한 빛이시기 때문이다. 사람의 눈이 신적인 얼굴의 지극히 거룩한 빛을 어찌 견딜 수 있겠는가! 예전에 모세는 하나님께 영광의 얼굴을 보여 달라고 간청했다. 그때 하나님의 답변은 거절이다. 이유는 무엇인가? "네가 내 얼굴을 보지 못하리니 나를 보고 살 자가 없음이라"(출 33:20). 하나님의 단호한 거절이 모세에게 복이었다. 하나님을 보면 죽는다는 것은 이스라엘 백성의 상식이다. 물론 성경에는 이 상식의 반증과 같은 사건이 등장한다. 야곱 이야기다. 그는 하나님과 대면하고 죽지 않았다는 사실을 경험하고 만남의 장소를 "브니엘" 즉 하나님의 얼굴이라 했다(창 32:30). 그러나 야곱이 "대면"(פָּנִים אֶל־פָּנִים)한 것은 하나님의 얼굴이 아니라 사람으로 현현하신 얼굴이기 때문에 그 얼굴이 본체가 아니라 인간에게 적응된 형태였다.

야곱이 하나님과 대면한 것은 대단히 상징적인 사건이다. 그리스도 예수를 통한 하나님 대면의 가능성을 암시하기 때문이다. 요한은 "본래 하나님을 본 사람이 없으되 아버지 품 속에 있는 독생하신 하나님"이 우리에게 오셨다고 기록한다(요 1:18). 하나님의 본질을 볼 수는 없지만 예수를 통해 우리가 하나님을 보는 것은 가능하다. 그런데 지금은 예수님이 이곳에 계시지 않기 때문에 육안으로 관찰하는 것은 가능하지 않다. 그럼에도 불구하고 예수님은 우리에게 다른 방식의 대면 가능성을 "마음이 청결한 자는 하나님을 볼 것"이라는 말씀으로 알리셨다(마 5:8). 우리는 이제 하나님을 눈으로 보지 않고 마음으로 본다. 보이지 않는 것들의 증거인 믿음으로 마음의 손을 뻗어 보이지 않으시는 하나님의 얼굴을 더듬는다(히 11:1). 나아가 우리는 하나님을 보여주는 사명을 온 세상에서 완수해야 한다. 요한은 이렇게 가르친다. "어느 때나 하나님을 본 사람이 없으되 만일 우리가 서로 사랑하면 하나님이 우리 안에 거하시고"(요일 4:12). 우리가 서로 사랑하면 하나님이 우리 안에 거하시기 때문에 온 세상이 하나님을 볼 수 있도록 보여주는 것이 가능하다.

바울은 다시 오실 예수님이 어떤 분이심을 알아야 진정한 하나님의 사람이 되고 그런 사람으로 살아갈 수 있다고 가르친다. 바울은 이런 예수님께 "존귀와 영원한 권능"을 돌리는 것이 마땅한 일이라고 고백한다. 유일한 주권자, 왕들 중의 왕, 주들 중의 주, 유일하게 불멸하신 분, 다가갈 수 없는 빛에 거하시는 분, 누구도 보지 못하고 볼 수도 없는 그 예수께서 우리에게 가까이 오시고 종들 중의 종처럼 자신을 낮추시고 우리를 섬기시고 듣고 보고 만지고 대화할 수 있도록 하셨는데 어찌 존귀와 권능을 그분에게 돌리지 않을 수 있겠는가! 우리는 그의 존귀와 영원한 권능을 입술로도 고백하고 삶으로도 고백해야 한다. 인생이 터지도록, 존재가 다 닳아서 없어질 때까지 그의 위대한 존귀와 능력을 고백해야 한다. 하나님의 사람은 말과 삶과 온 존재를 통하여 독생하신 하나님 그리스도 예수에게 "존귀와 영원한 권능"을 돌리는 사람이다. 바울은 디모데와 에베소 교회의 성도 모두에게 이런 정체성과 사명을 가르친다. 이런 가르침은 바울 자신의 정체성과 사명을 다른 모든 하나님의 사람과 공유하기 위함이다. 하나님의 모든 사람들이 받을 만한 교훈이기 때문에 바울은 "아멘"을 고백하며 권유한다.

딤전 6:17-19

¹⁷네가 이 세대에서 부한 자들을 명하여 마음을 높이지 말고 정함이 없는 재물에 소망을 두지 말고 오직 우리에게 모든 것을 후히 주사 누리게 하시는 하나님께 두며 ¹⁸선을 행하고 선한 사업을 많이 하고 나누어 주기를 좋아하며 너그러운 자가 되게 하라 ¹⁹이것이 장래에 자기를 위하여 좋은 터를 쌓아 참된 생명을 취하는 것이니라

❖ ❖ ❖

¹⁷너는 이 세대에서 부한 자들에게 명하여라 마음으로 높아지지 말고 재물의 불확실이 아니라 우리에게 모든 것을 누리도록 후히 베푸시는 (살아계신) 하나님께 소망을 두고 ¹⁸선하게 행동하고 선한 일들에 부유하고 기꺼이 나누며 소통하는 자가 되고 ¹⁹장래를 위하여 좋은 터를 자신에게 예비하여 진실한 생명을 붙들도록 [명령하라]

17   부자에게 고함

바울은 서신의 끝에서 진리의 칼끝으로 부자를 겨냥한다. 돈의 사람과 하나님의 사람을 대조한 이후에 바울은 먼저 하나님의 사람을 소개하고 이제는 돈의 사람을 설명한다. 돈을 사랑하는 부자의 치명적인 함정을 언급하며 디모데와 에베소 교회가 그 함정에 빠지지 않도록 모두를 위한 명령권 발동을 다시 촉구한다. 부자는 돈의 사람이길 중단해야 한다. 이를 위하여 불확실한 재물에 소망을 두지 말고 오직 모든 것을 베푸시고 이루시는 확실한 하나님께 소망을 두라고 바울은 명령한다.

17너는 이 세대에서 부한 자들에게 명하여라
마음으로 높아지지 말고 재물의 불확실이 아니라
우리에게 모든 것을 누리도록 후히 베푸시는 (살아계신) 하나님께 소망을 두고

앞에서 바울은 부자가 되려는 자들의 위험에 대해 경고했고(딤전 6:9) 이

제는 이미 부자가 된 자들의 문제와 도리에 대해 가르친다. 먼저 부자가 필히 빠지는 함정 하나를 언급한다. 부 자체의 속성이 만든 것으로서 그 함정은 교만이다. 바울이 말하는 부자는 "이 세대에서 부한 자들"이다. "이 세대에서"(ἐν τῷ νῦν αἰῶνι) 부하다는 것은 영원한 재물이 아니라 잠시 있다가 썩어 없어지는 일시적인 소유물이 많다는 것을 의미한다. "부하다"(πλούσιος)는 말은 그런 소유물을 남들보다 더 많이 가졌다는 상대적인 부와 무언가를 필요 이상으로 가졌다는 절대적인 부를 포괄한다. 필요 이상의 것을 가지면 하루하루 더 성실하게 살겠다는 다짐과 각오는 먼 곳으로 유배되고 마음에서 자만과 나태가 스멀스멀 올라온다. 하나님에 대한 의존성은 떨어지고 하나님에 의한 만족의 거룩한 갈증도 서서히 마비된다. 이처럼 사람들은 무엇이든 필요 이상으로 많거나 남들보다 더 많이 가지면 마음이 교만하게 되고 스스로 높아진다. 지식이 많으면 자기보다 무지한 사람을 무시하고, 돈이 많으면 자기보다 가난한 사람을 하대하고, 지위가 높으면 자기보다 낮은 사람을 종처럼 부리려고 하고, 근육이 많으면 자기보다 허약한 사람을 제압하려 든다. 그런 갑질로 자신의 다양한 부를 자랑하며 존재감을 높이려고 한다. 자랑에서 끝나지 않고 더 큰 자랑의 근거를 만들려는 더 큰 소유욕이 발동된다.

이 세상에 있는 일시적인 것들이 우리에게 주는 것은 만족인 듯하나 실상은 더 증폭된 갈증이다. 그래서 전도자는 "은을 사랑하는 자는 은으로 만족하지 못하고 풍요를 사랑하는 자는 소득으로 만족하지 않"(전 5:10)는다고 했다. 세상이 부를 통해 우리에게 주는 것은 자유가 아니라 더 촘촘한 결박이다. 자신이 가진 것으로는 만족하지 못하기 때문에 마법에 홀린 것처럼 더 큰 부에 매달린다. 그런 식으로 세상에 있는 것들에 더 집착하며 사람의 영혼은 미묘하게 망가진다. 부하면 더 행복한가? 결코 그렇지가 않다. 필요 이상의 것이 있으면 어떤 식으로든 그것이 그 소유자를 괴롭힌다. 최고의 부를 누렸던 전도자는 비록 "노동자는 먹는 것이 많든지 적든지 잠을 달게 자거니와 부자가 그 부요함 때문에 자지 못한다"고 고백한다(전 5:12). 무엇이든 잉여를 소유하고 있으면 그것을 관리하기 위해 추가적인 신경과 에너지를 소모해야 한다. 필요한 것이 채워진 자신에게 그 잉여를 소비하면 이미 채워져 있기 때문에 아무런 유익이 없고 오히려 유해하다. 필요 이상으로 먹는 과식은 비만의 문제를 낳고, 필요 이상으로 아는 박식은 교만하게 한다. 그럼에도 불구하고 필요 이상의 부를 가지는 것은 전도자의 지적처럼 "자기에게 해가 되도록 소유하는" 어리석은 자학이다(전 5:13).

어떠한 종류이든 부자가 되는 것의 위험성을 바울은 체험했다. 바울은 다른 누구보다 더 많은 계시를 받은 사람이다. 이 신비로운 지식의 과잉은 바울을 교만하게 하고 스스로 높아지게 할 가능성이 대단히 농후했다. 이 교만은 바울이 스스로 해결할 수 없는 문제였다. 그래서 하나님은 그를 도우셨다. "여러 계시를 받은 것이 지극히 크므로 너무 자만하지 않게 하시려고 내 육체에 가시 곧 사탄의 사자를 주셨으니 이는 나를 쳐서 너무 자만하지 않게 하려 하심이라"(고후 12:7). 이러한 도움으로 바울은 깨달았다. 너무나 좋은 진리의 지식도 필요 이상으로 가지면 영혼의 치명적인 질병인 교만에 빠진다는 것을! 전도자에 의하면, 진리만이 아니라 의로움과 지혜의 과잉도 해로움의 원인이다. "지나치게 의인이 되지도 말며 지나치게 지혜자도 되지 말라 어찌하여 스스로 패망하게 하겠느냐"(전 7:16). 진리와 의로움과 지혜는 거룩함과 더불어 하나님의 형상을 구성하는 필수적인 요소가 아니던가! 그러나 지극히 고귀한 것들이라 할지라도 과하면 교만의 원흉으로 작용한다. 그래서 필요의 경계선에 머무는 적정의 지혜가 필요하다. 특별히 괜찮은 것들의 과잉으로 다가오는 사탄의 은밀한 속임수를 경계해야 한다.

'부'라는 자궁에서 잉태되는 이 교만은 영원한 생명의 길을 가로막는 가장 심각한 영혼의 악성 종양이다. 그래서 구원의 문이신 예수님은 반복해서 분명히 밝히신다. "낙타가 바늘귀로 들어가는 것이 부자가 하나님의 나라에 들어가는 것보다 쉬우니라"(마 19:24). 이처럼 부자가 되는 것은 대단히 위험하다. 그런데도 사람들은 부자가 되려고 미친듯이 앞다툰다. 부자가 되는 비법의 수요는 갈수록 증대된다. 사실 성경은 부자가 되는 것 자체를 금하지는 않으며 오히려 부자는 성실의 결과라고 가르친다(잠 10:4). 그러나 문제는 겸하여 섬길 수 없는 하나님과 재물 중에 대부분의 사람들이, 심지어 성도와 목회자도 하나님이 아니라 재물을 택한다는 사실이다. 그래서 바울은 부자가 되는 것 자체를 말리지는 않고 부자의 지혜로운 처신을 가르친다. 바울은 부 자체가 아니라 부의 질병인 교만을 경계한다.

"막대한 교만"(superbia magna)이 "부자들의 병"(morbus divitiarum)이라고 규정한 아우구스티누스도 이렇게 이해한다. "[내가] 두려워한 것은 부가 아니라 부의 병입니다. 부 속에서도 이 병에 걸리지 않는 영은 위대한 영입니다. 그는 부를 욕망하는 대신 그것을 무시하며 넘어서는, 부보다 더 위대한 영입니다"(PL38:215). 바울은 부자가 교만의 희생물이 되지 않고 위대한 사람이 되도록 실천해야 하는 다섯 가지의 준칙을 제안한다.

첫째, 하나님과 관계된 것으로서 부자는 "재물의 불확실"(πλούτου ἀδηλότητι)이 아니라 하나님께 소망을 두는 마음의 상태를 유지해야 한다. 바울은 재물과 하나님을 대조한다. 이 땅에서의 재물은 확실하지 않고 하나님은 확실한 분이시다. 그런데 재물이 불확실한 이유는 무엇인가? 일시적인 것이기 때문이다. 우리를 영원하신 하나님 앞에 세우지는 못하기 때문이다. 그런데도 부자는 그런 재물을 "견고한 성"과 "높은 성벽"으로 여기며 자신을 영원히 지켜줄 것이라고 기대한다(잠 18:11). 그러나 재물은 신적인 진노의 날에 진실로 무익하다(잠 11:4). 아무리 큰 기대감을 주더라도 마지막 순간에는 재물의 소유자를 배신한다. 왜 그러한가? "자기의 재물을 의지하고 부유함을 자랑하는 자는 아무도 자기의 형제를 구원하지 못하며 그를 위한 속전을 하나님께 바치지도 못할 것은 그들의 생명을 속량하는 값

이 너무 엄청나서 영원히 마련하지 못할 것이니라"(시 49:6-8). 인간의 생명
은 천하보다 고귀하다. 그래서 이 세상에는 생명의 대체물이 없다. 온 우주
를 재물로 가졌다고 할지라도 죄의 값을 지불하고 생명을 구할 정도로는
충분하지 않다. 우주는 기껏해야 우주보다 작은 문제만 해결한다.

결국 "지혜 있는 자도 죽고 어리석고 무지한 자도 함께 망하며 그들의
재물은 남에게 남겨 두고 떠나는 것"을 우리는 주변에서 목격한다(시 49:10).
그러므로 우리를 지켜주지 못하는 그런 불확실한 재물이 아니라 우리를 떠
나지도 않으시고 버리지도 않으시며 온 천하보다 크시고 죄보다도 크신 자
신의 이름과 생명을 걸고 우리를 지키시는 주님만이 소망의 대상이다. 모
든 것을 가지신 하나님은 우리로 하여금 소유하고 누리도록 그 모든 것을
아끼지 않고 후히 베푸신다. 여기에서 우리는 하나님의 은총이 소유가 아
니라 "누림"(ἀπόλαυσις)에 있다는 사실을 확인한다. "후히"(πλουσίως) 주신다
는 말은 어떠한 것도 아끼지 않으시고 부족함이 없이 넘치도록 주신다는
것을 의미한다. 영적인 것만이 아니라 물질적인 필요도 능히 그리고 후히
채우신다. 아들의 생명도 아끼지 않고 우리에게 주셨다는 사실은 "모든 것
들을 우리에게" 더하여 주실 것이라는 약속의 보증이다(롬 8:32). 그래서 다
윗은 고백한다. "주여 이제 내가 무엇을 바라리요 나의 소망은 주께 있나이
다"(시 39:7). 우리도 다윗처럼 고백하며, 하나님께 두어야 할 소망을 빼앗
으려 하는 재물의 어떠한 유혹도 경계해야 한다.

18선하게 행동하고 선한 일들에 부유하고 기꺼이 나누며 소통하는 자가 되고

둘째, 이웃과 관계된 것으로서 부자는 선하게 행동해야 한다. "선하게 행
한다"(ἀγαθοεργεῖν)는 말은 행위의 동기와 내용과 목적이 선하다는 것을 의
미한다. 행위의 선함은 무엇보다 내면의 선함에 근거한다. 그러나 부자가

선하게 행하는 것은 결코 녹록하지 않다. 지혜자의 가르침에 의하면, 부자는 "자기를 지혜롭게" 여기고(잠 28:11) "가난한 자를 주관"하려 하고(잠 22:7) 가난한 자에게는 "엄한 말로 대답"한다(잠 18:23). 이는 모두 부자들의 위험한 근성이다. 부자는 이러한 부의 끈질긴 부작용을 극복해야 한다. 부자는 부의 크기가 지혜를 보증하는 것이 아님을 깨달아야 한다. 자신이 가난한 자를 주관해도 되는 권한을 가지고 있지 않다는 점도 인지해야 한다. 돈이 자신에게 가난한 자보다 더 큰 권세를 주는 것이 아님도 인정해야 한다.

셋째, 부자는 선한 일들에 "부유해야 한다"(πλουτεῖν). 그들에게 보다 많이 주어진 모든 부들은 선한 일들을 행할 도구로서 주어진 것이기 때문이다. 누구든지 받은 것이 많을수록 많은 선을 행하여야 한다. 선물과 선행의 비례는 하나님이 정하신 질서이기 때문이다. "무릇 많이 받은 자에게는 많이 요구할 것이요 많이 맡은 자에게는 많이 달라 할 것이니라"(눅 12:48). 부자들이 선을 행하지 않는다면 그들에게 부과되는 형벌은 가난한 자들이 선을 행하지 않아서 받게 되는 형벌의 갑절이다. 주님께서 우리 각자에게 주신 모든 것들은 선행의 밑천이다. 주님은 부자가 아니라 가난한 자에 대해서도 그가 한 달란트를 땅에 묻어두고 사용하지 않았기 때문에 "악하고 게으른 종"이라는 혹독한 평가를 내리셨다(마 25:26). 그 종은 결국 그 한 달란트를 선한 부자에게 넘겨야만 했다. 게으른 부자에 대한 혹평은 얼마나 심각할까! 야고보는 선을 위하여 소비하지 않아 결국 곳간에서 썩어버린 재물과 좀먹은 옷과 녹으로 덮인 금과 은이 말세에 부자들의 살이 큰 고통 속에서 파먹히는 심판의 증거물(μαρτύριον)이 될 것이라고 경고한다(약 5:1-3).

넷째, 부자는 남들보다 더 많이 가진 재물과 재능을 "기꺼이 나누어야 한다"(εὐμεταδότους). 이 나눔이 바로 부자들이 적극 힘써야 할 선행의 내용이다. 자신의 잉여가 필요한 사람들이 발견되면 속히 그것을 분배할 수 있도록 부자들은 늘 마음으로 준비해야 한다. 이러한 나눔의 정신은 "일용할 양식"을 구하는 기도문 안에서도 발견된다. 이는 필요를 채워 달라는 기도인 동시에 필요한 것 이상의 잉여를 가지지 않게 해 달라는 요청이다. 밀라노의 교부 암브로시우스(Ambrosius)는 가르친다. "자연의 법은 생존에 필요한 만큼만 추구하는 것입니다"(PL 14:217). 필요 이상의 것은 모두 나누어야 한다. 위장을 하나씩만 가진 모든 사람에게 필요의 크기는 대체로 비슷하다. 그래서 히포의 교부 아우구스티누스가 말한 것처럼 우리는 "모두 동일한 법(una lege)을 따라 태어나고 동일한 빛(una luce)으로 살아가며 동일한 공기(unam aerem)로 호흡하며 동일한 죽음(una morte)을 맞이한다"(PL 39:1651). 교부들은 생존에 필요한 모든 필수적인 것들을 공공재로 이해했다.

황금의 입이라고 불리는 교부 크리소스토무스는 주님께서 우리에게 남들보다 많은 것을 주셨다면 그것은 우리의 "개인 재산"이 아니라 "궁핍한 자들과 함께 공유하기 위함"이며 공유하지 않는 것은 마치 타인의 소유를 빼앗는 "강도행위, 탐욕, 도둑질"과 같다고 경고한다(PG 48:987-988). "자신의 재산을 가난한 자들과 나누지 않는 것은 그들의 것을 훔치는 것이며, 그들의 생명을 빼앗는 것입니다. 우리는 그것의 소유자가 아니라 그들의 것을 보존하는 것입니다"(PG 48:991-992). 같은 맥락에서 가이사랴 지역의 교부 바실리우스는 "줄 수 있는 것이 남아 있는 만큼, 그대는 많은 사람에게 부당한 일을 하는 것"이라고 가르친다(내 곳간들을 헐어 내리라, 4). 그러므로 우리는 도둑질의 부당함을 피하기 위해 나누어야 한다. 아우구스티누스는 우리가 나누는 모든 것들은 우리의 것이 아니라 하나님의 것이기 때문에 "자비의 이름"을 붙이는 것은 "오만의 공허함"과 다르지 않다고 지적한다 (PL 38:327). 동일한 맥락에서 교황 그레고리우스는 "가난한 이들에게 필수적인 물건들을 줄 때, 우리는 그들에게 우리의 것을 선물로 베푸는 것이 아니라 그들의 것을 돌려주는 것"이라고 한다. 그래서 나눔을 "자비의 행위"(misercordiae opera)가 아니라 "정의의 의무"(justitiae debitum)라고 규정한다(PL 77:87). 그러므로 우리는 마땅히 나누어야 한다.

동시에 우리는 기꺼이 나누어야 한다. 암브로시우스는 자신의 잉여를 타인에게 "다시 받지 못할 것처럼 주라"고 가르친다(PL 14:762). 이는 "가난한 자들과 몸 불편한 자들과 저는 자들과 맹인들"을 위해 잔치를 베풀라고 하신 주님의 말씀에 근거한다. 잔치는 의무 때문에 억지로 마련하는 자리가 아니라 즐겁고 자발적인 축제를 의미한다. 이런 자리의 귀빈인 가난한 이들은 보상할 능력이 없기 때문에 "갚을 것이 없으므로" 하나님에 의해 "갚음"을 받는다고 한다(눅 14:13-14). 교부는 강조한다. "혹시라도 되돌려 받는다면 이윤으로 치십시오. 돈을 돌려주지 않는 이는 은총을 돌려주는 것입니다. 그대가 돈을 떼인다면 의로움을 얻을 것입니다"(PL 14:762). 그렇기 때문에 나눔의 선행은 베푼 자에게 복이 된다고 가르친다(눅 14:14). 이런 의미에서 바실리우스는 나눔을 "선물과 대출"로 규정한다(PL 29:278). 나눔이 "선물"(dunum)인 이유는 돌려받을 것이 하나도 없다고 생각하며 베풀기 때문이다. 예수님은 제자들을 향해 "너희가 거저 받았으니 거저 주라"(마 10:8)고 명하셨고 심지어 원수들에 대해서도 "오직 너희는 원수를 사랑하고 선대하며 아무것도 바라지 말고 꾸어 주라"(눅 6:35)고 명하셨다. 나눔이 "대출"(foenus)인 이유는 주님께서 가난한 자를 대신하여 그 나눔의 보상을 되돌려 주실 것이기 때문이다. 이에 대한 지혜자의 증언이다. "가난한 자를 불쌍히 여기는 것은 여호와께 꾸어 드리는 것이니 그의 선행을 그에게 갚아 주시리라"(잠 19:17). 그래서 교부는 권고한다. "여러분의 돈을 주님께 대출해 드리되, 가난한 사람의 손에 주십시오"(PL 14:781). 하나님의 갚으심은 어떠한가? "주라 그리하면 너희에게 줄 것이니 곧 후히 되어 누르고 흔들어 넘치도록 하여 너희에게 안겨 주리라"(눅 6:38). 주님의 갚으심은 규모가 완전히 다르며 인간의 상상을 초월한다. 이러니 어찌 기꺼이 나누지 않겠는가! 어찌 나눔이 즐겁지 않겠는가!

다섯째, 올바른 부자는 "소통하는 사람"(κοινωνικός)이다. "코이노니코스"는 신약에서 여기에만 사용되는 단어로서, 자신의 재물을 공공재로 여기며 기꺼이 타인과 나누고자 하는 사교적인 마음의 적극적인 자세를 의미한다.

그런 사람은 건강한 공동체의 유지와 사귐을 도모하려 한다. 이런 태도는 부자들이 나누는 행위 이전에 갖추어야 할 내면의 자질이다. 가난한 사람보다 부한 사람이 모두가 하나라는 공동체 의식을 가지고 사회적인 연대를 이루기 위한 적극적인 소통에 앞장서야 한다. 재물을 공유할 수밖에 없는 분위기에 떠밀려 억지로 나누는 소극적인 공유는 때때로 문제를 일으킨다. 삽비라와 아나니아 경우가 그러하다. 가난해 보이는 레위지파 사람 바나바도 자신의 밭을 팔아서 기부하는 것을 보고 그들도 덩달아 나누는 자의 명예를 취하려고 기부의 겉모양을 서둘러 갖추었다. 그러나 순수하고 온전한 나눔의 마음이 없던 그들의 내면은 사탄이 차지했다. 결국 성령도 속이는 치명적인 죄를 저질렀다(행 4:36-5:3). 하나님은 즐겁고 자발적인 나눔을 원하신다. 의지의 자유로운 선택 없이 다양한 방식으로 강요된 어떠한 기부도 기뻐하지 않으신다(고후 9:7).

소통과 공유의 실천은 자신을 높이거나 타인을 낮추는 것이 아니라 상대방을 자신과 동등한 인격체로 존중할 때에만 가능하다. 많은 재물 때문에 자신이 타인보다 높다고 생각하는 부자에게 기대할 수 없는 선행이다. 만약 부자가 마음과 재물을 타인과 나누지 않는다면 스스로 고립된다. 그러한 사람의 특징은 온갖 참 지혜의 배척이다(잠 18:1). 결국 자신의 실상도 보지 못하고 스스로 만들어낸 왜곡된 자아관을 가지고 살아간다. 라오디게아 교회의 부자들이 이 사실을 잘 보여준다. "네가 말하기를 나는 부자라 부요하여 부족한 것이 없다 하나 네 곤고한 것과 가련한 것과 가난한 것과 눈 먼 것과 벌거벗은 것을 알지 못하도다"(계 3:17). 영적인 착각이 아무리 심각해도 고립된 부자들은 그 심각성을 전혀 인지하지 못하고 오히려 여전히 부요하고 부족함이 없다는 망상의 뜨뜻한 가마솥에 앉아 서서히 죽어가는 개구리와 같다. 자신을 낮추어서 타인과 교류하지 않는 부자들은 외골수가 된다. 타인의 관점으로 자신을 보지 않으면 자신에 대한 주관적인 오판의 희생물이 된다.

¹⁹장래를 위하여 좋은 터를 자신에게 예비하여
진실한 생명을 붙들도록 [명령하라]

부자로 하여금 불확실한 재물이 아니라 하나님께 소망을 두고, 선하게 행하고, 선행에 활발하고, 나누고 공유하는 마음의 구비를 가르치는 바울의 의도는 무엇인가? 무엇보다 부자 자신을 위함이다. 부자 자신이 장차 진실한 생명을 취하여 재물과는 비교할 수 없는 행복의 든든한 기반을 쌓도록 하기 위함이다. 여기에서 "장래"(τὸ μέλλον)는 현재가 아니라 미래를 의미한다. 이 세대의 부는 하늘의 부를 보증하는 것이 아니기 때문에 부자는 현재의 일시적인 부가 아니라 미래의 영원한 부를 소망하며 붙들어야 한다. 그러나 세상 사람들은 미래를 준비하지 않고 현재를 즐기라고 주문한다. 하지만 기독교는 현재의 도구적인 부가 아니라 미래의 부인 "진실한 생명 혹은 참된 인생"(τῆς ὄντως ζωῆς)을 붙들라고 권고한다. 붙드는 방법은 나눔의 선행이다. 미래의 행복한 삶을 보증하는 기반을 마련하는 선행이 이 땅에서의 진정한 누림이다. 나를 위하지 않고 타인을 위하는 나눔의 삶이 현재를 제대로 누리는 방식이다.

바울이 말하는 참된 인생은 장차 하나님과 더불어 영원히 사는 삶을 의미하며, "진실한 생명"은 주님과 연합되어 있는 영원한 생명을 의미한다. 이 세상에서 하나님께 소망을 두면서 나눔의 많은 선행을 실천하는 이유는 바로 진실한 생명을 붙들기 위한 "좋은 터"(θεμέλιον καλὸν)를 마련하기 위함이다. "좋은 터"는 영원한 생명과 진실한 삶의 기반이다. 부자의 선한 나눔은 좋은 터를 마련하는 하나의 벽돌이다. 선행이 많을수록 진실한 생명의 기반은 견고하게 된다. 선행은 자신을 위하는 것이 아니라 타인을 위한 행동이다. 재물을 자신의 곳간에 두면 자신을 위하는 악행이고 재물을 타인에게 나누어서 진실한 생명의 터를 마련하면 타인을 위하는 선행이다. 더 많은 재물을 비축하기 위해 곳간을 보수하고 증축하는 부자에 대해 예수님은 "자기를 위하여 재물을 쌓아 두고 하나님께 대하여는 부요하지 못한 자"라고 평하셨다(눅 12:20-21). 가장 든든한 삶의 기반 되시는 하나님에 대해 어리석은 부자처럼 영적으로 가난한 자가 되지 않으려면 나누어야 한다. 이것은 자신이 부하고자 하면 돈을 사랑하게 되고 모든 악의 공작소로 전락하며 정작 하나님에 대해서는 가난하게 되고, 자신의 부를 나누면 하나님에 대해 부요하게 되는 부와 가난의 역설이다. 예수님의 표현을 빌리자면, 심령이 가난한 자는 천국을 소유하는 부자가 되고(마 5:3) 심령이 부하면 천국이 들어갈 심령의 빈자리가 없어 가난하게 된다. 바울은 이러한 무소유의 부와 소유의 빈궁을 가르친다.

우리는 선행에 의한 좋은 터의 마련을 인간의 업적으로 여기지 않도록 주의해야 한다. 선한 분은 하나님 이외에 없으며 우리가 행하는 모든 선행은 인간의 열매가 아니라 오직 주님께서 우리 안에 사시면서 이루신 결과라는 사실을 명심해야 한다. 영원한 생명과 진실한 삶의 원인이나 공로를 인간에게 돌리는 것은 부당하다. 다시 말하지만, 부자가 가지고 있는 많은 재물은 하나님이 선을 이루시기 위해 맡겨 두신 수단이다. 우리의 것이 아니라 맡겨진 것을 가지고 선을 행하며 미래의 행복을 취하는 것은 주님께서 우리에게 하늘의 은총을 베푸시는 방식이다. 재물 자체가 아니라 그 재물을 통해 이루고자 하시는 선행이 우리에게 진정한 은총이다. 재물은 우리를 하나님 앞에 세우지 못하지만 선행은 세우기 때문이다. 선행을 명하시고 선행의 수단도 주님께서 베푸시고 선행의 구현도 주님께서 이루시기 때문에 우리가 선을 행했다고 해서 자랑하며 자신을 높이는 것은 심각한 착각이며 교만이다. 이런 맥락에서 아우구스티누스의 기도는 언어의 도단이 아니라 역설적인 진리의 고백이다. "주여, 당신이 명하시는 것을 주시고, 원하시는 것을 명하소서"(da quod iubes et iube quod vis, Conf. X,xxix,40). 이러한 고백의 근거는 하나님이 뜻하시는 분이시고, 명하시는 분이시고, 이루시는 분이시기 때문이다.

성도가 재물이 많아서 부자가 되는 것은 결코 정죄할 일이 아니지만 부자의 도리와 책임을 망각하는 것은 정죄를 받아 마땅하다. 즉 자신을 위해서도 나누어야 하고 가난한 자를 위해서도 나누어야 한다. 부자는 이 세상에서 부요한 자가 아니라 하늘에서 부요한 자가 되도록 노력해야 한다. 그러기 위해서는 예수님의 본을 따라 자발적인 가난을 선택해야 한다. "부요하신 이로서 너희를 위하여 가난하게 되심은 그의 가난으로 말미암아 너희를 부요하게 하려 하심이라"(고후 8:9). 나눔을 통한 자발적인 가난은 타인의 부요함을 초래하고 자신에 대해서는 하나님 앞에서의 부요함이 주어진다.

²⁰디모데야 망령되고 헛된 말과 거짓된 지식의 반론을 피함으로 네게 부탁한 것을 지키라 ²¹이것을 따르는 사람들이 있어 믿음에서 벗어났느니라 은혜가 너희와 함께 있을지어다

❖ ❖ ❖

²⁰오 디모데여 맡겨진 것을 지키고 경건하지 않은 허언들과 거짓되게 언급되는 지식들의 반론들을 피하여라 ²¹그것에 관여한 어떤 이들이 믿음에 관하여는 탈선했다 은혜가 여러분과 함께 하기를 [원하노라]

18 목회자의 사명

끝으로 바울은 믿음의 아들에게 목회자가 복음을 증거할 때에 경건하지 않은 말과 거짓된 지식을 주의해야 한다고 가르친다. 화려한 수사학과 복잡한 철학을 동원하여 복음을 장식하는 언어적인 허영을 부리지 말라고 경고한다. 그렇게 한 사람들의 비참한 말로를 언급하며 디모데와 에베소 교회를 하나님의 은혜에 부탁하는 것으로 이 서신의 결론을 갈음한다.

^{20}오 디모데여 맡겨진 것을 지키고
경건하지 않은 허언들과 거짓되게 언급되는 지식들의 반론들을 피하여라

바울은 이제 서신의 결론으로 접어든다. 이 결론은 서신의 서론과 묘하게 포개진다. 결말에서 바울은 디모데의 이름을 거명하며 그에게 "맡겨진 것"(τὴν παραθήκην)을 지키라고 당부하고 헛된 언쟁을 피하라고 한다. 이것은 1장에서 바울이 자신에게 맡겨진 것으로서 "복되신 하나님의 영광의 복

음"(딤전 1:11)에 대한 언급과 어리석은 변론을 피하기 위해 헛된 신화와 족보에 몰두하지 말라는 이야기와 대비된다. 바울이 믿음의 아들에게 맡긴 사명의 내용은 무엇인가? 이 서신 전체에서 바울이 명하고 부탁하고 가르친 것들이다. 모든 것을 포괄하는 위탁의 내용은 주님께서 바울에게 맡긴 "영광의 복음"이다.

1장에서 바울은 자신에게 맡겨진 바로 그 복음을 이제 믿음의 아들에게 위탁하며 그 복음의 보존과 변질의 방지를 부탁한다. 디모데는 바울이 맡긴 복음의 진리 즉 하나님의 말씀을 가감하지 말고 그대로 보존해야 한다. 2장에서 바울은 그에게 기도를 권하였다. 모든 종류의 기도로 하나님과 연합하고 교회를 섬기라고 했다. 그리고 2장에서 교회의 모든 형제들과 자매들이 각각 하나님의 온전한 사람을 이루고 거룩한 공동체를 이루기 위해 성별에 따라 합당한 인격과 언어와 행실을 갖추도록 지도할 것을 명하였다. 3장에서 바울은 준비된 사람을 교회의 일꾼으로 세우라고 명하였다. 4장에서 바울은 교회에서 발생하는 다양한 문제들을 해결하기 위해 하나님의 진리로 분별하고 처신하되 무엇보다 말과 행실과 인격에 있어서 모든 성도에게 본을 보이는 방식으로 해결할 것을 명하였다. 이렇게 맡겨진 막중한 일들을 잘 감당하기 위해 영적인 경건의 훈련에도 매진해야 하고 신체적인 건강도 잘 유지해야 한다고 가르쳤다. 5장에서 바울은 성별과 나이에 따라 성도를 지혜롭게 섬기고 사랑하되 특별히 과부를 그 어려움 중에서 어떻게 돌보아야 하는지를 가르쳤다. 6장에서 바울은 신분에 따라, 빈부에 따라 각자의 선 자리에서 하나님을 섬기는 방법을 가르쳤다. 이상의 모든 명령들을 종합하면 복음의 순수성 보존이다. 디모데는 이 편지에서 바울이 당부한 모든 것들을 지키며 복음의 순수성 유지를 위해 목숨과 마음과 뜻과 힘을 다하여야 한다.

하나님의 영광스런 복음을 잘 보존하고 변질되지 않도록 지키기 위해 목회자는 거룩한 언어의 삶을 유지해야 한다. 바울은 디모데가 맡은 복음을 잘 지키기 위한 주의사항 중에서 특별히 대적들의 도전과 공격에 대처하고 복음을 증거함에 있어서의 지혜로운 처신을 당부한다. 먼저 "경건하지 않은 허언들"이 입에 출입하지 못하도록 차단해야 한다. 여기에서 "경건하지 않은"(βέβηλος) 말들은 더러운 욕설과 부끄러운 언사를 의미한다. "허언"(κενοφωνία)은 텅 비어 있어서 선한 열매를 맺지 못하는 공허한 말을 의미한다. 이러한 말들이 나의 구강을 자신의 안방처럼 드나들지 못하도록 마음의 허언들을 제거해야 한다. 장 칼뱅은 이 "경건하지 않은 허언들"을 종교적 야심이 가득한 사람들이 "복음의 순수성"(evangelii simplicitas)에 만족하지 않고 "저급한 철학"(profanam philosophiam)으로 그 순수성을 더럽히는 역겨운 허풍으로 이해한다. 바울은 1장에서 헛된 철학을 경계했기 때문에 그것과 연결지어 해석하는 칼뱅의 시도는 합당하다. 바울은 복음을 전파하되 인간적인 "말의 지혜로 하지 아니함"은 그리스도 예수의 "십자가가 헛되지 않게 하려 함이라"고 했다(고전 1:17). 십자가의 복음은 순수하며 어떠한 가감도 불허한다. 그 자체로 하나님의 놀라운 지혜와 능력이기 때문이다. 사람의 어설픈 언어적 포장과 장식으로 더 유능하게 되는 것도 아니고 더 지혜롭게 되는 것도 아니며 오히려 복음의 변질 가능성만 높아진다. 복음의 본질을 더 잘 드러내는 것이 아니라 인간의 허영만 담아내는 철학적 허언들은 목회자가 경계하고 멀리해야 할 대상이다.

그리고 바울은 "거짓되게 언급되는 지식들의 반론들"도 피하라고 한다. "거짓되게 언급되는 지식들"(ψευδωνύμου γνώσεως)은 올바른 지식이 아님에도 불구하고 사실인 것처럼 여겨지는 가짜뉴스 혹은 거짓된 정보를 의미한다. "반론"(ἀντίθεσις)은 상대방의 주장(θεσις)에 반대되는 견해 혹은 반대하는 행위를 의미한다. 거짓된 지식에 반대할 때에 자신도 모르게 그 반대편에 있는 거짓된 지식들을 동원하는 경우들이 있다. 그저 반대하는 일에 급급하여 정보의 진위도 분별하지 않고 사실인 것처럼 말하는 일을 목회자는 철저히 경계해야 한다.

사실 너무도 황당한 일을 당하고 사실에 근거하지 않은 비방과 욕설을 대적들이 우리를 향해 쏟아내면 우리도 격분하며 공격용 언어들을 급하게 움켜쥐고 반격하려 한다. 지식을 진위의 검증도 없이 격한 언어의 그릇에 담아 내던지고 본다. 상대방의 마음을 더 예리하게 베려고 상대방의 언어보다 더 거짓되고 보다 자극적인 언어를 선별하여 구사한다. 그러나 그런 날카로운 언어로 상대방의 싸대기를 날리면 속은 후련할 수 있겠지만 찬송과 저주가 하나의 입에서 출고되어 목회자의 입은 혼탁하게 되고 복음의 순수성도 떨어져 마귀의 행복지수 높이는 일에만 기여하게 된다. 거짓으로 인해 모함을 받는다고 할지라도 흥분하며 거짓으로 대응하지 말고 차분하게 인내하며 보다 환한 진리의 빛으로 거짓이 만든 어둠을 몰아내야 한다. 진실이 그어 놓은 선을 넘어가지 않도록 감정을 다스리며 자제해야 한다. 거짓된 지식을 반박하며 대응하는 중에 상대방과 같아지기 쉽다. 반론을 펼치면서 사상의 피부가 닿아 서로의 오물들이 섞이기 때문이다. 목회자는 대적들의 거짓된 지식도 피해야 하겠지만 그 가르침과 유사한 거짓 정보로 대응하는 것도 자제해야 한다.

거짓된 지식을 분별하는 것은 자아의 강력한 부정을 요청한다. 우리는 만물보다 심히 거짓된 인간이다(렘 17:9). 그런 본성을 가진 우리에게 진리는 낯설고 거짓은 익숙하다. 거짓은 너무도 친숙해서 노력하지 않아도, 무슨 까다로운 절차를 거치지 않아도 쉽게 수용된다. 그런데 진리는 너무도 이질적인 것이어서 내 몸의 모든 세포가 거부한다. 세포의 단위까지 나 자신을 부인해야 비로소 진리가 수용된다. 거짓을 거부하고 진리를 수용하기 위해 목회자는 치열하게 자기를 부인해야 하는 사람이다. 목회자는 이렇게 죽어야 사는 직분이다.

바울이 이렇게 경건하지 않은 언사와 거짓된 지식 사용의 금지를 편지의 서론만이 아니라 결론에서 다시 강조하는 이유는 무엇인가? 영광의 복음 때문이다. 목회자는 복음을 전파하고 가르치는 사람이기 때문이다. 목회자는 언어의 사람이다. 목회자가 교회와 세상을 섬김에 있어서 언어는 마음에 고여 있든지 입술로 나오든지 진리를 보존하고 전달하는 최고의 수단이다. 그 수단의 가장 중요한 자질은 깨끗함에 있다. 자신의 입술을 관리하되 이 세상에서 다른 누구보다 더 진실하고 아름답고 따뜻하고 정확하고 명료하고 향기로운 언어의 출구가 되도록 관리해야 한다. 열매 없는 헛소리와 근거 없는 거짓말은 목회자의 언어를 더럽히는 원흉이다. 언어의 문제는 경건과 연동되어 있다. 바울은 두번째 편지에서 "경건하지 않은 허언들"을 불경건에 이르는 첩경으로 간주한다(딤후 2:16). 거룩하고 아름답고 진실하고 깨끗한 언어를 상실한 목회자는 불경건의 온상이 되고 그 불경건을 온 교회에 퍼뜨리는 주범이다. 목회자는 하나님의 말씀을 선포하기 때문에 그의 입에서 나오는 말의 권위는 남다르다. 그래서 허망한 말들과 거짓된 지식들도 목회자의 입으로 유통되면 목회자가 의도하든 의도하지 않든 공동체 안에서는 진리의 권위와 은밀하게 결부되어 갑절의 위태로운 위력을 발휘하고 공동체적 악영향의 심각성도 증폭된다. 그래서 바울은 믿음의 아들에게 편지의 서론과 결론에서 특별히 입술을 잘 관리하여 언어가 아름다운 목회자가 되라는 명령을 반복한다.

²¹그것에 관여한 어떤 이들이 믿음에 관하여는 탈선했다
은혜가 여러분과 함께 하기를 [원하노라]

이 구절에서 바울은 복음을 위하여 피해야 할 것을 피하지 않고 경건하지 않은 허언들을 쏟아내고 거짓된 정보를 무기로 삼아 무언가를 맹렬히 반대하는 목회자의 신앙적인 종말에 대해 설명하고 에베소 성도에게 하나님의 은혜를 기원한다. 믿음에서 떠난 사람들이 단수가 아니라 복수(τινες)라고 밝힌 부분에서 우리는 바울의 시대에도 경건하지 않은 허언들과 가

짜뉴스 이용자가 적지 않았음을 확인한다. 그들의 끔찍한 종말은 하나님을 떠나는 불신이다. 이는 부자가 되려는 사람, 돈을 사랑한 사람의 운명과 동일하다.

거짓은 알맹이가 없는 언어의 껍질을 좋아한다. 그것을 숙주로 삼아 그 안에서 조용히 서식한다. 더군다나 목회자의 입은 거짓이 은닉하기 가장 좋은 서식지다. 많은 사람들의 의심이 그의 입에서 나오는 말 앞에서는 무장을 해제하기 때문이다. 거짓을 쏟아낸 목회자는 그 거짓이 거짓이 아니라는 것을 입증하기 위해 거짓을 살아내야 한다는 어리석은 의무감에 휩싸인다. 그래서 거짓은 목회자의 삶이라는 신체를 얻고 교회에서 떳떳하게 활보한다. 성도들은 그 목회자의 말과 삶이 일치하는 것을 보고 거짓이 아니라는 확신을 얻고 본받는다. 그렇게 교활한 거짓은 목회자를 앞세워 교회 공동체를 장악한다. 목회자 자신은 거짓과 거짓의 실행을 마치 경건한 언행의 일치인 것처럼 여기고 스스로 속으며 결국 믿음의 도를 벗어난다. 예나 지금이나 이런 목회자가 교회를 위태롭게 하고 세상을 어지럽게 한다. 참된 목회자는 성령의 열매를 맺는 언어의 생활과 거짓이 아니라 진리에 근거한 대응으로 교회를 건강하게 세우고 세상을 널리 이롭게 하는 사람이다.

이러한 목회자와 교회가 되기 위해서는 주님의 "은혜"(χάρις)가 필요하다. 그래서 바울은 교회의 목회자인 디모데와 세상의 목회자인 에베소 교회를 향해 됨됨이와 의무와 책임과 권리와 역할과 기능과 경계와 주의와 금지를 설명한 이후에 끝으로 이 모든 것의 온전한 구현을 위해 그들을 주님의 은혜에 부탁한다. 이는 무엇을 하든 사람의 결단과 의지와 힘으로는 결코 성취할 수 없고 오직 그리스도 안에서 아버지 하나님의 은혜로 말미암은 성령의 역사에 의해서만 이루어질 수 있기 때문이다(슥 4:6). 여기에서 바울은 주님의 은혜가 디모데 개인이 아니라 2인칭 복수인 "여러분"(ὑμῶν)께 있기를 기원한다. 이로써 우리는 이 서신의 수신자가 디모데와 에베소 교회의 모든 성도라는 사실을 확인한다. 디모데와 에베소 성도 전체가 이 편지의 수신자라는 사실에 근거하여 우리는 지금까지 바울이 디모데를 향해 말한 모든 교훈과 명령과 부탁이 디모데 개인에게 국한되지 않고 교회 전체에게 적용되는 것이라고 이해해도 된다. 교회의 목회자인 디모데와 세상의 목회자인 성도 모두에게 부탁한 바울의 가르침을 오늘날 우리 모두가 주님의 명령으로 받아 순종해야 한다고 나는 생각한다. 목회자와 성도 모두가 주님의 은혜 안에서 하나님의 영광스런 복음을 지키고 전파하는 거룩한 그릇이 되어 협력하여 하나님을 영화롭게 하고 온 세상을 널리 이롭게 하라는 것이 이 서신의 포괄적인 목적이다.

Ⅱ. 디모데후서

서론 디모데후서

디모데후서는 바울이 죽음의 임박을 감지하고 쓴 유언장 같은 마지막 서신이다. 주님의 교회에 생명을 던지고 뼈를 묻는 심정으로 섬긴 지극히 헌신적인 목회자의 최후가 너무도 쓸쓸하다. 화려하고 웅장한 송별회로 예를 갖추는 게 마땅한 것 같은데, 동역하던 사람들이 자신의 곁을 떠나고 누가만 동행하고 있는 외로운 상황이다. 게다가 신분은 죄수이고 거처는 감옥이다. 주님은 흥하여야 하겠고 자신은 쇠하여야 하겠다는 요한의 고백이 바울의 입술에서 나오지는 않았으나 삶이라는 그의 입술이 동일한 내용을 고백하고 있다. 복음 때문에 당하는 고난으로 말미암아 볼품 없는 최후를 맞이하는 것은 사도들이 보인 아름다운 전통이다. 세상이 죄인으로 규정하는 감옥에서 최후를 맞이하는 사도의 비장한 유언은 무엇일까?

1장에서 바울은 자신을 하나님의 사람인 사도로 소개한다. 이는 이 책이 개인에게 보내는 서신의 모양새를 취하지만 공적인 문서임을 나타낸다. 수신자인 디모데의 거짓 없는 신앙을 언급한다. 믿음의 아들이 부르심을 받았을 때에 그에게 주어진 사명의 기억도 떠올린다. 그 사명을 감당하기 위해 그에게는 능력과 사랑과 절제의 영이 선물로 주어진 것도 상기시켜 준다. 오직 성령으로 충만하면 주님의 증인이 되는 것과 바울이 죄수로서 투옥된 것을 부끄럽게 여기지 않는다고 한다. 오히려 복음과 함께 고난 받는 것을 기뻐한다. 복음 선포자와 교회의 사도와 진리의 교사로 부름을 받은 바울은 믿음의 아들에게 본을 보였으며 그 본을 따르라고 한다. 사명의 길을 가다 보면 협력하는 사람들도 있고 방해하는 사람들도 있다. 이에 바울은 사람을 붙들지 말고 그리스도 사랑과 신앙과 소망을 붙들라고 한다.

2장에서 바울은 돈과 권력이 아니라 은혜 안에서 강하라고 가르친다. 신실한 동역자를 찾으라고 한다. 디모데가 예수의 좋은 군사라는 사실, 소집하신 분을 기쁘시게 하는 사람이 좋은 군사라는 사실, 법적인 규정을 준수해야 좋은 군사라는 사실, 좋은 군사의 총명은 주님께서 주신다는 사실, 주님께서 주시는 복음의 말씀은 무엇에 의해서도 매이지 않는다는 사실을 가르친다. 디모데는 또한 주님의 군사인 동시에 그의 교회를 섬기는 일꾼이다. 그는 진리의 말씀을 분별해야 하고 부끄러울 것이 없어야 하고 자신을 하나님께 드리는 사람이다. 정욕을 피하고 깨끗한 마음으로 주님을 부르며 의와 믿음과 사랑과 화평을 추구해야 한다. 반대하는 자와 무식한 변론에 뛰어드는 것을 경계하고 거역하는 자라도 온유한 마음으로 따뜻한 훈계를 통해 회개에 이르도록 이끌어야 한다.

3장에서 바울은 말세에 고통의 때가 이를 텐데 그 원인을 열거한다. 자기 사랑, 돈 사랑, 자랑, 교만, 비방, 부모 거역, 감사하지 않음, 거룩하지 않음, 무정함, 무절제, 사나움, 배신, 조급함, 자만, 쾌락 사랑, 경건의 겉모양만 갖춤 등이 그 원인이다. 이러한 말세에 그리스도 안에서 경건하게 살고자 하는 자들은 박해를 받는다고 한다. 무수히 많은 사람들이 이 시대를 분별하지 못하고 속고 속이는 거짓의 사슬에 묶여 멸망으로 치닫는다. 이러한 말세의 흐름에서 역류하는 사람은 배우고 확신한 일 즉 성경에 머문다고 한다. 이 성경은 그리스도 예수를 믿음으로 말미암는 구원에 이르도록 지혜를 제공한다. 하나님의 감동으로 기록된 성경은 교훈과 책망과 바르게 함과 의의 교육에 대단히 유익하다. 이를 통하여 성경의 독자는 하나님의 사람으로 온전하게 되고 모든 선한 일을 행하는 능력의 소유자가 된다.

4장에서 바울은 이토록 유익한 성경, 기록된 말씀을 항상 전파해야 한다고 강조한다. 그러나 현대인의 귀가 그 말씀 듣기를 거부한다. 자신의 사욕을 자극하고 해소할 스승을 많이 채용하고 허탄한 이야기를 추종한다. 바울은 이런 상황 속에서도 꿋꿋하게 복음을 전파하는 선한 싸움을 싸웠으며 한 개인에게 부과된 모든 달려갈 길을 끝마쳤다. 주님께서 주시는 의의 면류관을 그는 사모한다. 바울은 지금 감옥에서 죽음을 기다리고 있다. 몸은 쇠약하고 마음은 외로운데 벗들이 하나둘씩 떠나갔다. 디모데가 속히 와 주기를, 겨울이 오기 전에 도착하면 좋겠다는 소망을 드러낸다.

디모데후서를 읽으면, 비장한 결단이 가슴에서 차오른다. 죽음을 앞둔 사람의 마지막 교훈, 유언과 같은 사도의 묵직한 당부가 사명의 허리를 졸라매게 한다. 말씀으로 싸우는 군사의 용맹, 말씀으로 공동체를 세우는 일꾼의 열정, 죽을 때까지 멈추지 않는 사명자의 결의가 이입된다. 그 사명의 길 끝에 외로운 죄수라는 초라한 모습이 기다리고 있더라도 달려갈 길이라면 포기하지 않는 세상과 교회 공직자의 본분을 이 서신에서 발견한다.

딤후 1:1-5

¹하나님의 뜻으로 말미암아 그리스도 예수 안에 있는 생명의 약속대로 그리스도 예수의 사도 된 바울은 ²사랑하는 아들 디모데에게 편지하노니 하나님 아버지와 그리스도 예수 우리 주께로부터 은혜와 긍휼과 평강이 네게 있을지어다 ³내가 밤낮 간구하는 가운데 쉬지 않고 너를 생각하여 청결한 양심으로 조상적부터 섬겨 오는 하나님께 감사하고 ⁴네 눈물을 생각하여 너 보기를 원함은 내 기쁨이 가득하게 하려 함이니 ⁵이는 네 속에 거짓이 없는 믿음이 있음을 생각함이라 이 믿음은 먼저 네 외조모 로이스와 네 어머니 유니게 속에 있더니 네 속에도 있는 줄을 확신하노라

❖ ❖ ❖

¹하나님의 뜻으로 말미암아 그리스도 예수 안에 있는 생명의 약속을 따라 그리스도 예수의 사도인 바울은 ²사랑하는 자녀 디모데에게 은혜와 자비와 평화가 하나님 아버지와 그리스도 예수 우리의 주로부터 [있기를 원하노라] ³나는 밤낮으로 쉬지 않고 붙들고 있는 나의 기도에서 너희에 대해 기억할 때마다 내가 깨끗한 양심으로 조상 때로부터 섬긴 하나님께 감사한다 ⁴내가 기쁨으로 가득하기 위하여 나는 너의 눈물을 생각하며 너 보기를 소원한다 ⁵나는 네 속에 거짓이 없는 믿음이 [있다고] 생각한다 이 [믿음]은 처음에 네 외조모 로이스와 네 어머니 유니게 속에 있었는데 네 안에도 [있다고] 나는 확신한다

1 하나님의 사람 바울

1하나님의 뜻으로 말미암아 그리스도 예수 안에 있는 생명의 약속을 따라
그리스도 예수의 사도인 바울은

바울은 자신을 "사도"로 소개한다. 그는 모든 유대인이 존경하는 가말리엘 문하생 출신이다. 그러나 그는 유대 사회에서 출세를 보증하는 가장 화려한 스펙보다 사도의 신분을 선호한다. 사도의 근거를 두 가지로 제시한다. 첫째, 사도의 직분은 "하나님의 뜻으로 말미암아" 주어진 것이며 인간의 의지로 말미암아 성취한 것이 아님을 명시한다. 이 세상에 태어나는 것도 인간의 의지가 반영되지 않은 하나님의 절대적인 은총이고 "사도"라는 직분이 주어지는 것도 인간의 주도적인 의지가 반영되지 않은 동일한 은총이다. "사도"(ἀπόστολος)는 "보내다"(ἀποστέλλω)는 동사에서 온 명사로서 "보냄 받은 사람"을 의미한다. "보냄을 받는다"는 말 자체가 그 직분 취득의 수동성을 잘 보여준다. "사도"라는 것은 예수님에 의해 규정된 직분이다. 그는 12제자를 부르신 이후에 그들을 "사도"라고 부르셨다(눅 6:13). 12명의 제

자들 중에 스스로 제자가 되겠다고 먼저 지원한 사람들은 아무도 없었으며 모두 예수님이 지명하여 부르셨다.

둘째, 사도의 직분은 "그리스도 예수 안에 있는 생명의 약속을 따라" 주어진 것이라고 한다. 여기에서 "생명의 약속"(ἐπαγγελίαν ζωῆς)은 무엇인가? 그를 믿는 자에게 영원한 생명을 주는 약속을 의미한다. 동시에 '약속이 살아있다, 약속이 성취된다, 약속은 죽은 문자가 아니라'는 취지도 내포되어 있다고 나는 생각한다. 약속은 언제 살아있고, 언제 성취되고, 어떻게 죽은 문자가 아닌지에 대해서는 "그리스도 예수 안"이라고 설명한다. 그리스도 안에 있는 하나님의 약속들 중에는 어떠한 공수표도 없다. 그래서 "하나님의 약속은 얼마든지 그리스도 안에서 예가" 된다고 바울은 장담한다(고후 1:20). 하나님의 모든 약속은 어느 것 하나도 그리스도 예수와 무관하지 않다. 이는 약속이 그리스도 밖에서는 모두 죽었고 성취됨이 없고 죽은 문자일 뿐이기 때문이다. 하나님의 약속을 우리는 생명체로 대하는 게 합당하다. 하나님의 약속은 어떠한 실패함이 없고 반드시 성취되기 때문이다. 이사야는 하나님이 말씀하신 것은 반드시 그가 이루시며 계획하신 모든 것도 반드시 시행하실 것이라고 증언한다(사 46:11). 그런데 중요한 것은 사람을 통해 하신다는 사실이다. 이는 하나님이 "나의 뜻을 이루는 사람을 부를 것이라"(사 46:11)고 밝히셨기 때문이다.

하나님은 당신의 뜻 성취를 위하여 사람을 부르신다. 믿음의 조상을 부르시고 약속의 자녀를 부르시고 선지자를 부르시고 사사를 부르시고 왕을 부르시고 사도를 부르셨다. 지금도 하나님은 비록 구약의 선지자와 신약의 사도의 직분을 주시지는 않지만 자신의 집에서 "그 집 종들을 맡아 때를 따라 양식을 나누어 줄 자," 즉 "지혜 있고 진실한 청지기"를 찾으신다(마 24:25). 그런데 준비된 자를 찾으신다. 준비는 어렵지 않다. 전심으로 하나님을 향하는 것이 준비의 비결이다. "여호와의 눈은 온 땅을 두루 감찰하사 전심으로 자기에게 향하는 자들을 위하여 능력을 베푸"시기 때문이다

(대하 16:9). 하나님은 그런 준비된 청지기를 찾아 그에게 능력을 베푸시고 당신의 뜻을 이루신다.

바울은 하나님의 뜻과 그리스도 안에 있는 생명의 약속을 사도라는 직분의 근거라고 생각한다. 그렇다면 그런 사도의 사명은 무엇인가? 당연히 하나님의 뜻을 이루는 것이고 그리스도 안에서 살아있는 생명의 약속을 전파하는 것이겠다. 부르심과 사명은 그렇게 연동되어 있다. 많은 목회자가 화려한 부르심을 흠모하지만 그런 부르심을 받으면 곧장 사명을 망각하고 자신의 사사로운 목적 추구에 매달린다. 이러한 현상은 목회자 자신이 부르심을 받은 근거를 망각하기 때문에 발생한다. 하나님의 뜻과 약속을 망각하면 삶의 마땅한 방향과 목적을 필히 상실한다. 바울은 믿음의 아들에게 편지를 쓰면서 믿음의 아버지가 가진 직분의 근거부터 제시한다. 바울의 인사말은 그런 방향과 목적을 이 서신에서 추구할 것이라는 엄중한 선언이다.

그리고 바울은 자신이 "그리스도 예수의" 사도라는 사실을 명시한다. 자신이 누구에게 속한 사도이며 자신을 사도로 보내신 주체가 누구인지, 그는 강하게 의식하고 있다. 아버지 하나님의 뜻을 다 이루신 예수의 사도는 예수께서 이 땅에 계셨으면 하셨을 일을 수행해야 한다. 바울은 예수님의 원대한 일을 수행했다. 구원의 복음을 증거하기 위해 자신의 생명을 조금도 귀한 것으로 여기지 않을 정도였다. 그것만이 아니라 사람들이 회피하는 부정적인 사명도 감당하려 했다. 즉 그리스도 예수의 "남은 고난"을 자신의 육체에 채우고자 했다. 그 고난을 자신의 육체에 채워 자신에게 무슨 종교적인 훈장으로 간주되기 원해서가 아니라 예수의 "몸된 교회"를 위함이다(골 1:24). 그런데도 그는 교회를 위하여 받는 괴로움을 기뻐했다. 고난과 괴로움을 기뻐한 것만이 아니라 바울은 모든 방법을 동원하여 그리스도 예수의 죽으심도 본받으려 했다(빌 3:10-11). 이처럼 바울의 삶에서 부르심과 사명이 일치했던 이유는 부르심의 영광과 사명의 고난은 패키지로 묶여 있기 때문이다. 나는 영광만 취하고 고난은 슬그머니 외면하는 목회자가 아닌지를 돌아보게 된다.

모든 인간이 지음을 받았고 보냄을 받았다는 사실은 성경적 인생관 이해의 핵심이다. 실존주의 철학자 하이데거(Martin Heidegger, 1889-1976)는 인간을 '세상에 툭 던져진 존재'라고 했다. 이는 인간 현존재의 임의성과 불가해한 성격의 근거라고 설명했다. 인간의 이러한 피투성(Geworfenheit) 개념에 근거하여, 인간은 이 세계라는 무대에 임의로 던져진 존재이기 때문에 어떠한 동기나 이유나 목적이나 질서나 규범이나 도덕이나 권위가 존재하고 그런 것들에게 얽매이지 않는 완전히 자유로운 존재라고 결론이 도출된다. 그러나 인간은 그렇게 무의미한, 무가치한, 무목적적 존재가 아니라 누군가에 의해 지음을 받고 보냄을 받은 존재라고 성경은 가르친다. 그래서 지으시고 보내신 분의 목적과 의도와 질서와 규범과 권위와 가치와 의미가 있다고 주장한다. 그것을 찾는 것이 인생의 방향이고 그것을 구현하는 것이 인생의 목적이다. 이처럼 "사도"라는 말에 근거한 기독교의 인생관은 세상의 관점과 판이하다.

2사랑하는 자녀 디모데에게 은혜와 자비와 평화가
하나님 아버지와 그리스도 예수 우리의 주로부터 [있기를 원하노라]

바울은 디모데를 사랑하는 자녀라고 한다. 혈통적인 자녀가 아니라 믿음과 사랑으로 낳은 자식이다. 그에게 바울은 은혜와 자비와 평화를 기원한다. 이는 모든 성도가 본받고자 하는 기원이다. 자신의 자식에게 저주와 심판과 전쟁이 임하기를 원하는 부모가 어디에 있겠는가! 그런데 문제는 바울의 기원을 흠모하기 이전에 바울의 신앙적인 됨됨이를 먼저 본받지 않는다는 사실이다. 이는 모두가 복은 좋아하나 그 복을 받는 준비는 싫어하는 것과 일반이다. 하나님께 기원을 올리면 무조건 이루어질 것이라고 여기는가? 기원 이전에 자신의 부르심과 사명을 이해해야 한다. 그것보다 먼저 자신을 부르시고 사명을 주신 분을 알고 범사에 인정해야 한다. 선지자나 사도나 오늘날의 목회자가 아니어도, 모든 사람은 하나님의 부르심이 있다. 그래서 바울은 "각 사람은 부르심을 받은 그 부르심 그대로 지내라"(고전 7:20)고 한다. 그렇게 사는 방법을 제시하며, "각각 부르심을 받은 그대로 하나님과 함께 거하라"(고전 7:24)고 한다.

바울이 사랑하는 자녀에게 기원하는 은혜와 자비와 평화의 출처는 어디인가? 바울은 "하나님 아버지와 그리스도 예수 우리의 주"라고 고백한다. 부르신 분과 사명을 주신 분과 복을 주신 분이 동일하다. 부르심과 사명과 복은 동일한 출처에서 나오기 때문에 분리되지 않고 서로 결부되어 있다. 하나님의 부르심에 근거한 사명을 망각한 자가 무슨 낯짝으로 하나님께 복을 구하는가! 자녀에게 은혜와 자비와 평화를 기원하고 싶다면 필히 하나님을 아버지로, 그리스도 예수를 우리의 주라고 고백해야 한다. 얼굴에 달린 입술만이 아니라 진실한 마음과 성실한 삶의 입술로도 고백해야 한다. 즉 부르심에 합당한 사명에도 충실해야 한다. 바울은 자신을 부르시고 사명을 주신 분을 늘 기억하고, 그리스도 의존적인 사도의 부르심과 사명도 목숨을 걸고 실천했다. 그런 그가 사랑하는 자녀에게 기원했다. 그는 기원의 아름다운 모델이다.

은혜와 자비와 평화를 아버지와 예수님이 아닌 사람에게 구하지 않도록 주의해야 한다. 사람이 은혜와 자비와 평화를 전달하는 경우는 있지만 그것들의 원천은 아니기 때문이다. 바로가 하닷에게 은총을 베풀고(왕상 11:19), 다윗이 요나단 때문에 시바와 므비보셋에게 은총을 베풀고(삼하 9:1-6), 아하수에로 왕이 에스더에게 은총을 베풀고(에 2:17), 아닥사스다 왕이 느헤미야에게 은혜를 베푼(느 2:5) 것은 은혜의 저자로서 행한 것이 아니라 모두 전달한 것이었다. 비록 사람들을 통해 은총을 입더라도 적합한 감사는 표하되 지속적인 은총의 취득을 위해 그들에게 종속적인 혹은 굴종적인 인생이 되지 않도록 조심해야 한다. 이는 하나님 자신만이 인생에 가장 근본적인 복으로서 은혜와 자비와 평화의 출처이기 때문이다.

3나는 밤낮으로 쉬지 않고 붙들고 있는 나의 기도에서 너희에 대해
기억할 때마다 내가 깨끗한 양심으로 조상 때로부터 섬긴 하나님께 감사한다

바울은 기도할 때마다 떠올리는 디모데 때문에 하나님께 감사를 드린다고 한다. 여기에서 주목하고 싶은 것은 바울이 밤낮으로 쉬지 않고 기도하는 사도라는 사실이다. 그렇게도 빠듯한 선교의 일정을 날마다 소화하며 밤낮으로 쉬지 않고 기도까지 드린다는 것이 과연 가능한가? 기도하는 바울은 겸손한 사람이다. 피조물의 창조자 의존적인 분수를 아는 사람이다. 바울의 기도는 예배당에 출석하여 드리는 구별된 시간의 형식적인 기도가 아니라 실천적인 기도 즉 범사에 이루어진 주님과의 소통을 의미한다. 바울은 무슨 일을 하든지 주님과 동행하며 대화하는 사람이다. 사실 주님과 동행하지 않고서 과연 무슨 일을 할 수 있겠는가! 주님을 떠나서는 우리가 아무것도 할 수 없다는 것은 주님 자신이 가르치신 교훈이다(요 15:5). 기도는 자신의 필요를 스스로 채우지 못하는 존재가 외부의 도움을 요청할 때에 취하는 조치이다. 기도는 스스로 존재하지 않고 불안하고 불완전한 피조물이 스스로 존재하며 안전하고 완전한 창조자를 의지하는 절대적인 의존성의 표출이다.

도움의 범위는 대단히 방대하다. 생명과 호흡에서 시작하여 만물까지 이 모든 필요를 다 채우는 존재는 이 세상 어디에도 없다. 오직 만민에게 그 모든 것들을 친히 주시는 하나님께 도움을 구하는 것이 기도의 정석이다. 이러한 교훈에 비추어 볼 때 바울이 쉬지 않고 범사에 주님과 만나서

대화한 것은 너무도 당연하다. 어떠한 일을 하든지 우리는 주님을 떠나지 않고 오히려 그에게 최대한 바짝 붙어 있도록 최선의 노력을 기울여야 한다. 그를 가까이 함이 복이라고 확신해야 한다. 해야 할 일이 많을수록, 하고 싶은 일들이 많을수록 주님께 더더욱 밀착해야 한다. 주님과의 긴밀한 연합이 우리가 범사에 추구해야 하는 기도의 내용이다. 바울은 그런 기도자의 모범이다. 기도하지 않는 사람은 할 일이 없는 사람이고 주어진 일도 못하는 사람이다.

바울은 기도에서 디모데를 기억한다. 기도 속에서 바울은 디모데와 영적인 만남을 밤낮으로 유지하고 있다. 그에게 보내는 이 편지는 기도에 의한 영적인 교제의 문서화다. 밤낮으로 쉬지 않고 기억하는 관계의 농도가 담긴 서신이다. 바울은 자신이 감사를 드리는 대상에 대해서도 설명한다. 즉 하나님은 "조상 때로부터" 섬기는 예배의 대상이다. 하나님은 바울이 새롭게 섬기게 된 신이 아니라 아브라함, 이삭, 야곱의 하나님, 조상들이 항상 섬겨온 역사적인 경배의 대상이다. 바울은 하나님에 대한 지식의 규모와 길이가 남다른 사람이다. 역사의 긴 호흡으로 지금 하나님을 섬긴다는 것은 앞으로도 온 우주와 시간을 이끄시고 섬김을 받으시기 합당한 분이라는 신앙의 표출이다. 바울은 그런 하나님을 "깨끗한 양심으로" 섬긴다고 한다. 예배의 행위도 중요하나 그 행위의 질은 더더욱 중요하다. 예배의 행위를 했다고 그 예배가 하나님께 저절로 드려지는 것은 아니다. 가인은 하나님께 예배를 드렸으나 하나님이 그의 예배를 받지 않으셨다. 신앙적인 함량 미달의 예배였기 때문이다. 하나님은 흠 없는 예배, 거룩한 예배, 진리와 거룩한 영으로 드리는 예배를 받으신다. 어떠한 조건도 없는 예배, 대가를 바라지 않는 예배, 그 자체로 목적인 예배를 원하신다. 예배는 그 자체가 목적일 때에만 예배이고 수단일 때에는 그저 종교적인 의식이다.

바울이 하나님께 감사한 이유는 무엇인가? 감사의 다른 이유들에 대한 일체의 언급도 없이 바울은 다만 디모데의 존재 자체를 감사의 이유로 간주한다. 보다 구체적인 이유는 2절에서 "사랑하는 자녀"라고 한 호칭에서 확인된다. 바울은 디모데를 자녀로서 사랑하고 그런 사랑의 대상으로 있는 디모데가 그에게는 감사의 이유였다. 하나님께 감사를 드리는 것은 우리에게 범사의 도리임에 분명하다. 그러나 감사의 이유가 어떤 것이냐가 중요하다. 감사의 질은 그 이유에 의해 좌우되기 때문이다. 감사의 다양한 사안에서 이유의 수준을 높여가는 것이 인생의 질을 개선한다. 자녀가 성적이 좋을 때에 감사하는 수준에서 자녀가 행복하게 사는 것을 감사하는 수준으로, 나아가 자녀가 건강하게 살아있기 때문에 감사하는 수준으로, 더 나아가 그 자녀의 존재 자체 때문에 감사하는 수준의 지속적인 경신이 날마다 매 순간마다 이루어질 때에 인생은 보다 윤택하고 향기롭고 아름답게 된다.

4내가 기쁨으로 가득하기 위하여
나는 너의 눈물을 생각하며 너 보기를 소원한다

바울은 디모데를 만나면 기쁨이 가득하게 되는 사람이다. 디모데는 바울에게 민폐가 아니라 기쁨의 근원이다. 그래서 바울은 디모데와 만나기를 소원한다. 디모데를 통해 무슨 세속적인 유익을 얻으려는 것이 아니라 그와의 만남 자체가 충만한 기쁨이기 때문이다. 믿음의 아버지가 보기만 해도 그에게 충만한 기쁨을 주는 존재라는 사실을 디모데가 알면 얼마나 행복할까! 세상에는 만남이 기쁨이 되는 것보다 슬픔과 분노와 불쾌를 일으키는 관계들이 많다. 우리 각자는 어떠한가? 나 자신을 둘러싼 다양한 관계들은 기쁨의 원천인가 아니면 슬픔의 원흉인가? 나 자신은 타인에게 어떤 사람인가? 나로 인하여 기쁨을 얻는 사람들과 슬픔을 느끼는 사람들 중에 누가 다수인가? 나 때문에 모든 사람들로 하여금 기뻐하게 만들지는 못

하지만, 살아가는 동안에 우리는 민폐의 관계를 기쁨의 관계로 하나씩 바꾸기 위하여 지속적인 노력을 기울여야 한다.

그런데 바울은 디모데 보기를 원하면서 그의 눈물을 생각한다. 바울의 생각을 축축하게 적시는 그 "눈물"의 의미는 무엇인가? 하나님 앞에서 흘리는 경건의 눈물인가? 믿음의 아버지인 바울의 부재 속에서 홀로 목회자의 길을 걸어가기 때문에 바울이 그리워서 맺힌 외로움의 눈물인가? 심술궂은 성도들이 목회자인 디모데를 괴롭히고 따돌려서 흘리는 마음의 눈물인가? 약간의 포도주를 써야만 할 정도로 약해진 신체가 흘리는 눈물인가? 눈물은 어떤 간절한 필요가 사무쳐서 밖으로 범람하는 현상이다. 바울은 믿음의 아들에게 부담을 주지 않으려고 자신의 충만한 기쁨을 위한다는 말로 자신의 필요 때문에 디모데를 보고자 한다고 말했지만 어쩌면 디모데의 절박한 필요를 은밀하게 채우기 위한 만남을 소원하고 있는지도 모르겠다. 분명한 것은 누군가의 웃음이 아니라 눈물을 생각하는 것은 아름다운 사랑의 증거라는 사실이다. 타인의 눈물을 생각하면 생각하는 당사자의 눈에서도 축축한 감정의 알갱이가 쏟아진다. 아버지 바울이 자신의 눈물을 생각하고 있다는 사실을 디모데가 안다면 그에게 어떠한 종류의 눈물이 있더라도 치유와 회복이 이루어질 것임에 분명하다. 우리도 누군가의 눈물을 생각하며 그와 만나기를 소원하자.

⁵나는 네 속에 거짓이 없는 믿음이 [있다고] 생각한다
이 [믿음]은 처음에 네 외조모 로이스와 네 어머니 유니게 속에 있었는데
네 안에도 [있다고] 나는 확신한다

디모데를 격려하기 위함일까? 바울은 뜬금 없이 디모데의 믿음을 칭찬한다. 그에게는 "거짓이 없는 믿음"이 있다는 확신을 고백한다. 믿음의 아

버지가 이런 고백을 한다면 듣는 디모데의 마음은 얼마나 든든할까! 교회에서 어떠한 오해와 위협과 모함이 있더라도 나를 신뢰하는 진실한 사람이 있다면 그 모든 난관을 극복한다. 그 과정을 지나가며 보다 단단한 목회자로 성장한다. 그러나 근거도 없이 급조된 위로용 칭찬의 부작용은 대단히 심각하다. 그래서 디모데가 혹시라도 격려 차원에서 하는 입에 발린 상투적인 말이라고 오해할지 몰라 바울은 "거짓이 없는 믿음"의 명확한 근거를 제시한다. 즉 디모데의 믿음은 갑자기 생겼거나 출처가 없는 것이 아니라 외조모 로이스와 어머니 유니게 속에 먼저 있었던 것이라고 설명한다. 바울은 디모데의 가계를 최소한 3대나 파악하고 있다. 이런 바울의 칭찬은 일시적인 진통제가 아니었다. 팩트였다. 진실의 뼈가 박힌 칭찬을 들으면 침체된 영혼도 소생하고 움츠러든 어깨도 펴지고 표정도 밝아진다. 바울은 참 지혜롭다. 이러한 믿음의 아버지가 양육한 디모데는 얼마나 훌륭한 목회자가 될까?

딤후 1:6-10

6그러므로 내가 나의 안수함으로 네 속에 있는 하나님의 은사를 다시 불일 듯 하게 하기 위하여 너로 생각하게 하노니 7하나님이 우리에게 주신 것은 두려워하는 마음이 아니요 오직 능력과 사랑과 절제하는 마음이니 8그러므로 너는 내가 우리 주를 증언함과 또는 주를 위하여 갇힌 자 된 나를 부끄러워하지 말고 오직 하나님의 능력을 따라 복음과 함께 고난을 받으라 9하나님이 우리를 구원하사 거룩하신 소명으로 부르심은 우리의 행위대로 하심이 아니요 오직 자기의 뜻과 영원 전부터 그리스도 예수 안에서 우리에게 주신 은혜대로 하심이라 10이제는 우리 구주 그리스도 예수의 나타나심으로 말미암아 나타났으니 그는 사망을 폐하시고 복음으로써 생명과 썩지 아니할 것을 드러내신지라

❖ ❖ ❖

6이러한 이유로 나는 나의 안수를 통해 네 안에 있는 하나님의 은사를 다시 점화하기 위해 너로 기억하게 한다 7이는 하나님이 우리에게 두려움의 영이 아니라 능력과 사랑과 절제의 [영을] 베푸셨기 때문이다 8그러므로 너는 우리의 주님을 증언하는 것과 또는 내가 그의 사로잡힌 자가 된 것을 부끄럽게 여기지 말고 하나님의 능력을 따라 복음과 함께 고난을 받으라 9[하나님은] 우리의 행위를 따라서가 아니라 영원한 시간 전부터 그리스도 예수 안에서 우리에게 베푸신 자신의 작정과 은혜를 따라서 우리를 구원하고 [우리를] 거룩한 소명으로 부르셨다 10그러나 이제는 우리의 구주 그리스도 예수의 나타남을 통하여 [그 작정과 은혜] 보이셨고 사망을 폐하셨고 복음으로 말미암아 생명과 썩지 아니할 것을 밝히셨다

회복의 복음

⁶이러한 이유로 나는 나의 안수를 통해
네 안에 있는 하나님의 은사를 다시 점화하기 위해 너로 기억하게 한다

바울은 디모데 안에 거짓이 없는 순수한 믿음이 있음을 확신하기 때문에 디모데의 은사를 회복하려 한다. "이유"가 있는 회복이다. 만약 디모데가 거짓된 믿음을 가졌다면 그에게 은사가 없는 것이 더 유익하다. 거짓된 믿음의 소유자는 땅의 것만이 아니라 하나님의 귀한 은사도 사사로이 쓰며 악용할 것이기 때문이다. 은사가 흉기로 변하는 일은 얼마든지 가능하다. 어떤 은사를 받느냐는 것보다 어떻게 쓰느냐가 더 중요하다. "착하고 충성된 종"이라는 주님의 평가는 은사의 좋은 종류가 아니라 은사의 올바른 사용에 근거한다. 그리고 은사의 베푸심은 전적으로 하나님의 권한이다. 하나님은 전심으로 자신을 찾는 자들에게 합당한 은사를 베푸신다(대하 16:9). 은사의 수혜자는 은사 자체를 찾는 자가 아니라 하나님 자신을 전심으로 찾는 사람이다.

은사의 유무보다 거짓에 물들지 않는 신앙의 유지가 더 중요하다. 디모데가 받은 은사는 바울의 첫번째 편지에서 언급한 것으로서 "장로의 회에서 안수 받을 때에 예언으로 말미암아 받은 것"을 의미한다(딤전 4:14). 바울은 디모데가 받은 은사의 구체적인 내용을 언급하지 않고 "나의 안수를 통해" 받았다는 말을 두번째 편지에서 추가한다. "안수"는 중요하다. 그러나 은사가 주어지는 원천은 안수가 아니라 하나님의 은총이다. 이것을 모르는 시몬은 "사도들의 안수로 성령 받는 것을 보고 돈을 드려" 그런 안수의 권능을 구매하려 했다(행 8:18-19). 이처럼 무지한 시몬에게 돌아온 것은 멸망이다. 성령의 은사가 주어지는 권능의 출처는 인간의 안수가 아니라 하나님 자신임을 모르고 안수를 장사의 종교적인 수단으로 삼으려는 자는 필히 시몬처럼 돈과 더불어 멸망한다.

안수를 통해 성령이 임하시고 기적이 일어나는 사건은 성경에 적잖게 등장한다(눅 13:13; 막 6:5, 8:23-25; 행 8:17, 9:17, 19:6, 28:8). 그런데 시몬처럼 오해하는 일이 일어날 가능성이 있음에도 불구하고 "안수를 통해"(διὰ τῆς ἐπιθέσεως τῶν χειρῶν) 은사를 베푸시는 하나님의 의도는 무엇인가? 구약에서 안수의 의미는 다양하다. 첫째, 제사를 드릴 때에 인간의 죄를 바치는 제물에게 전가하기 위해 그 제물의 머리에 안수한다. 구약에서 언급된 안수의 지배적인 용법이다. 둘째, 한 사람을 지도자로 세울 때에 안수한다. 모세가 그의 몸종인 여호수아를 후임자로 세울 때에만 쓰인 용법이다. 이러한 안수의 구약적인 용법에 의하면, 안수를 통해 은사를 주시는 하나님의 의도는 인간의 죄로 인하여 하나님의 선물이 합당하지 않음에도 불구하고 베푸시는 은혜임을 깨닫게 하고, 주어지는 은사는 사사로운 이익을 위함이 아니라 하나님의 뜻을 이루는 사명을 위해 주어지는 것임을 깨우침에 있다. 안수하는 사람을 주목하면 하나님의 의도가 무시되기 쉽다. 안수한 주체로서 바울은 디모데가 받은 예언을 알았으며 그래서 그 예언에 담긴 은사의 내용도 알고 있음에 분명하다. 바울은 디모데의 그 은사를 다시 점화하고 싶어한다. 하나님의 은사는 아무런 이유도 없이 주어짐이 없고 후회함도 없기 때문에(롬 11:29), 디모데는 어떠한 은사를 받았든지 하나님이 원하시는 뜻을 이루기 위해 왕성하게 사용해야 한다. 그런데 하나님의 은사를 땅에 묻어두는 사람들도 있고, 휴대하고 있으나 사용하지 않는 사람들도 있고, 잘못 사용하는 사람들도 있다.

바울은 지금 하나님의 은사가 합당하게 쓰이도록 디모데를 지도하고 있다. 그가 은사를 점화하는 방법은 디모데의 기억이다. 바울은 충분히 설명할 수 있지만 디모데 자신으로 하여금 그 기억을 떠올리게 한다. 여기에 사용된 동사 "아나밈네스코"(ἀναμιμνήσκω)는 "누군가의 마음을 어딘가로 다시 돌린다"를 의미한다. 바울은 디모데의 마음을 위로부터 주어진 하나님의 은사로 향하도록 그의 기억을 자극한다. 타인의 설명보다 자신의 생각을 사용하여 떠올리는 기억이 자발성을 일으키기 때문이다. 자발적인 회상의 방식으로 디모데가 가진 은사의 뇌관에 불을 붙이는 바울은 제자를 위로하고 격려하고 안위함에 있어서 참으로 사려 깊고 지혜롭다. 바울이 원하는 형태의 회복이 아니라 디모데의 상태와 속도에 맞는 회복을 추구하는 사도의 배려심이 느껴진다. 살다 보면 누구든지 방황하게 된다. 길을 잃었을 때에, 무엇을 해야 할지 모를 때에, 우리는 자신에게 주어진 하나님의 은사를 생각하고 떠올려야 한다. 은사는 늘 사명과 결부되어 있기 때문이다. 그래서 각자에게 주어진 은사는 각자가 길을 잃은 지점이 어디인지, 어디로 가야 할 것인지를 알게 하는 이정표와 같다.

7이는 하나님이 우리에게 두려움의 영이 아니라
능력과 사랑과 절제의 [영을] 베푸셨기 때문이다

지금 디모데는 어떤 두려움에 위축되어 있음에 분명하다. 그래서 그에게 있는 하나님의 은사도 사용하지 않고 그 은사에 대한 의식과 관심조차 희미해진 상황이다. 이에 바울은 그 은사에 대해 언급하며 하나님이 우리에게 주신 것은 "두려움의 영"이 아니라고 강조한다. 대단히 중요한 선언이다. 바울은 하나님이 우리에게 주시는 것과 주시지 않은 것을 구분하여 설명한다. 가시적인 것만이 아니라 우리의 마음과 영에 대해서도 주어진 것이 있고 주어지지 않은 것이 있다고 가르친다. 모든 좋은 은사와 온전한 선물은 전부가 빛들의 아버지 하나님이 주시는 선물이다(약 1:17). 하나님이 주시는 것은 복이지만 그분이 주시지 않은 모든 것들은 복과 무관하고 저주일 가능성이 높다. 그런데 두려움은 하나님이 주시는 것이 아니라고 한다. 그렇다면 만약 우리가 두려움에 빠져 있다면 하나님이 주시지 않은 저주를 스스로 붙들고 있는 상황으로 간주해야 한다.

아담과 하와가 두려워 떨며 나무 아래에 숨었을 때 하나님은 두려움의 원인에 해당하는 벗음을 알려준 자가 누구냐고 물으셨다(창 3:11). 대단히 자비로운 질문이다. 이는 그들의 잘못과 상태를 책망하는 것보다 그렇게 된 원인을 깨우치는 질문이기 때문이다. "벌거벗은"(עָרֹם)이라는 개념이 타락 이전에는 아무런 문제가 없었으나 타락 이후에는 두려움을 일으키는 부정적인 개념으로 사람들의 의식을 지배했다. 벗음을 알려서 두려움을 준 원흉은 마귀였고 그 두려움의 주입은 죄를 통한 것이었다. 창세기 이야기와 동일하게 바울은 두려움이 하나님에 의해 주어진 것이 아니라고 강조한다. 그런데도 두려움을 가지고 있다면 마귀가 준 것이며 죄와 연루되어 있음에 분명하다. 이런 맥락에서 요한은 두려움에 형벌이 있다고 지적한다(요일 4:18). 주님께서 주시지도 않은 두려움을 데리고 살아가는 자는 어리석다. 속히 제거해야 한다. 이 두려움을 제거하기 위해 요한이 서신에서 제안하는 방법은 "온전한 사랑"이다. 바울은 보다 구체적인 해법을 제시한다.

바울에 의하면, 하나님은 디모데를 비롯한 우리 모두에게 두려움이 아니라 "능력과 사랑과 절제"의 영을 베푸셨다. "영"(πνεῦμα)은 성령을 의미하지 않고 마음이나 정신을 의미한다. 능력과 사랑과 절제는 성령과 무관하지 않고 성령의 영향 아래에 있는 마음의 태도나 상태 혹은 성향을 가리킨다. "능력"은 우리 안에서 생성되지 않고 성령에 의해 주어지는 선물이다. 무기력한 상태에 빠진 모든 사람들은 주님께 도움을 요청하라. 동시에 주어지는 능력으로 무엇을 할 것인지에 대해서도 마땅히 구할 바를 가르쳐 달라고 기도하라. 능력이 주어지면 주님보다 강한 능력이 이 세상에는 없기 때문에 두려움에 빠지지 않고 당당하게 된다.

"사랑"도 인간의 내면에서 저절로 산출되는 것이 아니라 성령의 선물이다. 영혼이 건조하고 차갑고 메마른 사람들은 주님께 사랑의 영을 달라고 기도하라. 그러면 영혼의 온도가 달라진다. 사랑은 자발적인 희생이다. 영혼에 이런 사랑이 가득하면 아무리 절망적인 상황 속에서도 두려움에 빠지지 않고 "모든 것을 참으며 모든 것을 믿으며 모든 것을 바라며 모든 것을 견"딘다고 바울은 가르친다(고전 13:7). "절제"도 하나님의 선물이다. 욕망이든 감정이든 절제하지 못하는 사람이 있다면 주님께 절제의 영을 베풀어 주시라고 기도하라. 세상만이 아니라 교회에도 쉽게 분노하고 슬퍼하고 중독되는 성향을 가진 사람들이 많다. 자신의 타고난 성정으로 간주하고 거기에 절망하지 말라. 절제의 영이 주어지면 모든 무절제가 해결된다. 자유처럼 보이는 무절제는 욕망의 덫에 걸리게 하고 두려움에 빠지게 하는 미끼이기 때문에 물지 말라.

"자기의 마음을 다스리는 자는 성을 빼앗는 자보다 낫다"는 지혜자의 말은 모든 시대에 적용된다. 우리는 두려움이 마음을 차지하지 못하도록 마음을 다스려야 한다. 바울은 디모데가 두려움의 영이 아니라 능력과 사랑과 절제의 영을 받았다고 가르친다. 그럼에도 불구하고 디모데가 두려움에 떨며 비겁하고 소심한 마음을 가지고 있다면 마귀의 속임수를 의심해야 한다. 마귀는 우리에게 두려움을 주어서 복음을 전파하지 못할 정도로 위축되게 한다. 그런 마귀의 전략에 호응하지 말라. 이러할 때 우리에게 필요한 것은 능력과 사랑과 절제의 정신이다. 주님께서 주신 마음은 우리에게 두렵고 떨리는 모든 상황의 유일한 해법이다.

> 8그러므로 너는 우리의 주님을 증언하는 것과
> 또는 내가 그의 사로잡힌 자가 된 것을 부끄럽게 여기지 말고
> 하나님의 능력을 따라 복음과 함께 고난을 받으라

두려움과 수치심은 단짝이다. 바울은 두려운 마음이 수치심을 일으켜서 두 가지의 수치심을 만든다고 한다. 첫째는 우리 주님의 증거(τὸ μαρτύριον τοῦ κυρίου)에 대한 수치심이다. 이것은 두 가지의 의미, 우리가 주님을 증거하는 것, 혹은 주님께서 우리에게 주신 증거를 의미한다. 두 의미가 다 가능하다. 1) 당시 예수를 증거하는 것은 유대인의 멸시와 핍박을 자초하며 스스로 고립되는 일이었다. 즉 두렵고 부끄러운 일이었다. 그러나 진리를 증거하는 일이 핍박의 대상이 되었다는 것은 거짓이 득세하고 있는 시대임을 반증한다. 그러한 시대에도 아무런 핍박을 받지 않는다는 것은 거짓과 타협하고 있는 것이기에 오히려 그것이 수치의 대상이다. 2) 주님은 어떤 증거를 우리에게 주셨는가? 그는 고난을 당하셨고 죽음을 당하셨다. 이것은 승리자가 아니라 실패자의 모습이다. 그런데 바울은 이러한 주님의 증거를 부끄럽게 여기지 말라고 가르친다. 하지만 두려움을 가지고 있으면, 주님의 증거가 민망하고 부끄럽게 느껴진다. 그러나 주님은 죽음의 때를 인자가 영광을 얻을 때라고 평하셨기 때문에 주님의 죽음을 부끄럽게 여기는 것은 주님의 평가에 대한 부정이다.

둘째는 바울이 주님의 포로 혹은 그의 사로잡힌 자(τὸν δέσμιον)가 된 사실에 대한 수치심이다. 편지를 쓰는 지금, 바울은 고난 당하시고 죄수로서 십자가에 달려 죽으신 주님처럼 투옥된 죄수의 신분이다. 육신의 눈에는

죄수처럼 보이지만 믿음의 눈에는 주의 포로처럼 보이는 바울이다. 사실 거짓과 어둠의 시대에 바울이 투옥되는 것은 그가 진리와 빛의 편에 서 있음에 대한 반증이다. 그런데 죄수가 된 바울에게 사랑을 받는 믿음의 아들 디모데는 이러한 관계성 때문에 자신도 투옥될지 모른다는 두려움을 가지고 있기에 방어기제 차원에서 이런 믿음의 계보가 그에게는 부끄럽게 느껴질 가능성이 있다. 감정은 눈치가 빠르고 내면의 기호를 가장 먼저 감지한다. 두려움이 생기면 그것을 피할 정당한 구실을 찾고 사람들의 눈으로 보기에 합당한 수치라는 감정을 빠른 속도로 형성한다. 때로는 자신도 속아서 착각한다. 이런 식으로 두려움과 수치심은 협업한다. 이런 협업의 역사는 태초까지 소급된다. 타락한 이후에 아담이 하나님의 부르심을 받았을 때에 벌거벗은 수치심과 두려움이 그의 목덜미를 붙들어 그로 하여금 나무 아래로 숨게 만들었다. 이처럼 두려움과 수치심의 역사는 인류의 역사와 동년배일 정도로 끈질기다.

그러나 바울은 주님을 증거하는 것과 주님으로 인해 자신이 결박되어 연약해진 것을 부끄럽게 여기지 않고 오히려 자랑한다(고후 11:30; 갈6:14). 나아가 주님을 전하다가 죽임을 당하는 일이 있더라도 그는 자신의 생명을 조금도 귀한 것으로 여기지 않을 정도로 당당하고 흔들림이 없다(행 20:24). 이는 바울이 유별난 사람이기 때문인가? 바울도 우리와 동일한 성정을 가진 사람이다. 그런데도 그가 두려움에 빠지지 않고 위축됨이 없이 복음의 결사적인 증인이 된 이유는 "하나님의 능력" 때문이다. 여기에서 "능력"은 성경에서 기적을 일으키는 힘을 의미하기 때문에 "기적"으로 번역되는 말이기도 하다. 고난을 받기 위해서는 하나님의 기적이 필요하다. 그래서 시인은 이렇게 노래한다. "환난 날에 나를 부르라 내가 너를 건지리니 네가 나를 영화롭게 하리로다"(시 50:15). 고난이 닥칠 때마다 우리는 하나님의 능력을 구하고 이로써 하나님을 영화롭게 하며 그런 영광에 동참하게 된다. 복음 때문에 당하는 고난은 언제나 이런 영광으로 이어진다.

바울은 믿음의 아들에게 하나님의 능력을 가지고 복음과 함께 고난을 받으라고 권면한다. 디모데는 아마도 그리스도 예수를 증언하는 것과 믿음의 아버지인 바울이 투옥되어 있는 것을 부끄럽게 여겼을 가능성이 있다. 젊은 나이에 목회자가 된 디모데는 예수를 증언할 때마다 유대인의 조롱과 비방을 감수해야 했고, 그를 지도한 바울이 죄수의 몸이라는 사실을 숨기려고 했을 가능성도 있다. 이에 바울은 자신에 대한 디모데의 '배신 가능성'을 책망하지 않고, 자신의 서운함을 미리 드러내고 보상 받으려는 태도를 취하지 않고, 복음을 위하여 두려움을 극복하는 해결책을 제시한다. 그 해결책은 하나님의 능력이다. 당연히 그 능력은 군사력과 경제력과 정치력이 아니라 복음의 능력이다. 그 복음을 믿는 모든 자들에게 구원을 주시는 하나님의 능력이다. 예수의 죽음을 통하여 우리에게 생명이 주어지는 십자가의 능력이다. 이러한 능력 즉 복음의 말씀은 능치 못하심이 없기 때문에 어떠한 것에 의해서도 얽매이지 않는다는 사실을 바울은 강조한다(딤후 2:9).

주님을 증거하면 무조건 형통하는 것이 아니라 오히려 고난이 수반된다. 바울은 주님을 증거하는 자에게 고난이 없을 것이라고 말하지 않고 그 고난을 피하라고 말하지도 않고 오히려 고난을 받으라고 권면한다. 고난을 권하는 바울이 믿는 구석은 무엇일까? "의인은 고난이 많으나 여호와께서 그의 모든 고난에서 건지시는도다"(시 34:19). 의인이 당하는 고난의 해결사는 하나님 자신이다. 이러한 시인의 고백은 우리가 어떠한 고난을 당하여도 두려움에 빠지지 않을 비결이다.

고난 당하는 이유가 고난의 질을 좌우한다. 베드로의 말처럼 "죄가 있어 매를 맞고 참으면 무슨 칭찬이 있"겠는가(벧전 2:20)! 그러나 "오직 선을 행함으로 고난을 받고 참으면 이는 하나님 앞에 아름"다운 것이라고 한다(벧전 2:20). 최고의 선행은 복음을 전파하는 것이기에 바울은 믿음의 아들에게 "복음과 함께" 고난을 받으라고 가르친다. 복음이 고난의 이유가 될 때 그 고난은 인생 최고의 훈장이다. 복음 때문에 당하는 고난보다 더 큰 영광이 어디에 있겠는가! 예수님도 자신의 죽음이 세상 죄를 사하시는 복음의 절정이기 때문에 죽음의 시점을 "인자가 영광을 얻을 때"라고 여기셨다(요 12:23). 이러한 예수님의 가르침을 따라 바울은 자신도 죽으심을 본받으려 했고 지금 믿음의 아들에게 그런 고난의 영광을 가르치고 있다.

⁹[하나님은] 우리의 행위를 따라서가 아니라 영원한 시간 전부터
그리스도 예수 안에서 우리에게 베푸신 자신의 작정과 은혜를 따라서
우리를 구원하고 [우리를] 거룩한 소명으로 부르셨다

복음의 능력에 대해 무지하면 고난에 대한 두려움에 휩싸인다. 그래서 바울은 두려움을 이기고 고난을 당당하게 받도록 능력을 베푸시는 하나님의 섭리를 설명한다. 이 섭리는 복음의 구체적인 내용이다. 복음에 대한 올바른 지식과 확신이 두려움을 극복하게 한다. 하나님의 섭리는 작정과 실행으로 구성되어 있다. 바울은 에베소 교회에 보낸 서신에서 언급한 하나님의 작정과 실행의 구체적인 내용(엡 1:3-14)을 이곳에서 요약한다. "작정"(pro,qesij)은 시간 속에서 이루어진 일이 아니며 인간의 행위에 따라 결정되는 것도 아니며 유일하게 하나님의 뜻에 근거하고 "영원한 시간 전부터 그리스도 안에서" 우리에게 베풀어진 하나님의 계획이다. 이처럼 바울은 하나님의 절대적인 주권을 강조하며 "우리의 행위"라는 인위적인 요소를 철저히 배제한다. 여기에서 "행위"의 의미는 존재와 삶 전체를 포괄한다. 복음은 무엇인가? 인간이 존재론적 자격을 가졌거나 행위적인 조건을 구비했기 때문에 마련된 것이 아니라 하나님의 의지, 즉 오직 그리스도 예수 안에 있는 하나님의 사랑에 근거한 구원의 좋은 소식이다. 영원 전부터 정해진 것이기에 인간의 신분이나 행위에 의해 결코 변경되지 않는 복음이다.

영원한 시간 전부터 이루어진 작정을 따라 하나님은 시간 속에서 우리에게 구원을 베푸셨다. 이것은 작정의 실행이다. 설교의 방식이든, 독서의 방식이든 구원을 받아 하나님께 나아가는 것은 설교자의 실력이나 독자의 이해력과 같은 사람의 행위가 아니라 하나님의 작정과 은혜에 근거한다. 바울은 우리를 거룩한 소명으로 부르신 것도 하나님이 정하신 것이고 은혜로 말미암은 것이라고 한다. 구원은 영원한 형벌에서 영원한 생명으로 이동하는 것을 의미한다. 그러나 "거룩한 부르심"은 구원이 작정과 은혜의 끝이 아님을 나타낸다. "거룩한 부르심"(κλήσει ἁγίᾳ)은 주님께서 우리를 구원하고 부르신 목적이 "부정하게 하심이 아니요 거룩하게 하심"임을 의미한다(살전 4:7). 거룩하게 되는 성화의 단계로 나아가지 않는 것은 하나님의 온전한 작정과 은혜에서의 이탈이고 부정이다. 거룩한 인격과 거룩한 삶에 이르는 것은 선택이 아니라 필연이다. 구원은 하나님의 절대적인 주권에 근거한 은혜의 결과이고 성화는 구원을 받은 사람이 노력한 만큼 이루는 것이라고 주장하는 사람들이 있다. 그러나 바울은 인간의 노력을 성화의 근원이 아니라 도구라고 이해한다. 구원만이 아니라 거룩하게 성장한 나의 나 됨도 다 하나님의 은혜로 주어지는 선물이다(고전 15:10). 인격과 삶이 하나님께 구별되는 성화, 인격과 삶이 하나님의 성품으로 충만하게 되어 하나님의 영광을 나타내는 성화는 영원 전부터 정해진 구원의 목적이다. 바울은 디모데도 그런 부르심을 받았고 그 부르심은 시간과 상황 속에서 변경되지 않는 하나님의 영원한 작정임을 상기시켜 준다.

10그러나 이제는 우리의 구주 그리스도 예수의 나타남을 통하여

[그 작정과 은혜를] 보이셨고 사망을 폐하셨고

복음으로 말미암아 생명과 썩지 아니할 것을 밝히셨다

바울은 영원 전부터 이루어진 하나님의 작정과 은혜는 공수표가 아니라 실제로 시공간 속에서 실행되고 있음을 언급한다. 예수의 나타남은 그 작정과 은혜의 구체적인 실행이다. 갑자기 이루어진 우발적인 사건이 아니라 영원한 작정과 은혜에 뿌리를 둔 필연적인 사건이다. 예수님의 오심을 통하여 이루어진 구원의 구체적인 내용은 크게 두 가지인데, 1) 죽음을 폐하신 것과 2) 생명과 그 생명의 영원한 지속을 밝히 드러내신 것이었다. 주님께서 세상 죄를 짊어지고 십자가에 못 박히시고 다시 사셨기 때문에 죽음과의 영원한 결별과 생명과의 영원한 결합이 일어났다. 이는 예수를 믿으면 죽어도 살겠고 살아서 예수를 믿으면 영원히 죽지 않는다는 결별과 결합이다(요 11:25-26). 이처럼 모든 믿음의 사람들이 "사망에서 생명으로"(요 5:24) 옮겨진 구원은 그리스도 예수의 복음으로 말미암아 이루어진 작정의 실행이다. 하나님은 이렇게 우리의 구원을 원하시고 친히 이루신다.

이상이 예수님의 증언이다. 복음의 핵심이다. 부끄럽게 여겨야 할 것이 아니라 땅끝까지 이르러 모든 사람에게 자랑해야 할 복음이다. 그 복음과 운명을 섞고 복음을 배척하는 곳에서 그 복음과 함께 고난을 당하는 것은 우리에게 두려움과 수치가 아니라 영광이다. 바울의 디모데 설득은 지혜롭다. 두려움과 수치심에 빠져 위축되어 있는 디모데를 꾸짖고 정죄하여 그의 마음을 바닥으로 꺼뜨리는 방식이 아니라 복음의 위대함을 설명하여 디모데의 내면에 감동을 일으키는 방식으로 그의 자발적인 회복을 도모하기 때문이다. 그리고 회복의 근거는 바울 자신의 설득력이 아니라 하나님의 능력에 있다는 사실을 분명히 밝히는 지혜까지 겸비했기 때문이다.

딤후 1:11-18

¹¹내가 이 복음을 위하여 선포자와 사도와 교사로 세우심을 입었노라 ¹²이로 말미암아 내가 또 이 고난을 받되 부끄러워하지 아니함은 내가 믿는 자를 내가 알고 또한 내가 의탁한 것을 그 날까지 그가 능히 지키실 줄을 확신함이라 ¹³너는 그리스도 예수 안에 있는 믿음과 사랑으로써 내게 들은 바 바른 말을 본받아 지키고 ¹⁴우리 안에 거하시는 성령으로 말미암아 네게 부탁한 아름다운 것을 지키라 ¹⁵아시아에 있는 모든 사람이 나를 버린 이 일을 네가 아나니 그 중에는 부겔로와 허모게네도 있느니라 ¹⁶원하건대 주께서 오네시보로의 집에 긍휼을 베푸시옵소서 그가 나를 자주 격려해 주고 내가 사슬에 매인 것을 부끄러워하지 아니하고 ¹⁷로마에 있을 때에 나를 부지런히 찾아와 만났음이라 ¹⁸(원하건대 주께서 그로 하여금 그 날에 주의 긍휼을 입게 하여 주옵소서) 또 그가 에베소에서 많이 봉사한 것을 네가 잘 아느니라

❖ ❖ ❖

¹¹이(복음)를 위하여 내가 선포자와 사도와 교사로 정해졌다 ¹²그런 이유로 말미암아 나는 이런 고난을 당하지만 나는 부끄럽지 않다 이는 내가 믿는 자를 내가 알고 나의 믿는 바를 그날까지 그가 능히 지키실 것을 확신하기 때문이다 ¹³너는 나에게서 들은 건실한 말들의 본을 그리스도 예수 안에 있는 믿음과 사랑으로 지키고 ¹⁴우리 안에 거하시는 성령으로 말미암아 위탁된 아름다운 것을 너는 보존하라 ¹⁵아시아 지경에서 모든 사람들이 나를 버렸다는 것을 네가 안다 그들 중에는 부겔로와 허모게네가 있다 ¹⁶주님께서 오네시보로 집에 긍휼을 베풀어 주시기를! 이는 그가 나를 자주 격려해 주었고 나의 사슬을 부끄럽게 여기지 않았고 ¹⁷오히려 로마에 있으면서 나를 부지런히 찾았고 만났기 때문이다 ¹⁸주님께서 그로 하여금 그날에 주로부터 긍휼을 입게 해 주시기를! 그리고 그가 에베소에서 얼마나 많이 섬겼는지 네가 더 잘 안다

3 복음의 사람

¹¹이(복음)를 위하여 내가 선포자와 사도와 교사로 정해졌다

이 구절은 첫번째 편지에서 밝힌 내용(딤전 2:7)의 축약된 반복이다. 바울은 너무도 감동적인 영광의 복음을 위하여 선포자와 사도와 교사로 정해진 자신의 부르심을 언급한다. 모든 사람들이 가지고 싶어하는 직분이다. 그러나 바울에게 이러한 직분들은 자신의 우월함을 증명하는 계급이 아니었다. 복음을 위한 감투였다. 복음을 위하지 않는다면 모든 거룩한 감투는 이름에 불과하다. 복음이 아니라 자신을 위한다면 그 감투의 심각한 오용이다. 직분의 용도를 변경하는 것은 악하고 게으른 종의 전형적인 모습이다. 오늘날 교회 안에서도 주어진 직분이 마치 자신의 이익을 마음대로 추구해도 되는 정당한 권한인 것처럼 생각한다. 그러나 선포자는 자신의 자잘한 유식함이 아니라 생명의 복음을 증거해야 하고, 사도는 자신의 사사로운 뜻이 아니라 보내신 분의 공적인 뜻을 수행해야 하고, 교사는 자신의 생각이나 사람들의 상식이 아니라 성경의 진리를 가르쳐야 한다.

¹²그런 이유로 말미암아 나는 이런 고난을 당하지만 나는 부끄럽지 않다
이는 내가 믿는 자를 내가 알고 나의 믿는 바를 그날까지
그가 능히 지키실 것을 확신하기 때문이다

바울이 죄수의 신분으로 감옥에 갇힌 것은 복음을 위한 선포자와 사도와 교사로 살아가기 때문이다. 이로써 바울은 자신의 투옥이 사회적인 부도덕과 불법의 결과가 아님을 명시한다. 이는 디모데로 하여금 자신의 투옥을 부끄럽게 여기지 않아도 된다는 바울의 해명이다. 바울 자신도 복음 때문에 당하는 부당한 투옥이 부끄럽지 않다고 고백한다. 사회적인 관점에서 본다면, 자신의 신분증에 빨간 줄이 그어지는 것은 숨기고 싶은 수치의 원인이다. 그런데도 죄수라는 오명을 수치의 대상으로 여기지 않는다는 것은 바울이 사회의 세속적인 규범에 순응하지 않고 보다 높은 차원의 질서를 존중하고 있기 때문이다. 그 질서는 예수님의 말씀이다. 예수님은 "나로 말미암아 너희를 욕하고 박해하고 거짓으로 너희를 거슬러 모든 악한 말을 할 때"(마 5:11-12)에는 하늘에서 주어지는 상이 큰 상황이기 때문에 자신을 숨기고 부끄럽게 여기지 말고 오히려 기뻐하고 즐거워할 것을 명하셨다. 이는 대부분의 성도와 목회자가 실천하기 쉽지 않은 모순적인 명령이다.

바울은 앞에서 디모데를 향해 주님과 자신의 결박을 부끄럽게 여기지 말라고 가르쳤다. 여기에서 우리는 바울의 이런 가르침이 그의 인생과 실천에 근거한 것임을 확인한다. 사도들이 선포한 복음과 가르친 진리는 어떤 문헌들을 통해 깨달은 것이 아니라 그들이 직접 살아낸 것이었다. 그들의 인생은 그 자체로 가르침의 교재였다. 그런 스승의 직접적인 가르침을 받는다는 것은 디모데의 특권이다. 삶으로 보여주며 가르치는 스승이 부재한 시대에는 소모적인 논쟁과 변론이 득세했다. 우리의 시대는 과연 어떠한가? 진리를 보여주는 스승의 부재가 심각한 상황이다. 그래서 말의 불필

요한 충돌이 교회를 어지럽게 하고 공동체의 신앙과 인격을 좀먹는다.

바울은 자신이 치욕적인 고난을 부끄럽게 여기지 않는 이유가 두 가지라고 한다. 첫째, 바울은 자신이 믿는 분을 알기 때문이다. 그는 맹목적인 신앙을 거부한다. 믿는 것(πιστεύω)과 아는 것(εἴδω)은 연동되어 있다. 진심으로 신뢰하면 안다. 알지 못하는 이유는 진심으로 신뢰하지 않기 때문이다. 순서가 중요하다. 믿음이 선행하고 이성의 결과인 지식은 그 믿음을 뒤따른다. 믿기만 하고 알지 못한다면 고난 앞에서 쉽게 무너진다. 두려움에 무릎을 꿇고 타협한다. 그렇게 하지 않으려면, 우리의 믿음이 반드시 믿음의 대상이신 예수를 아는 지식에 이르러야 한다. "이해를 추구하는 신앙 (fides quaerens intellectum) 혹은 이해하기 위해 믿는다(credo ut intelligam)"는 신앙 선배들의 구호는 지금도 유효하다. 믿음의 대상인 그리스도 예수를 아는 지식은 인생의 가장 든든한 기반이다. 신앙의 역동성을 더욱 왕성하게 만드는 연료는 지식이다. 그 지식이 우리를 두려움 속에서도 자유롭게 한다. 다른 수많은 지식들은 죽음의 문턱에서 우리를 외면하고 배신한다.

둘째, 바울은 자신에게 위탁된 것을 주님께서 마지막 날까지 지켜 주실 것임을 확신하기(πείθω) 때문이다. 여기에서 바울은 "확신하게 된다"는 수동태를 사용한다. 이는 확고한 신뢰가 하나님의 은혜임을 가르친다. 확고한 신뢰의 대상은 무엇인가? 바울에게 위탁된 것들을 주님께서 마지막 날까지 지켜 주심이다. 위탁된 것들은 무엇인가? 1) 신앙이다. 주님은 우리의 믿음이 떨어지지 않도록 마지막 날까지 지키신다. 그래서 우리와 주님의 관계는 어떠한 것에 의해서도 깨어지지 않고 마지막 날까지 보존된다. 예수님은 베드로를 향해 "내가 너를 위하여 네 믿음이 떨어지지 않기를 기도" 하고 계셨음을 밝히셨다(눅 22:32). 그래서 베드로는 비록 예수님을 부인하고 거짓말을 하고 그에게 저주까지 하였지만 결국 돌이켰고 예루살렘 교회를 든든하게 세웠고 이방인 선교의 본격화에 기여했다. 신앙을 유지하는 것은 주님의 은총이다. 그래서 믿음은 자랑이 아니라 감사의 원인이다.

2) 바울에게 위탁된 것은 "주 예수께 받은 사명 곧 하나님의 은혜의 복음을 증언하는 일"이라고 나는 생각한다. 바울은 비록 복음 전파의 사명을 완수하기 위해 자신의 생명을 조금도 귀한 것으로 여기지 않았으나 실제로 복음이 전파되는 것은 그의 헌신이 아니라 주님께서 그 사명의 완수를 보호해 주시기 때문이다. 바울은 이러한 사실을 확신했다. 빌립보 교회에 보내는 편지에서 그는 동일한 확신을 이렇게 표현한다. "너희 안에서 착한 일을 시작하신 이가 그리스도 예수의 날까지 이루실 줄을 우리가 확신하노라"(빌 1:6). 우리의 마음에 복음 전파의 소원을 두며 일을 시작하신 주님은 친히 그 소원을 이루신다. 우리도 주님께서 그로부터 우리에게 주어져 시작된 믿음을 마지막 날까지 지키시고 위탁된 사명을 능히 이루실 분이라는 사실을 확신해야 한다. 그러면 어떠한 고난이 닥쳐와도 두려움과 좌절에 빠지지 않고 끝까지 인내한다. 어두운 감옥에서 결박된 채로 암담한 미래에 무거운 한숨만 뿌려야 하는 상황 속에서도 주님께서 맡기신 사명을 맡기신 그분이 이루실 것을 확신하기 때문에 바울은 결코 감옥에서 썩지 않고 나가게 될 것을 기대하게 된다.

이처럼 바울은 그가 신뢰하는 주님을 알고 그가 자신에게 맡기신 것을 반드시 완수하실 것이라고 확신했기 때문에 부당한 투옥의 고난 속에서도 전혀 부끄럽지 않다고 고백했다. 이러한 고백은 지금 디모데가 숙지해야 하는, 주님의 증언과 자신의 투옥을 부끄럽게 여기지 않는 비결이다. 바울은 지금 지식과 정보를 전달하지 않고 그의 신앙과 삶을 전수하고 있다. 바람직한 교육자의 모습이다.

13너는 나에게서 들은 건실한 말들의 본을
그리스도 예수 안에 있는 믿음과 사랑으로 지키고
14우리 안에 거하시는 성령으로 말미암아 위탁된 아름다운 것을 너는 보존하라 복음을 부끄럽게 여기지 않는 것은 목회자의 소극적인 대응이다. 바울은 디모데를 향해 두 가지의 적극적인 처신을 조언한다. 첫째, 바울의 말들을 지키라고 한다. 그 말들은 건실한 것이라고 한다. 건실한 말들을 지키면 인격과 삶이 건실하게 된다. 지킴의 대상이 우리의 인격과 삶을 좌우한다. 평소에 나는 무엇을 지키는가? 그것이 지금 내 인생의 피와 살이 되고 있다는 사실을 명심하라. 습관은 꾸준하고 반복적인 지킴이다. 습관이 인격이 되고 인격이 운명이 된다는 말은 모든 사람에게 유효하다. 지금도 우리는 매 순간 무엇을 지킬 것인지를 관리해야 한다. 그렇지 않으면 나의 행위를 차지하는 그 무언가가 내 인생을 조정하고 지배한다.

바울은 믿음의 아들에게 지키면 무조건 유익한 말들만 전하였기 때문에 지키라고 한다. 그런데 말들 자체가 아니라 그 말들의 "본"(ὑποτύπωσις)을 지키라고 한다. 그 "본"은 "눈 앞에 펼쳐진 것처럼 선명하게 보이는 이미지"를 의미한다. 그 본은 바울 자신이다. 디모데가 지켜야 할 말들은 바울이 들려준 것인 동시에 보여준 것이기도 하다. 언어적인 것이면서 행위적인 것이기도 하다. 그래서 디모데는 바울이 탁본처럼 남긴 순종의 발자취를 그대로 밟으며 따라가면 된다. 본을 보이고 본받는 것은 가르침과 배움의 정석이다. 그러나 바울은 인생의 겉모습이 아니라 실체를 본받기 위해서는 그 본을 "믿음과 사랑으로" 지켜야 한다고 가르친다. 여기에서 믿음과 사랑은 그리스도 안에 있는 것이라고 한다. 바울은 자연인 바울이 아니라 그리스도 예수 안에 있는 신앙인 바울을 본받음의 대상으로 지목한다. 믿음은 나와 하나님의 수직적인 관계를 의미하고, 사랑은 나와 이웃의 수평적인 관계를 의미한다. 이러한 이중적인 관계성이 정립되지 않으면 바울을 따라 살더라도 무늬로만 순종하는 가식을 저지르게 된다. 이것은 껍데기 목회이며 껍데기 신앙이다.

둘째, 주님께서 주신 사명을 지키라고 한다. 지키지 않으면 그 사명이 나를 떠나간다. 그 사명은 우리 안에 거하시는 성령으로 말미암아 "위탁된 것"(παραθήκην)이라고 한다. 이것은 사람의 뜻을 따라 취득한 것이 아니라 하나님의 뜻을 따라 주어진 선물이다. 하나님은 모든 사람에게 무언가를 맡기셨다. 그것이 사명이다. 그 사명을 수행할 수 있는 능력도 맡기셨다. 자신에게 어떤 능력이 있다면 자신의 우월성을 드러내는 물증이 아니라 맡겨진 사명의 완수를 위한 하나님의 선물이다. 자신을 위하지 않고 하나님과 이웃을 위하여야 한다. 각자의 사명은 복음을 전파하여 하나님의 영광을 드러내는 일에 어떤 식으로든 기여한다. 바울은 우리 각자에게 맡겨진 그 사명이 "아름다운 혹은 좋은"(καλὴν) 것이라고 한다. 그 사명은 우리 각자에게, 그리고 우리의 이웃에게 최고의 행복과 기쁨이기 때문이다. 하나님은 때를 따라 모든 것을 아름답게 만드신다. 우리의 존재와 재능도 사명에 집중할 때가 가장 아름답다. 모든 사람은 성령께서 위탁하신 아름다운 사명의 소유자다. 그 사명이 무엇인지 각자는 발견해야 하고 개발해야 한다. 발견하면 내가 기쁘게 누리지만, 개발하면 타인에게 유익을 제공한다. 개인적인 취미와 재주의 수준을 넘어서기 위해서는 각자가 자신의 아름다운 것을 계속해서 발전시켜 고도의 전문성에 이르러야 한다. 어설픈 재능으로 그냥 살아가는 것은 자신의 고유한 은사를 땅에 묻어두는 것이며 주님의 눈에는 악하고 게으른 종의 모습이다.

15아시아 지경에서 모든 사람들이 나를 버렸다는 것을 네가 안다
그들 중에는 부겔로와 허모게네가 있다

바울은 15-18절에서 자신을 배신한 사람들과 배려한 사람을 언급한다. 첫째, 아시아 지경에 있는 사람들은 모두 바울을 거부하고 배신했다. 그들 중에서 바울이 거명한 인물은 부겔로와 허모게네이다. 버림을 받고 배신을 당하면 참으로 두렵고 아프고 불쾌하다. 그러나 그런 부정적인 체험은 인

생의 한 부분이다. 신앙적인 관점에서 보면 바울이 당한 이 배신은 신적인 섭리의 한 조각이다. 복음을 위해 살다 보면 주변에 자신을 모함하고 비방하는 배신자 혹은 음해자가 거짓을 퍼뜨리고 신실한 사람을 따돌린다. 그럴 때에 흥분하지 말고 하나님의 도도한 섭리를 의식하며 의연하게 대처해야 한다. 그런 버림과 배신 당함의 체험은 열심히 추종하던 제자들이 배신의 등을 돌리며 버리고 외면한 예수님의 처절한 아픔을 더 잘 이해하게 만들기 때문에 영적으로 유익하다. 우리가 경험하는 모든 환란과 역경은 예수님의 그늘진 삶을 이해하는 체험의 수단이다. 그러나 이러한 사실을 이해해도 고통이 경감되는 것은 아니며 이해한 순간에 멈추는 것도 아니다. 너무나도 많은 계시를 받은 바울도 하나님의 섭리를 알고 있었지만 서운하고 불쾌한 감정을 이 구절에서 내색한다. 비록 자신의 목숨도 아끼지 않는 바울이라 하더라도 거부와 배신을 당한다면 왜 인간적인 서운함이 없겠는가! 당연히 있었겠지! 그러나 그럼에도 불구하고 하나님의 섭리 때문에 끝까지 인내했다. 섭리에 대한 인식은 배신을 이기는 적극적인 비결이다.

바울은 복음과 함께 고난을 받으라는 자신의 권고가 고난을 모르는 자가 뱉아내는 배부른 소리가 아님을 디모데도 잘 "알고 있다"고 지적한다. 즉 고난과 고통의 중심을 관통한 경험의 소유자가 고난의 비밀을 가르치며 그 고난을 받으라고 한 것이었다. 동일한 고난을 다른 의미로 해석하는 것은 얼마든지 가능하다. 바울은 고난이 그 자체로는 환영할 일이 아니지만 복음과 함께 당하는 배신과 거부라면 그 고난을 받으라고 권고한다. 그런 고난은 하나님의 자녀로서 예수와 함께 받을 영광으로 들어가는 관문이기 때문에 거부할 것이 아니라 환영하는 것이 합당함을 가르친다(롬 8:17). 이러한 영광과 고난의 관계를 안다면 복음으로 인한 고난이 찾아올 때마다 뒤따라 오는 영광 때문에 심장이 뛰는 게 정상이다. '도대체 얼마나 많은 영광을 얼마나 자주 주시려고 이렇게도 큰 고난을 이렇게도 빈번하게 겪는 것인가' 라고 생각하며 고난을 맞이하는 것이 정상이다.

¹⁶주님께서 오네시보로 집에 긍휼을 베풀어 주시기를!
이는 그가 나를 자주 격려해 주었고 나의 사슬을 부끄럽게 여기지 않았고
¹⁷오히려 로마에 있으면서 나를 부지런히 찾았고 만났기 때문이다
¹⁸주님께서 그로 하여금 그날에 주로부터 긍휼을 입게 해 주시기를!
그리고 그가 에베소에서 얼마나 많이 섬겼는지 네가 더 잘 안다

고난과는 달리, 복음 전도자를 환대하는 사람들도 있다. 오네시보로는 대표적인 인물이다. 그의 이름('Ονησίφορος)은 "유익을 가져오는 사람"을 의미한다. 바울은 자신에게 격려의 유익을 가져온 그에게 주님께서 그의 집에 긍휼을 베푸시고 마지막 날에도 동일한 긍휼을 베풀어 주시기를 기원한다. 하나님의 감동을 받은 사도의 이러한 기도는 긍휼에 대한 하나님의 강력한 의지를 드러낸다. 어떤 사람이 무엇 때문에 하나님의 긍휼을 받는지에 대한 교훈도 전달한다. 사도의 기도는 일종의 보답인데 그 이유는 네 가지로 언급된다. 첫째, 오네시보로가 바울을 자주 격려해 주었기 때문이다. 여기에서 "격려하는 것"(ἀναψύχω)은 고달픈 머리를 맑게, 답답한 마음을 시원하게, 어지러운 정신을 새롭게 하는 것을 의미한다. 바울에게 격려가 필요한 시점을 놓치지 않고 그는 찾아가서 격려했다. 그는 "자주 혹은 여러 번"(πολλάκις) 격려했다. 이처럼 빈도가 높아지면 격려의 의욕은 대체로 떨어진다. 할 만큼 했다고 생각하며 철수한다. 그러나 오네시보로는 지속적인 격려를 공급했다. 지혜로운 사람임에 분명하다. 이는 또한 사도가 침체에 빈번하게 빠진다는 것도 의미한다. 사도도 인간이다. 스트레스, 우울, 외로움, 두려움, 슬픔, 고뇌에 빠지는 일이 자주 반복되고 때로는 그 기간이 길어진다. 그래서 지속적인, 반복적인 격려가 필요하다.

둘째, 바울의 결박을 부끄럽게 여기지 않았기 때문이다. 오네시보로는 바울의 결박을 알고 있었지만 그것이 바울 개인의 부정한 행위 때문이 아니라 복음 때문에 당하는 고난임을 깨달았다. 게다가 불의한 시대에 당하

는 바울의 결박은 의인의 표증이다. 타인의 결박을 복음 중심으로 해석하는 안목이 그에게 있었다고 나는 생각한다. 사람들은 유죄의 판결을 받아 감옥에 갇히는 전과를 부정적인 시각으로 보지만 어떤 종류의 전과인지 확인한 이후에 판단하는 것이 지혜롭다. 사법부가 판결을 굽혀서 불법을 옹호하고 정의를 인진으로 바꾸는 시대에 투옥되는 사람이 있다면 이보다 확실한 정의의 화신은 과연 누구인가? 불법이 합법이 된 시대에는 의인이 감옥의 아랫목을 차지한다. 그래서 투옥은 훈장으로 간주된다.

셋째, 로마에 있을 때에 바울을 부지런히 찾아 만났기 때문이다. 이것은 바울이 로마의 가옥에 갇힌 상황을 묘사한다. 외롭고 괴로운 곳에 사로잡혀 있을 때 가장 필요한 요소가 말벗이다. 그런데 오네시보로는 바울을 "부지런히 혹은 열렬하게"(σπουδαίως) 찾아갔다. 그의 이런 처신은 한두 번의 방문으로 눈도장을 찍는 생색용이 아니었다. 바울에게 실질적인 위로가 되도록 수감자를 중심으로 실천한 사랑이다. 그리고 찾아가도 허탕을 치고 돌아올 수도 있었지만 그는 바울을 실제로 "만났다"(εὖρεν)고 한다. 당시에는 형무소에 찾아가는 것도 힘들고, 원하는 죄수와 면회하는 것도 쉽지 않은 일이었다. 이는 간수의 오른쪽 주머니에 찔러주고 왼쪽 주머니에 찔러주고 달래고 구슬려서 설득해야 면회가 허락되기 때문이다. 죄수의 지인으로 알려지는 것은 모든 사람들이 꺼려한다. 왕의 지인으로 알려지는 것은 사회적인 유익이 있겠지만 죄수의 지인으로 알려지면 그렇지가 않다. 사회적인 지탄의 대상이 되고 연좌제가 적용되어 죄인의 혐의가 씌워질 수도 있기 때문이다. 얼마든지 피할 수 있는 그런 불이익을 좋아하는 사람이 누가 있겠는가! 그러나 오네시보로는 바울의 결박도 부끄럽게 여기지 않았고 자신이 결박되는 것도 두려움과 수치심의 대상으로 여기지 않았기 때문에 부지런히 바울을 찾아갔다.

넷째, 에베소에 있을 때에도 극진히 섬겨 주었기 때문이다. 에베소는 아시아의 수도와 같이 중요한 도시였다. 그런데 앞에서 바울은 아시아 지경의 모든 사람들이 자신을 버렸다고 했다. 그렇다면 에베소 사람들도 바울을 버리는 배신의 분위기에 편승하여 그와 거리를 두거나 그에게 적대감을 표현할 수도 있었으나 오네시보로는 바울을 극진히 대접했다. 공동체의 일반적인 견해 즉 바울에 대한 집단적인 배척이 잘못된 것이라고 적극적인 섬김의 행위로 지적하고 과감하게 거스르는 믿음의 용기를 발휘했다. 모든 사람들이 악한 길로 가더라도 외로운 진리의 길을 고집하는 것은 참된 신앙의 명백한 증거이다. 그런 사람에게 바울은 주님의 긍휼이 주어지길 기도한다. 이것은 바울 자신에게 잘 보여서 인간적인 정 때문에 드리는 사사로운 감정의 표출이 아니었다. 바울이 직접 그에게 보답하지 못하여도 주님은 그의 선행을 잊지 않으시고 행한 그대로 반드시 갚으실 것이라는 믿음의 표현이다. 진실로 하나님은 복음을 위해 죄수가 되는 고난도 기꺼이 받는 사람의 선행, 그런 사람을 격려하고 찾아가고 협력하는 사람들의 선행을 결코 간과하지 않으신다.

¹내 아들아 그러므로 너는 그리스도 예수 안에 있는 은혜 가운데서 강하고 ²또 네가 많은 증인 앞에서 내게 들은 바를 충성된 사람들에게 부탁하라 그들이 또 다른 사람들을 가르칠 수 있으리라 ³너는 그리스도 예수의 좋은 병사로 나와 함께 고난을 받으라 ⁴병사로 복무하는 자는 자기 생활에 얽매이는 자가 하나도 없나니 이는 병사로 모집한 자를 기쁘게 하려 함이라 ⁵경기하는 자가 법대로 경기하지 아니하면 승리자의 관을 얻지 못할 것이며 ⁶수고하는 농부가 곡식을 먼저 받는 것이 마땅하니라 ⁷내가 말하는 것을 생각해 보라 주께서 범사에 네게 총명을 주시리라

❖ ❖ ❖

¹그러므로 내 아들아 너는 그리스도 예수 안에 있는 은혜 가운데서 강해져라 ²그리고 너는 많은 증인들을 통하여 나에게서 들은 바를 신실한 사람들에게, 즉 누구라도 유능하게 되어 타인들을 가르칠 자들에게 부탁하라 ³너는 그리스도 예수의 좋은 군사로서 함께 고난을 받으라 ⁴군대에서 복무하는 자는 아무도 사생활 관리에 얽매이지 않는데 이는 군대를 소집하는 자를 기쁘게 하기 위함이다 ⁵그러나 만약 경기하는 자가 적법하게 경기하지 않으면 승리자의 관을 얻지 못하리라 ⁶수고하는 농부가 곡식의 첫 열매를 취하는 것은 마땅하다 ⁷ 너는 내가 말하는 것을 생각하라 이는 주님께서 범사에 너에게 총명을 주실 것이기 때문이다

4   복음의 군사

사람은 자신의 정체성에 맞게 살아갈 때 아름답다. 바울은 복음을 받아들인 우리를 예수의 군사라고 명명한다. 군사의 정체성은 대부분의 성도에게 생소하다. 군사의 부르심에 부담을 느끼는 게 정상이다. 군생활을 경험한 사람은 군사의 희생적인 삶을 알기에 더더욱 주저하게 된다. 그러나 누구든지 그리스도 안에서 경건하게 살아야 하는 성도는 경건하지 않은 세상의 필연적인 따돌림과 공격을 각오해야 한다. 군사의 정신력과 체력과 전투력을 키우지 않으면 세상의 먹거리로 전락한다. 영혼이 육신의 정욕과 안목의 정욕과 이생의 자랑에 결박된다. 그래서 바울은 예수의 군사로서 승리하는 인생의 비결을 모든 믿음의 아들에게 가르친다.

¹그러므로 내 아들아 너는 그리스도 예수 안에 있는 은혜 가운데서 강해져라

"그러므로". 이 접속사는 1장과 2장을 인과율의 관계로 묶어준다. 이것

은 우리가 1장에서 강조된 복음을 위하고 복음에 합당한 삶을 살아내야 한다는 사상으로 무장해야 함을 강조한다. 그리고 바울은 그러한 삶을 살기 위해 두 가지의 준비가 필요함을 가르친다. 첫째, 강해져야 한다. 둘째, 동역자가 필요하다. 복음을 안다고 저절로 살아지는 것은 아니기 때문에 준비가 필요하다. 취업을 하기 위해서도, 결혼을 하기 위해서도, 놀기 위해서도 준비가 필요한데, 복음의 삶을 위해서는 얼마나 진실하고 진지한 준비가 필요할까! 복음은 본질상 아는 지식만이 아니라 사는 실천까지 우리에게 요구한다. 그런데 적잖은 목회자와 성도가 복음을 대수롭지 않게 여기며 홀대한다. 복음을 복음답게 존대하는 자를, 존대하는 공동체를, 존대하는 시대를, 복음은 존대한다. 복음을 복음답게 대하면 한 사람과 한 공동체와 한 시대가 바르게 세워진다. 인생의 위기, 공동체의 위기, 국가의 위기, 시대의 위기라고 느껴지면 복음부터 존대해야 한다. 그러나 이렇게 상상을 초월하는 위대한 결과가 있는데도 복음을 복음답게 대하는 태도는 오늘날 대단히 희귀하다.

바울은 복음의 군사로 생각하는 디모데를 "내 아들"로 간주한다. 디모데에 대한 바울의 호칭은 포근한 가을이다. 바울의 제자훈련 방식을 보면, 마치 아비의 심정으로 자식을 키우듯이 한다. 이는 오늘날 목회자가 성도를 대하는 태도의 혁신을 촉구한다. 교회를 직장으로 여기고, 성도를 지갑으로 여기고, 설교를 노동으로 여기고, 심방을 부업으로 여기는 목회자가 많다. 성경의 정보만 잘 전달하면 된다고 생각하는 목회자도 많다. 바울의 시대에도 상황이 이와 비슷했다. 그래서 그는 "그리스도 안에서 일만 스승이 있으되 아버지는 많지" 않다는 아쉬움을 토로했다(딤전 4:15). 틈만 나면 가르치려 든다. 아비의 품은 말라간다. 물론 생물학적 나이의 차이와 장유유서 문화의 경직성 때문에 부모의 마음으로 성도를 대한다는 것 자체가 만만하지 않다. 그럼에도 불구하고 부모가 자녀를 책임지고 챙기고 보호하고 양육하듯 복음을 부모의 심정으로 들려주고 보여주고 만져보게 하는 자세는 목회자의 중요한 자질이다. 그런 목회자가 있으면 교회의 문화가 확 달라진다.

복음의 사람이 되기 위하여 바울은 먼저 믿음의 아들에게 "강해져야 한다"고 권면한다. 첫번째 편지에서 바울은 자신을 강하게 하시는 분이 "그리스도 예수 우리의 주"라고 고백했다(딤전 1:12). 이번 편지에도 동일하게 고백한다(딤후 4:17). 이러한 확신 속에서 바울은 믿음의 아들에게 "그리스도 예수 안에 있는 은혜" 안에서 강하라고 한다. 강함의 종류와 내용이 중요하다. 하나님의 백성을 복음으로 섬기기 위해서는 재력이나 근력이나 정치력이 아니라 경건의 능력이 필요하다. 그러나 우리는 스스로 강하지도 않고 스스로 강해질 수도 없다는 한계를 인지해야 한다. 그래서 바울은 권면할 때에 수동태 명령형 "강해져라"(ἐνδυναμοῦ)를 썼다. 강해지기 위해서는 스스로의 능동적인 힘이 아니라 외부의 수동적인 도움이 필요하다. 이와는 달리 만약 스스로 강해지려 하면 독해진다. 아름다운 강함이 아니라 위협적인 강함이다. 스스로 무서운 표정이나, 차가운 눈빛이나, 막대한 재물이나, 굵은 목소리나, 두꺼운 팔뚝과 같은 도구들로 말미암아 강해지면, 오히려 복음을 심각하게 왜곡할 가능성이 크다. 그래서 강함은 주님에 의해 주어져야 한다. 그런 우리의 강함은 은혜 안에서의 강함이다. 다른 방식으로 강하면 복음에 합당한 삶이 가능하지 않다.

바울은 히브리서 안에서도 동일한 내용을 기록한다. "마음은 은혜로써 굳게 함이 아름답고"(히 13:9). 마음이 강한 사람이 진실로 아름답다. 보이지 않는 마음을 지키는 사람은 성을 빼앗는 용사보다 더 위대하다. 그리고 은혜에 의한 마음의 강함은 더 아름답다. 이처럼 은혜는 인위적인 성형이 불가능한 마음의 얼굴을 아름답게 가꾸는 비결이다. 은혜가 없으면 마음이 아름답지 않으며 아름답지 않은 마음의 강함을 고집이라 한다. 불통의 고집은 복음을 전할 때에도 상대방의 자유로운 선택을 존중하지 않고 강요한다. 이는 복음에 사로잡힌 자 중에 은혜로 마음이 순화되지 않은 사람이 종교의 이름으로 범하는 상습적인 폭력이다. 마음은 고집이 아니라 은혜로 강해져야 한다. 그런데 복음의 진리와 더불어 은혜까지 가득하신 분은 누구인가? 오직 그리스도 예수만이 은혜와 진리가 충만한 분이시다(요 1:14). 그래서 바울은 강함의 출처가 "그리스도 예수 안에 있는 은혜"라고 적시했다. 예수는 바울만이 아니라 우리도 강하게 만드는 분이시다.

성도에게 강함의 비결은 오직 은혜롭고 진실한 예수의 충만이다. 그런데 오직 믿음에 의해서만 우리는 예수로 충만하게 된다. 범사에 그를 생각하고 의식하고 인정하며 전심으로 신뢰하라. 그를 가리켜 기록된 성경을 부지런히 읽고 연구하고 묵상하라. 이렇게 하여 예수로 충만하게 되면 그의 마음을 본받아 온유하고 겸손하게 된다(마 11:29). 그런데 온유와 겸손이 겉으로 보기에는 강함과 무관하다. 그러나 은혜로 만들어진 강함은 온유와 겸손이다. 온유는 땅을 기업으로 받게 하기 때문에 수평적인 강함이고, 겸손은 모든 이름 위에 뛰어나게 높여주기 때문에 수직적인 강함이다. 그런 자의 입에서 나오는 복음은 온유하여 온 땅을 정복하고 지극히 높아서 땅 끝에 있는 시선도 목격하게 된다. 은혜 안에서의 강함은 이처럼 복음을 땅 끝까지 배달하는 기막힌 우체부다.

2그리고 너는 많은 증인들을 통하여 나에게서 들은 바를 신실한 사람들에게,
즉 누구라도 유능하게 되어 타인들을 가르칠 자들에게 부탁하라

두번째로 바울은 복음을 위하여 동역자를 구하라고 권면한다. 이는 바울과 많은 증인들을 통하여 디모데가 받은 가르침을 유능하고 믿을 만한 자들에게 공유하고 그들을 복음 전파의 동역자로 삼으라는 바울의 권면이다. 논의를 더 전개하기 전에 난해한 전치사 "에게서"(παρά)와 "통하여"(διά)에 대한 해명이 필요하다. "에게서"는 디모데가 복음을 들은 들음의 주된

출처가 바울이며, "통하여"는 디모데로 하여금 그 복음을 듣게 한 통로로서 다양한 증인들이 있음을 드러낸다. 만약 두 전치사 사이에 "그리고"(καί)가 있었다면 보다 명료한 표현이 되었을 것이라고 나는 생각한다. 디모데는 다양한 믿음의 선배들을 통해 복음을 들었는데, 그 들음에는 책임이 수반된다. 그 책임은 타인으로 하여금 듣도록 만들어야 한다는 사명이다. 지금 우리가 설교를 듣는다는 것은 전파의 책임이 주어짐을 의미한다. 복음을 더 많은 사람에게 들려주기 위해서는 많은 동역자가 필요하다. 그 동역자의 유일한 조건은 믿음이다. 신실해야 동역이 가능하다.

신실함을 의미하는 헬라어 "피스토스"(πιστός)는 "믿음직한, 충성된, 진실한" 등을 의미한다. 믿음이 없는 사람의 입에서는 아무리 위대한 복음이 나가도 복음의 인간화가 초래되고 그런 왜곡된 복음은 생명력이 없다. 예수님이 가장 신실한 사람으로 오셔서 복음을 우리에게 전달하신 것처럼 우리에게 위탁된 복음도 신실한 인격의 수레를 통해서 배달된다. 하나님은 복음을 고독한 득도의 방식이 아니라 인격에서 인격으로 전달되는 "전도의 미련한" 방식으로 전하신다. 그래서 복음은 기적보다 증인이 더 필요하다. 신실하지 않은 사람들에 의한 복음의 음향적인 발설은 사람들의 귀에 시끄러운 소음에 불과하다. 교회 공무원의 신실함은 사익이 아니라 공익을 추구하는 마음의 성향을 의미한다. 공익으로 사익을 포장하고 숨기는 사람은 신실할 수 없고 거짓과 필히 결탁하게 된다.

그런데 신뢰가 가더라도 복음의 동역자는 두 가지의 자질을 갖추어야 한다. 첫째, 능력을 갖추어야 한다(ἱκανός). 복음을 증거하는 사람은 유능해야 한다. 그러나 그 위대한 복음을 감당할 정도의 유능함을 갖춘 사람이 어디에 있겠는가! 구약을 보면 웃사라는 사람은 언약궤를 손으로 붙들자 즉사했다(대상 13:10). 물론 하나님의 진노 때문이다. 그러나 문제의 근원은 웃사가 언약궤에 합당하지 않는 자였기 때문이고 하나님의 말씀은 인간이 감당할 수 없을 정도로 위대하기 때문이다. 복음을 감당할 자가 아무도 없기 때문에 성령으로 말미암아 주어지는 권능이 모든 사람에게 필요하다.

둘째, 가르쳐야 한다. 가르침은 자신에게 있는 무형의 가치와 의미를 타인에게 나누고 공유하는 능력이다. 그래서 가르침의 상위 범주는 나눔이다. 그러므로 복음을 부탁할 대상은 자신을 복음의 최종 수혜자로 여기지 않고 다른 사람들을 위해 기꺼이 나누고자 하는 자여야만 한다. 세상에는 괜찮은 뭔가를 주면 꿀꺽 삼키고 독식하는 블랙홀 같은 사람들이 많다. 그러나 복음에 합당한 사람은 자신의 배만 불리지 않고 가르침의 방식으로 늘 나누고자 한다. 그리고 가르치기 위해서는 기본적인 이해력과 전달력이 필요하다. 그래서 인문학적 소양을 갖추어야 한다. 합당하고 잘 가르치는 신실한 사람들을 통해 복음의 사명은 성취되기 때문에 바울은 믿음의 아들에게 그런 사람들을 발굴하고 키우라고 한다. 기독교는 지금까지 복음을 가르치는 자들의 계보와 역사를 함께했다.

복음의 동역자를 육성하는 제도적인 장치는 신학교다. 그런데 지금 신학교 지원자가 말라가고 있다. 복음을 전파해야 할 헌신된 사람들의 수가 현저히 줄어들고 있다. 교회의 부패는 현재의 문제이고, 목회자 후보생의 감소는 미래의 문제이다. 신학교가 줄어들고 신학교 지원자가 줄어드는 것은 교회의 미래가 어둡다는 분명한 표증이다. 그러나 하나님은 그런 어둠 속에서도 희망의 불씨를 반드시 남기신다. 비록 신학교의 표정은 어둡지만 모든 성도들이 다양한 교육과 매체의 도움으로 성경을 읽고 해석하는 능력이 현저히 좋아졌다. 성경을 소지하는 것 자체가 불법이던 시대에 모든 성직자와 성도가 성경을 소유하고 읽을 수 있게 된 것이 종교개혁 시대의 쾌거라면, 모든 성도가 조금만 관심을 가져도 얼마든지 성경 해석의 웬만한 능력을 구비할 수 있다는 것은 디지털 시대의 선물이다. 사실 모든 성도는 세상에 대하여 제사장 나라이기 때문에 각자가 성경을 소유하고 읽고 해석하고 적용하는 것이 너무도 당연하다. 목회자의 길을 꺼려하는 분위기 속에서도 그 길을 고집하는 사람들은 분명한 소명을 받았으며 기도와 말씀에 목숨을 걸 사람이다. 비록 목회자의 수는 줄었지만 자질과 영향력에 있어서는 이전보다 훨씬 좋아질 가능성이 높다. 그래서 나는 신학교와 목회자의 감소를 어둡게만 보지 않고 교계의 물갈이와 갱신을 위한 준비로 이해한다.

> ³너는 그리스도 예수의 좋은 군사로서 함께 고난을 받으라
> ⁴군대에서 복무하는 자는 아무도 사생활 관리에 얽매이지 않는데
> 이는 군대를 소집하는 자를 기쁘게 하기 위함이다

바울은 "고난을 받으라"고 한 1장 8절의 언급을 반복한다. 그런데 "군사"(στρατιώτης)라는 단어를 추가한다. 예수님의 시대에 군사는 예수님을 체포하고 조롱하고 가시 면류관을 머리에 씌우고 십자가에 못박고 창으로 그의 옆구리를 찌른 사람이다. 군사는 복음을 괴롭힌 사람의 대명사다. 그러나 바울은 유대인이 식민지 시대를 벗어나지 못하였고 자국의 군대를 소집할 수 없어서 "군사"라는 말이 여전히 부정적인 이미지를 가졌지만 "군사"의 긍정적인 개념에 근거하여 디모데를 예수의 "군사"라고 한다. "군사"라는 말도 마귀를 위하지 않고 예수를 위한다면 "좋은 군사"라는 개념이 가능하다. 이는 예수님 자신이 좋은 군사셨기 때문이다. "군사"라는 아무리 불쾌하고 무서운 단어도 예수를 주인으로 만나면 이렇게 아름답고 설레는 뉘앙스로 거듭난다.

"좋은 군사"의 세속적인 의미는 전투에서 잘 싸워 승리를 거두는 사람이다. 그런데 "그리스도 예수의 좋은 군사"는 특이하다. 그 군사는 혈과 육에 속한 싸움이 아니라 영적인 전쟁에 투입되는 사람이다. 그래서 바울은 승리의 비결로서 "전술을 개발해라" "체력을 단련해라" "싸움의 기술을 익히라"고 말하지 않고 "함께 고난을 받으라"고 한다. 진정한 승리는 적에 대한

물리적인 정복이 아니라 하나님의 나라와 의를 구함에 있기 때문이다. 우리는 늘 질문해야 한다. 왜 싸우는가? 무엇을 위한 싸움인가? 목적을 상실하면 향방 잃은 주먹질로 세월과 에너지를 낭비하기 때문이다. 싸움에서 이겨도 지는 은밀한 속임수의 늪에 빠지기 때문이다.

"함께 고난을 받는다"(συγκακοπαθέω)는 말의 의미도 특이하다. 고난은 대체로 자신의 실수나 연약함 때문에 개개인이 받는 것이라고 사람들은 생각한다. 그러나 바울은 고난을 약자가 짊어져야 하는 불가피한 짐이 아니라 그들을 대신하여 강한 자들이 감당해야 하는 의무라고 한다. 이런 의무는 억지로 감당하는 것이 아니라 인간의 연약함을 인지하고 긍휼히 여기는 마음에서 비롯되는 자발적인 책임이다. 그래서 좋은 군사는 나 자신의 잘못에서 비롯된 고난만이 아니라 공동체의 문제로 발생하는 공적인 고난도 감수하는 사람이다. 이웃의 고난에 대해서도 정서적인 공감을 가지고 그 고난을 공유하는 사람이다. 문제를 지적하고 특정한 사람을 정죄하고 비난의 손가락을 까딱이며 면피하는 사람이 아니라 공동체의 고난을 나의 고난으로 품고 인내하는 사람이다.

바울은 군사가 "삶의 용무들에"(ταῖς τοῦ βίου πραγματείαις) 얽매이지 않는다는 점을 강조한다. 사적으로 지킬 것이 많아지면 사사롭게 약해진다. 그러나 군사는 외부의 공격을 방어하고 치안을 유지하고 국민의 생명을 보존하고 공동체 의식에 투철하며 규칙적인 생활을 하되 개인의 사사로운 판단과 유익과 행동을 자제하는 사람이다. 사적인 삶의 다양한 문제들에 얽매이지 않으려면 삶이 단순해야 한다. 일상의 삶에서 타인과 부딪히는 일이 발생하지 않도록 늘 배려하고 양보하고 용납하며 타인과의 공존을 도모해야 한다. 그리고 나에게만 유익하고 너에게는 유익하지 않은 일에 시간을 소비하지 않도록 하루의 일과를 신중하게 선택하고 조화롭게 배치해야 한다. 그리고 공적인 삶의 목적은 군대를 소집한 자의 기쁨이다. 바울은 복음의 군대를 소집하신 분이 그리스도 예수라고 한다. "좋은 군사"는 그 예수를 기쁘시게 하는 사람이다. 좋은 군사는 사적인 용무에 얽매이지 않는 소극적인 태도를 넘어 군사로 소집하신 예수를 기쁘시게 하는 적극적인 자세에 이르러야 한다.

에베소 교회에 보낸 편지에서, 바울은 함께 고난을 능히 받고 인내하는 좋은 군사의 무장을 소개한다. 그 무장은 하나님의 전신갑주, 즉 진리의 허리띠와 의의 호심경과 평안의 복음이 준비한 군화와 믿음의 방패와 구원의 투구와 성령의 검 곧 하나님의 말씀이다. 이 세상에 복음을 전파하며 하나님의 나라와 의를 구하면 고난을 필히 경험한다. 진리를 전하면 거짓의 핍박이, 정의를 구현하면 불의의 반격이, 사랑을 실천하면 증오의 반발이 일어난다. 이로 말미암는 고난을 이기지 못하면 영적인 전쟁에서 적에게 무릎을 꿇고 투항하게 된다. 고난을 받으며 인내하는 것이 좋은 군사의 자질이고 실력이다. 적들의 위협에 보복을 가하지 않고 함께 고난을 받는 이유는 군대를 소집하신 예수를 기쁘시게 하기 위함이다. 좋은 군사의 모든 전투는 적을 괴롭히고 나를 즐겁게 하는 싸움이 아니라 예수의 기쁨을 위한 것임을 명심해야 한다.

⁵그러나 만약 경기하는 자가 적법하게 경기하지 않으면
승리자의 관을 얻지 못하리라

고난을 인내하며 결코 패배하지 않는 좋은 군사의 자질을 언급한 이후에 바울은 경기하는 자의 기본기를 언급한다. 복음에 합당한 사람은 적에 무릎을 꿇지 않는 것도 중요하나 승리를 하더라도 방식에 있어서 항상 "적법하게"(νομίμως) 경기해야 한다. 불법이 발견되면 우승을 하더라도 무효가 되어 승리자의 면류관을 얻지 못하기 때문이다. 여기에서 "적법"은 선수들 사이의 합의된 규칙보다 경기의 심판이 규정한 보편적인 질서를 의미한다.

즉 하나님 앞에서의 적법이다. 사람들의 눈을 속이는 불법의 근절만이 아니라 보다 엄밀한 하나님의 규정을 따르는 경기자가 되어야 한다는 적법이다. 질서의 하나님은 불법과 무질서를 기뻐하지 않으신다.

여기에는 언급되어 있지 않지만 바울은 고린도 교회에 보내는 편지에서 경주하는 자의 특징 세 가지를 강조한다. 첫째, 한 사람만 상을 받는다는 점을 지적한다(고전 9:24). 이것은 경주하는 모든 사람들 중에서 최고의 절박함과 최고의 기량 발휘가 필요함을 강조한다. 둘째, 올바른 방향으로 질주해야 한다(고전 9:26). 역방향을 질주하면 최고의 속도로 달린다고 할지라도 결승점에 도달하지 못하고 빠른 만큼 더 급하게 더 많이 멀어진다. 결국 경기에서 패배한다. 셋째로 중요한 경기의 규정은 도중에 낙심하며 포기하면 안된다는 사실이다(갈 6:9). 끝까지 완주한 자에게만 승리의 면류관이 주어진다. 복음을 전파하는 자는 규정을 따라 올바른 방향으로 전력으로 끝까지 질주하는 사람이다. 그 질주의 끝에서 얻는 승리의 면류관은 예수의 기쁨이다. 그 기쁨이 경주자의 보상이다.

⁶수고하는 농부가 곡식의 첫 열매를 취하는 것은 마땅하다

바울은 적법성의 구체적인 사례로서 농부에 대해 언급한다. 농부는 땅에 수고의 땀을 흘리는 사람이다. 그가 곡식의 첫열매를 취하는 것은 마땅하다. 칼뱅은 이 구절을 다르게 번역한다. 즉 "농부는 열매를 취하기 전에 먼저 노동해야 한다"(laborare prius agricolam operet quam fructus percipiat)." 이런 번역이 문맥의 흐름에 맞다고 그는 주장한다. 열매는 노동의 결과이기 때문에 농부가 일하지 않으면 열매를 취할 수 없다는 것은 적법의 하나라고 그는 이해한다. 그러나 나는 첫번째 편지에서 바울이 언급한 것으로서 "곡식을 밟아 떠는 소의 입에 망을 씌우지 말라" 및 "일꾼이 그 삯을 받는

것이 마땅하다"(딤전 5:18) 같은 인용문의 의미를 자신의 언어로 표현한 것이라고 이해한다.

이 표현은 소산물의 첫 열매가 땅의 주인이 아니라 땀의 주인에게 먼저 돌아가야 한다는 기독교 경제학의 중요한 원칙을 가르친다. 이 원칙의 중요성을 보존하기 위해 소와 같은 짐승에 대해서도 동일한 원칙을 적용하고 있다. 수고하는 자에게 열매에 대한 기대감이 없다면 노동의 의욕과 능률이 떨어진다. 그것이 모든 종류의 노동에 보편화된 문화라면 한 사회의 동력은 저하되고 기능도 마비된다. 어떠한 분야이든 노동자는 첫 열매를 취하는 것이 당연한 권리일 때에 최고의 기량을 발휘한다. 심은 대로 거두는 정의로운 질서가 존중될 때 의욕이 고무되고 능률이 올라간다. 그리고 노동은 자본과 토지보다 더 소중하다. 자본과 토지는 인간과 분리되어 있지만 노동은 인간과 분리될 수 없기 때문이다. 이는 넓은 부동산과 많은 재물보다 건강이 더 소중한 것과 일반이다. 하나님은 인간에 의해 산출된 결과보다 인간 자체를 더 고귀하게 여기신다. 이러한 의미들이 수고하는 농부가 곡식의 첫 열매 취함의 당위성에 반영되어 있다. 내가 속한 가정이나 회사나 교회나 어떤 공동체는 과연 땀의 주인을 존중하는 곳인가? 땀이 아니라 지위가 열매를 먼저 취하거나 독식하는 공동체는 반드시 부패한다. 겉으로는 성공해도 하나님의 법에 어긋나기 때문에 반드시 몰락한다.

7 너는 내가 말하는 것을 생각하라
이는 주님께서 범사에 너에게 총명을 주실 것이기 때문이다

그리고 바울은 디모데에게 자신의 교훈에 대한 숙고를 권면한다. 타인의 가르침은 귀로 들어오는 교훈이다. 그러나 나에게는 그저 이물질과 같다. 이를 극복하기 위해서는 교훈의 내면화가 필요하다. 생각은 외부의 교

훈을 자신의 것으로 섭취하는 소화의 정신적인 방식이다. 가르침이 타인의 것이라고 인식하는 동안에는 나를 감시하는 차가운 규범에 불과하다. 나는 일종의 강제성과 타율성에 매몰된다. 어떠한 가르침에 대한 반응이 자발성과 자율성을 확보하기 위해서는 그 가르침이 우리의 영혼에 스며들고 나의 소원으로 승화되는 과정이 필요하다. 디모데가 들은 바울의 모든 교훈은 생각을 통하여 디모데의 것으로 전환되기 때문에 바울은 생각을 명령한다. 예수의 좋은 군사가 되는 것이 나의 소원으로 승화되면 모든 훈련의 과정은 고단한 숙제가 아니라 유쾌한 축제의 준비로 여겨진다. 경주하는 것도 억지로 달리지 않고 마음의 자발적인 소원이 발을 움직인다. 농부가 수고하는 것도 강요된 노동이 아니라 즐거운 운동으로 간주된다. 생각으로 인해 우리의 인생이 달라진다. 하루의 24시간을 억지로 살아가지 않고 설렘과 즐거움 속에서 살아가게 된다.

지식이 생각을 통해 깨달음이 되고 그것이 마음의 소원을 일으키기 위해서는 주님의 총명이 필요하다. 주님의 총명이 주어지지 않으면 마음으로 생각해도 깨닫지 못한다고 바울은 강조한다. 하나님의 깊은 것도 통달한 성령의 내적인 가르침이 필요하다. 바울은 디모데가 자신의 말을 생각할 때에 주님께서 그에게 "총명"(σύνεσις)을 주신다고 가르친다. 언어의 겉이 아니라 속을 꿰뚫어 보는 것을 가능하게 하는 것이 주님의 총명이다. 이 총명에 의해 생각은 지식을 마음의 양식으로 바꾸고 소원을 잉태하고 거기에 영양소를 공급한다. 바울은 주님께서 당신의 총명을 "범사에"(ἐν πᾶσιν) 주신다고 확신한다. 이는 디모데가 바울의 말만이 아니라 어떠한 것을 생각할 때에도 주님께서 베푸시는 총명으로 말미암아 올바르게 이해하고 소원으로 승화시킬 수 있음을 의미한다.

여기에서 우리는 아무리 귀한 진리를 들었다고 할지라도 지식에 머물지 말고 소원까지 이르러야 함을 깨닫는다. 예수의 좋은 군사가 되는 것, 적법하게 경주하는 선수가 되는 것, 수고의 땀을 흘려야 소산물의 첫 열매를 취하는 것이 우리 편에서의 생각과 주님 편에서의 총명으로 소원의 차원까지 이르지 않으면 무거운 숙제처럼 느껴져 성도의 삶은 고단하다. 그러나 이것이 내면의 질서가 되고 삶의 상식과 일상으로 승화되면 그 모든 교훈들은 꿀처럼 달콤하다. 이를 위해서는 주님의 총명이 필요함을 또한 확인한다. 그리고 사물의 본질을 깨달았을 경우, 이는 자신의 뛰어난 지능 때문이 아니라 주님의 은혜로 말미암은 것임을 알고 그에게 감사해야 한다. 우리의 마음에 선한 소원이 있다면 주님께서 두셨다는 바울의 교훈을 기억해야 한다(빌 2:13). 바울은 지금까지 말한 것만이 아니라 앞으로 말할 것들도 생각할 것을 권고한다.

딤후 2:8-13

⁸내가 전한 복음대로 다윗의 씨로 죽은 자 가운데서 다시 살아나신 예수 그리스도를 기억하라 ⁹복음으로 말미암아 내가 죄인과 같이 매이는 데까지 고난을 받았으나 하나님의 말씀은 매이지 아니하니라 ¹⁰그러므로 내가 택함 받은 자들을 위하여 모든 것을 참음은 그들도 그리스도 예수 안에 있는 구원을 영원한 영광과 함께 받게 하려 함이라 ¹¹미쁘다 이 말이여 우리가 주와 함께 죽었으면 또한 함께 살 것이요 ¹²참으면 또한 함께 왕 노릇 할 것이요 우리가 주를 부인하면 주도 우리를 부인하실 것이라 ¹³우리는 미쁨이 없을지라도 주는 항상 미쁘시니 자기를 부인하실 수 없으시리라

❖ ❖ ❖

⁸나의 복음을 따라 다윗의 씨에서 나신, 죽은 자들 가운데서 일어나신 예수 그리스도를 기억하라 ⁹그 [복음] 안에서 나는 죄인처럼 결박되는 정도까지 고난을 받았지만 하나님의 말씀은 얽매이지 않는다 ¹⁰그러므로 내가 선택된 자들을 위하여 이 모든 것을 인내함은 그들로 하여금 그리스도 예수 안에 있는 구원을 영원한 영광과 더불어 받게 하기 위함이다 ¹¹미쁘다 이 말이여 만약 우리가 [주와] 함께 죽었으면 또한 우리가 [그와] 함께 살리라 ¹²만약 우리가 인내하면 또한 우리가 [그와] 함께 왕 노릇할 것이고 만약 우리가 [그를] 부인하면 그도 우리를 부인하실 것이다 ¹³비록 우리는 신실하지 못하여도 그는 항상 미쁘셔서 자신을 부인하실 수 없으시다

5 나의 복음

8나의 복음을 따라 다윗의 씨에서 나신,

죽은 자들 가운데서 일어나신 예수 그리스도를 기억하라

바울은 "나의 복음"에 따른 그리스도 예수에 대한 기억을 믿음의 아들에게 권고한다. 무언가를 기억하는 것(μνημονεύω)은 그것을 마음에 보존하고 오래 인정하는 방식이다. 그렇게 마음에 보존하고 오래 인정할 가치가 있는 것은 기억해야 한다. 무언가를 기억하면 기억하는 그것에 의해 우리의 의식과 삶은 어딘가로 휘어진다. 좋은 기억은 우리에게 행복하고 즐거운 삶을 주지만 나쁜 기억은 우리의 삶을 불쾌하고 우울하게 한다. 전자는 기억함이 좋고 후자는 망각함이 좋다. 기억은 그 자체로 어떤 가치인 것이 아니라 기억의 내용에 의해 그 가치가 좌우되기 때문이다.

바울이 권하는 기억의 내용은 복음이다. 바울은 로마서의 경우와 동일하게(롬 1:2-4) 그리스도 예수를 "나의 복음"(τὸ εὐαγγέλιόν μου)으로 이해한다. 이는 바울이 복음의 고안자나 주인임을 의미하지 않고, 바울이 예수의 복음을 자신의 것으로 수용한 복음이고, 그가 전파하는 복음이고, 이 복음에 대한 그의 강력한 확신을 드러내는 표현이다(롬 2:16, 16:25 참조). 자신을 중심으로 복음을 왜곡하고 악용하는 것은 분명히 잘못이다. 그러나 복음을 자신의 것으로 수용하여 인생의 규범과 질서와 목적으로 삼는 것은 지극히 합당하다. 예수님은 복음이신 자신에 대하여 "사람들이 인자를 누구라 하느냐"(마 16:13)를 질문하신 이후에 "너희는 나를 누구라 하느냐"(마 16:15)는 더 중요한 질문을 제자들 각자에게 던지셨다. 이 질문은 예수에 대한 사람들의 견해를 인용하는 것이나 종합하고 요약하는 것이 아니라 각자가 예수에 대한 자신의 진실한 믿음을 고백하게 하는 질문이다. 예수님이 원하시는 것은 사람들의 고백이 아니라 나의 고백이며, 남의 복음이 아니라 나의 복음이다. 예수에 대한 자신의 이해를 "나의 복음"으로 고백한 바울은 예수님의 그런 소원에 부합한 사람이다.

바울이 자신의 복음으로 고백한 내용이며 디모데를 향해 권한 기억의 내용은 "그리스도 예수"이다. 바울에게 예수는 인생의 질서이고 인생의 의미이고 인생의 목적이다. 바울은 예수에 의해 자신의 존재와 인생이 좌우되길 원하였다. 그래서 일평생 그분만 알기로 작정했다. 그분을 얻기 위해서는 자신의 모든 것, 심지어 유익한 것조차도 귀한 것으로 여기지 않고 오히려 해롭고 더러운 배설물로 간주했고 그분 안에서만 발견되는 존재이고 싶어했다. 예수는 기억할 가치가 있는, 우리의 존재와 인생이 지극히 큰 영향을 받아 휘어져도 괜찮은 최고의 대상이다.

바울은 그 예수가 "다윗의 씨에서 나신" 것과 "죽은 자들 가운데서 일어나신" 분이라는 사실을 강조한다. 로마서의 서두에 기록된 것처럼(롬 1:3-4), "다윗의 씨에서 나신" 것은 예수의 인성을 나타내고 "죽은 자들 가운데서 일어나신" 것은 그의 신성을 나타낸다. 예수의 인성은 고난과 연결되고 예수의 신성은 영광과 연결된다. 바울은 인간의 육신으로 오신 예수님의 겸손과 고난, 그리고 죽음도 결박할 수 없는 초월적인 절대자의 위엄과 영광을 동시에 기억해야 한다고 주장한다. 예수를 어떻게 기억하고 있느냐가 성도의 삶을 좌우하기 때문이다. 예수의 이중적인 발자취를 따라가는 우리는 그의 고난과 영광을 모두 존중하며 살아가야 한다. 예수의 겸손과 고난만 주목하면 절망에 빠지기 쉽고 예수의 위엄과 영광만 주목하면 자칫 교만하기 쉽다. 그런데도 어떤 사람들이 예수의 인성을 부정하고 신성만 인정한다. 또 다른 사람들은 예수의 신성만 인정하고 인성을 부정한다. 기독교 역사에서 이 두 종류의 교리적인 오류를 교정하는 데에 수백 년의 세월이 필요했다. 예수의 겸손과 위엄, 고난과 영광을 동시에 존중하면 우리의 인생도 달라진다. 모든 이름 위에 뛰어난 위엄과 영광을 가진 하나님의 자녀라는 정체성을 가졌지만 죽기 위하여 이 땅에 오신 것처럼 우리도 낮은 곳으로 겸손히 내려간다. 주님처럼 우리도 죽기까지 한다.

9그 [복음] 안에서 나는 죄인처럼 결박되는 정도까지 고난을 받았지만
하나님의 말씀은 얽매이지 않는다

바울은 복음 안에서 모든 것에 자유로운 자였으나 "죄인처럼 결박되는 정도까지 고난을" 당하였다. 이것은 복음을 싫어하고 투옥하고 결박하고 싶은 세상의 욕망이 투사된 일이었다. 사회적인 기준을 따라서는 결코 죄인이 아니지만 복음을 전하였기 때문에 그는 죄인으로 여겨졌다. 쇠사슬로 결박까지 당하였다. 주님께 불평과 원망이 나오기에 충분한 상황이다. 그런데도 바울의 관심은 하나님의 말씀이 얽매이지 않는다는 사실에 잔뜩 기울어져 있다. 말씀을 의식하고 말씀을 걱정한다. 말씀이 매이지 않아서 안도한다. 자신의 목숨 따위는 안중에도 없다. 그 이유는 무엇일까?

첫째, 자신이야 살든지 죽든지 주님의 이름만 기념되고 주님의 영광만 나타나면 된다는 그의 인생관 때문이다. 대부분의 사람들은 예수를 믿고

부지런히 복음을 전파하면 높아지고 형통하고 풍요롭게 될 것이라고 기대한다. 그런 기대가 무너지면 신앙도 무너지고 복음도 버리고 하나님도 배신한다. 그러나 바울은 자신의 목숨이 끊어진다 하더라도 복음의 전파만은 제한되지 말아야 한다고 생각한다. 이는 복음의 전파가 자신의 생명보다 앞선다는 우선순위 때문이다. 이는 자신의 형편과 무관하게 복음을 위해 태어나고 살아가는 사람의 전형적인 모습이다. 이런 모습은 복음이 자신의 목숨보다 더 고귀함을 깨달은 자에게만 나타난다. 복음을 아는 지식의 분량이 인생의 기준이다.

둘째, 하나님의 말씀이 매이지 않기 때문에 복음을 전파하는 자도 얽매일 수 없다는 확신 때문이다. 어두운 시대에 진리의 빛을 전파하면 어둠의 저항이 거센 파도처럼 일어난다. 그래서 많은 사람들이 진리에 대해 침묵한다. 그런 침묵의 방식으로 그들은 은밀하게 얽매인다. 바울은 복음을 발설하지 못하는 입의 이러한 결박보다 몸의 결박을 선택했다. 그러나 몸의 결박도 해제된다. 진리를 증거하면 잠시 몸의 억압은 당하지만 무엇에 의해서도 얽매이지 않는 진리의 속성 때문에 진리의 증거자도 얽매였던 것에서 풀려난다. 바울은 그런 복음의 능력을 신뢰했다. 우리가 복음을 전하고자 하면 주님은 우리에게 땅끝까지 누비는 평화의 신발을 신기신다. 그 신발은 잠긴 감옥의 문턱을 넘기도 하고 얼어 붙은 국경선도 가뿐히 넘어간다. 원수라는 감정적인 저지선도 뚫고 지나간다. 이것이 바로 우리를 자유롭게 하는 진리의 위력이다.

[10]그러므로 내가 선택된 자들을 위하여 이 모든 것을 인내함은 그들로 하여금 그리스도 예수 안에 있는 구원을 영원한 영광과 더불어 받게 하기 위함이다

바울은 지금 감옥에 죄인처럼 결박되어 있다. 이러한 상황을 그는 인내

한다. "참는다"(ὑπομένω)는 동사는 "어떠한 상태 아래에 머물다"는 것을 의미한다. 바울은 투옥된 죄수의 고통 아래에 머물러 있겠다고 한다. 사람은 고난 속에서도 버틸 가치가 있을 때에 인내한다. 바울이 고난을 인내하는 이유는 무엇인가? 자신을 위함이 아니었다. "선택된 자들을 위한" 것이었다. 이들은 아직 예수를 영접하지 않고 구원에 이르지는 않았지만 하나님의 택하심을 받은 그의 백성을 가리킨다. 이는 교회나 하나님 나라의 다른 표현이다. 그는 하나님의 나라와 의를 위하여 감옥에서 죄수로 일평생 썩을 각오까지 했다. 바울은 선택된 자들이 어떻게 되기를 바라는가? 그 구체적인 내용은 그리스도 안에서 구원과 영원한 영광이 그들에게 주어지는 것이었다. 타인의 구원과 영원한 영광을 자신이 고난에서 벗어나는 것보다 더 소중하게 생각한 사람이 바울이다. 고난과 영광은 기독교적 삶의 단짝이다. 그런데 바울의 경우에는 고난을 받은 이후에 자신이 영광을 누리는 것이 아니라 타인이 영광의 수혜자가 된다는 점이 특이하다.

이처럼 사망은 자신에게 역사하고 생명은 타인에게 역사하는 것이 예수님의 삶이었고 바울의 삶이었다. 하나님의 택하심을 받은 사람들이 구원과 영원한 영광을 받는 과정에서 주님의 종들이 고난을 받고 인내하는 희생을 감수해야 한다. 희생할 때에 바울의 태도는 어떠한가? 그는 비록 결박된 죄수의 몸이지만 그 고난을 억지로 인내하지 않고 기뻐한다. 골로새 교회에 보낸 편지에서 그런 기쁨을 내색했다. "나는 이제 너희를 위하여 받는 괴로움을 기뻐하고 그리스도의 남은 고난을 그의 몸된 교회를 위하여 내 육체에 채우노라"(골 1:24). 괴로움 자체는 기쁨과 무관하다. 그러나 타인의 구원과 영원한 영광을 위한 것이라면 괴로움도 기쁨의 대상으로 간주한다. 타인의 유익에서 오는 기쁨이 괴로움의 크기를 능가하기 때문이다. 이는 타인을 자기보다 더 사랑하지 않으면 가능하지 않다. 바울은 다른 세계의 다른 기준으로 사는 사람이다.

11미쁘다 이 말이여 만약 우리가 [주와] 함께 죽었으면
또한 우리가 [그와] 함께 살리라

　바울이 딴 세상의 시민처럼 살아간 이유는 죽음과 삶의 원리 때문이다. 우리의 구원과 영원한 영광을 위하여 죽으신 주님과 함께 우리가 죽으면 부활하신 그분과 함께 우리도 살아난다. 로마서는 이것을 보다 분명하게 증거한다. "만일 우리가 그의 죽으심과 같은 모양으로 연합한 자가 되었으면 또한 그의 부활과 같은 모양으로 연합한 자도 되리라"(롬 6:5). 우리가 그리스도 안에서 죽으면 반드시 살지만, 죽지 않으면 그리스도 안에서의 삶도 없음을 의미한다. 모든 사람은 매 순간 삶과 죽음 중의 하나를 선택해야 한다. 성경은 한 사람이 두 주인을 섬기지 못한다고 가르친다(마 6:24). 하나님을 섬길 것인지 자신을 섬길 것인지, 타인을 섬길 것인지 자신을 섬길 것인지를 결정해야 한다. 하나님과 이웃을 섬기기 위해서는 필히 죽음을 선택해야 한다. 그러나 대부분의 사람들은 당연히 죽지 않으려고 한다. 이는 칼뱅이 진단한 것처럼 세상의 보편적인 지혜와 상충되는 원리이기 때문이다. 그래서 죽음이 삶의 역설적인 전제라는 사실을 믿지 않기 때문이다. 바울은 죽음과 삶의 원리를 "믿음직한"(πιστὸς) 말이라고 한다. 인생의 질서로 삼아도 될 정도로 확실한 것이지만 믿음이 없으면 받아들일 수 없는 원리임을 의미한다. 이것이 인생의 필연적인 원리인 이유는 인간이 죄인이기 때문이고 본성이 부패했기 때문이다. 죽지 않으면 죄인으로 살아가고 시체처럼 부패한 삶을 살아간다. 살고자 하면 그런 식으로 죽는다는 말은 사실이다. 이런 사실을 사실로 증명하는 책임은 우리에게 있다. 이는 우리가 이러한 사실을 유일하게 구현하신 예수의 증인으로 부르심을 받았기 때문이다.

¹²만약 우리가 인내하면 또한 우리가 [그와] 함께 왕 노릇할 것이고
만약 우리가 [그를] 부인하면 그도 우리를 부인하실 것이다

죽음과 삶의 원리를 설명한 이후에 바울은 인내와 왕 노릇의 원리를 언급한다. 우리가 복음과 함께 당하는 고난을 참아내면 주님과 함께하는 왕 노릇이 보장된다. 이처럼 고난을 참으면 타인이 구원과 영원한 생명을 받게 되는 것만이 아니라 자신의 인생에도 유익하다. 그 유익은 왕 노릇이다. 사람들 사이에서 다스리는 것이 아니라 주님과 함께하는 왕 노릇이다. 이러한 왕노릇은 공격하고 정복하고 지배하는 군림과는 무관하다. 예수님의 왕 노릇은 섬김을 받으려는 것이 아니라 백성을 위하여 자신의 생명까지 희생하는 섬김이다(마 20:28). 그리고 예수님의 왕 노릇은 자신을 낮추는 겸손이다. 죽기까지 자신을 낮추신 예수님은 "모든 이름 위에 뛰어난 이름"에 이르셨고 "모든 무릎이 예수의 이름" 앞에 꿇고 "모든 입으로" 그리스도 예수를 "주인"이라 시인한다(빌 2:11). 이처럼 섬김과 겸손의 왕 노릇은 왕의 신분이 표출되는 방식이고 왕의 증명이다. 이것이 바로 우리가 누릴 왕 노릇이다. 그럼에도 불구하고 적잖은 성도들이 세속적인 왕 노릇을 기대하니, 안타깝다.

이와는 달리, 바울은 만약 고난 속에서 인내하지 않고 예수를 부인하면 그분도 우리를 부인하실 것이라고 한다. 이것은 예수님의 교훈을 그대로 옮긴 내용이다. "사람 앞에서 나를 부인하는 자는 하나님의 사자들 앞에서 부인을 당하리라"(눅 12:9). 마태는 "나도 하늘에 계신 내 아버지 앞에서 그를 부인"하실 것이라고 기록한다(마 10:33). 대부분의 성도들은 하나님과 천사들 앞에서 예수를 얼마든지 인정한다. 그러나 사람 앞에서는 혹시 당하게 될지 모르는 불이익이 두려워 예수를 부인한다. 실제로 세상은 예수님의 말처럼 그를 미워하기 때문에 우리가 그를 따르면 우리도 미워한다(요 15:19). 이러한 미움의 불이익을 감수해야 예수를 사람 앞에서 인정한다. 예

수님은 우리가 하나님과 천사들 앞에서가 아니라 사람 앞에서 그를 부인하지 않기를 원하신다. 만약 부인하면 인간보다 더 높은 권위와 존재, 즉 아버지 하나님과 천사들 앞에서 예수님에 의해 부인을 당할 것이라고 한다. 그러므로 우리는 다양한 미움의 고난을 인내하며 예수를 인정해야 한다. 이 대목에서 사람들은 불안하다. 세상의 싸늘한 미움 앞에서 두렵지 않은 사람이 아무도 없기 때문이다.

13비록 우리는 신실하지 못하여도
그는 항상 미쁘셔서 자신을 부인하실 수 없으시다

두려움에 떠는 우리에게 바울은 희망을 언급한다. 우리는 비록 신실하지 못하여 예수님을 배신할 수 있지만 주님은 항상 미쁘시다. 이것이 희망이다. 어떠한 상황 속에서도, 어떠한 사태가 일어나도, 죽음의 칼이 우리의 목숨을 노려보고 있더라도 주님은 여전히 우리 모두에게 궁극적인 신뢰의 대상이다. 자신을 부인하실 수 없으시기 때문에 그는 우리의 창조자, 구원자, 통치자, 인도자의 정체성을 세상 끝날까지 지키신다. 우리가 비록 인내하지 못하고 그분을 부인해도 그는 우리를 절대 포기하지 않으신다. 이처럼 바울은 인간의 신실하지 못함과 주님의 신실함을 뚜렷하게 대조한다. 이 대조는 성경 전체의 요약이고 인류 역사의 요약이다.

에덴에서 하나님은 인간에게 최고의 행복을 주셨지만 하나님을 버리고 마귀를 택하였다. 그럼에도 불구하고 하나님은 그런 인간의 신실하지 못함에 상응하는 반응을 하지 않으시고 여인의 자손에 대한 예언을 남기셨다. 여전히 인간은 죄악으로 온 세상을 뒤덮었다. 그래서 심판의 홍수가 온 세상을 뒤덮었다. 그럼에도 불구하고 하나님은 방주에 인류의 씨앗을 남기셨다. 하지만 또 다시 인간은 시날 평지에서 하늘에 닿을 자만의 탑을 축조하

며 하나님께 도전장을 내밀었다. 이에 하나님은 언어와 사람을 흩으셨다. 그러나 신실하신 그분은 믿음의 조상을 택하시고 부르셨고 그로 말미암아 모든 족속이 복을 받게 만드셨다. 이러한 패턴은 성경에서 계속 반복된다. 급기야 하나님은 성경 전체의 주제이신 독생자 예수를 이 땅에 보내셨다. 그러나 인간은 신구약 전체를 아우르는 언약의 예수를 십자가 위에서 처형했다. 이렇게 하나님의 신실함과 인간의 신실하지 않음이 마치 역사의 수레바퀴 같이 평행선을 그리며 지금까지 이어지고 있다. 주님의 변하지 않으시는 신실함 때문에 우리가 신실하지 않더라도 전혀 문제되지 않을 것이라고 안주하는 것은 심각한 오판이다.

딤후 2:14-19

¹⁴너는 그들로 이 일을 기억하게 하여 말다툼을 하지 말라고 하나님 앞에서 엄히 명하라 이는 유익이 하나도 없고 도리어 듣는 자들을 망하게 함이라 ¹⁵너는 진리의 말씀을 옳게 분별하며 부끄러울 것이 없는 일꾼으로 인정된 자로 자신을 하나님 앞에 드리기를 힘쓰라 ¹⁶망령되고 헛된 말을 버리라 그들은 경건하지 아니함에 점점 나아가나니 ¹⁷그들의 말은 악성 종양이 퍼져나감과 같은데 그 중에 후메내오와 빌레도가 있느니라 ¹⁸진리에 관하여는 그들이 그릇되었도다 부활이 이미 지나갔다 함으로 어떤 사람들의 믿음을 무너뜨리느니라 ¹⁹그러나 하나님의 견고한 터는 섰으니 인침이 있어 일렀으되 주께서 자기 백성을 아신다 하며 또 주의 이름을 부르는 자마다 불의에서 떠날지어다 하였느니라

❖ ❖ ❖

¹⁴너는 [그들에게] 이것들을 깨우치라, 유익하지 않은 것과 듣는 자들의 멸망에 [이르는] 말다툼을 하지 말라고 주 앞에서 엄중히 요청하며! ¹⁵너는 부끄러울 것이 없고 진리의 말씀을 올바르게 분별하는 일꾼으로 자신을 하나님께 드리기를 서둘러라 ¹⁶불경건한 공론을 피하라 이는 그것이 많은 [사람들을] 경건하지 않음으로 몰아가기 때문이다 ¹⁷그들의 말은 악성 종양처럼 증대된다 그들 중에는 후메내오와 빌레도가 있다 ¹⁸그들은 부활이 이미 지나간 것이라고 말하므로 진리에 관하여는 탈선했고 어떤 [사람들]의 신앙을 허물었다 ¹⁹그러나 하나님의 견고한 터는 섰고 이러한 날인을 가졌는데 즉 "주께서 자기에게 속한 자들을 아신다" 그리고 "주의 이름을 부르는 모든 자는 불의에서 떠나라"고 했다

6   하나님의 인정된 일꾼

14너는 [그들에게] 이것들을 깨우치라, 유익하지 않은 것과
듣는 자들의 멸망에 [이르는] 말다툼을 하지 말라고 주 앞에서 엄중히 요청하며!

바울은 디모데가 그의 동료들을 깨우쳐야 한다고 가르친다. 혼자만 고난 속에서 인내하는 것이 아니라 모두가 함께 인내하며 함께 왕 노릇하고 함께 이웃의 구원과 영원한 생명을 위해 자신은 부인하고 주님은 인정할 수 있도록 그들의 공동체 의식을 고취해야 한다. 여기에 바울은 말다툼을 금하라는 요청도 곁들인다. 말다툼을 금하는 이유는 그것이 초래하는 두 가지의 부정적인 결과 때문이다. 첫째, 유익하지 않은 결과를 초래한다. 다툼의 문맥에서 쏟아낸 언어는 어떠한 생산력도 없어서 그냥 공중으로 흩어진다. 바울은 디도에게 어리석은 논쟁과 더불어 "족보 이야기와 분쟁과 율법에 대한 다툼"도 피하라고 한다. 이는 "무익한 것이요 헛된 것"이기 때문이다(딛 3:9). 우리도 바울의 교훈을 따라 구약에 대한 해석의 차이 때문에 다투는 일이 없도록 주의해야 하고 삶으로 해석의 옳음을 증명해야 한다.

삶으로 진위가 가려지지 않는 논쟁은 공허한 결말에 도달하기 때문이다.

둘째, 듣는 자들의 멸망을 초래한다. 말다툼의 무익과 허무보다 더 심각한 결과는 듣는 자들의 멸망이다. 말로 다투는 것(λογομαχεῖν)은 말로써 서로의 옳고그름 혹은 시시비비 따지는 것을 의미한다. 칼은 살을 베지만 말은 마음을 베기 때문에 말다툼이 남긴 상처는 칼의 상처보다 깊다. 욥과 세 친구들의 대화가 그런 말다툼에 해당된다. 그들의 대화는 시간이 흐를수록 말의 꼬리를 물고 늘어지는 일이 반복되고 다툼의 온도는 점점 올라간다. 그들의 말다툼은 단순한 의견차를 넘어 서로의 인격과 삶까지 폄하하고 공격한다. 하나님의 영광이 아니라 자신의 옳음을 증명하기 위해 각자의 모든 신학적인 역량을 동원한다. 인생의 명운이 달린 것처럼 서로에게 지지 않으려는 욕망 때문에 싸움은 더욱 격해진다. 결국 위로는 아픔으로 변질되고 친구의 관계는 깨어지고 원수의 관계로 접어든다. 그리고는 상대방을 비방하고 정죄한다. 하나님은 그들 모두를 책망하되 세 친구보다 욥이 더 낫다고 평하셨다.

15너는 부끄러울 것이 없고 진리의 말씀을 올바르게 분별하는 일꾼으로
자신을 하나님께 드리기를 서둘러라

바울은 믿음의 아들에게 말다툼을 금하는 소극적인 태도에 안주하지 말고 좋은 일꾼이 되어 자신을 하나님께 드리라고 주문한다. 자신을 하나님께 드리는 것은 너무도 귀한 경건이다. 하나님께 어떤 복을 받는 것보다 나 자신을 하나님께 드려 그의 것이 되는 것은 더 경건하고 더 아름답다. 그런데 자신을 그의 일꾼(ἐργάτης)으로 드리는 것은 더더욱 귀한 경건이다. 사실 대부분의 성도는 하나님의 자녀로서 복을 받으며 누리는 것을 선호한다. 그러나 바울은 자신을 "교회의 일꾼"(골 1:25)으로 인식한다. 그는 자신

의 복을 챙기는 자가 아니라 교회의 유익을 위하는 일꾼이다. 다른 곳에서는 "의의 무기로 하나님께 드리라"고 한다(롬 6:13). 이는 사람의 불의에 저항하고 하나님의 의를 이루는 도구로서 자신을 드리라는 권면이다. 교회에서 짐이 되지 않고 하나님의 나라와 의를 위하여 수고하고 땀 흘리는 일꾼이 되는 것은 예수를 더 닮은 모습이다. 이는 "내 아버지께서 이제까지 일하시니 나도 일한다"(요 5:17)는 말씀처럼, 아버지 하나님도 일꾼이고 예수도 일꾼이기 때문이다.

나아가 자신을 어떠한 일꾼으로 드릴 것이냐의 문제는 더 중요하다. 로마교회 성도들을 향해 바울은 "너희 몸을 하나님이 기뻐하시는 거룩한 산 제물로 드리라"고 명하였다(롬 12:1). 디모데를 향해서는 "부끄러울 것이 없고 진리의 말씀을 올바르게 분별하는 일꾼으로 자신을" 드리라고 한다. 먼저 "부끄러울 것이 없다"는 말은 "수치심을 일으키는 원인을 가지고 있지 않는다"를 의미한다. 수치심의 원조인 아담과 하와를 보면 죄가 모든 수치심의 원흉이다. 그들은 서로에게 전혀 부끄럽지 않았다가 죄를 지은 이후에 부끄러운 감정에 사로잡혀 무화과 나뭇잎 치마로 치부를 가렸으며 하나님의 앞에서도 자신을 숨겨야만 했다. 수치심은 사람들의 시선을 가리고 자신을 감추는 방식으로 해결되지 않고 수치심의 원인 즉 죄를 제거할 때에 제거된다. 죄는 하나님 앞에서의 죄를 의미한다. 그러므로 자신의 죄를 회개하는 것은 수치심을 제거하는 최고의 비법이다. 흠이 없는 사람이 어디에 있겠는가! 잘못을 저질러도 그것을 반복하지 않고 돌이키면 그는 좋은 일꾼이다.

그리고 좋은 일꾼은 "진리의 말씀을 올바르게 분별"해야 한다. "올바르게 분별하다"(ὀρθοτομέω)는 헬라어를 직역하면 "반듯하게 자르다"로 번역된다. 이것은 성경에서 한번만 사용된 단어이기 때문에 정확한 의미를 파악하는 것이 어렵다. 이 단어의 의미에 대해 칼뱅은 듣는 자들에게 유익이 되도록 하나님의 말씀을 지혜롭게 분배하는 것이라고 해석한다. 이러한 해석에 의하면, 연약한 자에게는 부드러운 말씀을 배분하고 장성한 자에게는 단단한 말씀을 배분하는 것이 곧 말씀의 분별이다. 예수님의 표현을 빌리자면, 이는 "충성되고 지혜 있는 종이 되어 주인에게 그 집 사람들을 맡아 때를 따라 양식을 나눠 줄 자"가 되는 것을 의미한다(마 24:45). 나아가 성경을 해석할 때에 어디까지 하나의 덩어리로 여기고 어디까지 끊어서 해석할 것인지를 현명하게 판단하는 것도 말씀의 분별이다. 그리고 무엇이 영원히 변하지 않는 진리이고 무엇이 변동적인 것인지를 예리하게 구분하는 것도 말씀의 분별이다. 일시적인 것을 영원한 진리인 것처럼 여기거나, 영원한 진리를 잠시 있다가 사라지는 안개인 것처럼 오석하는 사람, 혹은 고의로 왜곡하는 사람은 하나님의 좋은 일꾼이 아니라 진리를 혼탁하게 하는 사람이다. 이처럼 자신을 좋은 일꾼으로 하나님께 드리기 위해서는 부끄럽지 않은 상태를 유지하고 진리의 말씀을 올바르게 분별하는 준비가 필요하다. 말씀의 분별은 지적인 측면만이 아니라 실천적인 측면도 중요하다. 말씀의 선을 넘어가지 않는 삶을 산다는 것은 말씀의 올바르고 실천적인 분별이다. 머리로는 말씀을 알지만 행하지 않아야 할 것을 행하고 행해야 할 것을 행하지 않는 무분별에 빠진 사람은 좋은 일꾼의 자격을 상실한다.

¹⁶불경건한 공론을 피하라
이는 그것이 많은 [사람들을] 경건하지 않음으로 몰아가기 때문이다

나아가 바울은 "불경건한 공론(空論)을 피하라"고 권고한다. 이것은 첫 번째 편지에서 다루었던 내용의 반복이다(딤전 6:20). 그런데 여기에는 이런 권고의 이유도 언급되어 있다. 그 이유는 불경건한 공론이 사람들로 하여금 경건하지 못하게 만들기 때문이다. 여기에서 두 가지의 의미를 생각하고 싶다. 첫째, 대화의 목적이다. 사람들은 자신의 실력을 드러내고 옳음

을 주장하고 이득을 취하기 위해 타인과의 대화를 시도한다. 그러면 대화의 말끝마다 불순하고 계산된 의도가 매달린다. 결국 대화는 인격적인 교류가 아니라 사무적인 거래로 전락한다. 대화가 끝나면 피곤하다. 그러나 바울은 대화가 타인의 경건에 해로움이 아니라 유익을 주어야 한다고 강조한다. 그런 유익은 인격적인 대화에 의해서만 가능하다. 마음과 마음의 살갗, 인격과 인격의 피부가 닿아서 그런 대화의 끝에는 괜히 마음이 설레고 흐뭇하고 가뿐하고 유쾌하다. 그래서 대화의 끝자락에 자신도 모르게 미소를 서둘러서 건다. 하지만 경건에 유익하지 않은 모든 대화는 서로에게 해롭고 공허하다.

둘째, 대화의 영향이다. 불경건한 대화는 대화의 당사자 모두를 불경건의 늪으로 인도한다. "경건하지 않다"(βέβηλος)는 단어는 존재의 가장 깊은 곳의 상태 즉 종교성과 관계된 낱말이다. 불경건한 대화의 끝은 경건하지 않음이다. 대화는 서로의 언어를 섞는 것만이 아니라 그 언어의 그릇에 담긴 마음의 혼합이 일어나기 때문에 각자의 인격과 신앙에 미치는 대화의 영향력은 막대하다. 그래서 우리는 누구와 대화할 것인지, 어떤 대화를 나눌 것인지, 어떠한 단어와 표현을 쓸 것인지에 대해 신중해야 한다. 여호와가 악인을 멀리하신 것처럼 우리도 악인을 멀리해야 한다(잠 15:29). 이것은 우리가 악한 원수와는 대화도 하지 말아야 한다는 의미일까? 아니다. 우리는 성경의 가르침을 따라 원수도 사랑해야 한다. 그러나 나는 원수의 불경건과 악함에 영향을 받지 않을 정도로 우리의 경건과 선함이 더 커야 한다고 생각한다. 원수의 불경건에 압도될 정도로 허약한 경건의 소유자는 주님의 무한한 거룩하심으로 무장하면 된다. 그러니 악한 원수와도 대화하라. 그러나 자신에게 있는 경건의 크기 이상의 원수는 경계하라. 원수를 사랑하라는 계명의 순종도 우리가 경건한 만큼 가능하다. 그러므로 모든 수준의 원수와 대화해도 될 만큼 경건의 분량을 증대하라.

17그들의 말은 악성 종양처럼 증대된다 그들 중에는 후메내오와 빌레도가 있다

발 없는 말이 천 리를 간다는 말은 역사의 교훈이다. 진리의 말씀과 대조되는 것으로서 공허하고 불경건한 자들의 말은 "악성 종양"이다. 칼뱅은 "악성 종양"에 대해 어원적인 의미와 의학계의 일치된 의견을 깊이 탐구한다. 어원적인 면에서는 "괴사로 인하여 환부가 탈락 혹은 부패하여 그 생리적 기능을 상실하는 병" 즉 "괴저"를 의미하고 의학적인 면에서는 너무나 지독해서 급속한 조치를 취하지 않으면 주위에 빠르게 퍼지고 뼈에까지 파고들어 죽음에 이르게 하는 무서운 질병이다. 전염의 속도로 말하자면, "그들의 말"은 산불처럼 급속도로 번져 수습할 수 없을 정도로 빠르게 증대된다. 과거에도 그렇지만 오늘날 정보의 홍수 시대에는 그런 말의 증대가 더더욱 급속하다. 거짓된 뉴스의 의도적인 살포로 여론의 지형을 바꾸고 정치적인 이익을 도모하는 악성 결사대가 다양한 분야에서 활동하고 있기 때문이다. 그들은 국내의 매체만이 아니라 국외의 매체들도 매수해서, 혹은 결탁해서 공동의 이익을 도모한다. 정보가 힘이라는 시대의 속성을 교묘하게 이용한다. 우매한 대중은 아는 것이 힘이라는 환상에 빠져 자신에게 전달된 정보가 독극물인 줄도 모르고 고급 정보인 줄 믿고 퍼뜨린다. 사람이 수수하고 정직하고 진실해도 그로 하여금 결과적인 거짓에 가담하게 만드는 교묘하고 교활한 기관이 언론이다. 오늘날 정론과 직필의 정신을 상실한 언론은 악성 종양이다. 모든 분야를 왜곡하고 사회를 거짓으로 도배한다.

바울은 악성 종양들 중에서 두 사람의 이름(후메내오, 빌레도)을 거명한다. 두 사람의 이름을 공개하는 바울의 의도는 그들을 괴롭히기 위함이 아니라 오히려 그들을 보호하기 위함이다. 공동체 파괴의 원흉이 되지 않도록 그들의 악한 영향력을 사전에 차단하기 위함이다. 이렇게 함으로써 교회 전체가 악성 종양의 희생물이 되지 않도록 하고 하나님 나라의 순수성을 보호한다. 칼뱅이 잘 지적한 것처럼, "숨겨진 악을 적절한 시기에 노출하지 않는…잔인한 위장"은 많은 사람들의 경건과 삶을 위태롭게 하기 때문이다. "후메내오"(Ὑμεναῖος)는 "결혼에 속한 자"를 의미하고, "빌레도"(Φίλητος)는 "사랑을 받는 자"를 의미한다. 두 이름의 의미는 참으로 아름답다. 그러나 그런 아름다운 의미로 인해 속지 말아야 할 이름이다. 첫번째 편지에서 바울은 이들을 사탄에게 내어준 자로 소개했다. 이는 그들을 심판하고 정죄하는 것이 아니라 그들로 하여금 "신성을 모독하지 못하게 하려 함"이었다(딤전 1:20). 아무리 불경한 자들이라 할지라도 그들에 대한 바울의 대응은 사사로운 감정의 표출이 아니라 그들의 회복을 위한 건설적인 징계였다. 바울은 성도나 교회 공무원의 비위가 발견되면 교회 전체와 당사자 모두를 위한 분별과 결단에 망설임이 없다. 혹시 친분이 있더라도 그는 인정에 휘둘리지 않고 공과 사의 구분도 뚜렷하다. 우리 자신은 과연 악성 종양과 같은 거짓의 생산자나 전달자인 것은 아닌가? 헛되고 불경건한 말의 공작소는 아닌가? 아니면 나를 만나 대화를 나누는 모든 이들에게 경건의 유익을 끼치는가? 매사에 분별하지 않으면 성도라는 아름다운 이름을 목에 걸고 빌레도나 후메내오 같은 사람으로 전락한다. 혹시 주변에 그런 사람들이 있다면 방치하지 말고 지혜로운 거명으로 공동체에 악한 영향력의 확산을 저지해야 한다.

18그들은 부활이 이미 지나간 것이라고 말하므로 진리에 관하여는 탈선했고 어떤 [사람들]의 신앙을 허물었다

빌레도와 후메내오 같은 사람들의 문제는 무엇인가? 바울은 두 가지를 지적한다. 첫째, 그들은 진리의 궤도에서 벗어났다. 둘째, 그들의 탈선은 믿는 자들의 신앙도 허물었다. 먼저 그들이 진리에서 벗어난 이유는 "부활이 이미 지나간 것"이라고 주장하기 때문이다. 이것은 그들이 하는 "공허하고

불경건한 논의"의 대표적인 내용이다. 여기에서 부활은 마지막 날에 이루어질 육체의 부활을 의미한다. 부활을 부인하는 양태는 두 가지이다. 1) 부활이 없다는 것과 2) 부활이 이미 지나간 것이라는 주장이다. 부활이 없다고 주장하는 것은 철학적인 이유 때문이다. 철학적인 이유는 주로 플라톤 사상에 근거한다. 그는 육체를 영혼의 감옥으로 이해하기 때문에 육체의 부활을 놀라운 영광이 아니라 끔찍한 재앙으로 간주한다. 부활이 이미 지나간 것이라고 주장하는 것은 성경적인 이유 때문이다. 즉 에스겔의 시대에 이미 이스라엘 백성의 마른 뼈가 살아났기 때문에(겔 37:1-10) 부활은 이미 구약의 시대에 일어난 일이어서 지나간 일이라고 주장한다. 생물학적 이유를 제시하는 어떤 자들은 부활의 의미가 자손이 자연적인 생식의 방식으로 선조의 대를 이어가는 것일 뿐이어서 부활은 없다고 주장한다. 부활이 없다는 이러한 주장들의 문제는 대단히 심각하다.

　　부활이 없으면 예수의 부활도 부인되고 그의 부활이 없으면 그의 죽음과 부활에 대한 우리의 믿음도 헛되고 우리는 여전히 죄 가운데에 거한다고 바울은 설명한다(고전 15:16-17). 부활이 없으면 왜 죄 가운데에 거하는가? 부활이 없으면 누구도 죽으려고 하지 않을 것이기 때문이다. 자아가 산다는 것과 죄 가운데에 거한다는 말의 의미는 동일하다. 본다는 것만으로 우리에게 죄가 그저 있는 것처럼(요 9:41), 산다는 것만으로 우리는 그저 죄인이다. 억울함이 느껴질 수 있겠지만 우리가 본질상 죄인이며 죄만 짓는다는 실상을 보면 인정하게 된다. 이러한 인간의 본질 때문에 죽어야 살고 살면 죽는다는 말이 성립한다. 죄의 해결이 죽음인 것처럼 날마다 죽어야 날마다 죄 가운데서 벗어난다. 그러나 부활이 없으면 죽으려고 하지 않지만, 부활이 있으면 죽어도 살아나기 때문에 바울처럼 날마다 죽으려고 한다. 부패한 자아가 죽는다면 우리는 날마다 죄에서 벗어난다. 그런데도 사람들은 악착같이 살려고 바둥댄다. 그것이 죽는 길인 줄도 모르면서!

　　그리고 바울의 말처럼 믿는 자들이 부활의 영광을 빼앗기면 가장 불쌍하게 된다. "만일 그리스도 안에서 우리가 바라는 것이 다만 이 세상의 삶뿐이면 모든 사람 가운데 우리가 가장 불쌍한 자이니라"(고전 15:19). 바울의 말처럼 부활이 없어지면 이 세상의 삶이 인생의 전부이기 때문에 이 땅에서의 영광과 부귀에 집착하게 된다. 이 세상의 재원은 제한되어 있다. 내가 좀 더 차지하면 타인은 피해자가 된다. 그러나 이런 원리가 적용되지 않는 곳이 천국이다. 천국에는 재원이 무한하기 때문이다. 이 땅에서는 내가 부하면 타인이 가난하고 타인이 부하면 내가 가난하게 된다. 그러나 천국에는 모든 것이 무한하기 때문에 나누고 또 나누어도 줄어듦과 부족함이 없다. 모든 것을 양보하고 모든 것을 나누어도 마음의 곳간은 더욱 풍요롭게 된다.

그래서 믿음의 사람들은 그런 천국의 원리를 이 땅에서도 존중하며 실현한다. 그래서 무엇이든 나누는 그들이 이 땅에서는 심령이 가난하고 애통하고 의를 위해 핍박을 당하는 자들이다. 그런데 만약 부활이 없다면 그들은 어떠한 보상도 받지 못하기에 세상에서 가장 불쌍하지 않겠는가! 게다가 부활이 없으면 이 땅에서 불의하고 악한 자들도 부활하지 않아서 정의로운 심판의 집행도 공허하게 된다. 그러면 이 세상은 약육강식 혹은 적자생존 혹은 승자독식 같은 정글법칙 속에서 빼앗기지 않기 위해서, 짓밟히지 않기 위해서 서로를 경쟁자로 여기며 빼앗고 짓밟는 아주 살벌한 전쟁터가 되지 않겠는가! 이처럼 부활이 이미 지나간 일이라고 주장하는 사람들 때문에 믿는 자들의 신앙도 흔들리고 파괴된다. 바울은 이것을 알고 그들의 주장이 진리와 무관한 것이라고 명시한다.

19그러나 하나님의 견고한 터는 섰고 이러한 날인을 가졌는데
즉 "주께서 자기에게 속한 자들을 아신다"
그리고 "주의 이름을 부르는 모든 자는 불의에서 떠나라"고 했다

바울은 부활을 부인하고 조롱하는 이단들의 가르침에 신앙이 무너지는 사람들을 위로한다. 무엇보다 "하나님의 견고한 터"가 섰다고 선언한다. 여기에서 "터"(θεμέλις)는 건물의 토대 혹은 어떤 존재나 사건의 시초를 의미한다. 중요한 것은 이 터를 세우신 주체가 누구냐에 있다. 즉 하나님이 그 터를 세우셨다. 그러므로 흔들림이 없고 무너짐이 없다. 수많은 이단들의 달콤한 교설로 이따금씩 신앙이 살짝 흔들려도 뿌리가 뽑히거나 무너지는 일은 결코 없음을 의미한다. 하나님의 견고한 터가 결코 무너지지 않는다는 사실의 인증은 하나님의 말씀이다. 바울은 두 문장을 인용한다.

첫째는 하나님이 자기에게 속한 백성을 아신다는 문장이다. 이 말은 민수기 16장 5절의 요약이다(여호와는 자기에게 속한 자가 누구인지, 거룩한 자가 누구인지 보이시고 그 사람을 자기에게 가까이 나아오게 하시되 곧 그가 택하신 자를 자기에게 가까이 나아오게 하시리니). 여기에서 우리는 "하나님의 견고한 터"가 하나님의 미리 아심과 관계되어 있고 그것도 다시 하나님의 택하심과 연결되어 있음을 확인한다. 하나님의 택하심은 세상의 어떠한 존재나 사건이나 행위도 개입하지 않은 영원 속에서 이루어진 하나님의 결정이다. 그러하기 때문에 하나님이 자신을 부인하지 않으시는 이상 누구도 변경하지 못하는, 취소하지 못하는 불변의 견고한 결정이다. 그런데 하나님은 식언하지 않으시고 회전하는 그림자가 없으시고 후회하지 않으시는 분이시다. 또한 자기 백성을 결코 버리지 않으시고 떠나지 않으시고 부인하지 않으시고 멸하지도 않으신다.

그리고 우리는 "주께서 자기에게 속한 자들을 아신다"는 말에 근거하여 그분에게 속한 자들의 정체성에 대해 그분 외에는 아무도 결정하지 못하고 아무도 알지 못한다는 사실을 인정해야 한다. 그러므로 혹시 지금은 하나님께 속하지 않아도 언젠가는 그분에게 돌아올 백성일 수 있다는 가능성을 모든 사람에게 열어두는 것이 마땅하다. 그 누구도 배제됨이 없이 모두가 복음을 전파해야 할 선교의 대상이다. 어떠한 유대인도 배제되지 않고, 어떠한 원수도 배제됨이 없다.

두번째는 "주의 이름을 부르는 모든 자는 불의에서 떠나라"는 문장이다. 누구든지 주의 이름을 부른다는 것은 그가 하나님께 속한 백성임을 의미한다. 베드로와 바울이 동일하게 고백한 것처럼 "주의 이름을 부르는 자는 구원을 받을 것"이기 때문이다(행 2:21; 롬 10:13). 동시에 하나님을 예배하고 그를 인정하고 그의 이름에 합당한 삶을 살겠다는 고백이다. 그러므로 주의 이름을 부르면서 불의나 거짓에 머문다는 것은 모순이다. 불의나 거짓은 자신의 세속적인 욕망과 이득을 위해 하나님을 버리는 행실이기 때문이다.

첫번째 문장은 주님과 관계되어 있고, 두번째 문장은 우리와 관계되어 있다. 신적인 터의 인침은 이렇게 두 가지로 구성되어 있다. 혹시 우리가 불의에 거한다고 할지라도 하나님의 정하심은 변경되지 않기에 결코 좌절하지 말라고 바울은 위로한다. 그러나 주님의 아심을 명분으로 불의에 거하며 나뒹구는 삶을 산다면 그것은 결코 올바르지 않은 모순임을 깨우치기 위해 우리 편에서의 인침을 명령문의 형태로 언급했다. 하나님은 우리를 영원히 아시기에 결코 흔들림이 없다. 그러나 우리는 연약하여 의로움의 경계선을 넘어간다. 불의와 섞이고 불의한 일에 가담한다. 이에 대해서는 무서울 정도로 정확한 징계가 주어진다. 그럼에도 불구하고 완전히 멸절되지 않는 이유는 사랑하는 아들마다 경험하는 건설적인 징계를 내리시기 때문이다. 그래서 우리는 하나님 편에서의 불변적인 인침을 핑계로 불의하고 거짓된 삶을 사는 도덕적 해이에 빠지지 않도록 늘 주의해야 한다.

딤후 2:20-26

²⁰큰 집에는 금 그릇과 은 그릇뿐 아니라 나무 그릇과 질그릇도 있어 귀하게 쓰는 것도 있고 천하게 쓰는 것도 있나니 ²¹그러므로 누구든지 이런 것에서 자기를 깨끗하게 하면 귀히 쓰는 그릇이 되어 거룩하고 주인의 쓰심에 합당하며 모든 선한 일에 준비함이 되리라 ²²또한 너는 청년의 정욕을 피하고 주를 깨끗한 마음으로 부르는 자들과 함께 의와 믿음과 사랑과 화평을 따르라 ²³어리석고 무식한 변론을 버리라 이에서 다툼이 나는 줄 앎이라 ²⁴주의 종은 마땅히 다투지 아니하고 모든 사람에 대하여 온유하며 가르치기를 잘하며 참으며 ²⁵거역하는 자를 온유함으로 훈계할지니 혹 하나님이 그들에게 회개함을 주사 진리를 알게 하실까 하며 ²⁶그들로 깨어 마귀의 올무에서 벗어나 하나님께 사로잡힌 바 되어 그 뜻을 따르게 하실까 함이라

◆ ◆ ◆

²⁰그런데 큰 집에는 금 그릇과 은 그릇만이 아니라 나무 그릇과 질 그릇도 있으며 그것은 가치에 이르기도 하고 불명예에 이르기도 한다 ²¹그러므로 만약 누구든지 이런 것들에서 자신을 깨끗하게 하면 고귀한 것에 이르는 그릇이 되고 주인을 위하여 구별되고 유용하며 모든 선한 일들을 위하여 준비된다 ²²또한 너는 청년의 정욕을 피하고 주를 깨끗한 마음으로 부르는 자들과 함께 의와 믿음과 사랑과 평화를 추구하라 ²³너는 우둔하고 무식한 변론에서 다툼이 나오는 것을 알고 [그런 변론을] 피하여라 ²⁴주의 종은 다투지 말아야 하고 모든 자들에 대하여 온유하고 가르침에 능숙하고 인내해야 한다 ²⁵반대하는 자들을 온유함 속에서 훈육한다 혹시 하나님이 그들에게 회개를 주사 진리의 인식에 이르도록! ²⁶그들로 하여금 마귀의 올무에서 나와 온전하게 되고 그분(하나님)에게 사로잡혀 그의 뜻에 이르도록!

7 마음이 깨끗한 일꾼

²⁰그런데 큰 집에는 금 그릇과 은 그릇만이 아니라 나무 그릇과 질 그릇도 있으며 그것은 가치에 이르기도 하고 불명예에 이르기도 한다 ²¹그러므로 만약 누구든지 이런 것들에서 자신을 깨끗하게 하면 고귀한 것에 이르는 그릇이 되고 주인을 위하여 구별되고 유용하며 모든 선한 일들을 위하여 준비된다

이 세상에는 다양한 사람들이 있는데 하나님의 쓰임을 받는 사람은 누구인가? 진리를 분별하고 불의에서 떠난 사람이고 마음의 깨끗함과 행위의 의로움과 관계의 온유함을 추구하되 원수들에 대해서도 그런 마음과 행실과 관계를 유지하는 사람이다. 먼저 바울은 큰 집과 그릇의 은유를 언급한다. 큰 집에는 다양한 그릇들이 있다. 그것들은 재료에 근거하여 금 그릇, 은 그릇, 나무 그릇, 질 그릇 등으로 구분된다. 그러나 재료의 종류와 무관하게 어떤 그릇은 소중한 가치에 이르는 명예를 얻기도 하고 어떤 그릇은 불명예를 당하기도 한다. 명예에 이르는 것과 불명예에 이르는 것의 원인은 무엇인가? 명예와 불명예의 갈림길은 깨끗함의 여부라고 바울은 설명

한다. 아무리 좋은 재료로 만들어진 그릇이라 할지라도 깨끗하지 않으면 좋은 용도로 사용될 수 없고, 아무리 부실한 재료로 만들어진 것이라도 깨끗하면 좋은 용도로 사용된다. 이는 모든 집의 보편적인 현상이다.

그런데 "큰 집"의 의미에 대해 사람들의 견해는 갈라진다. "큰 집"을 어떤 공동체나 나라로 이해하는 사람들도 있고, 세상으로 이해하는 사람들도 있고, 교회 혹은 하나님의 나라라고 이해하는 사람들도 있다. 칼뱅은 "큰 집"의 문맥적인 의미가 "교회"이고 그 의미는 "세상"으로 확대될 수 있다고 주장한다. 확대된 의미의 사례로서 그는 로마서 9장 21절을 제시한다. 거기에는 하나님의 능력을 나타내는 진노의 그릇과 하나님의 영광을 나타내는 긍휼의 그릇이 언급되어 있다. 즉 온 세상은 진노의 그릇과 긍휼의 그릇으로 구성되어 있다. 칼뱅의 주장처럼, 디모데후서 2장의 문맥에서 볼 때 "큰 집"은 교회를 의미하고 "그릇"은 성도 개개인을 의미한다. 지상에 있는 교회에는 다양한 그릇들이 있다. 진리를 옳게 분별하고 불의에서 떠나고 자신을 깨끗하게 한 자에게는 하나님의 자녀라는 신분만이 아니라 하나님의 종이라는 직분도 주어진다. 그러나 자신을 깨끗하게 하지 않는 성도들은 후메내오와 빌레도처럼 하나님의 나라와 의를 구하지 않고 오히려 자신들을 더럽히고 교회의 부패도 초래한다. 결국 사탄에게 내어준 바 되어서 마지막 날에 불명예 즉 부끄러운 구원에 이르는 그릇이다.

누구든지 자신을 깨끗하게 해야 가치에 이르는 명예를 구가한다. 모든 사람들이 깨끗함의 필요성에 동의한다. 그러나 깨끗하게 되는 방법에 대해서는 입장이 갈라진다. 사람들은 손발을 깨끗하게 씻으면 자신을 깨끗하게 만든다고 생각한다. 유대인은 씻지 않은 손으로 먹으면 자신을 더럽히는 것이라고 생각했다(마 15:2). 그러나 예수는 그런 사고를 거절한다. 그에 의하면, 자신을 더럽히는 원인을 알아야 하고 그 원인을 제거해야 자신을 깨끗하게 한다. 원인부터 살펴보자. 인간을 더럽히는 요소들은 무엇인가? "입으로 들어가는 것이 사람을 더럽게 하는 것이 아니라 입에서 나오는 그

것이 사람을"(마 15:11) 더럽힌다. "입에서 나오는 것들은 마음에서 나오"는 것들인데 "악한 생각과 살인과 간음과 음란과 도둑질과 거짓 증언과 비방"이다(마 15:18-19). 마음에서 이러한 것들을 깨끗이 비우지 않으면 아무리 좋은 세제를 사용하고 아무리 강력한 수세미로 민다고 할지라도 결코 깨끗하지 않다.

그러므로 자신을 깨끗하게 하려면 먼저 마음의 정결함을 사모해야 한다. 하나님은 사모하지 않는 자의 마음을 강제로 깨끗하게 만들지 않으신다. 그리고 정결함을 사모하는 마음의 기호만이 아니라 "내 속에 깨끗한 마음을 창조"해 달라고 하나님께 기도해야 한다(시 51:10). 이러한 기도의 실천적인 모습은 우리의 마음이 그리스도 예수를 향하는 것으로 나타난다. 우리가 전심으로 예수를 향하면 "진실함과 깨끗함"에 이르고 예수를 등지면 거짓되고 부패한 마음의 소유자가 된다(고후 11:3). 왜 그러한가? 예수는 말씀이기 때문이다. 더러움을 일으키는 죄를 범하지 않으려면, 죄로 오염된 마음의 정화를 위해서는 말씀이 필요하다. 말씀을 마음에 두면 죄의 억제력이 생겨 범죄하지 않는다고 시인은 고백한다(시 119:11). 좌우에 날 선 어떠한 검보다도 예리한 말씀은 영과 혼 사이에 끼어 있는 죄의 찌꺼기도 제거한다(히 4:12). 문자가 아니라 말씀 자체이신 예수께로 간다는 것은 진정한 회개를 의미한다. 회개는 우리가 세상에서 나와 하나님 안에 거하는 돌이킴을 의미한다. 요한은 하나님 안에 거하면 "그 아들 예수의 피가 우리를 모든 죄에서 깨끗하게 하실 것"이고, 그는 "우리를 모든 불의에서 깨끗하게 하실 것"이라고 했다(요일 1:7, 9).

자신을 깨끗하게 하여 쓰임을 받는 자들의 명예는 무엇인가? 첫째, "고귀한 것에 이르는 그릇이 된다"고 바울은 설명한다. 나무 그릇과 질 그릇도 깨끗하면 어떠한 차별도 없이 "고귀한 것"을 담는 그릇으로 쓰여진다. 그런 방식의 쓰임새로 그릇은 고귀함에 도달한다. 반면에 깨끗하지 않으면 금이나 은으로 만들어진 그릇도 비천한 용도로 쓰여지고 비천함에 도달한다.

둘째, "주인을 위하여 구별"된다. 어떤 이에게 구별된 존재가 된다는 것은 그에게 소중한 의미가 됨을 의미한다. 그 의미의 소중함은 구별된 대상에게 의존한다. 즉 위하는 "주인"이 누구냐가 의미를 좌우한다. 우리의 주인은 하나님 자신이다. 인간이나 자연이 아니라 하나님을 위하여 구별된 모든 존재는 그 자체로 지극히 소중하다. 셋째, 깨끗한 사람은 "유용하다." 세상에는 쓸모 없는 사람들이 있다. 교회에도 그런 사람들이 많다. 깨끗하지 않기 때문이다. 깨끗하면 할수록 쓸모가 커지고 깨끗하지 않을수록 쓸모가 작아진다. 넷째, 깨끗한 사람은 "모든 선한 일들"을 위하여 준비된다. 그는 모든 종류의 선을 위하여 준비된 사람이다. 깨끗함은 그 자체로도 하나님께 구별된 소중함이 있지만 선행을 위한 "준비"라는 면에서도 소중하다. 준비되지 않은 사람은 아무리 좋은 일들이 다가와도 전혀 쓰임을 받지 못하고 그 소중한 쓰임의 기회를 상실한다. 그 기회를 놓치지 않으려면 깨끗해야 한다. 선행은 어떠한 종류이든 그 자체로 선물이다. 선행은 선이 자신의 몸에서 결실하는 것이기 때문이다. 선행의 수혜자가 되는 것보다 그 수혜자를 행복하게 만드는 선행의 공급자가 되는 것이 더 행복하다. 그런 행복을 누릴 최고의 준비는 선이 머물기에 적합한 깨끗함에 있다. 선행과 무관한 인생의 원인은 깨끗하지 않음이다. 바울은 하나님의 나라를 섬기는 공직자의 자질로서 무슨 대단한 능력이나 스펙을 촉구하지 않고 영혼과 몸의 깨끗함을 강조한다.

²²또한 너는 청년의 정욕을 피하고 주를 깨끗한 마음으로 부르는 자들과 함께 의와 믿음과 사랑과 평화를 추구하라

바울은 젊은 디모데를 향해 피해야 할 것과 추구해야 할 것을 가르친다. 이 두 가지는 목회에 모두 중요하다. 나쁜 것을 피하지 않으면서 좋은 것을

추구하는 목회자, 나쁜 것을 피하면서 좋은 것을 추구하지 않는 목회자, 나쁜 것을 피하지 않으면서 좋은 것도 추구하지 않는 목회자가 있지만, 바울은 나쁜 것을 피하고 좋은 것을 추구하는 균형 잡힌 목회자가 되라고 권면한다. 순서에 있어서는 나쁜 것을 피하는 것이 우선이고 좋은 것을 추구하는 것은 나중이다. 죄를 범하지 않는 것이 먼저이고 선을 행하는 것은 나중이다. 나쁜 것에 물들어 죄를 저지르면 아무리 좋은 것을 추구하며 선을 행하여도 죄인의 교묘한 장신구에 불과하기 때문이다. 젊은 목회자가 피해야할 우선적인 것은 "청년의 정욕"이다. 추구해야 할 것은 "의와 믿음과 평화"이다.

피해야 할 "청년의 정욕"(νεωτερικὰς ἐπιθυμίας)은 무엇인가? 언뜻 보기에는 성적인 욕구의 무절제를 의미한다. 그러나 바로 뒤에 언급되는 추구해야 할 항목들과 비교해 보면 각각에 대응되는 불의와 불신과 분열의 의미도 포함되어 있음이 분명하다. "청년의 정욕"은 나이가 어려서 하지 말아야 할 것을 하고자 하는 무분별한 욕망이며, 이를 확대하여 충분한 경험과 지혜와 지성이 구비되지 않아서 저지를 수 있는 모든 종류의 실수 가능성을 뜻하는 것으로 보아도 무방하다. 젊은 성도나 목회자는 자신의 미숙함을 의식하며 겸손해야 한다. 인생의 경륜이 지긋한 어른들의 지혜에 귀를 기울어야 한다. 솔로몬의 아들 르호보암 왕은 중요한 국사를 처리할 때에 "노인들이 자문하는 것을 버리고 자기 앞에 모셔 있는 자기와 함께 자라난 어린 사람들과 의논하여" 백성을 괴롭히는 정책을 수립하여 국가의 심각한 위기를 초래했다(왕상 12:6-15). 잠언의 지혜자는 "어리석은 자 중에, 젊은이 가운데에 한 지혜 없는 자"를 소개한다(잠 7:7). 지혜 없는 젊은이의 길은 대체로 음행의 길로 접어든다. 그는 "기생의 옷을 입은 간교한 여인"을 야밤에 만나 아침까지 흡족한 사랑을 나누었다. 젊은이는 청년의 정욕을 즐겼지만 지혜자는 그 젊은이의 그런 어리석은 행실을 "화살이 그 간을 뚫"는 것이고 "새가 빨리 그물로 들어가"는 것이고 "미련한 자가 벌을 받으려고 쇠사슬에 매이러 가는 것과 같"고 "그의 생명을 잃어버릴 줄을 알지 못함과 같"다고 평가한다(잠 7:22-23).

이토록 치명적인 "청년의 정욕"을 해결하는 바울의 비결은 무엇인가? 피하는 것이 상책이다. 유혹이 다가와도, 유혹에 다가가도, 자신은 절제하며 이길 수 있다는 자부심에 빠진 젊은이가 많다. 그런 자부심을 가지는 것 자체가 미숙한 젊음의 표징이다. 유혹과 정면으로 부딪혀서 싸우면 반드시 이길 것이라는 자만 자체가 청년의 정욕이다. 바울은 아예 "피하라"(φεῦγε)고 가르친다. 이 말은 "위험에서 안전하게 벗어나는 것, 혹은 유혹에서 멀리 도망가는 것"을 의미한다. 이 단어는 보디발의 아내가 요셉을 유혹할 때에 요셉이 옷을 벗어 던지면서 줄행랑을 친 것을 연상하게 한다. 이것은 여인을 부끄럽게 하는 남자의 쪼잔한 모습이 아니라 여인도 지켜주고 자신도 지키는 지혜로운 처신이다. 요셉이 그녀를 미워한 것이 아니라 진심으로 사랑한 것이라고 생각한다. 진정한 사랑은 취하고 소유하고 욕망을 분출하는 것이 아니라 상대방이 죄를 짓지 않도록 예방하는 조치를 취하는 것이기 때문이다. 요셉의 경우에서 보듯이, 세상에는 부딪히고 싸워서 이겨야 하는 것도 있지만 부딪히지 않도록 피하는 게 상책인 것들도 무수하다. 모든 악이 그러하다. 사실 악이 없는 곳으로 도망치는 것은 소극적인 피함이다. 악의 물리적인 공간을 벗어나는 것보다 더 적극적인 피함은 선행에 전념하여 우리의 의식과 관심과 시간과 에너지가 악에 관여할 여지를 제거하는 것, 즉 선행에의 몰두로 악행 가능성을 사전에 차단하는 것이 적극적인 피함이다(롬 12:21). 마귀의 속임수를 피하는 것도 외면하는 것보다 진리로 그를 대적하면 그가 우리를 피하는 승리를 경험한다(약 4:7).

그렇다면 청년의 정욕을 피하는 적극적인 비결로서 선의 구체적인 내용은 무엇인가? 그것은 목회자가 추구해야 하는 것들이다. 첫째, "의"(δικαιοσύνη)이다. 이것은 "하나님의 옳으심"을 의미한다. 이는 하나님이 보시기에 옳지 않은 불의를 저지르지 말고 의를 추구하는 목회자가 되라는 권면이다. 하나님의 옳으심을 추구하기 위해서는 목회자가 자신의 옳음, 사람들의 합의된 옳음을 포기해야 한다. 자신의 옳음을 넘어서는 사람은 거인이다. 욥은 대단히 경건했던 분이지만 마지막 순간까지 포기하지 않으려고 했던 것은 자신의 정직과 옳음이다. 물론 결국에는 자신의 무지를 고백한다. 유대인도 예수를 부인하고 죽이려고 한 결정적인 요인은 하나님의 옳으심을 모르고 자신의 의를 세우려고 한 것이었다. 하나님의 옳으심과 사람의 옳음 사이의 관계는 늘 전쟁이다. 우리가 추구해야 할 하나님의 옳으심은 율법이다. 그 말씀 앞에 자신을 세우기 전까지는 자신을 옳다고 판단하고 주장한다. 율법의 모든 계명들은 무엇이 옳은 것인지를 가늠하는 기준이다. 시인은 "여호와의 율법은 완전"한 것이라고 했고(시 19:7), 바울은 "율법은 거룩하고 계명도 거룩하고 의로우며 선하다"고 했다(롬 7:12). 그런데 이것보다 더 중요한 하나님의 옳으심이 있다. 율법의 완성이요 성취이며 마침이신 예수 그리스도 자신이다. 바울은 이 예수를 "율법 외에 하나님의 한 의"라고 표현한다(롬 3:21). 그런 예수의 존재를 신뢰하고, 예수의 인격을 신뢰하고, 예수의 행실을 신뢰하면 우리는 의롭다 하심을 얻고 그가 친히 우리에게 의로움이 된다. 목회자는 예수라는 의를 따르고 본받는 방식으로 추구해야 한다.

둘째, "믿음"(πίστις)이다. 이는 하나님에 대한 믿음이고 나 자신에 대한 불신이다. 자신을 무시하고 폄하하는 것도 합당하지 않지만 자신을 과도하게 아끼고 신뢰하는 것도 합당하지 않다. 하나님과 자신에 대한 신뢰의 조화로운 안배가 중요하다. 바울이 여기에서 말하는 "믿음"은 구원에 이르는 믿음이 아니라 구원을 받은 자가 살아가는 삶의 하나님 의존적인 원리를 의미한다. 히브리서 저자는 이 세상의 모든 나타난 것들이 보이는 것에서 비롯되지 않고 보이지 않는 것에서 말미암은 것이라고 한다. 믿음은 "보이지 않는 것들의 증거"라고 한다. 믿음을 구하는 자는 그 믿음으로 보이는 세계만이 아니라 보이지 않는 세계와 그 세계의 질서를 알고 존중하는 사람이다. 보이지 않는 세계의 가장 중요한 존재는 하나님 자신이다. 보이지 않으시는 하나님을 범사에 인정하며 그분 앞에서 살아가는 것이 믿음을 추구하는 사람의 모습이다. 목회자는 눈에 보이는 현상에 얽매이고 휘둘리는 사람이 아니라 현상 너머의 실재를 읽어내고 거기에 반응하며 살아가야 하는 믿음의 사람이다. 믿음을 추구하지 않으면 보이고 들리는 세상이 전부인 것처럼 살아가게 되고 교회도 그런 세상이 전부인 것처럼 살아가게 만드는 원흉으로 전락한다. 목회자는 철저하게 믿음으로 알고 믿음으로 행하고 믿음으로 살도록 부르심을 받은 사람이다.

셋째, 사랑(ἀγάπη)이다. 아가페 사랑은 타인의 행복과 만족과 기쁨을 위한 자발적인 희생이다. 믿음으로 말미암아 의롭게 된 자들은 하나님의 옳으심을 추구하고, 보이지 않는 하나님 앞에서 살아가는 믿음의 삶을 추구하고, 이제 그 삶의 토대인 사랑을 추구해야 한다. 사랑은 자격이나 조건에 근거하지 않고 자신의 아들을 우리에게 주신 아버지 하나님의 무조건적 사랑에 근거한다. 우리가 추구하는 모든 것들은 하나님의 속성들과 행하신 일들이다. 이미 우리에게 이루신 하늘의 놀라운 사랑을 추구하는 것은 자발적인 손해의 적극적인 추구를 의미한다. 세상 사람들이 비록 불가피한 손해는 어쩌다가 당하여도 자발적인 손해는 온 존재로 거부하는 대상이다. 이와는 달리, 하나님의 사람들은 세상의 가치관에 역행하는 자발적인 손해와 희생을 추구의 대상으로 간주해야 한다.

넷째, "평화"(εἰρήνη)이다. 이는 대립과 갈등과 분열의 없음이다. "평화"는 타인에게 위협을 가하거나 타인에 의해 위협을 받음 없이 안전하고 행복하게 공존하는 상태를 의미한다. 평화는 창조자와 피조물 사이의 평화, 그리고 피조물들 사이의 평화로 구성된다. 디모데가 추구해야 할 평화는 1) 아직 하나님을 몰라서 그분과 적대적인 관계를 가지고 있는 사람들이 그분과 맺어야 할 관계의 신앙적인 평화를 의미한다. 이러한 평화를 위해 목회자는 때를 얻든지 못얻든지 복음을 전파해야 한다. 그리고 2) 사람과 사람 사이의 평화로운 공존 즉 사회적인 평화를 의미한다. 바울은 다른 곳에서 모든 사람들과 더불어 화목해야 한다고 가르친다(롬 12:18). 사람들의 평화를 추구하기 위해서는 각자가 타인에게 피해를 주지 않는 범위 내에서의 제한적인 자유를 구현해야 한다. 자신의 자유를 강조하며 타인의 자유와 권리와 인격과 재산을 침해하는 행위는 평화를 깨뜨린다. 타인이 나의 자유를 고의로 침해했을 경우에도 평화가 깨어진다. 이때에는 보복이 아니라 정확한 권고와 너그러운 용서와 차분한 인내가 필요하다. 성경에서 평화는 하나님의 나라를 구성하는 하나의 요소로도 언급된다(롬 14:17). 하나님의 나라를 다른 무엇보다 먼저 추구해야 하는 목회자가 평화를 외면하면 공적인 부르심과 책무에 대한 노골적인 역행이다. 평화는 모든 사람들이 함께 노력해야 구현된다. 그러나 그런 노력을 기대할 수 없는 현실에서 평화는 누군가의 희생을 요구한다. 평화가 있는 곳에는 반드시 그 배후에 보이지 않는 희생자가 있다. 온전한 평화는 누군가가 죽어야 찾아오는 선물이다. 한 사회가 격렬한 대립을 하다가도 누군가 목숨을 잃으면 양 진영이 가진 격앙된 분노의 대부분이 어디론가 사라진다. 르네 지라르는 희생이 분노와 적개심을 흡수하여 데려간 것이라고 분석한다. 대립의 원인을 제거하기 위해 희생양을 찾고 그 희생양의 죽음으로 평화를 얻는 것은 모든 시대에 모든 적대적인 사회의 보편적인 문화라고 설명한다. 진실로 대가를 지불하지 않은 평화가 이 세상에는 없다. 이는 마치 예수의 십자가 희생 때문에 우리가 하나님과 화목하게 되고, 형제들과 평화를 누린다는 사실을 증거하는 보편적인 섭리처럼 느껴진다. 평화의 예수를 증거하는 목회자는 다른 누구보다 먼저 그의 십자가 희생을 본받아야 한다.

바울이 열거하고 있지는 않지만, 악을 이기는 적극적인 대응에는 의와 믿음과 평화만이 아니라 보다 다양한 양상들이 있다. 몇 가지만 소개하면, 미움을 이기는 적극적인 비결은 사랑의 실천이고, 불의를 이기는 비결은 의의 추구이고, 거짓을 이기는 비결은 진리의 선포이고, 분노를 이기는 비결은 인내이고, 불법을 이기는 비결은 준법이다.

어떻게 의와 믿음과 사랑과 평화를 추구할 수 있겠는가? 그런 추구의 성공은 혼자서 추구하지 말고 "주를 깨끗한 마음으로 부르는 자들과 함께" 추구함에 있다. 고삐 풀린 마음의 변덕과 정신력의 연약함 때문에 무엇을 결단해도 혼자 하면 고작해야 작심삼일 수준의 실패를 반복한다. 그래서 동료가 필요하다. 하나보다 둘이, 둘보다 셋이 더 견고하다. 적합한 동료는 "주를 깨끗한 마음으로 부르는 자들"이다. 계산하고 연출하는 마음이 아니라 주를 경외하기 때문에, 주를 사랑하기 때문에, 주의 이름을 부르는 깨끗한 마음의 소유자와 동행해야 한다. 그런 깨끗한 마음이 곁에 있으면 마음의 더러움과 이기심과 탐욕은 선명하게 감지되고 드러난다. 그래서 급속한 돌이킴이 가능하다. 깨끗한 마음이 건네는 한 마디의 조언은 권위가 있고 경청하게 된다. 괜찮다고 여기며 걸어가던 악의 길을 돌이키게 된다. 주를 깨끗한 마음으로 부르는 사람들은 경건의 연습에 있어서 최고의 자산이다. 유혹은 주로 특별한 순간에 찾아오지 않고 무장이 해제된 평범한 일상 속으로 슬그머니 방문한다. 그렇기 때문에 늘 곁에서 일상을 공유하는 동료들의 도움이 필요하다.

²³너는 우둔하고 무식한 변론에서 다툼이 나오는 것을 알고
[그런 변론을] 피하여라

목회자는 변론을 피해야 한다고 바울은 강조한다. 모든 종류의 논쟁과 변론을 피하라는 것이 아니라 "어리석고 무지한 변론"을 피하라고 한다. "우둔한"(μωρός) 것은 "지각이 없는" 혹은 "감지력이 둔한" 것을 의미한다. 상대방의 말을 경청하지 않고, 경청해도 무슨 말인지를 이해하지 못하는 변론을 피하라고 한다. 그리고 "무지한"(ἀπαίδευτος) 것은 "숙련되지 않은"

혹은 "학습되지 않은" 것을 의미한다. 변론도 훈련이 필요하고 능숙한 기술을 요구한다. 바울은 지금 무언가를 추구하고 탐색하기 위해 대화를 나누는 "변론"(ζήτησις) 자체를 금하라고 하지 않고 다툼을 일으키는 "우둔하고 무식한 변론"을 피하라고 한다. 사람들의 다양성이 공존하는 공통의 지점을 찾아가는 대화와 의논은 더불어 살아가는 모든 사회에서 필요하다. 상대방의 말에서 그의 의중을 읽어내고 그것에 맞추어진 반응을 하면서 마음을 섞고 공감의 범위를 넓히는 대화는 차갑고 건조한 사회의 분위기를 따뜻하게 바꾸는 최고의 수단이다.

그러나 이와는 달리, 변론 이후에 다툼이 생긴다면, 그래서 얼어붙은 사회에 더 차가운 냉기까지 보탠다면, 이는 필히 우리에게 소통의 미성숙이 있음을 증거한다. 그런 변론은 단순히 우리의 사회적 미성숙을 드러내는 것에서 끝나지 않고 심각한 다툼도 일으킨다. 다툼이 일어나는 이유는 변론이 사실과 말의 적정한 비율을 깨뜨리기 때문이다. 하나의 사실이 가진 의미와 가치의 분량을 초과하는 언어의 잉여를 거품이라 한다. 다툼은 그 거품에서 일어난다. 사실에 부합한 말 외의 모든 구차한 설명이 다툼의 땔감으로 작용하기 때문이다. 상대방은 그 거품을 지목하며 사실이 아니라고 반박한다. 그러면 그 반박에 대해 또 다른 거품을 추가하며 재반박을 시도한다. 이렇게 언어는 점점 늘어나고 다툼은 점점 격화된다. 그렇기 때문에 바울은 다툼을 일으키는 어리석고 무지한 변론은 수습하려 하지 말고 피하라고 한다.

²⁴주의 종은 다투지 말아야 하고
모든 자들에 대하여 온유하고 가르침에 능숙하고 인내해야 한다

"주의 종"은 다투지 말고 모든 자들에게 온유하고 능숙하게 가르치고 인

내해야 한다고 바울은 가르친다. 여기에서 가장 중요한 것은 자신에 대해 "주의 종"이라는 정체성 의식이다. 이것이 빠지면 다투지 않음과 온유함과 가르침에 능숙함과 인내함은 결코 가능하지 않기 때문이다. 먼저 바울은 다투지 말아야 함에 당위성(δεῖ)을 부여한다. 변론을 하다가도 다툼의 기운이 발생하면 예리하게 감지하고 즉각 멈추는 순발력과 절제력이 요구된다. 여기에서 "다툰다"(μάχεσθαι)는 말은 말다툼이 아니라 전쟁에 준하는 다툼을 의미한다. 이는 쌍방의 어떠한 타협도 없이 상대방을 제거해야 멈추는 다툼이다. 이러한 다툼이 발생하면 어떠한 일이 있어도 중단해야 한다. 나아가 그런 다툼의 발생 가능성을 사전에 차단함이 좋다. 사람들이 다투는 것은 무언가에 욕심을 내어도 그것을 얻지 못하기 때문이다(약 4:2). 다투어서 사회적인 존경을 얻어내고, 정서적인 동의를 얻어내고, 경제적인 이득을 얻어내고, 정치적인 지위와 권력을 얻어내려 한다. 이러한 세상에서 다투지 않으려면 상대방을 제거하는 것이 아니라 자신의 욕심을 제거해야 한다. 욕심을 그대로 두면 상대방이 제거된 이후에도 또 다른 제거의 대상이 반드시 등장한다. 그런 식으로 다툼은 연명한다.

그리고 "모든 자들에 대하여 온유해야" 한다. 여기에서 "모든 자들"은 합리적인 존재인 사람만이 아니라 동물들도 포함한다. 그러나 바울이 말하는 교훈의 핵심은 좋아하는 사람만이 아니라 싫어하는 사람도, 부드러운 사람만이 아니라 거친 사람에 대해서도 온유함을 유지해야 한다는 것이다. 실행하기 어려운 교훈이다. 눈에 거슬리고 말이 통하지 않는 사람이나 뾰족한 가시로 신경을 건드리는 사람에게 온유함을 유지하는 것은 자신이 철저히 죽어야 할 정도의 고통을 요구하기 때문이다. 그럼에도 불구하고 "주의 종"은 자신의 감정과 수학적인 계산에 근거하여 거칠게 대응하지 않고 주님께 속한 자이기에 주님께서 계셨으면 취하셨을 온유한 태도에 자신을 순응시켜 반응해야 한다. 목회자는 자신의 기호와 감정에 충실하지 않고 주의 종이기에 주의 기호와 감정에 충실해야 한다. 그런 정체성을 범사에 의식하며 주님처럼 우리도 모든 사람에 대하여 온유해야 한다.

"가르침에 능숙"해야 한다. 가르침의 중요성과 강조에 대한 언급은 디모데에게 보낸 첫번째 서신에도 등장한다(딤전 4:13). 그런데 여기서는 가르침의 자질과 기술을 강조한다. 가르침에 능숙하기 위해서는 사람과 사람의 만남과 대화에 능숙해야 한다. 강요하고 주입하는 방식이 아니라 본을 보여주고 감격을 일으키고 실천을 자극하는 방식으로 가르쳐야 한다. 그럼에도 불구하고 가르침에 있어서 말은 최고의 비중을 차지한다. 그래서 말의 무늬와 말의 속도와 말의 온도와 말의 종류와 말의 형식과 말의 구성에 있어서 노련한 기술을 구비해야 한다. 때와 상황과 대상과 주제에 맞게 언어의 비율과 배열을 자유롭게 조절할 수 있는 언어 구사력의 능숙함이 필요하다. 이를 준비하기 위해서는 산술과 기하와 음악과 천문과 문법과 논리와 수사를 기본으로 하는 인문학적 소양도 구비해야 한다.

그리고 "인내해야 한다." 인내는 수동적인 자질이다. 무언가를 추구하고 행하고 이루는 적극적인 행위가 아니라 고통과 슬픔과 불의와 억울함을 당할 때에 취하는 태도이기 때문이다. 인내는 외부의 어떤 결과물을 가져오는 것이 아니라 내면의 상태를 개선한다. 인격의 모난 부분들이 깎이거나 자기 중심적인 기질이 타인을 존중하고 고려하고 배려하는 기질로 변하는 것은 모두 인내의 효능이다. 인내는 자신만이 아니라 타인에 대해서도 변화를 일으킨다. 인내의 분량이 차서 임계점에 이르면 타인도 자신을 성찰하며 내면에 미안함, 부끄러움, 쑥스러움, 죄송함, 후회 등의 감정이 촉발되기 때문이다. 인내가 당시의 직접적인 손해에 대해 아무런 조치도 취하지 않아서 손해의 수용처럼 보이지만 그 손해는 타인의 양심에 조용한 투자가 되어 나중에 보다 소중한 것의 소유라는 유익의 역설적인 밑천으로 작용한다. 돈이 많아지고 인기가 올라가고 권력이 커지는 것보다 자기 자신의 내적인 성숙이 더 중요하고 아름답다. 이런 성숙을 가능하게 하는 것이 인내이다. 그래서 베드로는 인내를 경건의 원인으로 규정한다(벧후 1:6).

²⁵반대하는 자들을 온유함 속에서 훈육한다
혹시 하나님이 그들에게 회개를 주사 진리의 인식에 이르도록!

주의 종은 반대하는 자들과 많이 충돌한다. 그때 취해야 하는 태도는 "온유함 속에서의 훈육"이다. 이는 마치 겨울과 여름에게 사이좋게 지내라고 말하는 것처럼 모순적인 교훈이다. 우리는 훈육이 엄격한 표정과 근엄한 목소리와 경직된 분위기 속에서만 효력을 발휘하고, 온유함 속에서는 훈육이 결코 이루어질 수 없다고 생각한다. 온유함을 고수하면 훈육이 상실되고 훈육을 위해서는 온유함을 포기해야 한다는 것이 사람들의 결론이다. 그러나 바울에 의하면 주의 종이 구현해야 하는 훈육은 온유함 속에서만 가능한다. 사실 찬성하는 자들을 훈육할 때에는 우리가 온유한 태도와 눈빛과 말로 행하지만, 반대하는 자들의 비틀어진 사고와 행실을 교정할 때에는 분노와 욕설과 폭력이 아우성을 치며 출고를 시도한다. 제어할 수 없을 정도로 맹렬하다. 이런 육신의 기질에 순응하지 말고 온유라는 방식으로 저항해야 한다. 진실로 온유함(πραΰτης)은 성령의 열매이기 때문에 반대하는 자들을 훈육하기 위해서는 성령의 도우심이 반드시 필요하다. 주변에 반대하는 자들이 많을수록 우리는 더더욱 성령을 의존하게 되고 성령의 사람으로 내몰린다. 아주 역설적인 결과가 선물처럼 주어진다.

훈육의 방향성은 회개와 진리에 대한 인식이다. 훈육은 사람이 하지만 회개에 이르는 것은 하나님의 은총이다. 그러므로 혹시 회개하고 예수를 믿고 구원을 받는 일이 있다면 당사자나 훈육하는 자가 공로를 주장할 수 없고 오직 하나님의 은혜에 감사함이 마땅하다. 반대하는 자들을 만나면 대체로 그들과 다투려는 호전성과 그들이 멸망하여 존재가 지워지면 좋겠다는 적개심이 솟구친다. 그게 본성이 고장난 인간의 일반적인 기질이다. 그러나 바울은 그들의 소멸이 아니라 주님께로 돌이킴을 위하라고 가르친다. 회개라는 방향의 전환만이 아니라 진리의 인식에 이르도록 하라고 가르친다. 예수의 어법으로 말하자면, 진리의 인식은 유일하신 참 하나님과 그가 보내신 그리스도 예수를 아는 지식을 의미한다. 이런 지식은 곧 영원한 생명이다(요 17:3). 그렇다면 바울의 가르침은 원수들로 하여금 영원한 생명의 수혜자가 되도록 만들라는 교훈이다. 사실 원수가 떡 하나만 더 먹어도 배가 아파진다. 그러나 원수가 땅에서 잘되는 것만이 아니라 하늘의 영원한 생명을 얻는다고 해도 배 아프면 안된다고 한다. 오히려 기뻐해야 한다. 이게 가능한가? 가능하다. 나를 대적하는 자를 기준으로 보면 배가 아프지만 하나님을 기준으로 보면 나를 쓰셔서 은총의 통로로 삼으셨기 때문이다. 회개와 진리의 인식은 하나님의 전적인 은총이다. 그런 은총이 우리를 반대하는 자들에게 주어질 수 있도록 우리는 온유한 마음으로 그들을 훈육해야 한다.

26그들로 하여금 마귀의 올무에서 나와 온전하게 되고
그분(하나님)에게 사로잡혀 그의 뜻에 이르도록!

나아가 바울은 디모데를 향해 원수들로 하여금 "마귀의 올무에서" 끌어내어 "온전하게" 되는 경지까지 이르도록 하라고 가르친다. 그들의 온전함이 목회자의 몫이라는 바울의 가치관은 참으로 놀랍고 위대하다. 원수들에 대한 사랑의 끝은 과연 어디인가? 원수들은 부실함과 불안함과 연약함에 빠져야 마땅해 보이는데 어떻게 바울은 우리에게 그들의 온전함을 구하라고 권하는가? 온전하게 되어 우리를 더 강하게 대적하고 장악하고 지배하면 어쩌려고 그러는가? 그런데도 바울은 원수의 온전하게 됨이 디모데의 의무라고 가르친다. 그러나 여기에서 온전함은 하나님 앞에서의 온전함을 의미한다. 즉 하나님께 돌이키고 진리를 깨닫고 장성한 분량에 이르러 예수를 온전히 닮은 사람이 되는 것을 의미한다. 이는 원수였던 우리를 하나님 앞에 온전한 자로 세우신 예수의 사명과 유사하다. 세상 사람들은 주변에 정적이 생기면 그들을 시야에서 제거하기 위해 존재를 지우려고 한다. 그런데 하나님의 사람들은 그들을 제거하되 하나님 앞에서 온전하게 만드는 방식으로 대적자의 존재를 지우려고 한다. 가치와 삶의 지향점이 완전히 판이하다.

게다가 바울은 대적하는 자들이 온전하게 된 이후에 하나님께 사로잡혀 그의 뜻에 이르도록 하라고 가르친다. "하나님께 사로잡힌" 사람은 그의 종을 의미한다. 즉 원수들로 하여금 하나님의 종이 되어서 하나님의 뜻을 이루는 사역자로 키우라고 바울은 가르친다. 에베소 교회에 보낸 편지에도 바울은 동일한 내용을 가르쳤다. "성도를 온전하게 하여 봉사의 일을 하게 하며 그리스도의 몸을 세우려 하심이라"(엡 4:12). 그런데 거기에는 성도를 대상으로 한 교훈이고 이 서신에는 원수를 대상으로 한 교훈이다. 멸망의 대상으로 여겨지는 원수를 하나님 앞에 온전하고 헌신적인 종으로 키우라는 이 교훈을 누가 과연 아멘으로 수용할 수 있겠는가! 최소한 목회자는 자신을 지독하게 괴롭히는 원수에 대해 그러해야 한다. 이는 바울이 성령의 감동을 따라 제시하는 목회자의 자질이다.

이상을 종합하면, 대적하는 원수들을 온유함 속에서 훈육하여 회개에 이르게 하고 진리의 인식에 이르게 하여 마귀의 올무에서 벗어나게 하고 온전하게 하고 하나님께 사로잡힌 주의 종이 되게 하여 주님의 뜻을 이루는 의로운 병기가 되게 하라는 교훈이다.

딤후 3:1-7

¹너는 이것을 알라 말세에 고통하는 때가 이르러 ²사람들이 자기를 사랑하며 돈을 사랑하며 자랑하며 교만하며 비방하며 부모를 거역하며 감사하지 아니하며 거룩하지 아니하며 ³무정하며 원통함을 풀지 아니하며 모함하며 절제하지 못하며 사나우며 선한 것을 좋아하지 아니하며 ⁴배신하며 조급하며 자만하며 쾌락을 사랑하기를 하나님 사랑하는 것보다 더하며 ⁵경건의 모양은 있으나 경건의 능력은 부인하니 이같은 자들에게서 네가 돌아서라 ⁶그들 중에 남의 집에 가만히 들어가 어리석은 여자를 유인하는 자들이 있으니 그 여자는 죄를 중히 지고 여러 가지 욕심에 끌린 바 되어 ⁷항상 배우나 끝내 진리의 지식에 이를 수 없느니라

❖ ❖ ❖

¹너는 이것을 이해하라 즉 말세에 어려운 때가 올 것인데 ²이는 사람들이 자기를 사랑하며 돈을 사랑하며 자랑하며 자신을 타인보다 높이 드러내며 악담하며 부모에게 거역하며 감사하지 아니하며 경건하지 아니하며 ³무정하고 화해하지 아니하며 모함하며 절제하지 못하며 사나우며 미덕을 적대하며 ⁴배신하며 조급하며 자만하며 하나님을 사랑하는 것보다 쾌락을 더 사랑하며 ⁵경건의 모양은 있으나 그것의 능력은 부인하는 자들이 될 것이기 때문이다 너는 이러한 자들을 피하여라 ⁶이는 그들 중에 [남의] 집들로 가만히 들어가서 어리석은 여자들을 취하려는 자들도 있기 때문이다 [그녀들은] 죄들에 압도되고 다양한 욕심들에 이끌리고 ⁷항상 배우지만 결단코 진리의 지식으로 들어갈 수 없는 자들이다

8 고단한 말세

1너는 이것을 이해하라 즉 말세에 어려운 때가 올 것인데

바울은 말세를 맞이하는 자의 태도와 준비를 가르친다. 여기에서 "말세"를 직역하면 "마지막 날들"이고, 시간의 역사가 종결되는 시기를 의미한다. 히브리서 저자는 "이 날들의 마지막"을 하나님이 아들을 보낸 시점으로 기술한다(히 1:1). 이러한 기록으로 인해 우리가 말세의 시작은 알지만 그 시기의 길이와 끝은 아무도 모르고 아버지 하나님만 아시기 때문에 우리는 말세가 종결되는 시점에 대한 궁금증을 접고 말세를 맞이하는 삶의 자세를 늘 갖추는 게 마땅하다. 디모데는 말세에 살았으나 말세의 끝을 보지는 않았으며 지금도 그 끝은 오지 않아서 우리도 말세의 시기를 살아가고 있다. 디모데의 시대보다 말세가 더 깊어져서 바울의 교훈은 지금의 우리가 더더욱 유념해야 한다.

바울은 말세에 "어려운 때"가 올 것이라고 예고한다. 그렇다면 당시에는 아직 덜 어렵거나 아직은 어렵지 않았다고 추정된다. 하지만 나라를 빼앗

기고 로마의 식민지가 되어 종이나 노예나 주권이 없는 민족으로 살아가는 것이 얼마나 힘들고 아팠을까! 이미 대단히 어려운데, 아직 본격적인 어려움의 때는 오지도 않았다고 하니 얼마나 더 아파야 말세인가! 말세에는 식민지의 비참과 고통보다 더 어렵거나 그것이 어려움의 축에도 끼지 못할 정도로 가혹한 일들이 일어날 것이라고 말하는 바울이 야속하다. 그러나 사도가 이렇게 말하는 이유는 두려움에 빠지라는 것이 아니라 두려움을 미리 "이해하여"(γινώσκω) 경계하고 대비하게 하기 위함이다. 두려움의 실체를 모르면 지극히 사소하고 일시적인 두려움에 대해서도 바들바들 떤다. 그러나 그것을 올바르게 이해하면 어떠한 두려움도 이겨낸다. 두려움은 인간을 조정하기 위해 마귀가 애용하는 감정의 거품이다. 두려움의 실체를 뜯어보면 허상 아닌 두려움이 없음을 확인한다.

디모데의 시대도 말세였고 당연히 우리의 시대도 말세로 분류된다. 그러나 그때보다 지금은 더 가까운 말세이기 때문에 "어려운 일"에 대한 바울의 예언에 의하면 바울의 시대보다 더 어려운 일들이 디모데의 시대에 있을 것이고, 디모데의 시대보다 더 어려운 일들이 우리의 시대에 생길 것이라는 추론이 가능하다. 그러므로 혹시 우리의 시대에 과거와는 비교할 수 없을 정도로 더 어려운 일들이 더 많이 일어나도 당황하지 말라. 어려운 일들의 발생은 당연하다. 혹시 그런 일들이 보이지 않더라도 은밀하게 진행되고 있다는 점을 이해해야 한다.

2이는 사람들이 자기를 사랑하며 돈을 사랑하며 자랑하며
자신을 타인보다 높이 드러내며 악담하며 부모에게 거역하며
감사하지 아니하며 경건하지 아니하며

바울은 말세에 두려운 때를 초래하는 다양한 원인들이 있음을 지적하고

2절부터 5절까지 구체적인 원인들을 열거하며 디모데를 가르친다. 첫번째 편지에서 바울은 이미 말세에 "믿음에서 떠나 미혹하는 영과 귀신의 가르침"을 따르는 사람들이 있을 것이라고 했다. 거기서는 혼인과 음식의 문제를 주로 다루었다. 그러나 두번째 편지에서 바울은 그런 자들의 보다 구체적인 문제들을 언급한다.

바울이 첫번째로 꼽은 두려운 때의 원인은 자신에 대한 사랑(φίλαυτος)이다. "사랑"이 두려운 때를 초래하는 원흉이다? 참 아이러니한 주장이다. 가장 흠모하며 추구해야 할 인생의 가치가 사랑인데, 오히려 두려움의 앞잡이가 된다는 바울의 역설이 낯설기만 하다. 그러나 바울의 가르침에 정통한 아우구스티누스는 타락한 이 세상 즉 인간의 도성을 모든 것이 "자기애"(amor sui)로 말미암아 모든 질서가 구축되고 문화가 만들어진 나라라고 주장한다. 자기를 너무 사랑하고 애착하는 사람은 자신에게 결박된다. 이와는 달리, 하나님의 도성은 모든 것이 "하나님 사랑"(amor Dei)으로 말미암아 움직이는 나라라고 한다. 하나님을 사랑하면 하나님께 결박된다. 이런 결박은 진정한 자유와 해방의 다른 표현이다. 사랑의 극단적인 양면성을 정확히 간파한 설명이다.

자기를 사랑하면 왜 문제가 생기는가? 사랑은 언제나 사랑의 대상을 모든 생각과 판단과 처신에 있어서 일순위로 삼기 때문이다. 사랑의 대상은 인생의 돌쩌귀와 같다. 무엇을 하더라도 어디를 가더라도 언제나 그 대상의 주변을 맴돌기 때문이다. 자기를 사랑하면 하나님과 이웃의 상대화가 일어난다. 인간은 본래 하나님을 최고의 선으로, 최고의 가치로, 최고의 순위로, 최고의 목적으로 여기며 살도록 지어졌다. 그런 창조의 질서에 충실할 때에 자신에게 가장 유익하다. 즉 하나님을 모든 면에서의 일순위로 삼는 하나님 사랑은 궁극적인 의미에서 자신에 대한 진정한 사랑이다. 그러나 자기를 사랑하는 것은 진짜 자기를 사랑하는 것 같은 착각을 일으킨다. 그러나 그것은 은밀한 속임수다. 하나님을 자신보다 낮추는 불경한 일이면서 자신도 불행하게 만드는 원인이다. 창조의 질서를 벗어나게 만들기 때문이다. 자신을 올바르게 사랑하는 최고의 비결은 하나님 사랑이다. 하나님을 사랑하면 다른 모든 종류의 단계별 사랑이 자동으로 정돈된다.

그래서 하나님 사랑은 사랑의 첫단추다. 우선순위 면에서 그러하다. 진실로 나를 사랑하기 원한다면, 진실로 이웃을 사랑하기 원한다면, 진실로 자연을 사랑하기 원한다면, 사랑의 일순위 대상이 관건이다. 예수의 말씀 중에 아주 불편한 내용은 사랑과 관련되어 있다. "아버지나 어머니를 나보다 더 사랑하는 자는 내게 합당하지 아니하고 아들이나 딸을 나보다 더 사랑하는 자도 내게 합당하지 아니하며"(마 10:37). 이는 가장 가까이에 있는 나의 사람들을 사랑하지 말라는 말인 것처럼 오해하기 쉬운 말씀이다. 실제로 이 말씀을 빌미로 지근의 이웃 사랑을 소홀히 여기는 사람들도 있다. 그러나 이 말씀은 우리에게 진정한 가족 사랑을 가르친다. 인간 개개인과 사회 공동체가 진실로 행복하기 위해서는 하나님을 사랑의 일순위 대상으로 간주해야 한다는 말씀이다. 하나님을 사랑하면 부모나 자식이나 친지나 이웃을 최고의 수준으로 사랑할 수 있기 때문이다.

자기를 사랑할 때에 필히 수반되는 두번째 원인은 돈에 대한 사랑(φιλάργυρος)이다. 하나님을 사랑하는 것 다음으로 사랑해야 하는 두번째 순위의 대상은 사람이다. 그런데도 사람보다 돈을 더 사랑하면 존재의 질서가 파괴된다. 무언가를 사랑하면 다른 모든 것은 그 무언가를 위한 사랑의 수단으로 간주된다. 돈을 사랑하면 사람은 돈을 사랑하고 취하는 도구로 전락한다. 돈을 사랑하면 모든 사람들이 발 달린 화폐로 보이기 때문이다. 화폐의 교환가치 크기를 기준으로 사람의 등급을 매기고 차별한다. 돈벌이에 도움만 된다면 사람에게 거짓말도 하고 폭력도 행사하고 심지어 죽이기도 한다. 돈을 사랑하면 부의 증대가 행복이고 부의 감소가 불행이다. 행복을 주는 사람은 환대하고 불행을 주는 사람은 학대한다. 부의 증대에 도움이 된다면, 선한 사람들을 모함하고 미워하고 비난하고 제거하는 일에도 가담하고, 사악하고 가증하고 음란하고 가식적인 사람과도 연합하고 협력한다. 자기를 사랑하고 돈을 사랑하면 하나님에 대한 경외심도 사라지고 이웃의 존엄성과 인권에 대한 존중도 사라진다. 돈은 사랑의 대상이 아니라 사용의 대상이며 사랑의 유용한 수단으로 간주해야 돈에 대한 사랑의 문제가 극복된다.

세번째 원인은 자랑(ἀλαζών)이다. 이것은 아무것도 없음에도 불구하고 뭔가 굉장한 것이 있는 것처럼 가장하는 행위, 혹은 자신에게 괜찮은 부분은 일부러 드러내고 부족한 부분은 고의로 가려서 자신의 내면적 가치를 왜곡하고 과장하고 부풀리는 행위를 의미한다. 자기 자랑은 일종의 자기 성형이다. 자랑하는 이유는 자신의 있는 그대로가 아니라 그 이상의 평가를 타인에게 받고 싶은 욕구 때문이다. 더 깊게는 자존감의 부재와 자신의 참된 정체성에 대한 무지 때문이다. 인간의 가치와 존엄성의 토대인 하나님의 형상은 어떠한 차등도 없이 모든 사람에게 동일하다. 자신을 돋보이게 하려는 욕구는 자신에게 있는 신적인 형상의 막대하고 동등한 가치를 몰라서 타인과 비교하며 열등감에 빠져 스스로 주눅 들어 있기 때문에 나타나는 마음의 반동이다.

네번째 원인으로 사람들은 자신을 타인보다 높이 드러낸다(ὑπερήφανος). "타인에게 주목을 받고 싶어하는 정도가 심하여 사람들의 관심을 과도하게 끌려는 병폐에 빠진 사람"을 관심병자 혹은 관종이라 한다. 과도한 노출과 기괴한 행동과 이상한 말투와 엉뚱한 반응을 고의로 보이는 이유는 사람의 시선에 대한 목마름 때문이다. 타인의 평범한 주목에 만족하지 않고 다른 누구보다 더 높아지고 싶은 욕구는 교만이다. 교만한 사람들은 자신을 높이거나 타인을 낮추는 방식으로 자신을 높이 드러내려 한다. 왕이나 대통령의 자리는 이러한 욕망의 절정이다. 고대나 지금이나 왕이 지나가면 때로는 고개를 숙이며 때로는 무릎을 꿇으며 예를 표해야만 한다. 그렇지 않으면 국가원수 모독죄나 반역죄로 죽임을 당하거나 멸문지화 수준의 잔혹한 보복을 감수해야 한다. 어떤 사람들은 땅의 최고봉을 넘어 신의 자리까지 노리며 하나님과 같아지는 것을 지나 그를 능가하려 한다. 이처럼 교만은 아무리 높아져도 만족을 모르는 마음의 항구적인 갈증이다. 베드로와 야고보에 의하면 교만한 자들은 하나님에 의해 멸망한다(약4:6, 벧전5:5). 이렇게 자신을 타인보다 높이면 더 많은 시선을 확보할 수는 있겠지만 많은 사람들의 타깃이 되고 적들에게 더 많이 노출되기 때문에 오히려 위험하다. 보다 높은 자는 자질 즉 책임과 희생과 지혜와 분별력과 판단력에 있어서도 다른 누구보다 뛰어나야 한다. 뛰어난 내용물도 없이 타인보다 자신을 높이기만 하면 비웃음만 산다. 높아진 자리에 요구되는 책임을 질 능력이 없기 때문에 자기보다 낮춘 모든 사람들을 돌보아야 하는데 오히려 위태롭게 한다. 이 문제는 우리가 타인을 우리보다 낮게 여길 때에 극복된다.

다섯번째 원인은 악담(βλάσφημος)이다. "악담"은 "나쁘게 말하기"다. 나쁘게 말하는 것은 단순히 나쁜 정보의 정직한 지적을 의미하지 않고 미움의 감정을 언어에 담아 타인을 공격하고 아프게 하는 방식을 의미한다. 악하게 말하는 이유는 타인을 싫어하기 때문이다. 누군가를 미워하면 그에게 하는 모든 말 속에는 무형의 송곳이 들어간다. 단어의 선택과 문장의 배열과 소리의 굵기와 말의 속도와 문자의 온도도 미움의 은밀한 극대화에 기여하는 방향으로 결정된다. 악담은 영혼에서 준비된 흉기이고 타인에 대한 언어적인 살인이다. 마음을 베는 입의 폭력이 악담이다. 이러한 악담은 우리가 진실하고 따뜻하고 아름다운 말로 극복해야 한다.

여섯째는 부모 거역(γονεῦσιν ἀπειθεῖς)이다. 부모는 존재의 자궁이다. 가치관과 삶의 지혜를 등록금도 없이 무상으로 제공하는 부모를 거역하는 것은 그런 소중한 가치와의 단절을 초래한다. 한 세대가 이전 세대의 장점을 전수하고 발전시킨 정신적인 유산과 결별하면 그 세대는 반복되는 시행착오 때문에 막대한 시간을 허비해야 한다. 이런 태도는 하나님의 진리에 대해서도 그대로 적용된다. 즉 모든 만물의 부모라고 할 창조주를 거역하는 순간 영원히 변치 않아서 태초부터 지금까지 전수되고 있는 신적인 전통 즉 진리와의 단절을 초래한다. 존재의 궁극적인 근원 되시는 하나님을 거역하고, 그 하나님의 아름다운 형상을 거부하고, 그가 온 세상과 만물에 설정해 놓은 조화로운 질서도 부정하고, 피조물 사이의 절묘한 관계와 공존과 협력도 무너지게 된다. 부모에게 거역하는 것은 혈통적인 부모와 자녀 사이의 갈등이 아니라 창조자에 대한 대립으로 소급된다. 그러니 말세에 부모를 거역하는 자들로 말미암은 어려움은 얼마나 막대할 것인가! 부모에 대한 순종으로 그런 어려움을 극복해야 한다.

일곱째는 감사하지 않음(ἀχάριστος)이다. 감사의 없음은 개인의 인생이든 민족의 역사이든 어려움의 때가 왔다는 적신호다. 감사하지 않는 이유는 외부에서 자신에게 주어진 것이 하나도 없다고 생각하기 때문이다. 감사는 아름답고 평화로운 관계의 아교와 같아서 감사하지 않으면 사회는 삭막하게 된다. 이와는 달리, 감사는 내가 타인에게 무언가를 받았을 때에 촉발된다. 칭찬이나 도움이나 사랑이나 선물이나 배려나 양보나 용서를 받았다고 생각하면 감사하게 된다. 무언가를 받았기 때문에 갚아야 한다는 보답의 마음이 생기고 이는 타인에게 자신보다 더 위하는 자세로 타인을 존대하는 원인으로 작용한다. 경쟁보다 공존을, 자신의 유익보다 타인의 유익을, 독점보다 양보를, 비난보다 격려를 선호하게 한다. 이런 감사의 사회는 살벌하지 않고 천국의 모습과 유사하다. 사실 감사는 "범사에" 실천해야 한다고 성경은 가르친다(살전 5:18). 이는 감사가 본래 인간의 체질이기 때문이고, 체질에 맞아서 행복의 비결이기 때문이다. 하나님에 대해서는 감사가 그를 영화롭게 하는 예배의 방식이다(시 50:23).

여덟째는 경건하지 않음(ἀνόσιος)이다. 이는 성스러운 것들을 존경하지 않고 무시하며 상스러운 것들에 대해서는 집요한 관심을 보이며 열광하는 시대가 말세임을 의미한다. 지금이 그런 시대이다. TV 방송이나 영화나 인터넷 동영상을 보더라도 보다 자극적인 장면이나 보다 선정적인 말이나 보다 저속한 행동이나 보다 막장 같은 이야기가 오늘날의 문화를 도배하고 있다. 자연은 그렇게도 아름답고 향기롭고 우아한데, 인간의 손길이 닿은 곳이라면 너무도 민망하고 부끄러워 도무지 눈길이 닿기가 무서운 세상이다. 이는 거룩하신 하나님을 싫어하고 멀리하기 때문이다. 저속함에 대한 인간의 보편화된 기호는 하나님의 거룩한 성품에 대한 고의적인 부정이고 도발이고 저항이고 도전인 동시에 그런 인간에 대한 하늘의 형벌이다. 더럽고 상스러운 마음을 따끔하게 혼내지 않으시고 내버려 두시는 형벌이다. 사회의 곳곳에서 경건한 사람은 시대에 뒤떨어진 사회의 부적응아로 매도되고 추잡한 사람은 시대를 앞서가는 영웅으로 추대된다. 인간과 물건을 포함하여 저속한 상품들이 지하에서 거래되는 시장의 규모는 상상을 초월한다. 이제는 저속한 시장이 부끄러운 줄도 모르고 지상으로 올라오는 양성화를 시도하고 있다. 도박도, 포르노도, 성매매도, 마약도 앞다투어 인권과 자유라는 명분을 내세우며 합법화를 추진하고 있다. 이러한 말세의 문제를 해결하기 위해서는 우리 모두에게 경건에 이르려는 치열한 연습과 저항이 필요하다.

3무정하고 화해하지 아니하며 모함하며 절제하지 못하며
사나우며 미덕을 적대하며

아홉째는 무정(ἄστοργος)이다. 무정은 정의 없음이다. 한국인은 특별히 정이 많은 민족인데, 요즘에는 정이 메말라 쩍쩍 갈라지는 현상을 곳곳에서 목격한다. 정이라는 것은 사람과 사람 사이의 관계에서 나타나는 정서적인 친밀감을 의미한다. 삼면이 바다라는 한반도의 지정학적 특징과 다른 민족과의 섞임이 거의 없었던 혈통적인 순수성 때문에 우리는 우리 자신을 정이 많은 민족으로 인식하고 있다. 그러나 산업과 기술의 발달로 도시가 형성되고 급속한 도시화로 인해 인구의 밀도는 높아지고 교류의 동선은 복잡하게 얽혀 특정한 사람을 향한 관심은 사방으로 분산되고 약해졌다. 인구의 빠른 이동 때문에 옆집에 누가 사는지도 모르고 언제 헤어질지 모르기 때문에 이웃과 나누는 정의 깊이와 분량도 심히 초라하다. 이웃을 친족으로 여기던 "이웃사촌"이라는 표현도 옛말이다. 본성의 정서적인 작용이 회복되기 위해서는 서로가 남이 아니라는 관계의 회복이 필요하다. 모든 사람을 서로 연결하는 확실한 관계의 끈은 하나님의 형상이다. 소급하고 소급하면 아담으로 소급되고 그 너머에 하나님이 계시다는 사실과 우리는 모두 그의 소생이란 사실로 소급된다. 같은 뿌리를 가진 인간은 서로 무관하지 않다.

열째는 화해하지 않음(ἄσπονδος)이다. 이는 전쟁에서 휴전하지 않고 계속 싸우려는 자세와 너무도 완고해서 대화하며 협의할 마음이 전혀 없는 상태를 의미한다. 어떠한 분야에도 갈등과 대립은 발생한다. 그때마다 해결하기 위해서는 타협의 여지를 마련해야 한다. 둘 사이에 빈 공간이 필요하고 이를 위해서는 각 주체가 상대방에 대한 한발짝의 양보로 운신의 폭을 만들어야 한다. 막힌 관계의 담을 허물기 위해서는 양보라는 희생이 필요하다. 양보가 클수록 화해의 가능성도 높아진다. 예수는 하나님과 인간 사이에, 그리고 인간과 인간 사이에 막힌 담을 "자기 육체로" 허무셨다(엡 2:14). 자신의 몸을 도구로 삼을 정도로 타인을 기쁘게 하려는 사랑의 마음이 없다면 화해가 결코 이루어질 수 없다는 것은 상식이다. 아쉽게도 사람들은 자발적인 손해가 아니라 집요한 유익에 몰입하고 있다. 화해는 자아의 증식이다. 화해의 크기가 자아의 크기를 좌우한다. 모든 사람들과 더불어 화목하는 것은 모든 사람에게 자신을 양보하는 손해가 아니라 모든 사람에게 자아가 확대되는 유익이다.

열한째는 모함이다. 여기에 쓰인 헬라어 낱말은 "디아볼로스"(διάβολος)

즉 마귀를 가리킨다. 성경에서 마귀는 살인자요, 진리가 전혀 없고 진리에 서지 못하는 거짓의 아비(요 8:44)요, 하나님 앞에서 우리를 밤낮으로 참소하는 존재를 의미한다(계 12:10). 인간문맥 안에서는 "디아볼로스"가 관계성을 파괴하기 위해 부당하게 고소하고 비방하는 마귀 같은 사람을 의미한다. 사실을 거짓으로 왜곡하고 거짓을 사실인 것처럼 꾸미고, 행한 일을 하지 않았다고 주장하고 하지 않은 일을 행했다고 말하면서 타인을 곤란한 처지에 빠뜨리고 그의 인격을 살해하는 사람들이 많다. 가짜뉴스 기반의 소문과 여론은 대표적인 현대판 모함이다. 이 모함은 정보화 시대의 정체성을 갉아먹는 벌레처럼 분야마다 바글바글 한다. 진실을 말하는 방식으로 모함과 겨루어야 한다.

열두째는 절제하지 못함(ἀκρατής)이다. 문자적인 의미로는 "힘이 없는" 상태를 의미한다. 그러나 힘 자체의 없음이 아니라 자신의 감정과 언어와 행실의 강약과 완급을 조절하지 못하는 정신적인 능력의 없음을 의미한다. 힘조절이 안되는 사람들은 과잉과 결핍 사이에서 감정의 널뛰기를 한다. 힘은 무절제한 불출이 아니라 조절의 대상이다. 힘이라는 것 자체가 통제를 요구한다. 사회도 힘의 견제와 통제를 위해 입법부와 사법부와 행정부로 힘을 분할한다. 통제되지 않은 힘은 그 자체로 흉기이며 사회를 위협하기 때문이다. 힘은 크기나 유무보다 올바른 사용이 더 중요하다. 절제는 힘의 올바른 사용 전단계로 반드시 훈련해야 하는 성향이다. 브레이크 없는 속도가 무섭듯이 절제라는 제어장치 없는 힘도 동일하게 섬뜩하다. 절제력이 클수록 그 만큼의 큰 힘을 관리할 수 있기 때문에 하나님은 절제의 크기에 따라 각자에게 적합한 힘을 베푸신다. 지식이든, 재능이든, 재물이든, 인맥이든, 능변이든, 필력이든, 무엇이든 절제되지 않으면 자신과 타인 모두에게 위험하다. 말세에 준비되지 않은 힘의 소유자가 많이 나와서 개인과 사회를 파괴하는 일들이 곳곳에서 일어난다.

열셋째는 사나움(ἀνήμερος)이다. 사나움은 인간의 죄악된 본성이다. 그 본성에서 나오는 뾰족하고 사나운 인품과 언행을 우리는 날마다 다듬어야 한다. 다듬는 과정이 교육이다. 읽고 듣고 생각하고 말하고 행하는 모든 기본적인 인간의 활동은 양질의 교육으로 길들이고 다듬어야 하는 대상이다. 인간은 절대 저절로 좋아지지 않고 각고의 노력을 기울여야 조금씩 개선된다. 개선의 과정에서 존재와 활동의 사나운 부위가 깎이고 제거되는 아픔과 고통을 감수해야 한다. 그런데 어떤 사람은 사나움을 남성적인 매력인 것처럼 두둔한다. 그것의 유익과 순기능을 강조하며 사나움의 보존을 강조한다. 그래서 어떤 사회 속에서는 사나움이 일종의 정의라는 미덕으로 둔갑하여 미성숙한 사람들의 흠모를 부추긴다.

열넷째는 미덕의 적대(ἀφιλάγαθος)이다. 헬라어 단어를 풀어서 설명하면, 선한 것에 대한 애착의 없음이다. 미덕은 우리가 선대함이 합당한다. 그런데 선한 것을 오히려 적대하며 비웃는다. 자신들의 악덕을 고발하며 비웃는 미덕에 대해 사람들은 애착을 가질 필요가 없고 오히려 제거해야 할 장애물로 간주한다. 미덕을 선대하지 않고 적대하는 이유는 사람들의 가치관이 전도되어 있기 때문이다. 그래서 그들은 이사야의 기록처럼 "악을 선하다 하며 선을 악하다 하며 흑암으로 광명을 삼으며 광명으로 흑암을 삼으며 쓴 것으로 단 것을 삼으며 단 것으로 쓴 것을 삼는 자들"이다(사 5:20). 그들은 악덕을 선대하고 미덕을 적대한다. 가치관 차원에서 이루어진 왜곡이기 때문에 그들은 자신들이 진실로 옳다고 뜨겁게 주장한다. 그래서 가치관의 거듭남이 필요하고 이는 성령의 새롭게 하심에 의해서만 가능하다.

4배신하며 조급하며 자만하며 하나님을 사랑하는 것보다 쾌락을 더 사랑하며

열다섯째, 사람들은 배신한다. "배신자"를 가리키는 헬라어 "프로도테스"(προδότης)는 예수를 배신한 가룟 유다를 가리켜 쓰인 낱말이다(눅 6:16).

배신은 신의를 저버리는 행위로서 관계를 깨뜨리는 정도가 아니라 적대적인 관계로 들어가는 관문이다. 배신은 자신의 유익을 위해 기존의 관계를 도구로 삼을 때에 발생한다. 유다는 예수에 대하여 정치적인 메시야의 활약을 기대했다. 도시락 하나로 5천 명을 다 먹이고 죽은 자도 살리고 광풍도 잠잠하게 만드는 권능의 소유자인 예수를 그는 민족의 해방과 회복도 이룰 정치적인 메시야의 적임자로 간주했다. 그러나 예수는 로마에 아부하는 기존의 유대인 권력을 혁신하지 않고 로마의 지배력을 약화시킬 의지도 없고 오히려 가난한 자들과 연약한 자들과 병든 자들과 세리들과 창기들을 만나서 가난하고 핍박을 당하고 애통하는 것을 가르친다. 그래서 유다는 예수를 배신했다. 예수를 대제사장 손아귀에 넘기는 대가는 은 30이었다. 유다는 예수의 가치를 고작 은 30으로 간주했다. 그래서 흔쾌히 거래했다. 이처럼 사람을 이 세상의 어떤 이념이나 성취나 물질과 교환되는 것으로 간주할 때에 인간 자체에 대한 배신은 언제든지 일어난다. 이 배신의 근원은 하나님에 대한 배신이고, 인간에 대한 배신은 하나님을 겨냥한 배신이다. 하나님에 대한 인간의 배신은 배신의 처음과 나중이다.

열여섯째, 사람들은 조급하다(προπετής). 대화를 나눌 때에 말이 지나치게 빠르거나, 내용의 전개에 논리적인 흐름이 무시되는 경우를 경험한다. 실수를 저질렀을 때에 차분히 원인부터 파악하고 최선의 해결책은 무엇이고 그 해결의 순차적인 과정은 무엇인지 살피는 것 없이 해결 자체에만 천착하는 사람들도 경험한다. 식사할 때에 적당한 양을 입에 넣고 이로 충분히 음식물을 분쇄하고 가벼운 산책으로 소화와 영양분 섭취를 원활하게 하는 시간이 아까워서 급하게 먹는 사람들이 많다. 마음과 생각과 말과 행위와 일처리에 있어서 사람들이 조급한 이유는 대체로 안정감이 없기 때문이다. 모든 행위에는 적정한 속도가 있는데 마음이 불안하면 그 속도를 위반하고 서두른다. 급하다고 실을 바늘 허리에 묶으면 모든 게 물거품이 된다. 그러나 안정된 마음은 적정한 속도를 인지하고 유지한다. 시험을 보거나, 결혼을 하거나, 논문을 쓰거나, 강의를 하거나, 빨래를 하더라도 준비와 진행의 속도가 중요하다. 만물을 지으신 하나님은 그 만물을 때에 따라 아름답게 만드신다. 아름답게 되는 때와 기한은 그분이 정하신다. 그래서 범사에 하나님을 인정하면 속도가 조절된다. 신비로운 사실이다. 하나님을 인정하는 순간, 평강의 하나님이 마음에 안정감을 주시기 때문이다.

열일곱째, 사람들은 자만한다. 자만은 "연기나 안개로 실체를 포장하는 것, 혹은 긍지나 허영으로 의식이 부풀어 오른다"는 동사(τυφόω)의 파생어다. 자만은 자신에 대한 지나친 신뢰와 기대에서 비롯된다. 자신의 분수와 주제를 모르고 그 이상으로 자신을 신뢰하고, 그 이상의 것이 자신에게 주어지면 자만이 발동한다. 바울은 대단히 뛰어난 인물이다. 그럼에도 불구하고 그의 분수를 넘어서는 "지극히 큰" 계시가 주어지자 자만의 벼랑으로 내몰렸다. 이에 하나님은 그의 육체에 사탄의 가시를 주셔서 자만하지 않도록 만드셨다(고후 12:7). 고통보다 자만이 더 위험하기 때문에 취해진 조치였다. 자만의 거품은 우리가 자신의 있는 그대로를 정확하게 이해하고 인정할 때에만 제거된다. 바울은 사탄의 가시를 통해 피조물 된 자신의 약함을 자각했다. 약함을 자랑의 대상으로 여긴 그에게는 사탄의 가시조차 주님의 자비로운 은혜로 여겨졌다(고후 11:30). 모든 사람은 주님께서 은밀하게 베푸신 자만 방지용 가시가 하나쯤은 있다. 아침에 있다가 순식간에 사라지는 안개, 생명력이 없는 마른 막대기, 썩어 없어지는 것에 매달리는 구더기와 같은 존재의 현주소를 파악하게 만드는 가시는 자만의 늪에 빠지지 않게 만드는 주님의 역설적인 선물이다.

열여덟째, 사람들은 하나님을 사랑하는 것보다 쾌락을 더 사랑한다. 하나님을 쾌락보다 못한 존재로 여기는 것은 말세의 한 증상이다. "쾌락 사랑"(φιλήδονος)은 감각적인 즐거움에 대한 애착을 의미한다. 이것은 성령의 소욕이 아니라 육신의 소욕이다. 쾌락에 대한 사랑은 성령의 소욕을 거스른다. 성령의 소욕은 하나님 사랑과 이웃 사랑이다. 그러므로 육체의 제안을 승인하고 따르면 하나님과 이웃은 사랑의 순위에서 필히 밀려난다. 그런데 가만히 보면, 순위에서 밀려나는 정도가 아니라 사랑의 대상이 아닌 사랑의 도구로 전락한다. 그러나 이웃만이 아니라 하나님에 대해서도 쾌락의 도구만 되어 주신다면 얼마든지 순위를 높여준다. 하지만 이 순위는 쾌락의 기여도에 따른 도구적인 기호의 순위에 불과하다. 사랑의 대상이 아니라 쾌락의 도구가 되는 순간 신이든 사람이든 비인격적 관계의 파트너로 전락한다. 그래서 사랑의 순서가 중요하다.

하나님이 사랑의 일순위를 차지하면 모든 것은 하나님 사랑을 위해 존재한다. 그러나 그분보다 더 사랑하는 무언가가 있으면 그것은 우상이 되고 하나님은 그 우상을 사랑하는 도구로 동원된다. 그래서 주님은 "아버지나 어머니를 나보다 더 사랑하는 자는 내게 합당하지 아니하고 아들이나 딸을 나보다 더 사랑하는 자도 내게 합당하지" 않다는 따끔한 경고를 내리셨다(마 10:37). 만약 더 사랑하면 주님께 합당하지 않게 되는 문제도 있지만 우리 편에서는 더 사랑하는 대상이 우리의 "원수"가 된다고 경고한다(마 10:36). 여기에서 "원수"의 개념은 우리에게 물리적인 고통과 직접적인 시련을 주는 존재가 아니라 하나님을 궁극적인 사랑의 대상으로 삼는 것을 방해하는 존재라는 개념이다. 하나님과 우리 사이가 멀어지게 하는 특이한 원수의 개념이다.

⁵경건의 모양은 있으나 그것의 능력은 부인하는 자들이 될 것이기 때문이다
너는 이러한 자들을 피하여라

열아홉째, 경건의 모양은 있지만 그것의 능력은 부인한다. 여기에서 "모양"(μόρφωσις)은 겉모습을 의미한다. 이는 사람들의 눈에는 경건해 보이지만 하나님 앞에서는 전혀 경건하지 않은 사람의 모습이다. 사람의 눈에 맞

추어진 경건을 추구하면 하나님 앞에서는 경건의 실속은 없고 종교적인 무늬만 유지하고 거기에 자족하는 결과가 발생하기 쉽다. 그런데도 자신은 경건한 줄 착각한다. 그런 사람에 대해 신약과 구약은 이렇게 지적한다. "이 백성이 입으로는 나를 가까이 하며 입술로는 나를 공경하나 그들의 마음은 내게서 멀리 떠났나니 그들이 나를 경외함은 사람의 계명으로 가르침을 받았을 뿐이라"(사 29:13). 입으로는 하나님을 찬양하고, 죄를 고백하고, 복음을 전파하여 주님을 공경하는 겉모습을 갖추지만, 마음은 입의 내용과 상반된다. 그런 입은 하나님을 떠난 마음의 가리개와 장신구에 불과하다. 비록 주님을 경외하는 경우라고 할지라도 그 근거가 사람의 계명으로 가르침을 받은 것이라면 마음이 멀리 떠난 경건의 가식적인 모양으로 간주된다.

이들의 보다 심각한 문제는 경건의 능력을 "부인하고 있다"(ἀρνέομαι)는 사실이다. 경건의 능력을 사모하지 않는다는 것이 아니라 그런 능력이 아예 없다고 생각한다. 전혀 관심을 가지지 않고 경건의 능력을 가진 사람도 무시한다. 그래서 경건의 지존이신 예수도 무시한다. 그러나 경건은 큰 능력이고 큰 유익이다. 그렇기 때문에 첫번째 편지에서 바울은 경건이 약간의 유익을 제공하는 "육체의 연단"보다 더 강력해서 "범사에 유익"한 것이라고 했다(딤전 4:8). 경건은 하나님에 의해 단련되는 것이기 때문이다.

바울은 겉으로만 경건해 보이는 사람을 "피하라"(ἀποτρέπου)고 가르친다. 등을 돌리고 그로부터 멀어질 것을 조언한다. 쳐다보지 말고 가까이 하지 말라는 조언이다. 이는 거짓된 경건의 전염을 방지하는 상책이다. 반복해서 보면 안구에 축적된 이미지의 분량만큼 바른 경건의 기준이 그쪽으로 이동한다. 가까이에 있어도 그 기준은 저하된다. 서로 바라보고 섞이면 기준의 교류와 상호작용 속에서 공동체의 평균치로 접근하게 된다. 내가 경건하지 못하면 공동체에 민폐를 끼치고, 공동체가 경건하지 못하면 나의 경건이 훼손된다. 신앙이 불온한 무리를 피하는 것은 부끄러운 것도, 비겁한 것도, 죄를 짓는 것도 아니다. 물론 타인의 가식적인 경건을 고치려고 그에게 다가가는 것은 아름다운 섬김이다. 그러나 전문적인 훈련 없이 섣불리 접근하는 것은 위험하다.

⁶이는 그들 중에 [남의] 집들로 가만히 들어가서 어리석은 여자들을 취하려는 자들도 있기 때문이다 [그녀들은] 죄들에 압도되고 다양한 욕심들에 이끌리고

경건의 모양만 있고 능력은 부인하는 불경건한 자들 중의 한 부류를 소개한다. 그들은 집들로 몰래 들어가서 어리석은 여자들을 취하는 자들이다. "집들"은 자신들의 집이 아니라 타인들의 집이며 그곳에 "어리석은 여자들"이 있는 것을 보면 윤락녀가 모인 성매매 업소일 가능성이 높다. 그들은 하나의 업소에 만족하지 않고 여러 업소를 순회한다. 해소될 수 없는 성욕의 갈증에 이끌리는 모습이다. 설교를 하거나 전도를 하거나 봉사를 하거나 기도를 하거나 성경을 읽는 가시적인 경건의 모양은 가졌지만 하나님을 경외하고 사람을 존중하고 절제된 삶을 살아가는 경건의 능력이 없고 그 능력을 부인하는 사람들은 그 능력의 빈자리를 성적인 욕구로 채우려고 한다. 중세에 로마의 베드로 성당 곁에는 사제들의 전용 사창가가 있을 정도였다. 이런 현상은 고대와 중세와 근세만이 아니라 지금도 곳곳에서 발견된다. 특별히 목회자의 성적인 타락은 그가 경건의 무늬는 가졌으나 능력은 부인하는 자라는 사실을 고발한다.

경건하지 않은 자들이 찾아가는 어리석은 여자들은 누구인가? 바울은 그녀들이 "죄들에 압도되어" 있다고 설명한다. "압도되어 있다"(σεσωρευμένα)는 것은 누적된 죄의 더미에 짓눌려 있는 상태를 의미한다. 사람이 죄를 범하면 처음에는 죄 이전과 이후의 차이가 미미하다. 그런 안도감 때문에 재범의 유혹에 쉽게 넘어간다. 재범의 결과도 잠시 기분이 나쁘다가 금새 회

복된다. 그런 식으로 죄는 상습적인 반복이 일어나고 인생의 어깨를 서서히 무겁게 누르다가 범행자의 내면으로 파고든다. 그러면 이미 버린 몸이라는 의식과 함께 사람들은 자신을 서서히 포기하고 죄의 손아귀에 자신을 양도한다. 될 대로 되라는 방탕의 지휘를 받으며 무절제한 삶으로 폭주한다. 그런 여인들은 자신의 방탕을 섞을 누군가를 기다리고 사냥한다. 모양만 경건한 자들은 자기 발로 그녀들의 방탕 속으로 가만히 들어간다. 어리석은 여인들은 또한 "다양한 욕심들에 이끌리는" 자들이다. 욕심을 다스리지 못하고 그것에 휘둘리는 자들이다. 그런 여자들을 취하는 껍데기 경건의 소유자는 덩달아 욕심에 휘둘린다. 나아가 그 욕망들의 희생물이 된다. 욕심이 있는 사람들을 만나는 것은 욕심 속으로 자신을 내던지는 자해 행위이다. "다양한 욕심들"에 이끌리는 여인들을 만난다면 탈탈 털려서 남아나는 것이 있겠는가? 자신의 욕망을 다스리지 못하고 이끌리는 자들과의 만남은 엄중히 경계해야 한다.

7항상 배우지만 결단코 진리의 지식으로 들어갈 수 없는 자들이다

그리고 그 어리석은 여자들은 항상 배우지만 진리의 지식에는 결코 들어가지 못하는 자들이다. 항상 배운다는 것은 칭찬할 만한 열정이다. 항상 배워도 진리의 지식에는 들어갈 수 없다는 것은 배움과 진리의 인식이 별개라는 사실을 가르친다. 항상 설교를 듣고 항상 성경을 읽고 항상 강의를 듣고 항상 책들을 읽어도 진리를 모르고 진리와 무관하게 살아가는 사람들을 본다. 어떻게 이런 일이 가능할까? 이 서신의 문맥에서 보면, 죄에 압도되고 욕망에 이끌리기 때문이다. 항상 배운다는 것이 어쩌면 능력이 없는 경건의 한 무늬일지 모르겠다. 열심히 공부하는 사람도 얼마든지 죄에 짓눌리고 욕망의 노예로 살아간다. "진리의 지식으로 들어가기"(εἰς ἐπίγνωσιν ἀληθείας ἐλθεῖν) 위해서는 죄를 잉태하는 욕심과 결별해야 한다. 진리를 알더라도 욕망에 이끌리면 진리 속으로 들어가지 못하고 진리의 무늬만 겨우 유지한다. 유유상종 개념은 여기에 딱 어울린다. 무엇이든 무늬 꾸미기에 집착하는 사람들이 그런 여자들이 있는 집들로 들어가고 서로 인생의 코드가 맞아서 서로의 존재를 섞으며 어울린다. 진리는 종교적인 장신구가 아니라 우리의 인격과 삶이 통째로 들어가야 인생의 주거지다.

딤후 3:8-12

⁸안네와 얌브레가 모세를 대적한 것 같이 그들도 진리를 대적하니 이 사람들은 그 마음이 부패한 자요 믿음에 관하여는 버림 받은 자들이라 ⁹그러나 그들이 더 나아가지 못할 것은 저 두 사람이 된 것과 같이 그들의 어리석음이 드러날 것임이라 ¹⁰나의 교훈과 행실과 의향과 믿음과 오래 참음과 사랑과 인내와 ¹¹박해를 받음과 고난과 또한 안디옥과 이고니온과 루스드라에서 당한 일과 어떠한 박해를 받은 것을 네가 과연 보고 알았거니와 주께서 이 모든 것 가운데서 나를 건지셨느니라 ¹²무릇 그리스도 예수 안에서 경건하게 살고자 하는 자는 박해를 받으리라

❖ ❖ ❖

⁸안네와 얌브레가 모세를 대적한 것처럼 마음이 부패하고 믿음에 관하여는 인증되지 않은 이런 사람들도 진리를 대적한다 ⁹그러나 그들이 더 많이 나아가지 못하는 것은 그들(안네와 얌브레)의 [우매함]이 그러한 것처럼 그들의 우매함이 모두에게 분명해질 것이기 때문이다 ¹⁰그러나 너는 나의 가르침과 삶의 방식과 작정과 믿음과 오래 참음과 사랑과 인내를 신실하게 따랐으며 ¹¹안디옥, 이고니온, 루스드라 안에서 나에게 일어난 박해들과 고난들도 [따랐구나] 나는 그러한 박해들을 받았는데 주께서 이 모든 것 가운데서 나를 건지셨다 ¹²그리스도 예수 안에서 경건하게 살고자 하는 모든 이는 박해를 받으리라

9   경건한 사람

⁸얀네와 얌브레가 모세를 대적한 것처럼 마음이 부패하고
믿음에 관하여는 인증되지 않은 이런 사람들도 진리를 대적한다

부지런히 배우지만 진리에 이르지 못하는 사람들은 그나마 양호하다. 이제 바울은 진리에 대한 무지를 넘어 진리를 대적하는 자들을 언급한다. 이들을 설명하기 위해 모세의 시대에 그를 대적한 얀네와 얌브레를 거명한다. 그런데 이들의 이름은 성경 어디에도 없다. 그래서 이들의 역사적 실재성에 대한 의문이 제기되고 있다. 칼뱅은 모세의 글에 나오지는 않지만 그 글을 자세히 설명하는 선지자의 글이 있었을 것이라고 추정한다. 실제로 이들의 이름은 성경 밖의 다양한 문헌에서 언급된다. 특별히 탈굼(Targum of Jonathan)과 외경에서 그들은 주님께서 놀라운 기적들로 이스라엘 백성의 출애굽을 단행하실 때에 모세를 대적하는 애굽의 술사로서 등장한다. 칼뱅은 당시의 지도자 모세와 아론을 대적하기 위한 쌍으로서 얀네와 얌브레가 세워진 것이라고 추정한다. 두 사람의 신상에 대한 정보를 바울이 입수

한 경로에 대해서는 명확하지 않다고 칼뱅은 인정한다. 다만 두 사람에 대한 기억이 사라지지 않게 하는 하나님의 섭리가 있었다고 추정한다. 크리소스토무스는 그들에 대한 전승을 구전으로 혹은 하나님의 영감으로 사도가 알았을 것이라고 추정한다. 성경이 침묵하는 사안이기 때문에 다양한 추정은 가능하다. 다만 성경의 내용과 상충되지 않는 범위 안에서의 추정만 허용된다.

안네와 얌브레가 모세를 대적한 것처럼 바울의 시대에도 진리를 대적하는 사람들이 있다. 이들의 특징은 두 가지이다. 첫째, 그들은 마음이 부패했다. 사실 이 특징은 예레미야 선지자의 기록처럼(렘 17:9) 온 인류에게 보편적인 것이어서 새롭지 않다. 그런데 "부패하다"를 가리키는 헬라어(καταφθείρω)가 정확히는 "완전히 멸하다"로 번역된다. 모든 인간의 마음이 만물보다 더 많이 썩었지만 인간 중에서도 이들의 마음은 최대치로 부패했다. 일반인도 진리를 거부하고 싫어한다. 그런데 이들은 그 진리의 숨통까지 끊으려고 한다. 이는 진리의 빛만 없으면 썩고 파괴된 자신의 추악한 마음을 감출 수 있다고 기대하기 때문일까? 진리를 대적하는 사람의 마음은 심히 썩을 수밖에 없으며 마음이 심히 썩은 사람은 필히 진리를 대적한다.

둘째, 이들은 믿음에 있어서 인정을 받지 못하였다(ἀδόκιμος). 그들의 믿음은 하나님이 세우신 기준을 따라 검증할 때에 통과하지 못하고 탈락한 믿음이다. 사람의 눈은 가려도 하나님 앞에서는 믿음을 버린 자로 들통난 자들의 가식적인 믿음이다. 시험에서 탈락하면 자신의 잘못된 믿음을 돌아보고 돌이키는 것이 정상이다. 그런데 이들은 믿음의 기준인 진리를 대적한다. 기준을 바꾸거나 제거하고 다른 기준으로 대체해서 자신들의 탈선한 믿음에 정당성을 부여하려 한다. 결국 온전한 신앙의 소유자를 탈선자로 몰아가게 된다. 진리를 대적하면 그 진리의 수호자도 대적하게 된다. 세상에는 물론, 교회 안에서도 극렬한 대립이 전개되고 있다. 믿음을 검증하는 기준은 진리이며 그 진리는 성경에 기록되어 있다. 결국 성경을 부정하는 방법으로 혹은 세속적인 기준을 따라 성경을 해석하는 방법으로 진리의 지계표를 변경한다.

[9]그러나 그들이 더 많이 나아가지 못하는 것은 그들(얀네와 얌브레)의 [우매함]이 그러한 것처럼 그들의 우매함이 모두에게 분명해질 것이기 때문이다

바울은 마음이 부패하고 믿음에서 탈선한 자들이 진보하지 못한다고 선언한다. 이는 얀네와 얌브레의 인생이 증언한다. 그들이 진보하지 못함은 자신들의 우매함이 모든 사람에게 분명히 알려지기 때문이다. 예수의 말씀이 떠오른다. "숨은 것이 장차 드러나지 아니할 것이 없고 감추인 것이 장차 알려지고 나타나지 않을 것이 없느니라"(눅 8:17). 사람의 우매함도 필히 드러난다. 그러면 사람들이 그를 외면한다. 부패한 마음과 탈선한 믿음은 아무리 가리고 감추어도 결국에는 그 본색을 드러낸다. 왜냐하면 마음과 믿음의 기준인 진리가 어제나 오늘이나 영원히 변하지 않기 때문이다. 진리는 지워지지 않고 소멸되지 않고 가려지지 않기 때문에 진리이다. 그런 진리를 대적한 자들이 오히려 지워지고 소멸된다. 얀네와 얌브레의 구체적인 종말에 대해서는 언급이 없지만 아마도 그들은 우매함이 드러나서 우매한 자로 정죄를 당하고 사회에서 도태되지 않았을까 싶다. 진리를 대적하면 겉으로는 혹시 앞으로 나아가는 것처럼 보여도 반드시 퇴보하고 도태된다.

여기에서 우리는 진리를 대적하지 않고 오히려 따르면 인생이 반드시 진보함을 깨닫는다. 진리는 퇴보가 아니라 진보의 첩경이기 때문이다. 진리를 따르는 것 자체가 진보의 핵심적인 내용이다. 그런데도 사람들은 인생의 긍정적인 변화와 진보를 위하여 허탄한 것을 추구한다. 인생의 진보는 부의 증대나 인기의 상승이나 자리와 권력의 높아짐이 아니라 진리의

보다 적극적인 따름이다. 최고의 인생을 원하고 추구하는 자는 예수라는 진리를 추구한다. 예수는 "진리를 따르는 자는 빛으로 온다"고 가르친다(요 3:21). 이는 예수께서 생명의 빛이시기 때문이다. 빛으로 나오는 인생은 더욱 밝아진다. 아무리 캄캄함이 드리운 인생도 그 어둠에서 벗어나 눈부신 인생으로 변화된다. 이처럼 인생의 진보는 세속적인 성공의 더 멀리 나아감이 아니라 진리를 더 따르며 더 밝아짐에 있다. 퇴보하는 자들은 악행으로 진리를 대적하고 빛보다 어둠을 더 사랑하여 밝음의 역방향을 질주하며 자신의 어두운 인생을 더 어둡게 감추려고 한다.

10그러나 너는 나의 가르침과 삶의 방식과 작정과
믿음과 오래 참음과 사랑과 인내를 신실하게 따랐으며

하지만 디모데는 진리를 대적하지 않고 신실하게 따랐다고 바울은 평가한다. 디모데가 따른 진리의 구체적인 내용은 "가르침과 삶의 방식과 작정과 믿음과 오래 참음과 사랑과 인내"라고 한다. "가르침"은 진리의 내용이다. 디모데는 진리의 내용에 인간적인 생각을 섞지 않고 순수하게 보존한 사람이다. "삶의 방식"은 진리의 적용이다. 진리를 머리에 보존하지 않고 삶의 기준과 질서로 적용한 사람이다. "작정"은 진리를 맡은 사도의 계획이다. 생명을 조금도 귀한 것으로 여기지 않으면서 땅끝까지 배달해야 하는 위대한 계획에 동참한 사람이다. "믿음"은 진리의 수용이다. 진리를 지식이나 정보가 아니라 존재의 가장 깊은 곳으로 수용한 진리 중심적인 사람이다. "오래 참음"은 진리의 체득이다. 본질상 비진리로 가득한 자신을 부인하고 진리가 내 속으로 파고드는 체득의 아픔과 고통을 감내한 사람이다. "사랑"은 진리의 완성이다. "인내"는 진리의 기다림을 의미한다. 엄밀한 진리를 사랑으로 녹여낸 사람이다. 불완전한 이 세상에 다시 오실 진리와의 대면을 소망한 사람이다. 그는 진리의 사람이고 그의 삶은 그렇게 더 진보했다. 디모데는 내면이 바울에 의해 단단하게 훈련된 사람이다.

> 11안디옥, 이고니온, 루스드라 안에서 나에게 일어난 박해들과
> 고난들도 [따랐구나] 나는 그러한 박해들을 받았는데
> 주께서 이 모든 것 가운데서 나를 건지셨다

디모데는 바울이 경험한 박해들과 고난들도 따랐다고 한다. "박해들과 고난들"은 바울 자신과의 싸움이 아니라 외부의 공격과 그것에 따른 고난을 의미한다. 박해들과 고난들은 예수도 당하셨다. 박해의 이유는 무엇인가? 예수는 자신이 박해를 당하셨기 때문에 자신의 제자들도 박해를 받을 것이라고 했다(요 15:20). 그리고 "너희는 세상에 속한 자가 아니요 도리어 내가 너희를 세상에서 택하였기 때문에 세상이 너희를 미워하"는 것이라고 했다(요 15:19). 제자들을 미워하는 이유에 대한 예수의 답변은 이러하다. "세상이 너희를 미워하면 너희보다 먼저 나를 미워한 줄을 알라"(요 15:18). 박해의 주체가 무려 "세상"이다. 그런 세계적인 박해의 근거는 예수에게 있다. 그런데도 바울은 그런 박해들과 고난들을 기꺼이 받았다고 한다. 바울이 받은 이 박해들과 고난들은 안디옥, 이고니온, 루스드라 안에서 발생했다. 박해들과 고난들은 특정한 지역의 현상이 아니라 다양한 지역에서 일어났다. 세상의 박해라는 해석이 가능하다.

그런데도 바울은 죽지 않고 살아서 복음을 계속 증거하고 제자들을 길러내고 있다. 이는 주께서 모든 박해들과 고난들 가운데서 그를 건지셨기 때문이다. 주님의 건지심은 바울의 오랜 체험이고 그가 어떠한 박해를 받더라도 위축되지 않은 비결이다. 세상의 어떠한 권력과 위협에도 비굴하지 않고 당당할 수 있는 근거는 주님의 건지심에 있다. 박해의 상황에서 당하

는 자들의 소망은 박해자의 호의가 아니라 주님의 건지심에 있다. 바울이 이렇게 고백하는 이유는 디모데를 격려하고 지도하기 위함이다. 범사에 우리는 주님의 건지심을 간절히 소망해야 한다. "환난 날에 나를 부르라 내가 너를 건지리니 네가 나를 영화롭게 하리로다"(시 50:15). 환난 날은 주의 이름을 부르라는 신호이며 부르면 건짐도 받고 주님도 영화롭게 한다. 이는 바울의 삶이었다.

12그리스도 예수 안에서 경건하게 살고자 하는 모든 이는 박해를 받으리라

바울은 자신과 디모데가 박해를 당하는 이유를 설명한다. 그리스도 안에서 경건하게 살기 때문이다. 경건한 삶의 의욕과 계획을 가진 사람을 마귀는 귀신처럼 간파한다. 마귀는 기다리지 않고 박해를 단행한다. 경건하지 않은 사람들의 피묻은 손으로 경건의 숨통을 조여온다. 경건한 자가 박해를 받는다는 것은 시대가 경건하지 않음을 반증한다. 의로운 자와 정직한 자와 온유한 자가 박해를 받는 것도 세상과 사람들이 불의하고 거짓되고 폭력적인 상태에 있음을 고발한다. 경건하게 살고자 하는 "모든 이"(πᾶς)가 박해를 당한다는 것은 박해가 모든 시대의 모든 나라에서 발생하는 보편적인 현상임을 의미한다. 마귀가 왕 노릇하는 모든 불의의 시대에 박해를 받는다는 것은 경건의 인증이다. 그러므로 예수로 말미암아 "너희를 욕하고 박해하고 거짓으로 너희를 거슬러 모든 악한 말을 할 때에는 너희에게 복이 있나니 기뻐하고 즐거워"할 것을 성경은 가르친다(마 5:11).

사도의 시대만이 아니라 구약 시대의 경건한 선지자들 또한 박해를 받고 기뻐하며 하늘의 큰 상을 수령했다(마 5:12). 이는 우리의 시대에도 적용된다. 혹시 예수로 말미암아 박해와 고난을 당한다면 "이상한 일 당하는 것처럼 이상히 여기지 말고" 예수의 "고난에 참여하는 것으로" 기뻐하면 된

다(벧전 4:12-13). 박해의 유형은 다양하다. 예수에 대한 세상의 증오심이 닥치는 대로 표출되기 때문이다. 심리적인 것, 정치적인 것, 문화적인 것, 경제적인 것, 신체적인 것, 관계적인 것 등인데 마귀의 괴롭힘은 성도 개개인의 가장 취약한 부위를 파고든다. 참 고약하다. 그럼에도 불구하고 우리가 기뻐하는 이유는 결국 우리의 가장 취약한 부분에서 주님의 가장 큰 강함이 드러날 것이고 이로써 우리는 가장 약할 때 주님의 그 강함으로 가장 강해지기 때문이다.

딤후 3:13-17

¹³악한 사람들과 속이는 자들은 더욱 악하여져서 속이기도 하고 속기도 하나니 ¹⁴그러나 너는 배우고 확신한 일에 거하라 너는 네가 누구에게서 배운 것을 알며 ¹⁵또 어려서부터 성경을 알았나니 성경은 능히 너로 하여금 그리스도 예수 안에 있는 믿음으로 말미암아 구원에 이르는 지혜가 있게 하느니라 ¹⁶모든 성경은 하나님의 감동으로 된 것으로 교훈과 책망과 바르게 함과 의로 교육하기에 유익하니 ¹⁷이는 하나님의 사람으로 온전하게 하며 모든 선한 일을 행할 능력을 갖추게 하려 함이라

❖ ❖ ❖

¹³그러나 악한 사람들과 속이는 자들은 속이기도 하고 속임을 당하기도 하며 더욱 악한 것으로 치닫는다 ¹⁴하지만 너는 네가 누구에게서 배운 것을 알며 네가 배우고 확신한 일에 거하여라 ¹⁵그리고 너는 어릴 때부터 성경을 알았는데 그것은 너로 하여금 그리스도 예수 안에 있는 믿음으로 말미암아 구원에 이르도록 지혜롭게 하느니라 ¹⁶모든 성경은 하나님의 감동으로 된 것으로 교훈과 책망과 바르게 고침과 의로움 안에 있는 교육에 유익하여 ¹⁷하나님의 사람으로 하여금 모든 선한 일을 수행할 수 있도록 하기 위하여 온전하게 한다

10 성경의 목적

¹³그러나 악한 사람들과 속이는 자들은 속이기도 하고
속임을 당하기도 하며 더욱 악한 것으로 치닫는다

바울은 "그러나"를 넣어서 경건한 자들과 대조되는 악하고 거짓된 자들에 대해 언급한다. 이는 모세를 대적한 얀네와 얌브레 같은 사람들에 대한 언급이다. 그리스도 안에서 경건하게 살고자 하는 자는 박해를 당하지만 속사람은 신앙과 인격의 연단을 받아 날마다 성장한다. 하지만 악하고 거짓된 자들은 "속이기도 하고 속임을 당하기도 하며 더욱 악한 것으로 치닫는다." 이들은 "더욱 악한 것"(τὸ χεῖρον)을 향한 브레이크 없는 폭주에 매달린다. 그렇게 미친듯이 퇴보한다. 악하고 속이는 자들을 저지하지 않고 가만히 두면 그들은 저절로 더욱 악해진다. 이는 로마서에 기록된 것처럼 그들의 상태는 하나님을 인정하지 않고 그에게 감사와 영광도 돌리지 않는 종교적인 타락을 필두로 하여 지성적인 타락, 성적인 타락, 사법적인 타락으로 계속해서 악화된다. 타락은 무저갱과 같다. 타락은 만족을 모르고 그 수위를 끝없이 갱신한다. 게다가 그들은 세상에 속하였기 때문에 세상은 그들을 박해하지 않고 오히려 좋아한다. 이처럼 박해라는 제동마저 없는 인생을 살아가는 그들의 앞길은 대단히 위태롭다.

악하고 거짓된 그들을 더욱 악한 것으로 치닫게 만드는 두 가지의 요소가 있는데 속이는 것과 속임을 당하는 것이 바로 그것이다. "속이는 것"(πλανῶντες)은 속임수의 가해자가 됨을 의미하고 "속임을 당하는 것"(πλανώμενοι)은 속임수의 피해자가 됨을 의미한다. 이처럼 속임은 그들에게 어두운 소통의 수단이다. 주거니 받거니 하면서 속임의 총량은 늘어나고 속임수의 그물망은 더욱 촘촘하게 조여지고 거짓은 그들에게 체화되고 사회적인 질서와 익숙한 문화를 장악한다. 속임수의 소통은 그렇게 당연한 일상으로 치부된다. 속이는 일과 속임을 당하는 일의 빈도가 높아지고 그런 사람들이 많아지면 악인만이 아니라 선인의 악화도 더욱 촉진된다. 일반인이 속이는 것만이 아니라 국가에서 공직을 수행하는 공무원이 속임의 대열에 가담하는 일도 대낮에 벌어진다. 악한 사회와 국가는 서로 경쟁하듯 보다 화끈한 속임수를 과시하지 못해 안달이다.

14하지만 너는 네가 누구에게서 배운 것을 알며 네가 배우고 확신한 일에 거하여라

바울은 속임의 무리와는 판이한 디모데의 도리를 가르친다. "배우고 확신한 일"에 머물러야 한다. 그런데 세상의 많은 학자들은 배우고 확신한 일에 거하는 것을 싫어한다. 미지의 영역에 뛰어들어 배우고, 확신한 일에 거하면 지성에 굳은살이 생길지 몰라 지성의 피부 관리를 위해 불확실한 일에 노출되는 것을 좋아한다. 그러나 나는 보수적인 사람이다. 안전하고 확실한 것을 좋아한다. 백 년이나 천 년 정도 검증된 것을 선호한다. 물론 급속하게 달라지는 현실 적응력은 당연히 떨어진다. 그러나 해 아래에는 새것이 없기 때문에 영원히 변하지 않는 진리를 가르치는 사람들은 세상의

급속한 변화에 민첩한 보조를 맞추지 않아도 괜찮다고 생각한다. 진리에 가깝고, 진리와 동행하고, 진리를 따르고, 진리에 모든 것을 내어주는 사람은 시대에 뒤떨어진 사람이 아니라 모든 시대를 앞서가는 최첨단 인생이기 때문이다.

"배우고 확신한 일"은 무엇인가? 세상에는 아무리 배워도 확신할 정도의 일을 찾기가 하늘의 별따기다. 학문도 확실하지 않고 그 학문의 기저에 있는 수학도 확실하지 않다. 이는 그 학문을 추구하는 주체로서 인간 자체가 확신의 대상이 아니기 때문이다. 모든 사람은 불확실성 속에서 살아간다. 그런데 바울은 믿음의 아들에게 "배우고 확신한 일"에 머물라고 한다. 그는 자신이 먼저 배울 것을 알았으며 배우고 확신한 일에 머물렀다. 살아내는 실천의 방식으로 머물렀다. 실제로 그는 자신이 배우고 확신한 그리스도 예수와 그가 달리신 십자가만 알기로 작정했다. 그것이 그에게는 "배우고 확신한 일"이기 때문이다. 배우고 확신한 일이 아닌 것은 진정한 능력이 없고 긍정적인 변화가 없고 초라한 자랑만 일삼는다. 고대의 유물과 현대의 과학을 들먹이며 거품이 잔뜩 들어간 신학적 이론을 대단히 새롭고 위대한 발견인 양 제시한다. 그러나 수천년간 검증된 성경의 진리와 상충되는 것이라면 경계하는 것이 지혜로운 처신이다. 과거에 한번도 알려지지 않았다는 희귀성에 과도한 의미를 부여하지 않도록 주의해야 한다. 생각도 없이 과거의 것을 레코드판 돌아가듯 반복하는 것도 고루한 일이지만, 새로운 것이라면 맹목적인 나방처럼 달려 드는 것도 보기가 민망하다.

15그리고 너는 어릴 때부터 성경을 알았는데 그것은 너로 하여금 그리스도 예수 안에 있는 믿음으로 말미암아 구원에 이르도록 지혜롭게 하느니라

바울과 디모데가 배우고 확신한 것은 성경이다. 디모데는 "어릴 때부터"

성경을 알았다고 한다. 그에게 성경은 오랜 시간동안 검증된 신뢰의 대상
이다. 바울은 인간 바울의 가르침이 아니라 하나님의 가르침인 성경을 가
장 확실한 것이라고 지적한다. 그 성경에 일평생 거하라고 한다. 훌륭한 스
승이다. 나아가 그는 인생 전부를 걸어도 될 이유로서 성경의 놀라운 비밀
을 설명한다. 첫째, 성경은 그것을 아는 자로 하여금 "그리스도 예수 안에
있는 믿음으로 말미암아 구원에 이르도록 지혜롭게 한다." 즉 성경은 그리
스도 예수를 계시한다. 이는 성경이 자신을 가리켜 기록된 책이라고 하신
예수의 말씀(요 5:39)과 일치한다. 예수의 가르침을 따라 바울은 디모데가
성경에서 다른 무엇보다 예수를 발견해야 한다고 가르친다. 성경의 가장
중요하고 우선적인 용도는 예수 발견이다. 구약의 어떠한 책을 읽더라도
예수를 발견해야 한다. 그런데 예수는 하나님을 사랑하는 마음으로 하나님
의 영광을 구할 때에 구약에서 자신을 만나고 자신에게 나아올 것이라고
가르친다(요 5:41-42). 하나님을 사랑하지 않고 사람의 영광을 구하면, 하나
님 사랑과 영광이 전제되지 않으면 독서의 핀트가 어긋난다. 그런데 성경
의 올바른 읽기로 예수를 발견하면 그를 전심으로 신뢰하게 된다. 예수는
돈벌이나 출세나 장수나 건강의 수단이 아니라 믿음의 대상이다. 예수를
믿는 그 믿음의 종착지는 구원이다. 예수와 믿음과 구원은 디모데가 바울
을 통해 배우고 확신한 성경의 핵심적인 내용이다. 성경은 그 확실한 구원
에 이르도록 우리를 지혜롭게 한다.

구원과 무관한 책은 지혜와도 무관하다. 귀에만 달달하고 영혼에는 아
무런 유익이 없는 지혜로운 말들과 사상들을 조심해야 한다. 고유한 의미
에서 사람을 지혜롭게 하는 유일한 책은 성경이다. 즉 세상의 모든 책들 중
에 예수를 계시하고 믿음을 일으키고 구원으로 인도하는 지혜의 책으로는
성경이 유일하다. 어릴 때부터 이런 성경을 알았다는 것은 디모데가 대단
히 지혜로운 자임을 암시한다. 오늘날 책의 권수와 종류가 날로 늘어나고
심히 세분화된 주제들을 다룬다고 할지라도 우리를 지혜롭게 하는 책은 희

귀하다. 오히려 편견과 오해를 주입하고 욕망의 저지선을 해제시켜 무한대의 자유를 부추기며 방종의 바다에 빠뜨리는 황색 종이 덩어리가 가판대에 즐비하다.

16모든 성경은 하나님의 감동으로 된 것으로 교훈과 책망과 바르게 고침과
의로움 안에 있는 교육에 유익하여 17하나님의 사람으로 하여금
모든 선한 일을 수행할 수 있도록 하기 위하여 온전하게 한다

바울은 성경의 근원을 소개한다. 즉 모든 성경은 "하나님의 감동으로 된" 기독교의 유일한 경전이다. 하나님의 감동으로 되었다(θεόπνευστος)는 말은 "모든 성경 혹은 기록"(πᾶσα γραφὴ)의 서술어다. 그런데 베드로에 의하면 모든 성경은 "성령에 의해 이끌린 하나님의 사람들에 의해 언급된" 예언의 기록이다(벧후 1:21). 성경은 분명히 사람이 기록했다. 그런데 기록된 성경의 내용은 사람의 충동에서 나온 것이 아니라 성령의 이끌림을 받은 신적인 사람들의 신적인 예언이다. 성경 자체는 그런 신적인 내용의 어떠한 변질이나 가감도 없도록 하나님의 감동으로 된 기록이다. 하나님의 계시를 받은 하나님의 사람들이 성령의 감동으로 그 계시를 예언하고 예언된 그 계시가 하나님의 감동으로 기록된 것이 바로 성경이다. 그러므로 성경의 내용에 있어서나 성경의 기록에 있어서나 우리는 어떠한 의심도 없이 성경 전부를 하나님의 말씀으로 신뢰해도 된다.

성경은 비록 인간 저자들에 의해 쓰여진 책이지만 하나님을 그 성경의 저자라고 해도 부당하지 않다. 그 신적인 저자께서 선지자와 사도라는 필객의 붓으로 쓰신 책이 바로 성경이기 때문이다. 하나님이 저자이신 책이라는 사실로도 성경은 인류의 역사에서 최고의 문헌이다. 그런데 세상에서 가장 비싼 책은 빌 게이츠가 1994년에 371억으로 구입한 레오나르도 다빈

치의 친필 수첩이다. 36페이지 분량의 이 얇은 수첩에는 다빈치가 무려 40년간 수학과 과학에 대해 생각하며 기록한 내용이 수록되어 있다. 독서는 저자와의 만남이다. 빌 게이츠는 이 수첩에서 40년치의 다빈치를 만나는 것의 가치가 371억보다 더 크다고 여겼음이 분명하다. 그런데 성경은 하나님의 책이기 때문에 다빈치의 수첩보다 더 위대하다. 다빈치와 만나 그의 생각을 경험하는 것보다 하나님과 만나서 그의 생각을 경험하는 것이 더욱 위대한 사건이기 때문이다. 그런데도 성경을 펼치지만 하나님을 만나지는 않고 자신이 좋아하는 처세술만 건지고 인간 저자들의 생각만 읽어내는 사람들이 많다. 그들은 최고가의 다빈치 수첩에서 다빈치를 만나지 못하는 사람보다 더 어리석다. 성경에서 우리는 다양한 인간 저자들을 만나기도 하지만 하나님을 만나야 제대로 된 성경 읽기가 가능하다.

성경을 하나님의 감동으로 된 책으로서 제대로 읽으면 우리에게 어떤 유익이 생기는가? 첫째, 교훈(διδασκαλία)이다. 바울은 이전에 기록된 모든 성경이 우리의 "교훈"을 위한 것이라고 했다(롬 15:4). 그런데 이것은 사람의 교훈이 아니라 하나님의 교훈이다. 성경은 하나님이 훈장으로 계신 서당이며, 성령이 교사로서 가르치는 교실이기 때문이다. 그럼에도 불구하고 성경을 사람의 교훈으로 읽으면 예수의 말씀처럼 인간의 전통으로 하나님의 교훈을 폐하고 그의 명령을 거역하는 일이 발생한다(마 15:3, 6). 경배를 하더라도 하나님을 헛되이 경배하게 된다(마 15:9).

바울은 골로새 교회를 향해 "사람의 명령과 가르침"은 소멸될 것들이기 때문에 절대 따르지 말라고 엄중히 꾸짖는다(골 2:22). 지금 우리가 따르고 있는 교훈은 무엇이고 그 출처는 어디인가? "교훈"은 마음의 양식이고 정신적인 활동의 에너지다. 어떤 교훈을 섭취하고 있느냐가 삶의 질을 좌우한다. 그런데 사람의 교훈을 따르면 잠시 사람들의 환대를 받을 수는 있겠지만 결국에는 몰락한다. 물고기가 물을 만난 것처럼 만물보다 거짓되고 심히 부패한 마음이 애타게 고대하던 부패한 교훈을 만나 삶의 모든 구역에서 악취를 당당하게 풍기는 부패한 인생으로 전락한다.

둘째, "책망"(ἔλεγχος)이다. 이것은 어떤 사람에게 잘못된 부분이 있음을 증거하는 행위를 가리킨다. 성경을 읽으면 투명한 거울에 비친 것처럼 벌거벗은 자신이 읽어진다. 성경은 굴곡이 전혀 없는 거울이기 때문에 독자의 왜곡된 이미지가 아니라 있는 그대로의 모습을 반영한다. 겉모습만 보여주지 않고 존재의 가장 깊은 심연까지 드러내는 거울이다. 그래서 표정이나 말투나 행실의 잘못만 드러내지 않고 내면의 탐욕과 거짓과 음란과 증오와 분노와 악독까지 드러낸다. 그렇게 성경은 독자를 책망한다. 그런데 그 책망은 파괴적인 책망이 아니라 건설적인 책망이다. 그래서 책망도 유익하다. 지혜자는 심지어 "훈계의 책망은 곧 생명의 길이라"고 했다(잠 6:23).

그러나 많은 사람들이 책망을 싫어한다. 그래서 성경을 싫어하고 성경에 충실한 설교도 싫어한다. 죄와 악이 드러나지 않는다고 없어지나? 오히려 드러나서 그 실체를 확인하면 반성하게 되고 해결책을 모색하게 되기에 유익하다. 늘 어린아이 같은 신앙의 소유자를 가만히 보면 그는 성경의 책망을 싫어하고 있다. 그래서 부끄러운 치부와 약점과 문제점을 들키지 않도록 내면의 더 어두운 구석으로 숨기고 조마조마 하며 그것들과 더불어 살아간다. 그러니 어찌 신앙이나 인격이 성장할 수 있겠는가! 그러므로 만약 자신의 약점과 문제를 드러내는 사람이나 사건이나 상황을 만나면 짜증이나 보복으로 반응할 것이 아니라 감사함이 마땅하다. 그 모든 것이 자신의 파괴가 아니라 성장의 기회이기 때문이다. 발상의 전환이 필요하다. 성경은 우리에게 가장 근원적인 책망과 가장 치명적인 책망과 가장 공정하고 객관적인 책망과 가장 유익한 책망을 제공한다. 있는 그대로의 원초적인 자아를 찾아 떠나는 여정의 종착지는 성경이다.

셋째, "바르게 고침"(ἐπανόρθωσις)이다. 이것은 "무엇에 대하여 올바름에 다시 이르도록 하는 행위"를 의미한다. 성경은 사람의 내면과 외면의 문제를 지적하는 것에 그치지 않고 그 해결책도 제시한다. 타락 이후에 창조의 본래적인 상태에서 멀어진 모든 자들에게 회복의 방향을 제시하고 구체적인 회복의 결과를 가능하게 한다. 타락한 모든 피조물이 회복해야 할 "올곧음"(ὄρθωσις)의 기준은 무엇인가? 그 기준이 이 세상에는 없다. 모든 것이 반듯하지 않고 휘어져 있기 때문이다. 이는 인간이 타락했고 온 땅도 인간의 죄로 말미암아 저주를 받았기 때문이다. 올곧음의 전적인 부재 속에서도 하나님의 섭리와 은총은 아담의 타락 이후로 지금까지 작용하고 있다.

그러나 명시적인 올곧음의 유일한 기준은 하나님의 존재와 섭리와 은총의 계시를 기록한 성경이다. 하나님에 대한 지식의 올바름, 인간과 자연의 올바름, 창조자와 피조물의 올바른 관계성이 성경에 기록되어 있고 하나님은 "권능의 말씀"으로 모든 것들을 붙들고 계시기 때문에 모든 것이 그 권능에 의해 올바르게 고쳐진다. 그런데 우리 편에서는 믿고 순종해야 한다. 이는 고침의 주도권과 최종적인 결재권이 인간에게 있기 때문이 아니라 주님께서 사랑으로 역사하는 믿음에 의해 만물 고치기를 원하시기 때문이다.

넷째, "의로움 안에 있는 교육"(παιδείαν τὴν ἐν δικαιοσύνῃ)이다. 성경에서 하나님의 깊은 "교훈"을 받아 우리의 존재와 삶이 얼마나 일그러져 있는지를 확인하는 "책망"의 단계를 거쳐 "올바르게 고침"을 받기 위해서는 "의로움 안에 있는 교육"이 필요하다. 이 "교육"은 "자녀가 장성한 분량에 이르도록 훈련하는 것"을 의미한다. 그런데 세상의 그 누구도 제공하지 못하는 의로움 안에서의 훈련이다. 하지만 의로운 사람이 하나도 없다는 성경의 선언처럼, 모든 인간은 의롭지가 않다. 의롭지 않은 사람이 의롭게 되려면 각고의 훈련이 필요하다. 본성의 뼈를 깎아내는 고통이 수반된다. 그런데 고강도의 고통 이후에도 의로움과 전혀 무관한 결과, 불의함의 경계에서 한 발짝도 벗어나지 못하는 훈련의 절망적인 한계가 심히 안타깝다. 그러나 성경은 의로움 안에서의 그런 훈련을 가능하게 한다. 성경이 말하는 "의로움 안에 있는 교육"은 하나님의 계명에 대한 순종이다. 모세는 "우리가 그 명령하신 대로 이 모든 명령을 우리 하나님 여호와 앞에서 삼가 지키면 그

것이 곧 우리의 의로움"(신 6:25)이 된다고 가르친다. 그러나 순종은 우리의 교만하고 부패한 본성에 낯선 것이어서 자기 본성과의 치열한 내적 전쟁을 치루어야 한다. 이처럼 의로운 교육의 방식은 고상하지 않고 치열하다. 그러나 그 결과는 하나님 앞에서 의로운 사람으로 장성하기 때문에 가장 고상하다. 이처럼 성경은 교훈과 책망과 고침과 훈련에 가장 유익하다.

이러한 과정을 통해 성경은 하나님의 사람으로 하여금 온전하게 한다. 여기에서 "온전하게 된다"는 것은 무언가를 위해 충분히 준비됨을 의미한다. 즉 "모든 선한 일을 수행할 수 있기 위한" 온전이다. 선행을 위해 최적화된 사람을 만드는 최고의 수단은 성경이다. 성경은 출세나 돈벌이의 매뉴얼도 아니고 그런 목적을 위해 기록된 책도 아니기 때문에 선행을 위한 성경의 실천적인 용도를 변경하지 않도록 주의해야 한다. 우리가 추구하는 온전함의 목적은 무엇인가? "모든 선한 일"이어야 한다. "모든 선한 일"은 때를 얻든지 못얻든지 복음을 전파하는 것과 무관하지 않다. 성경은 삶의 모든 영역에서 행하는 모든 일들을 통해 복음을 전파하는 유능한 사람으로 우리를 온전하게 한다.

여기에서 바울이 말하는 성경은 구약이다. 구약이 하나님의 사람을 온전하게 한다. 놀라운 선언이다. 그럼 신약의 효용은 무엇인가? 마치 구약의 부록처럼 여겨진다. 그래서 어떤 사람들은 신약이 하나님의 계시에 있어서 필수적인 책이 아니라고 주장한다. 그러나 신약은 구약의 사도적인 해석이다. 사람들에 의한 구약의 모든 오석과 왜곡을 교정하는 해석의 신적인 기준이다. 오히려 구약이 하나님의 사람을 온전하게 한다는 것은 성경의 통일성을 드러낸다. 신약과 구약의 기능은 이처럼 대등하고 동일하다. 구약의 무용성 혹은 신약에 대한 구약의 열등을 주장하는 사람들은 바울과의 논쟁을 감수해야 한다. 바울이 생각하는 구약의 가치는 예수께서 모든 것을 다 이루신 이후에도 여전히 위대하다.

딤후 4:1-4

¹하나님 앞과 살아 있는 자와 죽은 자를 심판하실 그리스도 예수 앞에서 그가 나타나실 것과 그의 나라를 두고 엄히 명하노니 ²너는 말씀을 전파하라 때를 얻든지 못 얻든지 항상 힘쓰라 범사에 오래 참음과 가르침으로 경책하며 경계하며 권하라 ³때가 이르리니 사람이 바른 교훈을 받지 아니하며 귀가 가려워서 자기의 사욕을 따를 스승을 많이 두고 ⁴또 그 귀를 진리에서 돌이켜 허탄한 이야기를 따르리라

❖ ❖ ❖

¹하나님 앞에서와 산 자들과 죽은 자들을 심판하실 그리스도 예수 앞에서 나는 그의 나타나실 것과 그의 나라를 엄중히 증거한다 ²너는 그 말씀을 전파하라 적절한 [상황]이든 부적절한 [상황]이든 예비하라 범사에 인내와 교훈으로 타이르고 질책하며 호소하라 ³이는 사람들이 건전한 교훈을 유지하지 않고 귀가 가려운 자들이 자신의 고유한 욕망에 따라 자신을 위하여 교사들을 모으는 때가 이를 것이기 때문이다 ⁴그리고 그들은 그 귀를 진리에서 돌이켜 미신으로 돌리리라

11　　　　　　　　　　　　　　　　　　　　　　　말씀의 전파

¹하나님 앞에서와 산 자들과 죽은 자들을 심판하실 그리스도 예수 앞에서
나는 그의 나타나실 것과 그의 나라를 엄중히 증거한다

바울은 어릴 때부터 성경을 잘 아는 디모데를 향해 예수의 나타나실 것과
그의 나라를 "엄중히 증거한다"(διαμαρτύρομαι). 예수의 재림과 그의 나라는
엄중한 증거를 요구할 정도로 중차대한 사안이기 때문이다. 예수의 재림과
그의 나라를 사모하고 고대하는 것은 성경을 올바르게 이해한 사람의 특
징이다. 바울은 지금 성경의 교훈과 책망과 바르게 함과 의로운 교육을 받
은 하나님의 사람은 온전하게 되어 선한 일을 행하는데 그 일이 예수의 재
림과 그의 나라를 증거하는 방향과 무관하지 않음을 가르친다. 예수의 재
림은 그의 나라를 완성하는 시점이다. 성경 전체가 그 시점과 그 시점에 이
루어질 완성을 지향한다.

　첫째, 예수의 나타나심(ἐπιφάνεια) 즉 예수께서 하늘로 올라가신 그대로
다시 오신다는 것(행 1:11)은 모든 제자들의 확신이고 소망이다. 베드로에

따르면, 예수의 재림은 놀라운 은혜(벧전 1:13) 즉 "시들지 아니하는 영광의 관"을 얻을 때이기 때문이다(벧전 5:4). 이를 위하여 바울은 예수께서 다시 오실 것을 기다렸고(빌 3:20), 다시 오실 그때까지 "흠도 없고 책망 받을 것도 없"어야 한다고 가르쳤다(딤전 6:14). 이것은 인간이 스스로 이룰 수 없기 때문에 바울은 성도의 "온 영과 혼과 몸이" 예수께서 다시 오실 때에 온전하고 흠 없게 되도록 "평강의 하나님"께 요청했다(살전 5:23). 이러한 요청에 더하여, 요한은 우리가 점도 없으시고 흠도 없이 온전하신 그리스도 안에 거하면 예수께서 다시 오실 때에 우리가 "담대함을 얻어 그 앞에서 부끄럽지 않게" 된다고 확신한다(요일 2:28). 사도들의 말을 종합하면, 예수께서 다시 오실 때까지 우리가 그리스도 예수 안에 거하면서 우리의 영과 혼과 몸을 온전하게 되도록 평강의 하나님께 기도하면 우리는 그분 앞에서 부끄럽지 않게 되고 나아가 시들지 않는 영광의 면류관을 받게 될 것이다.

둘째, 바울은 예수의 "나라"(βασιλεία)도 엄중히 증거한다. 예수께서 공적인 생애의 시작부터 쏟아내는 첫 일성의 내용은 바로 이 나라였다(마 4:17). 그리고 그 생애를 마칠 때까지 선포하신 내용도 이 나라에 관한 것이었다. 예수의 오심과 함께 가까워진 이 나라가 누구의 것인지, 어떻게 들어갈 수 있는지, 그 나라에 합당한 사람의 인격과 삶은 어떠한지, 그 나라의 특징은 무엇인지 등에 대한 가르침을 멈추지 않으셨다. 그리고 부활 이후부터 승천 전까지 40일간 오로지 그 "나라의 일"을 알리셨다(행 1:3). 예수의 나라는 예수께서 다스리고 통치하고 주관하며 세우시는 나라를 의미한다. 예수께서 잉태되실 때에 천사가 말하였다. "그가 큰 자가 되고 지극히 높으신 이의 아들이라 일컬어질 것이요 주 하나님께서 그 조상 다윗의 왕위를 그에게 주시리니 영원히 야곱의 집을 왕으로 다스리실 것이며 그 나라가 무궁할 것이라"(눅 1:32-33).

예수께서 영원히 다스리실 야곱의 집 즉 하나님 나라의 구체적인 실상은 어떤 모습인가? 이사야의 예언에 자세히 기록되어 있다. "그가 여호와 경외로 즐거움을 삼을 것이며 그의 눈에 보이는 대로 심판하지 아니하며 그의 귀에 들리는 대로 판단하지 아니하며 공의로 가난한 자를 심판하며 정직으로 세상의 겸손한 자를 판단할 것이며 그 입의 막대기로 세상을 치며 그 입술의 기운으로 악인을 죽일 것이며 공의로 그의 허리띠를 삼으며 성실로 그 몸의 띠를 삼으리라"(사 11:3-5). 그는 여호와 경외를 즐거움의 대상으로 삼으신다. 가시적인 현상이나 귀로 들어오는 정보에 휘둘리지 않고 공의와 정직과 말씀과 성령과 성실로 모든 판단과 심판을 내리신다. 그는 총을 쏘고 칼을 휘두르는 폭력적인 통치가 아니라 인격적인 통치가 구현되는 나라를 만드신다. 그의 나라는 "말에 있지 않고 오직 능력에 있"으며 (고전 4:20), "먹는 것과 마시는 것이 아니요 오직 성령 안에 있는 의와 평강과 희락"이다(롬 14:17).

예수의 재림과 그의 나라는 우리에게 과연 얼마나 중요한가? 그 사안에 관심이 생기지 않는다면 성경의 종합적인 교훈에서 우리가 멀어져 있음을 증거한다. 다른 무엇보다 먼저 하나님의 나라와 의를 구하라는 예수의 명령에 충실하지 않다.

바울은 예수의 재림과 나라를 하나님과 예수 앞에서 증거한다. 그는 예수를 "산 자들과 죽은 자들을 심판하실" 분으로 소개한다. 바울의 뇌리에는 심판자 앞에서 입을 열고 있다는 의식이 가득하다. 그러므로 바울은 어떠한 거짓도 없이 최고의 정확성과 경외심을 가지고 예수의 재림과 그의 나라를 증거하려 한다. 이러한 증거의 태도는 바울의 다른 언급에서 보다 분명하게 드러난다. "우리는 하나님의 말씀을 혼잡하게 하는 수많은 사람처럼 말하지 아니하고 순전한 [동기]에서 하나님께 받은 것처럼 하나님 앞에서와 그리스도 안에서 말하노라"(고후 2:17). 바울은 하나님의 말씀을 혼잡하게 말하는 수많은 사람들의 습관을 거부하고 순전한 동기로 하나님의 말씀을 증거했고 그에게서 받은 그대로를 가감하지 않고 그 말씀이 온전하게 이해되고 이루어진 그리스도 안에서 선포하려 했다. 이는 가장 모범적인 복음 증거자의 모습이다.

²너는 그 말씀을 전파하라 적절한 [상황]이든 부적절한 [상황]이든 예비하라
범사에 인내와 교훈으로 타이르고 질책하며 호소하라

바울은 디모데를 향해 예수의 재림과 그의 나라에 관한 말씀을 전파해
야 한다고 가르친다. 예수께서 다시 오실 때까지 이 말씀 전파의 책임은 대
대로 이어져야 한다. 바울의 책임을 디모데가 받고, 디모데의 책임을 우리
가 이어가야 한다. 바울은 말씀의 선포를 늘 준비해야 한다고 가르친다. 상
황이 적절한(εὐκαίρως) 상황만이 아니라 부적절한(ἀκαίρως)상황 속에서도
말씀의 선포를 늘 예비해야 한다. 복음을 전파함에 있어서는 부적절한 때
나 부적절한 장소나 부적절한 상황이 없기 때문이다. 복음의 선포를 항상
예비하는 비결은 무엇인가? 인격과 삶 자체가 복음 선포의 준비여야 한다.
이런 준비는 우리가 성경을 통하여 하나님의 온전한 사람이 되어야 가능
하다. 온전한 사람은 복음이 기록된 편지지가 된다. 발 달린 전도지가 된다.
　일상 속에서 복음을 증거하는 구체적인 방법들을 바울은 소개한다. "범
사에"(ἐν πάσῃ) "인내와 교훈"을 구비해야 한다. 거칠지 않도록, 발끈하지 않
도록, 격분하지 않도록, 삐지지 않도록, 서두르지 않도록 "인내"라는 자세
를 손끝에, 눈빛에, 입술에, 발끝에 장착하고 실시간 작동이 가능할 수 있
도록 점검해야 한다. "인내"는 당하면서 타인의 마음에 조용히 미안함의 부
채를 쌓는 기술이다. 그 부채의 무게가 임계점에 도달하면 강요하지 않아
도 타인은 마음을 열고 복음을 수용한다. 사람마다 임계점이 달라서 마음
이 열릴 때까지 "인내"의 길이를 적절히 조절하는 유연성이 필요하다. 복음
전파는 일회성 이벤트가 아니라 삶이라는 지속적인 인내의 결실이다. "교
훈"은 복음을 모르는 자에게도 복음의 유익을 경험하게 하는 통찰이다. 복

음은 영원한 생명을 제공하는 동시에 모든 선을 이루는 능력도 제공한다. "교훈"은 사람으로 하여금 선행을 자극하고 선을 실제로 이루도록 지도하는 능력이다. 교훈이 다양하고 많을수록 선행도 더 널리 확산된다.

인내와 교훈으로 우리는 타인을 타이르고 질책하고 호소하며 복음을 전파해야 한다. 타이르는 것(ἐλέγχω)은 무엇이 잘못된 것인지를 보여주고 주먹의 강요가 아니라 자신의 자발적인 판단을 따라 수정하게 만드는 행동이다. 질책하는 것(ἐπιτιμάω)은 명백히 잘못한 것에 상응하는 강도의 꾸지람을 통해 정의와 공정성을 체득하게 만드는 행동이다. 호소하는 것(σπαρακαλέω)은 곁으로 가까이 다가가서 용기를 북돋우고 짙은 진정성을 전달하여 복음에 귀를 열게 만드는 행동이다. 복음의 효과적인 전파를 위해서는 시기와 상황에 따라 다양한 수위의 전략과 처신이 필요하다.

³이는 사람들이 건전한 교훈을 유지하지 않고 귀가 가려운 자들이 자신의 고유한 욕망에 따라 자신을 위하여 교사들을 모으는 때가 이를 것이기 때문이다 ⁴그리고 그들은 그 귀를 진리에서 돌이켜 미신으로 돌리리라

타이르고 질책하고 호소하는 전략이 복음을 전파하는 인위적인 도구라고 생각하는 사람들이 있겠지만 그렇지가 않다. 바울은 복음이 전파되고 있는 세상 사람들의 실상을 언급하며 복음을 갖가지의 적극적인 방법으로 전파해야 이유를 설명한다. 첫째, 사람들은 건전한 교훈의 보존을 싫어하기 때문이다. 이런 고약한 기호는 인간의 부패한 본성 때문이고, 진실보다 이득을 선호하기 때문이고, 이득을 추구하기 위해 사용하는 자신들의 거짓과 과장과 왜곡이 "건전한 교훈"의 빛에 의해 들통나기 때문이다. 둘째, 사람들은 자신의 욕망을 부추기고 두둔하고 충족시켜 줄 맞춤형 교사들을 모집하기 때문이다. 하나 둘이 아니라 다수의 "교사들"(διδασκάλους)을 모은다

는 것은 인간에게 들음의 욕구가 강하다는 사실을 증거한다. 자신이 잘못하고 위험하고 불의한 길을 가도 칭찬하고 위로하고 격려하고 감동하는 말들을 귀에 넣어줄 교사들의 건전하지 못한 교훈을 고대한다. 나아가 그들은 교사들이 "자신을 위한"(ἑαυτοῖς) 존재여야 한다고 생각한다. 하나님을 위하거나 이웃을 위하거나 다른 무언가를 위하는 교사들을 싫어하고 배제한다. 그리고 거짓을 환대한다. 자신의 욕망에 충직한 거짓 교사들을 기용하고 자신의 귀를 그들의 달콤한 아부로 채우려고 한다. 그런 교사들이 학교에 임용되고 교회의 강단에도 세워진다. 당연히 바른 교훈들은 일자리를 잃고 변방으로 밀려나 사람의 귀에서 멀어지고 차가운 벽에 부딪히고 공중으로 흩어진다.

가려운 귀를 긁어주는 교사를 선호하는 문화는 오늘날의 몇몇 대형교회 행태와 별반 다르지가 않다. 일부의 대형교회 담임은 자신이 마치 대기업의 총수인 것처럼 자신의 말을 경청하고 자신의 가려운 귀를 기발한 아첨으로 긁어줄 충직한 부목사만 채용한다. 예수를 진실하게 따르고 순수한 복음을 증거하는 목회자는 채용 순위에서 밀려나는 것만이 아니라 다른 교회에도 채용되지 못하도록 부정적인 헛소문과 근거 없는 비방을 퍼뜨린다. 어떤 교회는 사기꾼과 협잡꾼이 득실대는 은밀한 소굴이다. 이러한 교회의 문화를 유지하기 위해 적잖은 목사들이 연대한다. 세습에 대해서도 연대한다. 교회를 가업으로 여기는 목사들이 그것을 가문의 재산인 양 자녀에게 유산으로 물려준다.

귀를 "진리"에서 돌이키는 것은 사람들의 습성이다. 그래서 예수께서 진리를 말하셔도 그들은 믿지 않으려고 한다(요 8:45). 모든 교훈은 귀에서 검열을 받고 귀에 달콤하지 않으면 출입이 불허된다. 진리에서 돌아선 귀는 "미신"에 집착한다. "미신"은 거짓 교사들이 사람들의 마음을 미혹하고 차지하기 위해 꾸며낸 그럴듯한 전설을 가리킨다. "미신"에 이끌리는 것도 사람들의 보편적인 습성이다. 베드로는 거짓 교사들의 이단적인 교설로 말미암아 "진리의 도가 비방을 받을 것"이라고 했다(벧후 2:2). 최첨단 과학을 연구하는 일부의 사람들도 외계인을 비롯한 신비로운 이야기에 매료되고 나아가 그런 이야기의 개연성을 자신들의 과학적인 지성으로 포장한다. 그들의 과학성은 사람들로 하여금 미신에 이끌리게 만드는 설득의 고상한 밑천으로 작용한다.

칼뱅의 진단처럼, 세상에서 발생하는 무수한 문제들의 원인은 "건전한 교훈"을 배척하고 간교한 거짓을 선호하는 "인간들의 거침 없는 욕망"이다. 가려운 호기심을 긁어주는 새로운 것을 무조건 환대하는 학자들의 지적인 욕망도 오래 검증된 진리를 미련 없이 소탕하는 일에 그렇게 일조한다. 새로운 것을 말하는 학자들의 몸값은 올라가고 사회는 그런 사람에게 환호성을 지르며 또 다른 새로움의 출현을 부추긴다. 그러나 진리는 어제나 오늘이나 영원히 변하지를 않아서 해 아래에는 새로운 것이 없다고 강조한다. 그러니, 늘 새로움의 대척점에 있다. 그래서 사람들이 싫어하는 집단적인 따돌림의 일 순위 항목이다. 이러한 세상에서 요한은 "내 자녀들이 진리 안에서 행한다 함을 듣는 것보다 더 기쁜 일이 없도다"(요삼 1:4)는 고백으로 우리를 향한 하나님의 마음을 대변한다. 하나님의 자녀들은 "진리와 함께 기뻐한다"(고전 13:6). 어쩌면 이것은 진리의 교훈으로 타이르고 책망하고 호소하는 방법보다 더 뛰어나다. 우리는 기쁨의 방식으로 진리를 세상에 공유해야 한다. 왜냐하면 바울이 첫번째 편지에서 밝힌 것처럼 "모든 사람이 구원을 받으며 진리를 아는 데에 이르"는 것은 하나님의 소원이기 때문이다(딤전 2:4).

딤후 4:5-8

⁵그러나 너는 모든 일에 신중하여 고난을 받으며 전도자의 일을 하며 네 직무를 다하라 ⁶전제와 같이 내가 벌써 부어지고 나의 떠날 시각이 가까웠도다 ⁷나는 선한 싸움을 싸우고 나의 달려갈 길을 마치고 믿음을 지켰으니 ⁸이제 후로는 나를 위하여 의의 면류관이 예비되었으므로 주 곧 의로우신 재판장이 그 날에 내게 주실 것이며 내게만 아니라 주의 나타나심을 사모하는 모든 자에게도니라

❖ ❖ ❖

⁵그러나 너는 모든 일에 신중하며 고난을 받으며 전도자의 일을 수행하고 너의 섬김을 완수하라 ⁶이는 내가 전제와 같이 이미 부어졌고 나의 떠날 시각이 가까웠기 때문이다 ⁷나는 선한 싸움을 싸웠고 경주를 끝마쳤고 믿음을 지켰으니 ⁸드디어 나에게는 의의 면류관이 예비되어 있다 주님은 그것을 나에게, 그 의로운 재판장은 그날에 나만이 아니라 그의 나타남을 사모하는 모든 자들에게 주시리라

12

섬김의 완수

⁵그러나 너는 모든 일에 신중하며 고난을 받으며
전도자의 일을 수행하고 너의 섬김을 완수하라

진리에 귀를 닫고 미신에 영혼을 던지는 사람들이 많더라도 중심이 흔들리지 않도록, 자신의 본분을 망각하지 않도록 주의해야 한다. 그러기 위해서는 눈의 초점을 흔들리지 않는 곳에 고정함이 좋다. 바울은 디모데를 향해 네 가지의 견고한 초점을 제시한다. 첫째, "모든 일에 신중"할 것을 주문한다. 중독성 있는 것을 경계하며 맑고 안정된 정신을 유지하는 사람은 신중하다. 그러나 시대가 혼탁하다. 무언가에 치우치지 않고, 어딘가에 얽매이지 않고, 맑고 반듯한 정신을 유지하는 것이 녹록하지 않다. 하나님의 말씀 위에 서 있을 때에만 가능하다. 그런 방식으로, 서두르지 않고 하루에 하나씩의 사안이라도 신중한 태도를 유지하다 보면 인생이 신중하게 된다.

둘째, 고난을 받으라고 한다. 고난은 무언가에 치우치게 만드는 가장 강력한 유혹이다. 그래서 바울은 고난을 받으라고 말하면서 고난을 인생의 변수로 삼지 말라고 주문한다. 고난을 받지 않으려는 사람은 고난을 중심으로 살아가게 된다. 고난의 반작용이 그의 인생이다. 고난이 나타나면 가던 길을 멈추고, 고난이 없으면 전진한다. 그러나 고난을 감수하는 사람은 하나님의 뜻이라면 고난이 있든지 없든지 묵묵히 전진한다. 하나님의 뜻을 선택하기 위해 고난을 감수하는 것이 고난을 피하기 위해 하나님의 뜻을 포기하는 것보다 더 유익하다.

셋째, 전도자의 일을 수행해야 한다. 앞에서도 바울은 때와 무관하게 무시로 복음을 전파해야 함을 강조했다. 고난을 받더라도, 바쁘고 힘들고 지치고 억울해도 중단할 수 없는 하나님의 뜻은 전도자의 사명이다. 마귀는 그 일을 멈추게 하려고 온갖 기술과 신공을 모조리 구사한다. 마귀가 집요하게 방해하는 것은 역으로 하나님의 확고한 뜻이라고 보아도 무방하다. 마귀는 늘 말씀의 역방향을 질주하기 때문이다. 일종의 역설적인 신호등과 같다. 마귀가 독려하는 것은 거부하고, 마귀가 반대하는 것에 집중하면 된다. 전도자의 일은 하나님의 보내심을 받은 자의 항구적인 사명이다. 흔들림 없이 수행해야 하는 인생의 상수이기 때문에 신중한 삶의 기둥이다.

넷째, 각자의 섬김을 완수해야 한다. 복음의 전파는 갑질이 아니라 섬김이다. 숙제가 아니라 축제의 누림이다. 이러한 태도가 중요하다. 바울은 전도를 즐거운 섬김으로 규정한다. 섬김은 역동적인 전도이며 사명의 겸손한 수행이다. 자신을 낮추는 방식으로 복음을 증거하는 사명을 목숨이 다할 때까지, 몸이 닳아서 없어질 때까지 완수한 사람이 바울이다. 바울은 율법 아래에 있는 사람에게, 가난한 사람에게, 무지한 사람에게, 비천한 사람에게 존재의 눈높이를 맞추었다. 모든 사람에게 자신을 낮추어서 그가 누구라도 그의 영혼을 건지려고 했다. 이러한 삶을 믿음의 아들에게 물려준다.

6이는 내가 전제와 같이 이미 부어졌고 나의 떠날 시각이 가까웠기 때문이다 앞에 언급된 바울의 4가지 제안은 사실 그가 살아온 삶의 요약이다. 이는 바울이 실제로 자신의 전부를 "전제와 같이" 자신의 사명에 쏟았으며 그가 "떠날 시각"도 가까웠기 때문에 내민 제안이다. 즉 삶의 고백 형태를 띤 일종의 유언이다. "전제로 부어짐"(σπένδομαι)은 생명을 나타내는 자신의 피를 한 방울도 남기지 않고 하나님께 드리는 전적인 헌신을 의미한다. 사실 자신의 소중한 부분은 아까워서 감추고 불필요한 부분만 골라서 하나님께 드리는 사람들이 많다. 하나님을 사랑하지 않기 때문이다. 사랑하면 가장 좋은 것을 선물한다. 세상에서 가장 소중한 것은 자기 자신이다. 그래서 바울은 좋은 부위를 발라내지 않고 자신의 전부를 하나님께 내밀었다. 십자가 위에서 피와 물을 다 쏟으신 주님처럼! 이 얼마나 아름다운 고백인가! 하나님이 원하시는 것은 일보다 사람이다. 자신이 전제로 부어지는 것까지 주님을 닮으려고 한 바울은 하나님의 것 아닌 것이 하나도 없는 사람이다. 전적인 하나님의 사람이다. 이것이 헌신의 모습이다. 자기 부인의 영광이다. 음부의 권세가 바울의 지극히 작은 부분도, 머리털 하나도 건드리지 못하는 이유는 바로 그가 온전한 헌신으로 주님께 온전히 속하였기 때문이다.

이 구절을 칼뱅은 빌립보서 2장 17절과 연결한다. 거기에서 바울은 빌립보 교회의 신앙적인 희생과 섬김 위에 자신이 전제로 부어지는 것을 기쁨으로 여긴다고 한다. 이빨을 깨물고 비장한 각오로 마지못해 부어지는 전제가 아니었다. 즐거움이 밀어낸 희생과 섬김이다. 칼뱅은 이 전제를 언약의 비준으로 간주한다. 구약에서 언약이 짐승의 죽음에 의해서만 확증된 것처럼, 빌립보 교회의 언약적인 신앙도 바울의 죽음에 의해서 확증되는 것이라고 한다. 이제 바울은 디모데를 향해 자신이 섬기는 모든 곳에서 날마다 죽는 삶으로써 하나님의 언약을 세워갔고 이제 "떠날 시간"이 되었다고 고백한다. 전제의 기한이 끝나면 떠나야 하는 죽음의 시간이다. 전제도 즐거움의 대상으로 여기는데, 죽음을 말할 때에도 바울의 표정에는 근심이나 두려움이 없다. 마치 군생활을 끝마치는 제대의 때인 것처럼 밝고 홀가

분한 표정이다. 대부분의 경건한 자들도 전제의 시기와 죽음의 시간 사이에서 어떤 세속적인 누림이 보상으로 주어질 것을 기대한다. 그러나 그런 누림의 어떠한 욕망도 그에게는 없다. 주님께로 가서 주님과 함께 거하는 것이 그에게는 최고의 보상이기 때문이다(빌 1:23).

7나는 선한 싸움을 싸웠고 경주를 끝마쳤고 믿음을 지켰으니

바울은 자신의 인생을 세 가지의 동사로 정리한다. "싸웠노라, 마쳤노라, 지켰노라!" 선한 싸움을 싸웠으며 복음을 전파하는 경주를 마쳤으며 예수에 대한 믿음을 지켰다고 한다. 첫째, 선한 싸움은 아름다운 인생이다. 그 것은 돈벌이와 출세를 위한 싸움이 아니라 죄의 정복과 복음의 확산을 위한 싸움이기 때문이다. 우리의 삶도 싸움이다. 그런데 우리의 증오는 언제 촉발되고 우리의 분노는 왜 쏟아지고 우리의 주먹은 무엇 때문에 나오는 가? 땅의 것을 취하려는 세속적인 호전성을 거두고 거룩한 싸움을 싸우기 위해서는 대상의 선정이 중요하다. 거룩함을 위하고 선행을 위하고 복음을 위한 싸움은 아름답고 향기롭다.

둘째, 경주에서 완주하는 것은 아름다운 인생이다. 그런데 도중에 하차 하는 사람들이 많다. 퇴임 이후에는 복음과 무관하게 살아도 된다고 생각 하는 사람들이 주로 하차한다. 경주는 제도권 안에 있을 때만이 아니라 은 퇴 이후라도 호흡이 있는 동안에는 중단됨이 없다. 그리고 경주에서 지치 지 않고 주저앉지 않기 위해서는 때가 이르면 열매를 맺는다는 확신이 필요하다. 하차하는 이들과는 달리, 전도의 걸음을 산이 막고 강줄기가 방해해도 결코 중단하지 않고 땅끝까지 완주하는 사람들이 있다. 그런 사람들 중의 하나가 바울이다.

셋째, 믿음을 죽음의 때까지 유지하는 것은 아름다운 인생이다. 믿음은

주님의 옳으심을 인정하는 전인의 고백이다. 회전하는 그림자도 없으신 주님의 불변성 때문에 그의 옳으심도 변하지 않기에 믿음도 변하지 않음이 마땅하다. 물론 믿음은 하나님의 선물이다. 주님께서 붙드시기 때문에 믿음이 유지된다. 그러나 우리 편에서의 의지를 무시하지 않으신다. 그러므로 믿음을 소홀히 다루지 않고 힘써 지키려는 태도가 우리에게 필요하다. 살다 보면 믿음을 버리게 만드는 상황이 찾아온다. 그런데 자세히 보면 그 상황은 마치 용광로와 같아서 지나가면 믿음의 체력을 단련하는 과정임을 깨닫는다. 어지럽고 혼란할 때에 인생의 좌표와 방향을 파악하는 방법은 선한 싸움과 복음의 여정과 믿음의 보존이다. 그래서 바울은 그 세 가지를 죽을 때까지 고수했다.

8드디어 나에게는 의의 면류관이 예비되어 있다
주님은 그것을 나에게, 그 의로운 재판장은 그날에 나만이 아니라
그의 나타남을 사모하는 모든 자들에게 주시리라

바울은 자신의 확실한 미래를 인지하고 있다. 주님께서 "의의 면류관"을 자신에게, 그리고 주님의 나타남을 사모하는 모든 자들에게 주실 것이라고 확신한다. 주시는 주체는 "의로운 재판장" 즉 예수라고 한다. 의의 면류관은 의로운 자에게 수여되고 그 수여의 여부는 의로운 재판장이 결정한다. 이 면류관은 이 땅에서 세상이 주는 것이 아니라 하나님에 의해 주어진다. 그리고 지금이 아니라 죽음 이후에 주어지기 때문에 "예비되어 있다"고 진술한다. 이 구절에 사용된 "드디어"(λοιπόν)는 원인과 결과를 묶어주는 단어가 아니라 죽음의 임박을 묘사하는 낱말이다. 의의 면류관은 지금까지 바울이 일평생 싸우고 달리고 믿었기 때문에 주어지는 합당한 보상이 아니라 은혜의 경륜 속에서 특정한 때가 이르러서 주어지는 보상이다. 그에

게 죽음은 최고의 면류관이 주어지는 시점이다. 그렇게 이해하고 오늘을 살아간다. 아름다운 인생이다.

면류관이 주어지는 대상은 예수의 나타남을 사모하는 모든 사람이다. 예수를 믿는 자는 그의 오심을 기다리며 사모한다. 그게 정상이다. 진정한 믿음의 건강한 증상이다. 그런데 믿는다고 하면서 예수의 오심에 아무런 관심도 없는 사람들이 많다. 예수의 오심을 사모하지 않고 경계한다. 최대한 늦게 오시기를 고대한다. 사람 편에서 본다면, 이 세상에서 떠나 주님과 함께 거하는 것을 싫어하는 모습이다. 죽지 않고 오래오래 사는 것이 그들의 소원이다. 그렇게 장수를 사모한다. 그러나 바울은 떠날 기약이 이른 것을 감지하고 기뻐한다. 심장의 박동이 빨라진다. 곧 주어질 의의 면류관 때문이다. 세상에 오래 머무는 것보다 죽어서 주님께로 가는 것을 그가 사모함은 합당하다. 의의 면류관이 땅에서의 장수보다 훨씬 더 좋기 때문이다.

어쩌면 의의 면류관은 그에게 그리스도 자신일 가능성이 높다. 이는 그가 자신의 모든 것을 배설물과 해로운 것으로 여기면서 얻고자 한 유일한 보상이 예수였기 때문이다(빌 3:8). 이는 오늘날 많은 교회가 세속적인 것들에 눈독을 들이는 것과 심히 대조된다. 땅의 이곳 저곳에 탐욕의 군침을 바르며 경쟁하듯 부와 인기의 바다에 앞다투어 뛰어드는 세속화된 교회에게 죽음 이후에나 주어지는 의의 면류관은 안중에도 없다. 예수의 나타남을 사모해야 하는데 그 비결은 무엇인가? 바울처럼 예수의 은택보다 예수 자신을 더 좋아함에 있다.

딤후 4:9-16

⁹너는 어서 속히 내게로 오라 ¹⁰데마는 이 세상을 사랑하여 나를 버리고 데 살로니가로 갔고 그레스게는 갈라디아로, 디도는 달마디아로 갔고 ¹¹누가만 나와 함께 있느니라 네가 올 때에 마가를 데리고 오라 그가 나의 일에 유익 하니라 ¹²두기고는 에베소로 보내었노라 ¹³네가 올 때에 내가 드로아 가보의 집에 둔 겉옷을 가지고 오고 또 책은 특별히 가죽 종이에 쓴 것을 가져오라 ¹⁴구리 세공업자 알렉산더가 내게 해를 많이 입혔으매 주께서 그 행한 대로 그에게 갚으시리니 ¹⁵너도 그를 주의하라 그가 우리 말을 심히 대적하였느 니라 ¹⁶내가 처음 변명할 때에 나와 함께 한 자가 하나도 없고 다 나를 버렸 으나 그들에게 허물을 돌리지 않기를 원하노라

❖ ❖ ❖

⁹너는 나에게로 속히 오도록 서둘러라 ¹⁰이는 데마가 현세를 사랑하여 나를 버리고서 데살로니가로 떠났으며 그레스게는 갈라디아로, 디도는 달마디아 로 [떠나갔고] ¹¹누가만 나의 곁에 있기 때문이다 올 때에 너는 마가를 데려 오라 그가 나에게는 섬김에 유익하다 ¹²내가 두기고는 에베소에 보내었다 ¹³올 때에 너는 내가 드로아의 가보에게 두었던 겉옷을 가지고 오며 책은 특 별히 양피지[로 된 책]을 가져오라 ¹⁴구리 세공업자 알렉산더가 나에게 많 은 해를 보였는데 주께서 그의 일들을 따라 갚아 주시리라 ¹⁵너도 그를 주의 해라 이는 그가 우리의 말들을 극도로 대적했기 때문이다 ¹⁶나의 첫번째 변 론에서 나에게 다가온 자가 아무도 없었으며 오히려 모두가 나를 버렸으나 이것이 그들에게 [허물로서] 간주되지 않기를 [소원한다]

13 그리움

⁹너는 나에게로 속히 오도록 서둘러라

바울은 마음이 조급하다. 디모데의 조속한 방문을 이렇게 요청한다. "속히 오도록 서둘러라." 평소에 바울의 여유 있는 모습과 대조되는 요청이다. 그에게는 오히려 서두르지 말고 너의 상황과 일정에 맞게 천천히 방문해도 된다는 배려가 어울린다. 그런데 지금은 무엇이 그렇게도 다급할까! 지체하지 말고 속히 오라며 디모데를 다그친다. 이는 바울의 사사로운 그리움을 달래기 위함이 아니라고 나는 생각한다. 칼뱅이 지적한 것처럼, 교회의 유익을 위해 디모데와 긴밀히 상의해야 할 사안이 많은데 바울 자신은 죽음의 임박을 느끼고 있기 때문에 서두르고 있다. 그는 하나님의 나라를 위해 유능한 사역자의 발굴과 그들의 전략적인 재배치를 통해 보다 효과적인 섬김을 도모하려 한다. 물론 바울의 요청은 교회의 유익만이 아니라 사적인 욕구의 충족을 위한 것이기도 하다. 그에게는 동거하고 동역할 동료들도 필요하고 추위를 이길 겉옷과 마음의 양식인 책도 필요했다. 바울도 사람이다. 인간적인 면모가 그의 요청에서 묻어난다.

10이는 데마가 현세를 사랑하여 나를 버리고서 데살로니가로 떠났으며
그레스게는 갈라디아로, 디도는 달마디아로 [떠나갔고]

신속한 방문을 요청한 이유를 바울은 언급한다. 즉 데마, 그레스게, 디도
와 같은 여러 동료들이 그에게서 떠나갔기 때문이다. 데마가 떠나간 이유
는 안타깝다. 그는 현세를 사랑했다. 여기에서 "현세"(τὸν νῦν αἰῶνα)는 지
금의 세상을 의미한다. 죽음 이후에 들어가는 내세, 비교할 수 없도록 큰
영광의 나라와 대조되는 이 세상을 데마는 사랑했다. 사랑의 대상이 달라
지면 인생이 달라진다. 이 세상을 사랑하면 살아있는 동안에 풍요를 누리
며 행복하게 살아가는 세속적인 성공을 추구하게 된다. 그래서 자신의 욕
망이 이루어질 도시라고 생각한 데살로니가로 갔다. 목적이 다르고 방향이
다르면 갈라서게 된다. 그런 이유로 친구도, 부부도, 회사도, 교회도, 국가
도 갈라진다. 그래서 바울과 데마는 헤어졌다. 슬픈 이별이다. 요한은 이 세
상을 사랑하면 "육신의 정욕과 안목의 정욕과 이생의 자랑"에 매달리게 된
다고 가르친다(요일 2:16). 이 세상은 지나간다. 그래서 공허하다. 그런데도
그런 세상을 사랑하면 공허한 운명을 세상과 함께 공유하게 된다. 세상과
운명을 섞은 데마의 선택이 안타깝다. 바울의 곁을 버린 사람은 데마만이
아니었다. 그레스게는 갈라디아로 갔고 디도는 달마디아로 갔다. 다른 이
유를 밝히지 않은 것으로 보아 현세를 사랑한 데마의 이유와 동일한 것이
라고 생각된다. 바울을 떠나면 무조건 세상을 사랑한 것이라고 해석하는
것은 물론 부당하다. 그러나 바울을 떠난 것은 평가의 원인이 아니라 그 원
인 때문에 빚어진 결과였다.

¹¹누가만 나의 곁에 있기 때문이다 올 때에 너는 마가를 데려오라
그가 나에게는 섬김에 유익하다

떠나간 동료들도 있었지만 곁을 지키는 사람의 이름도 거명한다. "누가"(Λουκᾶς), "빛나다 혹은 빛을 주다"는 의미를 가진 이름이다. 어떤 기록에 의하면, 누가는 수리아 안디옥 출신의 헬라인 의사였고 총각으로 살며 주님만 섬기다가 84세에 성령으로 충만한 상태에서 영면에 들었다고 한다. 바울은 타인에게 누가를 "사랑 받는 의원"으로 소개한다(골 4:14). 누가는 실제로 바울과 전도 여행에 동행했고 팔레스틴 지역에서 로마까지 많은 위험들 속에서도 생명을 걸고 바울을 수행하며 그의 주치의로 활동했다. 본문이 말하는 것처럼 누가는 심지어 감옥까지 바울과 동행하며 조력한 사람이다. 친구 따라 강남은 가도 감옥은 친구라도 동행을 거부한다. 그러나 진짜 친구는 어려운 때에 곁을 지키는 사람이다. 누가는 바울의 종교적인 유명세를 이용하기 위해 곁에 머문 최측근이 아니었다. 진실한 친구 만나기가 심히 어려운 시대에 누가와 바울의 우정은 더욱 아름답게 번뜩인다. 동시에 바울은 어떤 삶을 살았길래 누가와 같은 친구가 어두운 절망의 시기에도 떠나지 않고 곁을 지켰을까? 가장 힘든 때에 친구가 있다는 것은 당사자와 친구 모두의 됨됨이를 드러낸다.

바울은 디모데에게 마가의 소환을 부탁한다. 마가는 예루살렘 출신이며 바울의 1차 전도여행 때 발탁이 되었으나 도중에 사사로운 일로 하차하여 전도팀에 어려움을 주고 바울에게 실망을 안긴 인물이다. 2차 전도여행 직전에 마가를 데리고 가자는 바나바의 제안도 바울이 거절할 정도로 바울과의 찢어진 관계가 아물지 않은 사람이다. 그런데도 어찌된 영문인지 바울은 지금 마가가 자신의 섬김에 유익한 동료라고 평가하며 그를 보내 달라고 요청한다. 모든 사람은 쓸모가 있으며 상황에 따라 그 쓸모는 달라진다. 한 때에는 섬김의 파트너로 동역한 사람이 다른 때에는 갈라선다. 한 때에는 동료로 고려한 적 없는 사람이 다른 때에는 절실히 필요한 파트너로 여겨진다. 그래서 우리는 원수도 사랑해야 한다. 원수의 짓은 밉지만 원수 자신은 사랑의 대상이다. 때와 사안에 따라서는 원수도 동역의 대상이다. 시간은 마술사와 같아서 상황도, 관계도, 쓸모도 수시로 변경한다. 죄와 마귀 외에는 영원한 원수가 없다는 말, 타당하다. 바울은 절친과의 결별까지 유발한 마가도 나중에는 복음을 전파하고 하나님의 나라를 확장하는 섬김에 유익한 동료로 여기며 존중했다.

12내가 두기고는 에베소에 보내었다

스스로 거취를 결정하여 바울을 떠나거나 동행한 사람도 있었지만 바울이 일부러 파견한 사람의 이름도 거명된다. 아시아 출신(행 20:4)의 두기고가 그런 인물이다. 그는 누가와 더불어 감옥까지 바울과 동행했고, 에베소 교회만이 아니라 골로새 교회에 보내는 바울의 편지도 전달한 사람이다(엡 6:21; 골 4:7). 이방인 교회가 기부한 구제금을 바울과 함께 예루살렘 교회에 전달한 사람이다. 두기고에 대한 바울의 평가는 이러하다. "두기고가 내 사정을 다 너희에게 알려 주리니 그는 사랑 받는 형제요 신실한 일꾼이요 주 안에서 함께 종이 된 자니라"(골 4:7). 바울의 사정을 알린다는 것은 바울의 정보 전달자가 아니라 바울을 보여주는 사람임을 의미한다. 서로 닮았기 때문에 바울의 사정을 가감 없이 왜곡하지 않고 보여주는 것이 가능하다. 닮음의 증거는 사랑이다. 두기고는 바울이 사랑하는 사람이다. 서로를 자신의 자아로 여길 정도로 애틋하다. 그리고 그는 신실하여 바울이 신뢰하는 사람이다. 바울이 신뢰하는 사람이면 교회가 신뢰해도 된다. 그리고 바울은 두기고를 자신의 몸종으로 여기지 않고 주 안에서 함께 동등한 종이 되었다고 생각한다.

그런 두기고를 에베소에 보낸 이유는 디모데가 바울을 방문할 것이기 때문이다. 두기고의 에베소 파견은 디모데가 에베소 교회를 떠나도 사역의 공백이 생기지 않도록 취한 바울의 지혜로운 조치였다. 노년의 바울은 죽음이 임박한 때에라도 여전히 판단력이 흐려지지 않고 교회 우선적인 처신에 능숙하다. 자신이 사랑하고 신뢰하는 디모데와 두기고를 모두 좌우에 두고 마지막 순간을 맞이하면 더 좋겠지만 자신의 사적인 욕망보다 교회의 보존이 그에게는 늘 우선이다. 바울이 보기에 두기고는 자신의 사역을 물려 받은 디모데의 사역을 담당할 수 있을 정도로 유능한 목회자다. 그 유능함은 바울과 함께 받은 무수한 고난의 풀무에서 다져진 목회의 근육임에 분명하다.

> 13올 때에 너는 내가 드로아의 가보에게 두었던 겉옷을 가지고 오며
> 책은 특별히 양피지[로 된 책]을 가져오라

바울은 두 가지 즉 겉옷과 양피지 책을 가져와 달라고 부탁한다. 겉옷은 드로아의 가보에 두었다며 정확한 위치를 설명한다. 바울은 드로아 지역을 두 번 방문했다(행 16:8, 20:6). 그곳에 사는 가보에 대한 정보가 성경에는 없지만, 바울이 한 두 번의 만남으로 겉옷을 맡겼다면 그를 잘 알고 있으며 신실한 하나님의 사람이지 싶다. 타인에게 맡겼다가 긴급한 순간에 찾는 것을 보면 그 겉옷은 바울이 많이 아끼던 옷이었고, 21절에서 "겨울 전에 너는 어서 오라"고 한 말에서 확인되는 것처럼 겉옷의 용도는 감옥에서 추위를 견디기 위한 것이었다. 춥고 외롭고 배고픈 감옥에서 겉옷은 최고의 벗이기도 하다. 겉옷을 감옥 생필품 중 일순위로 언급한 것으로 보아 바울은 추위를 많이 타는 사람인가 보다. 노년에 몸을 사린다며 바울이 세속적인 사람인 것처럼 오해할 수도 있겠지만 몸을 보호하는 것은 중요하다. 나

이와 무관하게 몸은 하나님의 성전이기 때문이다.

바울은 "책"(βιβλία)도 요청한다. 바울과 디모데 사이에 언급되는 책의 의미는 성경일 가능성이 높다. 겉옷이 신체의 벗이라면 책은 정신의 벗이었다. 더군다나 성경은 바울에게 영원한 우정을 나눌 최고의 친구였다. 바울은 특별히 양피지로 된 책 배달을 주문한다. 여기에서 "양피지"(μεμβράνα)는 양이나 염소나 송아지의 질기고 부드럽고 얇은 가죽을 의미한다. 고대의 책 형태는 다양했다. 무겁지만 보존성이 뛰어난 점토판이 있다. 진흙으로 만든 판에 나무나 뼈나 철필로 문자를 새기고 구워서 만드는 책이었다. 그리고 파피루스 두루마리 혹은 코덱스는 고대에 가장 보편적인 책의 형태였다. 나일 강 습지대에 무성하게 자라는 식물로 만들어진 파피루스 종이는 가벼워서 휴대성이 좋으나 내구성은 떨어지는 책의 형태였다. 그리고 양피지 두루마리 혹은 코덱스는 그렇게 무겁지 않아 휴대성도 좋고 보존성도 뛰어나서 감옥과 같은 환경에 가장 적합한 형태였다. 이처럼 바울은 책을 좋아하는 애서가인 동시에 책의 형태도 특정할 정도로 문헌에 대한 관심이 각별했다. 바울에게 성경은 감옥에서 죽을 때까지 곁에 두고 인생을 나누고 싶어하는 친구였다.

14구리 세공업자 알렉산더가 나에게 많은 해를 보였는데
주께서 그의 일들을 따라 갚아 주시리라

바울은 자신을 힘들게 한 사람의 이름도 언급한다. 구리 세공업자 알렉산더, 그에게서 바울은 많은 피해를 당했다고 한다. 알렉산더는 당시 흔한 이름이기 때문에 성경에 다섯 번이나 나오지만 동일인이 아닐 가능성이 높다. 그를 특정하기 위해 바울은 "구리 세공업자"라는 타이틀을 사용한다. 바울과 디모데가 함께 아는 사람임에 분명하다. 바울은 자신이 당한 피해

를 주님께서 갚아 주실 것이라고 확신한다. 그렇다면 아직까지 바울은 피해의 보상을 받았거나, 그 피해에 상응하는 보복을 스스로 가하지는 않았음에 분명하다. "많은 해"를 입었다면 그에게 보복을 하더라도 충분히 정당한 방어인데, 바울은 인내하며 원수 갚으심이 주님께 있음을 존중한다. 경건의 향기가 진동한다. 오늘날도 말씀과 기도에 전념하는 사람에게 가시 같은 관계가 사역의 옆구리를 찌르며 괴롭힌다. 관계의 멱살을 잡고 엎어치기 하고 싶은 충동에 휩싸인다. 그러나 그러면 섬김의 현장도 뒤집히는 부작용이 발생한다. 사역은 사역대로 하고 원수는 주님께서 갚으심을 신뢰하며 인내해야 한다.

눈에 보이는 인간 원수를 보복하지 않는 것은 마귀와 죄라는 우리의 궁극적인 원수와 연관되어 있다. 마귀와 죄는 우리의 인생을 망하게 만들어도 우리가 보복할 수 없는 대상이다. 마귀와 죄가 인간에게 저지른 모든 일들은 오직 주님만이 갚으신다. 이 사실을 우리는 인정해야 한다. 그런데 원수 갚는 것이 오직 그분에게 있다는 사실을 인정하는 방식으로 우리는 영적인 원수를 우리가 갚지 못하고 오직 주님만이 갚으실 수 있음을 깨닫는다. 눈에 보이는 원수를 스스로 갚고자 하는 사람들은 마귀와 죄도 자신들이 제어할 수 있다고 생각한다. 그리고 자력 구원을 주장한다. 그러나 결코 가능하지 않다. 오히려 복수의 피를 자기 손에 묻히는 것은 성경의 관점에서 보면 불법이고 월권이다. 바울은 인간이 넘지 말아야 하는 선이 있음을 알고 그 안에 머물라고 한다.

15너도 그를 주의해라 이는 그가 우리의 말들을 극도로 대적했기 때문이다

바울이 알렉산더 이야기를 꺼낸 이유는 원수를 대하는 태도를 가르치는 동시에 하나님의 일이 훼방을 받지 않도록 주의해야 함도 가르치기 위함

이다. 바울을 괴롭힌 자는 그의 사역을 계승한 디모데도 괴롭힐 것이 확실하다. 알렉산더는 "우리의 말들을 극도로 대적"한 사람이다. 바울 개인을 대적한 것이 아니라 "우리"라는 사역 공동체를 대적했다. 그가 대적한 바울과 디모데의 "말들"은 복음이다. 이로 보건대, 그는 인간 바울이 아니라 하나님과 그의 진리를 대적한 사람이다. "극도로"(λίαν) 대적했기 때문에 우발적인 대적이 아니라 뭔가 뜻을 세우고 작심을 한 고의적인 대적이다. 고의성의 뼈가 만져지면 감정이 쉽게 격분한다. 이해의 충돌보다 감정의 충돌을 겪으면 더더욱 꾸며지지 않은 본색을 표출한다. 그래서 인격의 바닥도 드러난다. 그런데도 바울은 앙갚음에 돌입하지 않고 하나님의 갚으심을 의지한다. 그는 참으로 하나님 의존적인 대응법이 능숙하다. 하나님의 일꾼으로 살아가는 바울의 이러한 삶은 믿음의 아들에게 주는 최고의 산 교육이다.

16나의 첫번째 변론에서 나에게 다가온 자가 아무도 없었으며 오히려 모두가
나를 버렸으나 이것이 그들에게 [허물로서] 간주되지 않기를 [소원한다]

바울은 법정에서 외로웠다. 그의 첫 변론에서 그에게 다가온 자가 아무도 없었기 때문이다. 법정에 자주 출두하는 사람도 피고인의 신분으로 가면 그곳의 분위기가 익숙하지 않다. 곁에 누구라도 있으면 마음이 든든한데, 아무도 없으면 진리의 편에 서 있더라도 마음이 외롭고 흔들린다. 이런 점에서도 바울은 예수를 본받는다. 대제사장 가야바의 법정에서 예수는 제자들이 모든 달아난 채 홀로 남으셨다. 만물보다 거짓되고 심히 부패한 인간의 법정에서 진리가 어떠한 변론의 조력자도 없이 홀로 재판을 받으셨다. 바울은 진리를 편드는 동일한 외로움을 겪으면서 예수를 떠올리며 그의 발자취를 따른다는 사실 때문에 기뻐했을 지도 모르겠다. 진리의 증거

를 위해서는 외로울 용기가 필요하다.

  법정에 선 바울은 모두에게 버림을 당하였다. 그런데 이 버림이 그들에게 허물이 되지는 않기를 소원한다. 십 리도 못 가서 발병이 나라고 하든지, 뒤로 자빠져도 코가 깨지라고 해도 부족할 상황에서 바울은 오히려 배신으로 말미암은 그들의 어두운 내일을 걱정한다. 이 점에서도 그는 예수를 본받는다. 십자가에 매달린 절명의 상황에서 예수는 자신의 안위가 아니라 창과 채찍을 든 자들이 받을 엄중한 심판에 대한 걱정으로 인해 긍휼의 마음으로 용서의 기도를 드리셨다. 자신의 앞가림 하기에도 다급한 위기의 벼랑에서 자신을 죽이려고 하는 사람들의 죄를 변론한다. 자신들이 저지르는 죄를 알지 못하기 때문에 그들을 용서해 달라고 아버지 하나님께 그들 대신 용서를 구하셨다(눅 23:34). 예수의 그 아까운 마지막 숨은 원수들이 망하지 않게 해 달라는 기도에 뿌려졌다. 이러한 기도를 듣고 그들은 예수에게 어떤 태도를 취했을까? 감동이나 감사는 고사하고 마지막 남은 겉옷마저 벗겨 먹으려고 제비 뽑기에 골몰했다. 최고의 선물을 주시는 분에게 감사하지 않고 영화롭게 하지도 않으면서 오히려 마지막 순간까지 패악질을 중단하지 않는 것이 인간의 본성이다. 본성이기 때문에 지금의 상황도 동일하다. 혹시 자비와 긍휼을 베풀다가 은혜를 잊고 배신하는 경험을 하더라도 당황하지 말라.

딤후 4:17-22

¹⁷주께서 내 곁에 서서 나에게 힘을 주심은 나로 말미암아 선포된 말씀이 온전히 전파되어 모든 이방인이 듣게 하려 하심이니 내가 사자의 입에서 건짐을 받았느니라 ¹⁸주께서 나를 모든 악한 일에서 건져내시고 또 그의 천국에 들어가도록 구원하시리니 그에게 영광이 세세무궁토록 있을지어다 아멘 ¹⁹브리스가와 아굴라와 및 오네시보로의 집에 문안하라 ²⁰에라스도는 고린도에 머물러 있고 드로비모는 병들어서 밀레도에 두었노니 ²¹너는 겨울 전에 어서 오라 으불로와 부데와 리노와 글라우디아와 모든 형제가 다 네게 문안하느니라 ²²나는 주께서 네 심령에 함께 계시기를 바라노니 은혜가 너희와 함께 있을지어다

❖ ❖ ❖

¹⁷그러나 주께서 내 곁에 서시며 나에게 힘을 주시는데 이는 나로 말미암아 선포된 말씀이 온전히 선포되어 모든 이방인이 듣게 하기 위함이다 내가 사자의 입에서 건짐을 받았다 ¹⁸주께서 나를 모든 악한 일에서 건지시고 또 구원하사 그 나라로, 하늘 위로 이끄셨다 그에게 영광이 세세 무궁토록! 아멘 ¹⁹브리스가, 아굴라, 및 오네시보로의 집에 문안하라 ²⁰에라스도는 고린도에 머물러 있고 드로비모는 아파서 내가 밀레도에 두었으니 ²¹너는 겨울 이전에 오도록 서둘러라 으불로, 부데, 리노, 글라우디아와 모든 형제가 너에게 문안한다 ²²주께서 너의 심령에 함께 [계시기를], 은총이 너희와 함께 [있기를]

14 천국으로 이끄신다

¹⁷그러나 주께서 내 곁에 서시며 나에게 힘을 주시는데 이는 나로 말미암아
선포된 말씀이 온전히 선포되어 모든 이방인이 듣게 하기 위함이다
내가 사자의 입에서 건짐을 받았다 ¹⁸주께서 나를 모든 악한 일에서 건지시고
또 구원하사 그 나라로, 하늘 위로 이끄셨다 그에게 영광이 세세 무궁토록! 아멘

주님은 바울을 악한 일에서도 건지셨다. 세상에는 악의 우물 앞에서 인생
의 등을 떠미는 사람들이 있다. 때로는 스스로 벗어날 수 없는 악의 족쇄로
우리를 엮어서 결박한다. 어떠한 발버둥을 치고 어떠한 몸부림을 쳐도 끊
어지지 않는 결박이다. 그래서 주님은 악에서 구원해 달라는 기도를 우리
에게 명하셨다. 그 명령을 바울은 그분이 우리의 구원을 원하고 계심으로
이해한다. 그리고 원하시고 명하신 그분은 또한 이루신다. 주님은 혼자서
북 치고 장구 치고 소고까지 치는 분이시다. 그런 주님께서 바울을 모든 악
한 일에서 구하셨다. 아무리 악한 일에서도 어떠한 예외도 없이 구하셨다.
주님은 우리를 "모든 악한 일에서"(ἀπὸ παντὸς ἔργου πονηροῦ) 건지신다. 혹

시 악한 일에 연루되어 있다면 그 원인은 무엇인가? 주께서 그 악보다 약하거나 우리를 건지실 소원과 능력이 없으신 것이 아니라 우리가 구하지 않았기 때문이다. 어떠한 일이든 진실하게, 신실하게 기도하라. 그는 반드시 건지신다. 단순히 건지시는 것만이 아니라 우리를 "그의 나라로, 하늘 위로" 이끄신다. 여기에는 이중적인 의미가 내포되어 있다. 첫째, 우리가 비록 땅에 발 디디며 살아가는 때에라도 우리의 영적 좌소는 이미 하늘이다. 이미 그의 나라에 이끌림을 받아 들어갔다. 둘째, 장차 우리는 죽음 이후에 음부로, 땅으로 내려가지 않고 주님의 나라로, 하늘 위로 올라간다. 이 구절에서 바울은 미래형을 사용하고 있다. 즉 두번째 의미로서 구원을 받은 자들이 도달하는 인생의 궁극적인 종착지를 강조한다.

바울이 주님의 곁을 영원히 소유하고, 주님의 능력으로 강해지고, 복음을 전파하고, 사자의 입에서도 건져지고, 모든 악한 일에서도 건져지고, 하늘의 나라까지 이끌림을 받는 목적은 무엇인가? 하나님께 영광을 영원히 돌리기 위함이다. 바울은 그 목적을 정확하게 이해한다. 자신이 받은 하나님의 은총 중에 하나님의 영광과 무관한 것은 하나도 없음을 이해한다. 그런데 우리는 이러한 사실을 망각한다. 주어진 모든 것으로 하나님의 영광이 아니라 자신의 영광을 추구한다. 그런 추구에 영원한 생명까지 동원한다. 목적을 상실한 은총은 바닥에 버려지고 사람들의 발에 짓밟힌다. 주님께 뜨거운 은총을 받았어도 맥을 추지 못하는 이유는 타올라야 할 방향을 잃었기 때문이다. 사사기 9장에 나오는 요담의 가시나무 이야기는 우리에게 목적의 상실이 초래하는 인생의 실패를 잘 예시한다. 다른 모든 나무들은 자신들의 주특기를 살려 본연의 목적에 충실하게 살아간다. 그러나 가시나무는 자신의 뾰족한 가시와 강한 가연성을 협박의 도구로 삼아 다른 나무들의 왕으로 군림하려 했다. 본분을 망각하고 자신의 뾰족한 재능과 열정을 휘두르며 위협을 가하는 자는 가시나무 같은 인생이다. 그런 사람은 스스로 소각되는 허탈한 땔감으로 인생을 마감한다.

¹⁹브리스가, 아굴라, 및 오네시보로의 집에 문안하라

바울은 브리스가, 아굴라, 오네시보로의 집에 문안해 달라고 부탁한다. 브리스가 부부는 에베소 교회만이 아니라 로마의 교회들도 섬겼기 때문에 로마서 안에서도 문안의 대상으로 언급된다. 그들은 바울의 "목숨을 위하여 자기들의 목까지도 내놓"은 최고의 동료였다. "이방인의 모든 교회"가 감사할 정도로 그 부부는 바울만이 아니라 그가 이방인의 사도로서 섬기는 대상들도 극진히 섬기며 사랑했다. 오네시보로는 이 편지의 1장에서 바울을 자주 격려했고 바울이 죄수의 몸으로 투옥되어 있을 때에도 그를 수치의 대상으로 여기지 않고 부지런히 찾아간 인물이다(딤후 1:16-17). 바울만 도운 것이 아니라 에베소 교회에서 "많이 봉사한" 사람이다. 교계의 유력한 인물에게 줄을 대려고 한 것이 아니라 주님을 섬기고자 한 주님의 귀한 종이었다. 바울은 개인적인 친분 때문이 아니라 주님의 나라와 의를 구하는 자들에게 문안한다. 바울이 문안을 드린다는 것은 교회의 경건한 지도자가 제공하는 최고의 보증서와 같다. 좋은 것, 올바른 것, 경건한 것, 아름다운 것, 거룩한 것이 어떤 것임을 알리고 교회로 하여금 분별하게 한다. 대통령이 특정한 사람에게 안부를 전한다면 그는 대통령이 보증하는 인격의 소유자로 간주된다. 우리도 경건하고 진실하고 정의로운 믿음의 사람에게 문안하면 온 교회와 다음 세대에게 분별력이 전수된다.

²⁰에라스도는 고린도에 머물러 있고 드로비모는 아파서 내가 밀레도에 두었으니

에라스도, 그는 고린도의 재무관 출신으로 디모데와 함께 바울의 에베소 사역을 도운 인물이다(롬 16:23; 행 19:22). 바울을 돕다가 그는 이제 고린도에 머문다고 한다. 자신에게 안락한 고린도에 살다가 복음을 위하여 에

베소로 이동하고 바울이 투옥되자 다시 고린도로 돌아와 거주하고 있다. 삶의 현장으로 돌아와 재무관의 주특기를 살려서 복음을 증거하며 주님의 나라를 확장하는 것은 아름답다. 바울을 도우면서 복음을 더 깊이 이해하고 사역의 노하우도 잔뜩 챙겨서 독립적인 사역을 수행하고 있음에 분명하다. 그런 동역자를 바울은 문안해야 할 사람으로 기억한다. 드로비모, 그는 아파서 바울이 밀레도에 머물게 한 사람이다. 아픈 사람을 치유하지 않고 두었다는 것이 특이하다. 바울은 능력의 사람이다. 심지어 그의 "몸에서 손수건 혹은 앞치마를 가져다가 병든 사람에게 얹으면 그 병이 떠나고 악귀도 나가"게 만들 정도였다(행 19:12). 그런 바울이 사랑하는 동료의 아픔을 해결하지 않고 지나간다. 어떻게 이해해야 할까? 첫째, "바울의 손으로" 행한 "놀라운 능력"은 모두 하나님이 행하셨다(행 19:11). 바울은 하나님의 도구였고 치유의 주관자가 아니었다. 둘째, 바울은 하나님의 뜻과 무관하게 하나님의 능력을 사사로이 사용하는 사도가 아니었다. 바울은 언제나 주님을 기쁘시게 하는 기준을 따라 사역을 행하였고 주님의 기쁨과 무관하게 행하여 버려지는 자가 되지 않도록 자신을 쳐서 복종시킨 인물이다(고전 9:27). 진리의 복음을 선포함에 있어서도 바울은 자신이 "여러 계시를 받은 것이 지극히 크므로" 주께서 "너무 자만하지 않게 하시려고" 그의 육체에 가시를 주신 일을 늘 기억하고 있다(고후 12:7). 받은 계시도 크고, 능력도 크지만 바울은 그 모든 것들이 주님의 기준을 따라 주님의 나라와 의를 위하여 적정하게 선포되고 적정하게 쓰여져야 한다는 사실에 엄격했다. 공사를 구분하지 않고 자신의 인기와 이미지를 관리하기 위해 받은 계시를 과도하게 떠벌리고 받은 능력을 남발하면 복음에 아무리 해박하고 능력이 출중해도 삼손처럼 이방인의 손으로 눈이 뽑히는 수치를 당하고 버려져 짓밟히는 일이 발생한다. 바울은 사랑하는 동료가 아프지만 가깝다는 이유로 치유의 능력을 사용하지 않고 쉼을 권하였다. 물론 치유의 능력을 발휘하는 임의적인 사용권은 바울에게 있는 것이 아닌 하나님의 권한이다.

²¹너는 겨울 이전에 오도록 서둘러라

으불로, 부데, 리노, 글라우디아와 모든 형제가 너에게 문안한다

바울이 디모데를 향해서는 "겨울 이전에 오도록" 재촉한다. 어서 속히 오라는 말은 9절에 이어 두번째 재촉이다. 그런데 이번에는 "겨울 이전"을 강조한다. 겨울은 차가운 계절이다. 교통이 발달되지 않은 고대에 겨울은 여행이 극도로 위험한 계절이다. 위기에 빠지는 경우에도 통신이 두절되어 적시에 도움을 요청할 수 없기 때문이다. 게다가 지중해에 겨울이 방문하면 연안이 얼어붙어 운항이 마비된다. 이처럼 겨울에 이동하면 디모데 개인의 신변도 위험하고 선교에도 심각한 차질이 빚어진다. 그래서 바울은 로마로 오는 디모데의 여정을 재촉한다. 그리고 바울은 자신만 문안하지 않고 으불로, 부데, 리노, 글라우디아 및 모든 형제들의 문안을 믿음의 아들에게 전달한다. 바울은 어떤 사람과의 교제를 독점하지 않고 여러 사람들과 공유하고 싶어한다. 어떤 사람은 자신이 다른 모든 사람들의 교제의 중심에 있으려고 한다. 이는 자기 없이도 다른 사람들 사이의 교제가 가능하면 자신의 존재감은 낮아지고 불필요한 사람으로 간주될 까봐 두렵기 때문이다. 그러나 바울은 다양한 사람들의 다양한 만남을 주선한다. 자기가 없더라도 모든 형제들과 자매들의 왕성한 교류가 이루어질 수 있도록 장려한다. 일면식도 없는 사람들 사이에도 문안을 주고 받으면 초면에도 친밀감이 느껴진다. 바울은 다양한 나라와 민족과 계층의 사람들을 만나 복음을 전파하고 제자로 삼아 주님의 교훈을 가르쳤다. 바울은 쉽게 끊어지지 않는 관계의 삼겹줄을 만들기 위해 그들에게 서로의 문안을 부지런히 배달한다. 문안과 문안의 배달은 아름다운 사역이다.

²²주께서 너의 심령에 함께 [계시기를], 은총이 너희와 함께 [있기를]

바울은 기도로 서신을 끝맺는다. 여기에서 바울은 서신의 대상을 지칭할 때 첫번째는 2인칭 단수 "너"(σου)를 사용하고 두번째는 2인칭 복수 "너희"(ὑμῶν)를 사용한다. 아마도 단수는 디모데를 가리키고 복수는 에베소 교회의 성도를 가리키지 싶다. 디모데 개인을 위해서 바울은 주님께서 그의 "심령"(πνεῦμα)에 함께 계시기를 간구한다. 영혼이 주님과 함께 거하는 것은 인간에게 최고의 만족과 기쁨과 행복이다. 영혼은 음식이나 건강이나 합격이나 승진과 같은 세속적인 수단들이 아니라 인간의 영혼을 만드신 주님의 영을 만날 때에 가장 행복하기 때문이다. 보이지 않는 영혼의 행복을 사모하는 자는 인생의 달인이다. 그런 행복을 타인에게 선물하는 기도는 최고의 사랑이다. 물론 인생의 사계절을 제대로 경험하지 못한 사람들의 귀에는 시끄러운 잔소리다. 그러나 살아보면 안다. 영혼의 행복은 이 세상에서 주어지지 않고 주어질 수도 없다는 사실을! 영적인 행복은 영혼을 지으신 주님에 의해서만 주어진다. 그래서 바울은 주님께서 디모데의 영혼과 함께 하시기를 기도한다. 디모데가 섬기는 에베소 교회에 대해서는 은총을 간구한다. "은총"은 하나님의 선물을 가리키는 보편적인 표현이다. 그러나 그 표현의 문맥적인 의미는 주님께서 영혼에 함께 계시는 은총이다. 영혼에 깃드는 주님의 은총은 주님과의 영적인 동거와 동행이다. 이것은 교회 안에서 서로를 위한 다른 무엇보다 우선적인 성도의 기도 제목이다.

부록 1: 디모데전서 사역 | 한병수

1장

1 우리의 구주 하나님과 우리의 소망 그리스도 예수의 명령을 따라 된 그리스도 예수의 사도 바울은

2 믿음 안에서 진실한 자녀 디모데에게 하나님 아버지와 그리스도 예수 우리 주로부터 은혜와 긍휼과 평강이 [있기를 원하노라]

3 내가 마게도냐로 가면서 너로 하여금 에베소에 머물라고 권고한 것은 네가 어떤 사람들을 명하여 [그들로 하여금] 다른 것을 가르치지 않고

4 신화들과 끝없는 족보들에 몰두하지 않도록 하기 위함이다 그런 것들은 믿음 안에 있는 하나님의 경륜보다 오히려 공론들을 가져다 줄 뿐이니라

5 그 명령의 목적은 청결한 마음과 선한 양심과 가식이 없는 믿음에서 나오는 사랑이다

6 어떤 사람들은 이런 것들에서 벗어나 허망한 이야기로 돌이켰고

7 율법의 선생 되기를 원했으나 자기가 말한 것이나 자기가 확증하는 것에 대해서도 깨닫지 못한 자들이다

8 그러나 우리는 어떤 사람이 율법을 율법답게 사용하면 그것이 선하다는 것을 아노라

9 그는 이것도 알아야 하는데, 즉 율법은 의로운 사람을 위하여 제정되지 않고 오직 무법한 자들과 순종하지 않는 자들과 경건하지 않은 자들과 죄악된 자들과 거룩하지 않은 자들과 망령된 자들과 아버지를 죽이는 자들과 어머니를 죽이는 자들과 살인하는 자들과

10 음행하는 자들과 남색하는 자들과 인신을 매매하는 자들과 속이는 자들과 거짓으로 맹세하는 자들, 및 건전한 교훈을 거스르는 다른 어떤 자를 위함이다

11 [이런 이해는] 나에게 맡겨진 복되신 하나님의 영광의 복음을 따름이다

12 나를 강하게 하시는 그리스도 예수 우리 주께 내가 감사한 것은 그가 나를 충성되게 여겨 섬기도록 하셨기 때문이다

13 예전에 나는 비방하는 자요 박해하는 자요 폭력적인 사람인데 긍휼을 입은 것은 내가 불신 속에서 알지 못하고 행했으나

14 우리 주의 은혜가 그리스도 예수 안에 있는 믿음과 사랑을 따라 넘치도록 풍성

했기 때문이다

15 신뢰할 만하고 모든 사람이 받기에 합당한 말은 그리스도 예수께서 죄인들을 구원하기 위해 세상에 오셨다는 사실이다 그들 중에 나는 괴수구나

16 그러나 내가 긍휼을 입은 이유는 그리스도 예수께서 괴수인 내 안에서 전적인 인내를 보이시며 그를 믿어서 영원한 생명으로 들어가게 될 자들에게 본이 되게 하려 하심이다

17 존귀와 영광이 영원하신 왕 곧 썩지 않으시고 보이지 않으시며 유일하신 하나님께 영원토록 [있으리라] 아멘

18 아들 디모데야 내가 너에 대하여 이전에 언급된 예언들을 따라 이 명령을 너에게 위임한다 그것들을 가지고 선한 싸움을 싸워라

19 신앙과 선한 양심을 붙들어라 어떤 이들은 이 양심을 버렸고 그 믿음에 대해서는 파선했다

20 그들 중에는 후메내오와 알렉산더가 있다 내가 그들을 사탄에게 내어준 것은 신성을 모독하지 못하도록 훈육하기 위함이다

2장

1 그러므로 나는 모든 것 중에서 첫째로 모든 사람들을 위한 간구와 기도와 도고와 감사를 권고한다

2 왕들과 높은 지위에 있는 모든 사람들을 위하여도 [기도하라] 이는 우리가 모든 경건과 품위 속에서 고요하고 평안한 삶을 살기 위함이다

3 이것은 우리의 구주 하나님 앞에 선하고 받으실 만한 것이란다

4 그는 모든 사람들이 구원을 받고 진리의 지식에 이르기를 원하신다

5 하나님은 한 분이시고 하나님과 사람의 중보자 즉 사람이신 그리스도 예수도 한 분이시다

6 그는 모든 사람을 위하여 자기를 대속물로 주셨으며 자신의 때에 증거이신 분이시다

7 나는 거짓을 말하지 않고 진실을 말하노니, 이(증거)를 위하여 내가 전파하는

자와 사도로, 믿음과 진리 안에서 이방인의 스승으로 세워졌다

8 그러므로 나는 남자들이 모든 장소에서 분노와 다툼이 없이 거룩한 손을 들어 기도하는 것을 원하노라

9 여자들도 동일하게 [기도하며] 단정한 옷을 입으며 염치와 정숙으로 자기를 단장하되 땋은 머리와 금이나 진주나 값진 옷이 아니라

10 여호와 경외를 공언한 여자들에게 어울리는 선행을 통하여 하라

11 여자는 전적인 순종 속에서 잠잠히 배우라

12 하지만 나는 여자가 남자를 가르치고 주관하는 것이 아니라 잠잠히 있기를 허락한다

13 이는 아담이 먼저 지음을 받았고 하와가 그 다음이며

14 아담이 속은 것이 아니라 여자가 속아서 죄에 빠졌기 때문이다

15 그러나 여자들이 만일 정숙함 가운데서 믿음과 사랑과 거룩함에 거한다면 그 해산을 통하여 구원을 얻으리라

3장

1 미쁘다 이 말이여, "어떤 이가 감독의 직분을 열망하고 있다면 그는 선한 일을 갈망하는 것이라" 함이로다

2 그러므로 감독은 나무랄 것이 없고 한 아내의 남자이며 온건하며 절제하며 단정하며 나그네를 대접하며 가르치는 일에 유능하며

3 술에 빠지지 아니하며 구타하지 아니하고 관용해야 하며 다투지 아니하며 돈을 사랑하지 아니하며

4 자신의 집을 잘 다스리고 모든 품위를 지키며 자녀들로 하여금 복종하게 하는 자여야 하며

5 (어떤 이가 자신의 집도 다스릴 줄 모른다면 어찌 하나님의 교회를 돌볼 수 있겠는가?)

6 교만하게 되어 마귀의 정죄에 빠지지 않도록 최근에 회심한 자가 아니어야 하며

7 또한 마귀의 비방과 올무에 빠지지 않도록 외인들에 의해서도 좋은 평판을 가

저야만 한다

8 이와 같이 집사들도 존경할 만하며 일구이언 하지 아니하고 정중하고 과다한 포도주에 마음을 빼앗기지 말고 더러운 이득을 탐하지 아니하고

9 깨끗한 양심에 믿음의 비밀을 가져야만 한다

10 그런데 이들은 먼저 검증을 받아야만 하고 그 이후에 책망할 것이 없으면 섬기 게 하라

11 아내들도 이와 같이 존경할 만하고 비방하지 아니하며 온건하며 범사에 믿을만 한 자여야 한다

12 집사들은 한 아내의 남편이며 자녀들과 자신의 집을 잘 다스리는 자여야 한다

13 잘 섬긴 자들은 아름다운 것과 그리스도 예수 안에 있는 믿음에 큰 담력을 얻느 니라

14 내가 속히 너에게로 가기를 바라면서 이것을 너에게 쓰는 것은

15 내가 지체하는 경우에 네가 살아계신 하나님의 교회요 진리의 기둥과 터인 하 나님의 집에서 어떻게 행하여야 할지를 알게 하기 위함이다

16 경건의 비밀이 크다는 것은 모두가 동의한다 육신으로 나타나신 하나님(혹은 그분)은 영으로 의롭다 하심을 받으시고 천사들에게 보이시고 열국에서 전파되 시고 세상에서 믿은 바 되시고 영광 가운데서 올려진 분이시다

4장

1-2 그러나 성령은 후일에 어떤 사람들이 거짓을 말하는 자들의 위선 속에서 미혹 하는 영들과 마귀들의 교훈들을 따르면서 믿음에서 떠날 것이라고 밝히 말하신 다 [거짓을 말하는] 그들은 자신의 양심에 화인을 맞아

3 혼인을 금지하며 음식들을 금하지만 그것들은 하나님이 창조하신 것으로서 진 리를 아는 신실한 자들이 감사하며 받을 것이니라

4 하나님의 모든 창조물은 선하며 감사로 받아야 하는 것이며 거부할 것이 없느 니라

5 이는 그것이 하나님의 말씀과 기도로 거룩하게 되기 때문이다

6 이러한 것들을 형제들에게 제공하는 너는 그리스도 예수의 선한 종이 될 것이고 믿음의 말씀과 네가 따르는 좋은 교훈으로 양육을 받으리라

7 망령되고 낡아빠진 신화를 버리고 경건에 이르도록 자신을 연단하라

8 왜냐하면 육체의 연단은 조금 유익하나 금생과 내생의 약속을 가진 경건은 범사에 유익하기 때문이다

9 이 가르침은 신뢰할 만하며 전적인 수용이 합당하다

10 이를 위하여 우리가 수고하며 비방을 받는 것은 모든 사람 특히 믿는 자들의 구주이신 살아계신 하나님을 우리가 소망하기 때문이다

11 너는 이것들을 명하고 가르치라

12 누구도 너의 연소함을 무시하지 못하게 하고 오히려 너는 말에 있어서, 행실에 있어서, 사랑에 있어서, 믿음에 있어서, 정절에 있어서 믿는 자들의 본이 되어라

13 내가 이를 때까지 읽기와 권면과 가르침에 전념하라

14 장로회의 안수와 함께 예언을 통하여 너에게 주어져 네 속에 있는 은사를 대수롭게 여기지 말고

15 이것들을 숙고하고 그것들 안에 머물러서 너의 진보를 모든 사람에게 나타나게 하라

16 네 자신과 가르침에 유의하고 그 일을 지속하라 이것을 함으로써 너는 네 자신과 너에게 듣는 자들을 구원할 것이니라

5장

1 늙은 남성을 꾸짖지 말고 아버지께 하듯 권면하라 젊은 남성들은 형제들을 대하듯이,

2 늙은 여성은 어머니께 하듯, 젊은 여성들은 온전한 깨끗함을 가지고 자매들을 대하듯이 하라

3 참 과부인 과부를 존대하라

4 만일 어떤 과부에게 자녀나 손주들이 있거든 그들로 먼저 자기 집에서 경건하게 행하고 부모에게 보답을 돌려주는 것을 배우게 하라 이는 하나님 앞에 받으

실 만한 것이기 때문이다

5   그런데 혼자가 된 참 과부는 하나님께 소망을 두고 밤낮으로 간구와 기도를 지 속한다

6   그러나 향락을 좋아하는 자는 살았어도 죽은 것이니라

7   너는 이것들을 명하여 그들로 책망을 모면하게 하라

8   어떤 이가 자신에게 속한 자들, 특히 자신의 가족을 돌보지 아니하면 믿음을 부 정하는 자요 믿음이 없는 이보다 더 악하니라

9   과부로 등록해야 하는 자는 육십 살보다 적지 않으며 한 남자의 아내였고

10 선한 행실의 증거를 받되 자녀를 키웠거나 나그네를 환대해 주었거나 성도들의 발을 씻겼거나 환난 당한 자들을 도왔거나 모든 선한 일과 동행하는 자니라

11 그러나 젊은 과부들은 거절해라 왜냐하면 그들은 그리스도와 반대되게 정욕을 부리며 시집가려 하기 때문이다

12 그들은 첫 신의를 버렸기 때문에 정죄를 받을 자들이다

13 게다가 그들은 집집마다 다니며 게으름을 익히고 게으를 뿐 아니라 쓸데없는 말을 하고 하찮은 일로 분주하며 해서는 안되는 것들을 발설하는 자들이다

14 그러므로 나는 청년들이 결혼을 하고 자녀를 양육하고 가정을 다스려서 대적하 는 자들에게 비방할 기회를 조금도 주지 말기를 원하노라

15 이는 어떤 이들이 이미 돌이켜 사탄을 뒤따르고 있기 때문이다

16 만일 어떤 신실한 여자가 과부들을 데리고 있다면 그들을 도와주어 교회에 부 담을 주지 말고 교회가 참 과부들을 도와주게 하라

17 잘 다스리는 장로들, 특별히 말씀과 가르침에 수고하는 이들은 배나 존경할 자 로 예우해야 한다

18 이는 성경이 "타작하는 소의 입에 망을 씌우지 말라" 그리고 "일하는 자에게는 그의 품삯이 합당한 것이라"고 말하기 때문이다

19 장로에 대한 고발은 만약 두세 증인이 없다면 접수하지 말라

20 범죄한 자들은 모든 이들 앞에서 꾸지람을 받게 하여 나머지 사람들도 두려움 을 갖게 하라

21 내가 하나님과 그리스도 예수와 선택된 천사들 앞에서 엄히 경고한다 치우침을 따라 어떠한 일도 행하지 않도록 선입견 없이 이것들을 준행하라

22 너는 어떤 이에게도 성급하게 안수하지 말고 다른 사람들의 죄들에 가담하지 말고 네 자신을 정결하게 보존하라

23 이제는 물만 마시지 말고 위장과 너의 빈번한 질병으로 인해 약간의 포도주를 사용해라

24 어떤 사람들의 죄들은 명백하여 먼저 심판으로 나아간다 그러나 어떤 이들의 경우에는 이후에 따라온다

25 이처럼 선행들도 밝히 드러나고 다르게 취한 것들(선행들)도 감춰질 수 없느니라

6장

1 멍에 아래에 있는 종들은 누구든지 자신의 상전들이 온전한 존경을 받기에 합당한 자라고 생각해야 한다 이는 하나님의 이름과 그 가르침이 비방을 받지 않게 하기 위함이다

2 믿는 상전들을 모시는 자들은 그 상전을 형제라는 이유로 가볍게 여기지 말고 더 잘 순종해야 한다 이는 믿는 자와 사랑 받는 자가 그 유익을 취하기 때문이다 너는 이것들을 가르치고 권고하라

3 어떤 이가 다른 것을 가르치고 온전한 말씀들, 즉 우리 주 예수 그리스도의 것들과 경건에 입각한 교훈을 따르지 아니하면

4 그는 자만하게 되어 어떠한 것도 알지 못하고 변론과 언쟁에 집착하게 된다 거기(변론과 언쟁)에서 투기와 분쟁과 비방들과 악한 추측들,

5 마음이 철저하게 부패하고 진리를 빼앗기고 이득을 경건으로 여기는 사람들의 끈질긴 설전들이 일어난다

6 그러나 막대한 이득은 자족을 겸한 경건이다

7 왜냐하면 우리는 세상에 아무것도 가져오지 않았으며 또한 아무것도 가져가지 못하기 때문이다

8 먹을 것과 입을 것이 있기에 우리는 그것들로 충분할 것이다

9 부하기를 원하는 자들은 사람들을 파멸과 멸망에 빠뜨리는 시험과 함정과 여러 가지 어리석고 해로운 욕망에 떨어진다

10 이는 돈에 대한 사랑이 모든 악들의 뿌리이기 때문이다 그것에 집착한 어떤 자들은 믿음에서 떠나게 되었고 큰 비극으로 자신을 꿰뚫었다

11 그러나 너 하나님의 사람아 이것들을 피하고 대신에 의와 경건과 믿음과 사랑과 인내와 온유를 추구하라

12 믿음의 선한 싸움을 싸우고 영원한 생명을 붙들어라 이를 위하여 네가 부르심을 받았고 많은 증인들 앞에서 선한 고백을 고백했다

13 만물을 살게 하시는 하나님과 본디오 빌라도를 향하여 선한 증언을 하신 그리스도 예수 앞에서 내가 너에게 명령한다

14 우리 주 예수 그리스도께서 나타나실 때까지 흠도 없고 나무랄 데 없이 이 명령을 지키라

15 그 자신의 때에 복되시고 유일하신 주권자요 왕들 중의 왕이요 주들 중의 주께서 나타나실 것이니라

16 그 유일하신 분만이 불멸성을 가지셨고 다가갈 수 없는 빛에 거하시고 어떠한 사람도 보지 못하였고 또 볼 수도 없는 분이니라 존귀와 영원한 권능이 그에게, 아멘

17 너는 이 세대에서 부한 자들에게 명하여라 마음으로 높아지지 말고 재물의 불확실이 아니라 우리에게 모든 것을 누리도록 후히 베푸시는 (살아계신) 하나님께 소망을 두고

18 선하게 행동하고 선한 일들에 부유하고 기꺼이 나누며 소통하는 자가 되고

19 장래를 위하여 좋은 터를 자신에게 예비하여 진실한 생명을 붙들도록 [명령하라]

20 오 디모데여 맡겨진 것을 지키고 경건하지 않은 허언들과 거짓되게 언급되는 지식들의 반론들을 피하여라

21 그것에 관여한 어떤 이들이 믿음에 관하여는 탈선했다 은혜가 여러분과 함께 하기를 [원하노라]

T

부록 2: 디모데후서 사역 | 한병수

1장

1 하나님의 뜻으로 말미암아 그리스도 예수 안에 있는 생명의 약속을 따라 그리스도 예수의 사도인 바울은

2 사랑하는 자녀 디모데에게 은혜와 자비와 평화가 하나님 아버지와 그리스도 예수 우리의 주로부터 [있기를 원하노라]

3 나는 밤낮으로 쉬지 않고 붙들고 있는 나의 기도에서 너희에 대해 기억할 때마다 내가 깨끗한 양심으로 조상 때로부터 섬긴 하나님께 감사한다

4 내가 기쁨으로 가득하기 위하여 나는 너의 눈물을 생각하며 너 보기를 소원한다

5 나는 네 속에 거짓이 없는 믿음이 [있다고] 생각한다 이 [믿음]은 처음에 네 외조모 로이스와 네 어머니 유니게 속에 있었는데 네 안에도 [있다고] 나는 확신한다

6 이러한 이유로 나는 나의 안수를 통해 네 안에 있는 하나님의 은사를 다시 점화하기 위해 너로 기억하게 한다

7 이는 하나님이 우리에게 두려움의 영이 아니라 능력과 사랑과 절제의 [영을] 베푸셨기 때문이다

8 그러므로 너는 우리의 주님을 증언하는 것과 또는 내가 그의 사로잡힌 자가 된 것을 부끄럽게 여기지 말고 하나님의 능력을 따라 복음과 함께 고난을 받으라

9 [하나님은] 우리의 행위를 따라서가 아니라 영원한 시간 전부터 그리스도 예수 안에서 우리에게 베푸신 자신의 작정과 은혜를 따라서 우리를 구원하고 [우리를] 거룩한 소명으로 부르셨다

10 그러나 이제는 우리의 구주 그리스도 예수의 나타남을 통하여 [그 작정과 은혜를] 보이셨고 사망을 폐하셨고 복음으로 말미암아 생명과 썩지 아니할 것을 밝히셨다

11 이(복음)를 위하여 내가 선포자와 사도와 교사로 정해졌다

12 그런 이유로 말미암아 나는 이런 고난을 당하지만 나는 부끄럽지 않다 이는 내가 믿는 자를 내가 알고 나의 믿는 바를 그날까지 그가 능히 지키실 것을 확신하기 때문이다

13 너는 나에게서 들은 건실한 말들의 본을 그리스도 예수 안에 있는 믿음과 사랑으로 지키고

14 우리 안에 거하시는 성령으로 말미암아 위탁된 아름다운 것을 너는 보존하라

15 아시아 지경에서 모든 사람들이 나를 버렸다는 것을 네가 안다 그들 중에는 부겔로와 허모게네가 있다

16 주님께서 오네시보로 집에 긍휼을 베풀어 주시기를! 이는 그가 나를 자주 격려해 주었고 나의 사슬을 부끄럽게 여기지 않았고

17 오히려 로마에 있으면서 나를 부지런히 찾았고 만났기 때문이다

18 주님께서 그로 하여금 그날에 주로부터 긍휼을 입게 해 주시기를! 그리고 그가 에베소에서 얼마나 많이 섬겼는지 네가 더 잘 안다

2장

1 그러므로 내 아들아 너는 그리스도 예수 안에 있는 은혜 가운데서 강해져라

2 그리고 너는 많은 증인들을 통하여 나에게서 들은 바를 신실한 사람들에게, 즉 누구라도 유능하게 되어 타인들을 가르칠 자들에게 부탁하라

3 너는 그리스도 예수의 좋은 군사로서 함께 고난을 받으라

4 군대에서 복무하는 자는 아무도 사생활 관리에 얽매이지 않는데 이는 군대를 소집하는 자를 기쁘게 하기 위함이다

5 그러나 만약 경기하는 자가 적법하게 경기하지 않으면 승리자의 관을 얻지 못하리라

6 수고하는 농부가 곡식의 첫 열매를 취하는 것은 마땅하다

7 너는 내가 말하는 것을 생각하라 이는 주님께서 범사에 너에게 총명을 주실 것이기 때문이다

8 나의 복음을 따라 다윗의 씨에서 나신, 죽은 자들 가운데서 일어나신 예수 그리스도를 기억하라

9 그 [복음] 안에서 나는 죄인처럼 결박되는 정도까지 고난을 받았지만 하나님의 말씀은 얽매이지 않는다

10 그러므로 내가 선택된 자들을 위하여 이 모든 것을 인내함은 그들로 하여금 그리스도 예수 안에 있는 구원을 영원한 영광과 더불어 받게 하기 위함이다

11 미쁘다 이 말이여 만약 우리가 [주와] 함께 죽었으면 또한 우리가 [그와] 함께 살리라

12 만약 우리가 인내하면 또한 우리가 [그와] 함께 왕 노릇할 것이고 만약 우리가 [그를] 부인하면 그도 우리를 부인하실 것이다

13 비록 우리는 신실하지 못하여도 그는 항상 미쁘셔서 자신을 부인하실 수 없으시다

14 너는 [그들에게] 이것들을 깨우치라, 유익하지 않은 것과 듣는 자들의 멸망에 [이르는] 말다툼을 하지 말라고 주 앞에서 엄중히 요청하며!

15 너는 부끄러울 것이 없고 진리의 말씀을 올바르게 분별하는 일꾼으로 자신을 하나님께 드리기를 서둘러라

16 불경건한 공론을 피하라 이는 그것이 많은 [사람들을] 경건하지 않음으로 몰아가기 때문이다

17 그들의 말은 악성 종양처럼 증대된다 그들 중에는 후메내오와 빌레도가 있다

18 그들은 부활이 이미 지나간 것이라고 말하므로 진리에 관하여는 탈선했고 어떤 [사람들]의 신앙을 허물었다

19 그러나 하나님의 견고한 터는 섰고 이러한 날인을 가졌는데 즉 "주께서 자기에게 속한 자들을 아신다" 그리고 "주의 이름을 부르는 모든 자는 불의에서 떠나라"고 했다

20 그런데 큰 집에는 금 그릇과 은 그릇만이 아니라 나무 그릇과 질 그릇도 있으며 그것은 가치에 이르기도 하고 불명예에 이르기도 한다

21 그러므로 만약 누구든지 이런 것들에서 자신을 깨끗하게 하면 고귀한 것에 이르는 그릇이 되고 주인을 위하여 구별되고 유용하며 모든 선한 일들을 위하여 준비된다

22 또한 너는 청년의 정욕을 피하고 주를 깨끗한 마음으로 부르는 자들과 함께 의와 믿음과 사랑과 평화를 추구하라

23 너는 우둔하고 무식한 변론에서 다툼이 나오는 것을 알고 [그런 변론을] 피하여라

24 주의 종은 다투지 말아야 하고 모든 자들에 대하여 온유하고 가르침에 능숙하고 인내해야 한다

25 반대하는 자들을 온유함 속에서 훈육한다 혹시 하나님이 그들에게 회개를 주사 진리의 인식에 이르도록!

26 그들로 하여금 마귀의 올무에서 나와 온전하게 되고 그분(하나님)에게 사로잡혀 그의 뜻에 이르도록!

3장

1 너는 이것을 이해하라 즉 말세에 어려운 때가 올 것인데

2 이는 사람들이 자기를 사랑하며 돈을 사랑하며 자랑하며 자신을 타인보다 높이 드러내며 악담하며 부모에게 거역하며 감사하지 아니하며 경건하지 아니하며

3 무정하고 화해하지 아니하며 모함하며 절제하지 못하며 사나우며 미덕을 적대하며

4 배신하며 조급하며 자만하며 하나님을 사랑하는 것보다 쾌락을 더 사랑하며

5 경건의 모양은 있으나 그것의 능력은 부인하는 자들이 될 것이기 때문이다 너는 이러한 자들을 피하여라

6 이는 그들 중에 [남의] 집들로 가만히 들어가서 어리석은 여자들을 취하려는 자들도 있기 때문이다 [그녀들은] 죄들에 압도되고 다양한 욕심들에 이끌리고

7 항상 배우지만 결단코 진리의 지식으로 들어갈 수 없는 자들이다

8 얀네와 얌브레가 모세를 대적한 것처럼 마음이 부패하고 믿음에 관하여는 인증되지 않은 이런 사람들도 진리를 대적한다

9 그러나 그들이 더 많이 나아가지 못하는 것은 그들(얀네와 얌브레)의 [우매함]이 그러한 것처럼 그들의 우매함이 모두에게 분명해질 것이기 때문이다

10 그러나 너는 나의 가르침과 삶의 방식과 작정과 믿음과 오래 참음과 사랑과 인내를 신실하게 따랐으며

11 안디옥, 이고니온, 루스드라 안에서 나에게 일어난 박해들과 고난들도 [따랐구나] 나는 그러한 박해들을 받았는데 주께서 이 모든 것 가운데서 나를 건지셨다

12 그리스도 예수 안에서 경건하게 살고자 하는 모든 이는 박해를 받으리라

13 그러나 악한 사람들과 속이는 자들은 속이기도 하고 속임을 당하기도 하며 더욱 악한 것으로 치닫는다

14 하지만 너는 네가 누구에게서 배운 것을 알며 네가 배우고 확신한 일에 거하여라

15 그리고 너는 어릴 때부터 성경을 알았는데 그것은 너로 하여금 그리스도 예수 안에 있는 믿음으로 말미암아 구원에 이르도록 지혜롭게 하느니라

16 모든 성경은 하나님의 감동으로 된 것으로 교훈과 책망과 바르게 고침과 의로움 안에 있는 교육에 유익하여

17 하나님의 사람으로 하여금 모든 선한 일을 수행할 수 있도록 하기 위하여 온전하게 한다

4장

1 하나님 앞에서와 산 자들과 죽은 자들을 심판하실 그리스도 예수 앞에서 나는 그의 나타나실 것과 그의 나라를 엄중히 증거한다

2 너는 그 말씀을 전파하라 적절한 [상황]이든 부적절한 [상황]이든 예비하라 범사에 인내와 교훈으로 타이르고 질책하며 호소하라

3 이는 사람들이 건전한 교훈을 유지하지 않고 귀가 가려운 자들이 자신의 고유한 욕망에 따라 자신을 위하여 교사들을 모으는 때가 이를 것이기 때문이다

4 그리고 그들은 그 귀를 진리에서 돌이켜 미신으로 돌리리라

5 그러나 너는 모든 일에 신중하며 고난을 받으며 전도자의 일을 수행하고 너의 섬김을 완수하라

6 이는 내가 전제와 같이 이미 부어졌고 나의 떠날 시각이 가까웠기 때문이다

7 나는 선한 싸움을 싸웠고 경주를 끝마쳤고 믿음을 지켰으니

8 드디어 나에게는 의의 면류관이 예비되어 있다 주님은 그것을 나에게, 그 의로운 재판장은 그날에 나만이 아니라 그의 나타남을 사모하는 모든 자들에게 주시리라

9 너는 나에게로 속히 오도록 서둘러라

10   이는 데마가 현세를 사랑하여 나를 버리고서 데살로니가로 떠났으며 그레스게는 갈라디아로, 디도는 달마디아로 [떠나갔고]

11   누가만 나의 곁에 있기 때문이다 올 때에 너는 마가를 데려오라 그가 나에게는 섬김에 유익하다

12   내가 두기고는 에베소에 보내었다

13   올 때에 너는 내가 드로아의 가보에게 두었던 겉옷을 가지고 오며 책은 특별히 양피지[로 된 책]을 가져오라

14   구리 세공업자 알렉산더가 나에게 많은 해를 보였는데 주께서 그의 일들을 따라 갚아 주시리라

15   너도 그를 주의해라 이는 그가 우리의 말들을 극도로 대적했기 때문이다

16   나의 첫번째 변론에서 나에게 다가온 자가 아무도 없었으며 오히려 모두가 나를 버렸으나 이것이 그들에게 [허물로서] 간주되지 않기를 [소원한다]

17   그러나 주께서 내 곁에 서시며 나에게 힘을 주시는데 이는 나로 말미암아 선포된 말씀이 온전히 선포되어 모든 이방인이 듣게 하기 위함이다 내가 사자의 입에서 건짐을 받았다

18   주께서 나를 모든 악한 일에서 건지시고 또 구원하사 그 나라로, 하늘 위로 이끄셨다 그에게 영광이 세세 무궁토록! 아멘

19   브리스가, 아굴라, 및 오네시보로의 집에 문안하라

20   에라스도는 고린도에 머물러 있고 드로비모는 아파서 내가 밀레도에 두었으니

21   너는 겨울 이전에 오도록 서둘러라 으불로, 부데, 리노, 글라우디아와 모든 형제가 너에게 문안한다

22   주께서 너의 심령에 함께 [계시기를], 은총이 너희와 함께 [있기를]